弗兰克·奈特文集

卷 一

经济学的真理

启真馆 出品

经济思想译丛

弗兰克·奈特文集

卷 一

Selected Essays by Frank H. Knight:
"what Is Truth" in Economics?

经济学的真理

［美］弗兰克·奈特 著

［美］Ross B. Emmett 主编

王去非 王文玉 译

ZHEJIANG UNIVERSITY PRESS
浙江大学出版社

图书在版编目（CIP）数据

经济学的真理 /（美）弗兰克·H. 奈特著；王去非，
王文玉译 . —杭州：浙江大学出版社，2016.12
书名原文：Selected Essays By Frank H. Knight:
"what is truth" in Economics
ISBN 978-7-308-16219-7

I.①经… Ⅱ.①弗… ②王… ③王… Ⅲ.①经济学
Ⅳ.①F0

中国版本图书馆 CIP 数据核字（2016）第 210041 号

经济学的真理

[美] 弗兰克·H. 奈特 著 王去非 王文玉 译

责任编辑	叶　敏	
营销编辑	杨　硕	
责任校对	周红聪	
封面设计	王小阳	
出版发行	浙江大学出版社	
	（杭州天目山路148号 邮政编码310007）	
	（网址：http://www.zjupress.com）	
排　　版	北京大观世纪文化传媒有限公司	
印　　刷	北京中科印刷有限公司	
开　　本	635mm×965mm　1/16	
印　　张	27	
字　　数	388千	
版 印 次	2016年12月第1版　2016年12月第1次印刷	
书　　号	ISBN 978-7-308-16219-7	
定　　价	78.00元	

目　录

绪论

弗兰克·哈尼曼·奈特（Frank Hyneman Knight，1885—1972）是两次世界大战间芝加哥大学经济系"最有影响力的学者"（Stigler, 1987: 56），是他那一代人中最重要的非凯恩斯主义美国经济学家。他在 1928 年至 1945 年间与维纳（Jacob Viner）作为《政治经济学杂志》（*Journal of Political Economy*）的共同主编，在 1950 年当选美国经济协会（AEA, the American Economic Association）主席，并于 1957 年被美国经济学协会授予弗朗西斯·沃克奖（Francis Walker Medal）。在诺贝尔经济学奖创立之前，这个奖项每 5 年评选一次，且仅授予为经济理论作出杰出贡献的美国经济学家，是美国经济学界的最高荣誉。1959 年，美国商会（The United States Chamber of Commerce）授予他"在世的最伟大美国人奖"（Great Living American Awards），美国学术团体协会（American Council of Learned Societies）于 1961 年因他为人文主义学术作出的杰出贡献而给予奖励。此外，作为美国艺术与科学学院（the American Academy of Arts and Science）院士和意大利国家荣誉学院（Italian national honorary Accademia Nazionale Dei Lincei）院士的奈特，于 1965 年入选斐陶斐荣誉学会会员（Phi Beta Kappa，美国优秀大学生荣誉组织，成立于 1776 年）。他还被多所欧洲和北美大学授予荣誉博士学位，其中包括格拉斯哥大学（1951）、普林斯顿大学（1946）、西北大学、哥伦比亚大学（1954）和罗切斯特大学（1963）。

奈特出生于美国伊利诺伊州的麦克林县，他的父亲是个农民，把农活看得比教育重要，但在宗教信仰方面比较宽容。由于家里缺少劳动力，奈特没有完成高中教育，但他仍在 20 岁那年进入美国大学（American University），一个位于田纳西州的，在神学方面比较保守的小学院就读。随着 1908 年美国大学的关闭，奈特转入到密立根学院（Milligan College），并于 1911 年毕业。此后，他在田纳西大学（University of Tennessee）学习的两年里取得了学士学位和硕士学位。之后，他进入康奈尔大学（Cornell University）攻读博士学位。虽然奈特的最初兴趣是哲学，其次才是政治学和经济学，但他最终转向了经济学，并有幸师从阿尔文·约翰逊（Alvin Johnson）和阿林·扬（Allyn Young）。期初，奈特在约翰逊的建议下围绕利润理论选择了博士论文题目；但在约翰逊离开康奈尔大学并担任《新共和》（*New Republic*）的编辑后，奈特在扬的指导下于 1916 年完成了他的博士论文"成本、价值和利润（Cost, Value, and Profit）"，并在 1917 年的"哈特，沙弗纳马克思"（Hart, Schaffner, and Marx）经济论文竞赛中获得二等奖。1921 年，这篇论文以我们今天熟悉的书名《风险、不确定性和利润》（*Risk, Uncertainty, and Profit*）出版。

奈特第一次进入芝加哥大学是在他完成博士论文后不久，他被聘任为 1917—1919 学年的经济学讲师。此后，未能在人才济济的芝加哥大学经济系谋得终身职位的奈特，于 1919 年在爱荷华大学经济系稳定下来，并在此后 8 年期间跻身于同时代顶尖经济学家行列。20 世纪 20 年代末，虽然有多所大学向他发出邀请，他还是在 1928 年选择重回芝加哥大学，并在那里待到职业生涯结束。20 世纪 40 年代，他在芝加哥大学社会思想委员会的建设中发挥了重要作用，且在哲学界取得了可与其在经济学界匹敌的威望。与他不断扩展的角色定位一致，奈特在芝加哥大学的职位也被重新规划：他于1942年被多门社会科学任命为教授，并于1945年被任命为哲学教授。虽然奈特于1952年正式退休，但他继续在芝加哥大学担任经济学及社会思想委员会教授直到60年代。晚年的奈特经常在其他大学巡回演讲，其中，1958年在弗吉尼亚大学演讲的系列讲稿是其最后一部著作——《认知力与社会民主行动》（*Intelligence and Democratic Action*）(1960)的基础。此外，他终身坚持写作——奈特最后一篇论文发表于他逝世后的1973年，他还留下了一篇未完成论文（"论亚当·斯密的利润概念"）和一部未完成著作（详见由Emmett编写的即将出版的完整书目）。

奈特对经济理论最大的贡献来自于以书名《风险、不确定性和利润》（1921a）出版的博士论文。在这本著作中，他出色地概括了新古典经济理论，引入了其著名的关于风险与不确定性的区分，认为在不确定情形下企业家行为便是利润来源，并指出了社会科学知识的根本局限性。《风险、不确定性和利润》展示的分析风格被后世称为奈特主义分析风格：他不作仅限于理论假设范围的经济学研究，同时将狭窄的社会科学研究领域扩展到现代自由社会的困境研究领域。这本书还被认为是20世纪最重要的经济学发展先驱之作，因为其中还包括了决策理论、不完全竞争理论、常与伦敦经济学派联系着的机会成本理论和以市场失灵为基础的厂商理论。此外，奈特对经济学的重要贡献还包括对马歇尔成本理论进行了更清晰的阐述（1921a）、先于科斯对庇古社会成本理论进行的批判（本书第4章），以及对奥地利资本理论的批判（本书第9章和第12章）和对斯拉斯基-希克斯（Slusky-Hicks）需求理论的批判（详见即将出版的本书姊妹篇《奈特文集》，第二卷，《自由放任：支持或反对》，第8章）等，这些均成为芝加哥价值理论的基础。

在奈特看来，他的理论对部分"常识"起到了进一步的阐明的作用，这与他对经济学的技术贡献是同等重要的。他认为，经济学家对社会的重要性不表现在对经济理论的不断提炼，而表现在如何在现代自由主义的困境中，对经济知识的关联性和局限性做出明确的判断。奈特对科学方法在人类和社会研究中的应用持谨慎态度，怀疑社会控制的潜力，公然反对那些"浪漫地"渴望用道德解决大规模社会问题的人。他一再强调，世界中不存在令社会科学和政策成功的不二法则，只有关于"我们是谁"和"我们想到哪里去"的艰难交谈。奈特在美国经济协会主席演讲中引用塔列朗（Talleyrand）的名言，即"唯一的好原则是没有原则"。稍后，他修改补充说："正确的原则是尊重所有的原则，把它们都充分考虑进去，然后用好的判断力决定在某一情况中遵循哪一个或多个原则"（第二卷，第 12 章）。

x　　从奈特给自己设定的大量的研究任务可以看出，他在作为系统的理论学家的同时，更是一位出色的批判家。对于经常重复出现在他的著作中的一些主题，在具体的争论背景下，他总是对他人的论点带着批判性的评价。这一批判姿态在奈特的众多书评中是表现得很明显的（这一卷里有 7 篇），不过，无论是否明显，他的大多数论文是在评价他人为社会理论化建立系统性基础的尝试。值得注意的是，奈特参与的重要争论常常无关乎经济；他与哲学家、历史学家、教育家、自然科学家和其他专门科学家的争论即便不是更加重要的，至少也同等重要。

　　此前出版过的三本奈特文集（1935a、1947 和 1956）均是在他在世时，由他的学生结集出版的，我们可以从中看到奈特参与的部分重要争论，尤其是关于经济理论和方法、自由主义哲学和社会主义问题的争论，他在这些领域的著作也将被收入本书。此外，为了让读者更全面地理解奈特，我们也努力把他在其他争论中发表过的、在其他文集中没有收录的文章收入本书，其中包括：关于资本的争论；在芝加哥大学持续了 10 年的关于西方哲学教规、现代科学和高等教育之间关系的争论；以及他努力表明自己不同于同时代的约翰·杜威（John Dewey）、迈克尔·波兰尼（Michael Polanyi）和哈耶克（F. A. Hayek）等作家在自由社会地位上的观点。这些将有助于那些对奈特的著作感兴趣的人全面理解奈特的思想。虽然编者难以在两卷文集里呈现他发表的所有 130 多篇文章和更多较短的书评，我们仍认为本书收录的 29 篇文章是具有充分代表性的。其中，6 篇来自 19 世纪 20 年代；8 篇来自 30 年代；10 篇来自 40 年代；3 篇来自 50 年代；2 篇来自 60 年代。本书主要按照时间顺序进行编排。

本卷的第一篇论文是"科学方法在经济学中的局限性"（简称"局限性"），它发表于 1924 年，比排在其后的第二篇论文"伦理学与经济解释"晚两年，这意味着该篇论文没有按时间顺序进行编排。这样的编排是因为"局限性"是奈特与同时代学者关于"制度主义"争论的最早期论文成果。20 世纪初，美国经济学界对"新古典经济学"既强调抽象理论分析，又强调自由企业制度的社会优越性感到不满，这迫使他们寻找"新古典经济学"的新范式。《风险、不确定性和利润》就是其中的典型：它指出以"完全竞争"概念为基础的理论分析是十分有限的，"控制问题"才是现实生活中的工业资本主义的中心议题。不过，奈特的分析仍然是站在以 J.B. 克拉克（J.B.Clark）为代表的竞争市场理论的基础上的，而制度主义者试图寻找一个替代传统理论的，更具动态分析能力的框架。这一框架将能够更好地解释经济关系的调整。

在 1917 年至 1919 年间，芝加哥大学为奈特、J.M. 克拉克和一些年轻的社会科学家提供了讨论"制度主义"的机会。当奈特和克拉克参加 1920 年美国经济协会举办的关于"传统经济理论（Traditional Economic Theory）"的分会时，这些有关制度主义的讨论上升为全国性的经济讨论（克拉克，1921；奈特，

1921b）。在随后的第二年分会上，塔格韦尔（Rexford Tugwell）将主要讨论者的相关论文编辑成论文集，并取名为"年轻一代宣言（manifesto of the younger generation）"（塔格韦尔，1924：ix），这似乎在为"科学"经济学的来临而欢呼。

"局限性"是奈特提交给"年轻一代宣言"的论文，是他对《风险、不确定性和利润》中的方法论的扩展研究。这篇论文显示出了奈特对制度主义的矛盾态度。一方面，他同意制度主义者关于"传统经济理论的静态本质限制了其对当前社会政策研究的贡献"的观点；另一方面，他不同意制度主义者以科学为基础重建经济理论的观点。"理解和控制人类行为从根本上区别于解释和利用物质世界"（第38页），因此社会政策问题永远无法以科学为基础。在塔格韦尔编辑的论文集中，奈特对"新经济学"的批判十分引人注目并得到广泛关注。如同阿林·扬的评述："奈特教授的文章……能给任何著作添加个性"（扬，1925：156）。

在"局限性"论文之后，奈特在20世纪20年代末至30年代初期间又写了几篇批判制度主义经济学的文章，其中包括"经济心理学的事实与形而上学"（第5章）和"新经济学和经济活动的控制"（第8章）等文章。前一篇文章比"局限性"一文更详细地研究了行为心理学及其在经济学中的应用。值得注意的是，由经济学家奈特撰写的"经济心理学的事实与形而上学"是有关心理学的专业研究，这似乎在提醒我们20世纪20年代时的学科分界并不像之后那么清晰。后一篇文章是对萨姆纳·斯利克特（Sumner Slichter）的教科书《现代经济社会》（*Modern Economic Society*）的书评合集，其中第一篇书评被收录进了本文集，展现了奈特深刻分析中夹带辛辣讽刺的写作特征。

奈特的"伦理学与经济解释"和"竞争的伦理学"（第2章和第3章）来源于他1922年在哈佛大学进行的两次讲座。这两篇文章最初是分开发表的，但于 1935 年被合在一起作为《竞争的伦理学和其他论文》（奈特，1935a）的开篇。在这两篇文章里，奈特更着重于对"科学经济学"和自由企业制度的伦理性批判，减少了对"科学经济学"的科学基础的逻辑性批判。他的批判既针对新兴的"科学经济学"，也针对传统的"新古典经济学"的自由企业制度——指出了"科学经济学"和自由企业制度均存在剥去人类行为伦理内容的问题——他既彻底摧毁了制度主义寻求通过社会控制来实现社会改良的想法，也致命地批判了自由企业制度的"伦理首要性"这一传统经济学信条。其中，奈特对自由企业制度的批判十分有力，使得帕廷金（Don Patinkin）把"竞争的伦理学"的第二部分描述为"经济学有史以来最彻底的批判文章"（帕廷金，1981：36）。

　　在奈特对制度主义的批判中，他的核心主张是"确切定义的传统经济理论是科学的，应该认同其在社会政策讨论中的重要但有限的作用"，他的很多文章都例证了这一主张。一个很好的例子是"社会成本解释中的一些谬误"（简称"谬误"，第 4 章）。奈特首先研究了格雷厄姆（F. D. Graham）如何用报酬递增理论批判国际贸易理论，然后把论述引向社会成本问题和用政府调控来改善自由市场产出的讨论。奈特还拓展了阿林·扬（1913）对庇古的关于私人成本与社会成本之间关系的批判，保护传统经济理论免遭受那些滥用报酬递增和社会成本概念的人的攻击。今天，"谬误"一文作为罗纳德·科斯（Ronald Coase，1960）的著名文章"社会成本问题"的先驱之作而著称。科斯 xiii 的文章为芝加哥法学和经济学传统奠定了基础，从而常常被解读为对市场关系的一种辩护。不过，"谬误"的目的主要是弄清楚庇古和格雷厄姆分析中的理论混淆，也为今后讨论自由企业制度的真正缺陷提供了更为坚实的基础。

　　奈特在爱荷华大学的最后几年里开始广泛阅读马克斯·韦伯（Max Weber）的著作和德国历史经济学的其他传统著作。1927

年，他翻译和出版了韦伯的《经济通史》(*General Economic History*)，这是韦伯的著作第一次被译成英文出版。不久之后，他写出了对韦尔纳·松巴特 (Werner Sombart) 的《高级资本主义》(*Der moderne Kapitalismus*) 的长篇书评 (第 6 章)。从《高级资本主义》的书评中我们不难发现，奈特对韦伯的尊重是显而易见的，他批判松巴特只因为其没有追随韦伯。奈特认为："在资本主义起源问题的研究中，只有韦伯采取了广泛的历史比较视角；只有他采取的角度能够真正为此类问题提供一个答案。"(143)。

当奈特于 1928 年重回芝加哥大学时，他的兴趣似乎转向了比较经济史学和社会学。为了在经济学中采取多元主义方法，把传统经济理论和与历史和社会制度的作用结合起来，奈特开始教授经济思想史，并给研究生开设了历史 / 制度经济学课程。1930 年，他用古根海姆研究基金 (Guggenheim Fellowship) 到德国和奥地利旅行，并在维也纳做了题目为 "Ist wertfreie Nationalökonomie möglich?" 的讲座。在接下来的几年里，他一直开设经济制度史的研讨课程，其中包括广泛阅读韦伯的著作。1935 年，他发表了新制度主义的第一个扩展版本——"经济理论与国家主义 (Economic Theory and Nationalism)"(奈特，1935b)。

虽然奈特在芝加哥大学创建新制度主义的计划因他参与并塑造的芝加哥学派（经济）（有关经济学理论化）而耽搁了，但韦伯和历史经济学对奈特的影响在他其后的著作中是显然易见的。在本文集中，有四处体现了这种影响。第一处是奈特关于宗教在资本主义发展过程中的作用这一 "韦伯论题（Weber thesis）" 的思考，宗教问题甚至成为他终生的研究兴趣。在评论松巴特时，奈特总结了关于 "韦伯论题" 的文献，赞同布伦塔诺（Lujo Brentano）的关于战争与贸易的关系比新教徒与贸易的关系更能解释资本主义起源的观点。不过，他并没有忽视宗教

与经济组织之间的关系。"经济学和伦理学"（第二卷，第2章）
中有针对基督教伦理在现代经济生活中的作用的强烈批判："在
社会行动问题上，求助于基督教或道德说教，很有可能带来的
是坏的而非好的结果。"20世纪40年代他与梅里厄姆（Merriam）
合著的《经济秩序与宗教》（*The Economic Order and Religion*）
（奈特和梅里厄姆，1945）进一步扩展了他对宗教与经济组织之
间关系的负面评价。他写了一系列关于宗教和经济学的文章和
书评，本文集收录了有代表性的两篇。其中，"人类权利和自然
法则"（第二卷，第7章）使用雅克·马利坦（Jacques Maritain）
的著作作为对比，并在文中一再强调他反对在现代社会政策的
决策中求助宗教传统的哲学立场。不过，本文集收集的另一篇
代表性文章"西方哲学和社会制度"（第二卷，第14章）则扩
展了他对基督教与市场社会之间的历史关系的思考，比较了市
场与以西方宗教传统为基础的宗教文化之间的可能联系。

　　第二，韦伯的影响还体现在奈特重新思考了经济学方法。
他的最早期著作是赞成J.S.穆勒的"逐步近似"方法的。在《风
险、不确定性和利润》和"局限性"一文中，他把这一方法当
作"科学方法"加以辩护。然而，1930年，出于对韦伯的"理
想形式（ideal types）"和"解释社会学（Verstehen）"的欣
赏，奈特的方法论立场开始建立在现实世界与理想化经济理论
世界的彻底分离上。在理想化的经济理论世界中，类似于古典
力学的新古典经济学静态分析是适用的。不过，正如他在"静
力学和动力学"（第7章）中论述的那样，我们无法从那个理
想世界一步步来到现实世界，原因是，在现实世界中，理论中
"给定的要素"——人的需求、资源和技术等——都是不停地
变化的，而这个变化过程只能由历史而非机械解释。这个主题
在1940年发表的"经济学的'真理'"（第14章）的扩展版书
评中再次体现出来。尽管"真理"一文更多地因其对实证主义
的猛烈拒绝而著称，但这篇文章仍很好地解释了"解释社会学

xv 　（*Verstehen*）"在经济学中的地位，表现出奈特的新历史方法论
（new historical methodology）。我们可以在他此后的文章中看到
该方法论立场对他写作的影响，例如，"需求理论的现实性和关
联性"（第二卷，第8章）和"工资问题的经济和伦理研究"（第
二卷，第11章）。

　　第三，我们能够在"对历史的经济解释的几点注释"（第二
卷，第5章）中看到韦伯对奈特的影响。奈特最初是在1935年
的美国历史协会年会上评论马克思主义者和来自美国历史学家
查尔斯·比尔德（Charles Beard）的经济解释的。被《美国历
史评论》（*American Historical Review*）拒绝发表的这些评论，
最终在美国学术团体联合会的支持下陆续发表。

　　最后，应当指出的是，奈特1941年发表的"人类学与经
济学"（第二卷，第3章）反映出他对韦伯的比较经济社会学
（comparative economic sociology）的持续兴趣。这篇文章是对
梅尔维尔·郝斯科维茨（Melville Herskovits）的《原始人的经
济生活》（*The Economic Life of Primitive People*）的评论，它
结合了奈特对"理想形式"分析方法的欣赏和对不同社会形态
下经济组织形式比较的兴趣。他同意郝斯科维茨关于"市场与
非市场社会之间存在合理区别"的论点，但不同意郝斯科维茨
的如下论点：作为科学家的经济学家应当放弃对理想化市场运
行原理的研究，而将精力投入到对具体文化背景下的市场的详
细研究。奈特对"经济理论是一门科学"这一论点的捍卫使读
者想起了他在20世纪20年代对制度主义的批判。

　　然而，奈特在芝加哥大学任职期间的伟业并不是发展了的
韦伯式制度经济学，而是由于建立了芝加哥经济学派的基本论
点"价格理论"和"祛魅"的自由主义而被人铭记。这种"祛
魅"的自由主义是在拒绝放弃自由主义核心教义的同时，承认
现代社会的自我矛盾。

　　奈特对芝加哥学派价格理论的核心作用是，通过对若干前

沿问题的研究，对经济学的基本概念进行了重新构思。他关于
效用和成本的著名笔记（1935c），最初来源于 20 世纪 30 年代
在芝加哥经济学课程上的部分讲稿，并最终收录在《经济组织》
（1951）中，反映了他对经济学基本概念的深思。几乎在同一时
期，他发表了一套关于资本理论的笔记，命名为"资本主义生
产、时间和收益率"（第 9 章）。值得关注的是，该本笔记对奥
地利学派资本理论的严厉批判成功引起了几位奥地利学派经济
学家的回应和关于奥地利学派理论优缺点的激烈交锋。"资本数
量和利率"（第 12 章）也是奈特在这场论战中的学术成果，这
篇文章试图系统性地阐述奈特对资本理论的新理解。但和奈特
其他文章一样，对理论难点的探索和深刻批判才是这篇文章的
重心——读完这篇文章后，我们甚至困惑到底能不能画出资本
供求曲线。

　　对经济思想史的研究是奈特重新构架经济理论基本概念的
另一个重点。为了充实自己在芝加哥大学开设的经济思想史课
程，奈特邀请了维纳（Viner）和奥斯卡·兰格（Oskar Lange），
与自己共同教授这门课程。奈特在该课程上的前提论点是："经
济学对'过去'理论的主要兴趣表现在比较'过去经典理论体
系'与'当下正确理论观点'的异同，并从'过去'理论的错
误中学习经验"（237）。奈特的课程使学生有机会通过批判古典
生产和分配理论来弄清楚新的成本理论。"李嘉图生产和分配理
论"（第 11 章）展示了奈特经济思想史课程的核心主题，也是
芝加哥价格理论建立的历史视角。

　　资本理论并非是奈特在重新构架经济理论时引发的唯一
论战。因为他的新经济理论框架既完全不同于古典理论，也
完全不同于其他新方法，特别是希克斯（J.R.Hicks）、凯恩斯
（J.M.Keynes）和亨利·舒尔茨（Henry Schultz）在其著作中建
立的新方法。所以奈特必然要对这些方法作出回应，于是有了
"静力学和动力学"、"商业周期、利息和货币：方法论方法"（第

二卷，第 4 章）、"需求理论的现实性和关联性"（第二卷，第 8 章）和"失业：凯恩斯先生的经济理论革命"（本卷第 13 章）等。这些文章都是对其他新经济学方法的批判，且皆基于奈特方法论中的独特之处——不允许将研究建立在潜在理论假设之外的假设上。例如，"需求理论的现实性和关联性"一文调查研究了舒尔茨对作为需求理论基础的瓦尔拉斯原理的实证检验，还研究了希克斯对凯恩斯货币理论与斯拉斯基效用分析的结合。奈特指出这两个研究的不足之处均是他们过分追求了科学的"现实主义"，导致不可接受的假设条件的产生，而这些假设严重侵蚀了传统需求理论的有限关联性。奈特对凯恩斯的《就业、利息和货币通论》的书评非常有名，代表着芝加哥经济学派对凯恩斯理论的重要回应。"商业周期、利息和货币"一文结合了对希克斯发展的凯恩斯主义理论的评论，是奈特在发展芝加哥货币理论时唯一出版的学术成果。

当我们阅读这些经济论文时，容易忘记奈特对经济理论的重新构架最初是在课堂上，或与同事争论的过程中产生的，而不是通过出版物阐述的。因此，除了它们的内在质量，这些文章还很好地说明了 20 世纪 30 年代至 40 年代间，芝加哥经济学派形成阶段的经济分析风格。其中，以理论严谨著称的奈特、维纳和兰格共同执教芝加哥经济理论和经济思想史的核心课程。他们时常有着不同的结论——奈特和维纳有不同的成本理论观点；奈特和兰格在资本和利息问题上有争议。这种理论探索型的学术氛围令学生十分兴奋——兴许他们能在老师的理论里发现漏洞，甚至加以改善！奈特和维纳的反凯恩斯立场得到了亨利·西蒙（Henry Simons）和劳埃德·名茨（Lloyd Mints）的声援，并一起提出了一个引人注目的替代方法——这个方法不仅仅是对传统理论的辩护，更鼓励学生们自主建立独立发展的经济学理论——货币理论的发展就体现了这一点。芝加哥经济学派，即战后出自芝加哥大学经济系的一大批知名经济学家和理论，对战后的经济思想和政策产生了深远影响。

　　20 世纪 30 年代至 40 年代，奈特加入的芝加哥大学的教育哲学和改革论战，提醒人们经常被忽视的关于他参与的芝加哥学派与他的社会型哲学之间的联系。由于奈特在芝加哥大学任教的时期恰好是罗伯特·哈金斯（Robert Hutchins）担任芝加哥大学校长的时期（1929—1951 年），在这 20 年间，奈特参与了关于"什么样的教育最能使年轻人应对当今世界的不确定性和复杂性？"的校园论战。奈特与芝加哥大学多数自然和社会科
学家一齐反对哈金斯和他从耶鲁大学带过来的莫蒂默·阿德勒（Mortimer Adler）推出的各种计划。哈金斯和阿德勒试图通过各种措施建立围绕西方名著和西方哲学中的不朽问题进行深入研究的本科教育。但大多数芝加哥大学教师想要保持芝加哥大学的"进步时代"（Progressive Era）教育理念：教育的重点是通过科学使知识胜过无知。在他们心目中，学生们需要学习的是新时代的"经典（classics）"——当代最优秀的科学和社会研究——而不是研读充斥着过时研究方法和错误思想的古代"经典"。同时，教师们很高兴看到哈金斯任校长期间新设的学部和学院之间有了更清晰的区分。学系（department）不再负责普通教育（学院的责任），而是集中精力培养本学科方面的专家。这种教学方法上的重新安排为芝加哥经济学派的发展作出了显著贡献（Emmett，in press）。因此，在芝加哥大学待过的人无一不受到 20 世纪 30 年代到 40 年代间的这场教育论战的影响。比如，它大大影响了奈特关于自由主义的思考，以及他在其他论战中的风格。

　　本文集的第 10 章包含了两篇反映奈特在芝加哥大学论战中态度的短文。"现代思潮：它是反智主义的吗？"写于论战高峰的 1934 年春夏之交。这篇文章最初是为《栗色日报》（*Daily Maroon*）写的，但遭到了支持阿德勒的编辑拒绝，最终以校内油印杂志形式发表。然而，芝加哥大学的师生们在更早的时

候就看到了这篇文章。因为这篇文章写成后，哈里·吉蒂昂尼（Harry Gideonese）就把它放进他所教的大学二年级社会学课程的阅读材料里了，并作为阅读材料延续了好几年。这篇文章因此成为教师们为现代性（modernity）进行辩护的重要组成部分。第10章里的另一篇短文，"上帝、阿德勒教授和逻辑"是对阿德勒1940年"上帝和教授"的著名演讲的回应。《栗色日报》收集了几所大学不同教授对该演讲的回应，并于1940年11月集中为作为专刊发表，且在全美广泛发行。总的来说，这些短文让我们了解了奈特作为一个多学科学者，在20世纪30年代间最主要的学术行为。

xix

在20世纪20年代与制度主义者的论战中和对比较历史经济学的研究中，奈特已对"祛魅"的自由主义（disenchantment liberation）有过涉足。不过，这一"祛魅"显见于：1. 他看衰大萧条时期政府调控的作用和欧洲法西斯主义和专制政府的兴起；2. 他暗示正确的信念（right-mindedness）比哈金斯和阿德勒等新中古主义者恪守的自由更重要。在题为"共产主义的理由：一个前自由主义者的观点"（直到1991年才出版）的讲稿中，奈特展现了他对自由主义自我矛盾的本质及其必然被替代的命运的沉思。20世纪40年代，他逐渐转变成了不仅为自由主义的核心原则进行辩护，也对"科学至上论（scientism）"和自由主义改革运动中的"道德主义（moralism）"进行攻击。从20世纪40年代末到60年代，奈特在几十次演讲中重复这种观点，但他也对其他维护自由主义的文章和论点进行批判。

奈特的"祛魅"自由主义（disenchantment liberation）的核心是他对自由主义自我矛盾的本质的认知。自由主义是建立在尊重个体差异化的价值观和承诺寻求真理和正义的基础上的；对于以"组织是否能有效满足给定需求"为主要问题的社会来说，自由主义是好的。但是，奈特认为，最重要的社会问题是关于"我们应当需要什么"和"什么准则可以用来处理相互关系"，而不是组织效率问题。对于这些问题，自由主义是失灵的，原因是它是通过舆论和强制来选择解决方案的。不过，对于奈特来说，自由主义又是唯一可以用来进行真正的讨论的社会组织形式，其他形式都通过直接控制或传统权威来阻止讨论。自由社会需要克服的问题是，不要幻想"今天的决策是所有时代的决策"，不要忽视"解决方案和原则的临时性"，不要幻想 xx "以'容易的答案'取代批判性判断力（critical judgment）的行使"。奈特认为，自由主义必须要给出维持社会讨论和行使批判性判断力的承诺。

本文集的第二卷《自由放任：支持或反对》（*Laissez Faire: Pro or Con*）中有六篇文章是有关"祛魅"自由主义这一主题，这些文章均来自于奈特在北美和英国大学的讲座或系列讲座，四次讲座是 20 世纪 30 年代至 40 年代期间作的，另两次是 50 年代作的。其中，"伦理学和经济改革"和"社会主义：问题的本质"（第二卷，第 1 章和第 2 章）是 1938 年 5 月奈特在伦敦经济学院发表的特别系列讲座的出版版本。"自由的含义"和"自由理想：它的实现条件"（整合成第二卷第 6 章）是奈特在由芝加哥大学哲学系组织，美国民主哲学峰会的查尔斯·沃尔格林基金讲座上（Charles R. Walgreen Foundation Lectures on the American Philosophy of Democracy）的讲稿。8 年后，奈特在美国经济协会主席演讲中以更加刻薄的口气重复了这个主题。最后，奈特于 1955 年 11 月参加了芝加哥大学社会科学研究大楼落成 25 周年的庆祝活动，并在活动上发表了题目为"科学、社会和法律模式"（第二卷，第 13 章）的演讲，其后在密西根州立大学做了相同的演讲。

这里我们要着重介绍其中的两场演讲，因为它们有除奈特的"祛魅"自由主义（disenchantment liberation）以外的实质内容。"社会主义：问题的本质"值得一提，是因为奈特对比分析社会主义和资本主义问题的角度彻底不同于同一时期的主流视角。例如，在关于社会主义经济核算的争论中，绝大多数评论者的关注点是资本主义和社会主义作为有效社会组织形式的相对优越性，而奈特通过接受兰格的主张绕过这一论点。兰格的主张是，从原理上说，没有什么可以阻碍一个社会主义决策者做出像自由市场参与者那样的资源配置决策（更充分的论点见于奈特，1936b）。如果组织效率不是社会主义的问题，那么，它的问题是什么呢？对于奈特来说，社会主义的垮台是因为它不能容纳不可预测的变化，如需求、资源和技术的变化，但这些因素的变化是任何经济体产生不确定性的主因。由于奈特认为自由主义经济也无法有效处理这些变化，他对社会主义和资本主义的一致批评形成了对现代社会的统一批判。

另一篇值得一提的讲稿是"科学、社会和法律模式"。在稍早一些的关于自由主义的讲稿和论文中，奈特的注意力集中于如下困境，即自由主义的决策要面对给定的需求、资源和技术的不可预测的变化。通过他与哈耶克（F. A. von Hayek）在20世纪40年代末至50年代的对话，一个新的变化领域进入了奈特的视野。他开始谈论"法律（law）"的变化。虽然语言上的变化并不代表奈特在立场上的变化，而且这一变化都没能引起他的听众的注意，但它的确反映出了奈特的立场不同于另一位重要的自由主义思想家哈耶克。当奈特听到哈耶克把法律看作和需求、资源、技术一样的社会组织的"给定条件"时，这种观点上的差异就升级了。奈特认为需求、资源和技术总是处于一个演进的变化过程，所以他无法接受哈耶克的法律可以存在于社会变化过程之外的观点。在"科学、社会和法律模式"中，他扼要地解释了社会变化与法律之间关系。在"放任自由：支持和反对"（第二卷，第15章）里，他的这一论述得到了更充分拓展，也是对哈耶克的自由理论的更广泛批判。

奈特有意地保持自己与哈耶克的距离，这把我们引入了本文集的最后一章内容。奈特在晚年时延续了自己作为批评家的传统，持续对他人的自由理论进行批判。其中的一些批判可谓意料之中，如奈特对哈金斯教育哲学的"新中古主义"的反对。这使哈金斯成为奈特在"自由社会的弊病"（第二卷，第9章，虽然哈金斯没有在收录文里出现，但对他的批判出现在一系列未出版论文里）一文中强烈抨击的"道德主义"方法的典型代表人物。在"人的权利和自然法律"（第二卷，第7章）一文中，马利坦对自由主义的天主教解释也因为基于同样的原因受到奈特的强烈批判。

　　奈特的有些批判则是出乎预料的。20世纪40年代中期，奈特选择杜威（John Dewey）作为"使用科学主义方法办法解决现代社会问题"的代表人物加以批判（见奈特，1936a。杜威还是奈特一篇未出版论文里的批判对象。这篇文章是"自由社会的弊病"的前身）。不过，奈特忽视了杜威也对科学的认识论和伦理困境表示忧虑，且研究这些困难与自由主义的关系，这大概是因为他一直把杜威等同于20世纪20年代论战中的那些制度主义者。更加令人惊奇的是奈特对迈克尔·波兰尼（Michael Polanyi）的批评，因为两人对科学的理解十分接近。两人思想上的相似引导奈特在整个职业生涯的后半段追随波兰尼的作品。1949年，他发表了对波兰尼著作的评论，表明了自己与波兰尼的自由主义观点是建立在不同基础上的（"美德与知识：对波兰尼教授的评论"，第二卷，第10章）。奈特认为两人之间的关键区别是，尽管波兰尼承认科学有难以捉摸的本质，也认同讨论在科学社团中的作用，但波兰尼因主张"社会应接受权威的科学知识"而落入了"科学主义"的陷阱。奈特认为，社会应当接受的不是科学讨论的结果，而是科学团体的讨论模式。换句话说，科学给予现代社会的应是它的讨论模式而非权威声明。

　　总的来说，本两卷文集收录的文章基本反映了20世纪间奈特参与的关于经济学、社会科学、伦理学、教育学和现代自由

xxii

主义的重要论战。自始至终，他都拥有鲜明的批判立场和多元化的分析方法。引用奈特的一句名言"我的目的是提出问题，而不是回答问题"，他对这个目的至死不渝。

1 科学方法在经济学中的
   局限性

本文原载于《经济学趋势》，由 R.G. Tugwell 编辑（纽约：克诺普夫出版社，1924 年）：第 229—267 页。

I. 科学的含义

经济学研究人，所以它要科学地加以研究的对象是人与世界之间关系这样的基本问题。从理性（rational）或科学的角度来看，实际生活中的问题无一不是经济学问题。因为生活问题就是"节约或经济地（economically）"利用资源，使它们最大程度地产生预期结果。所以，在有基本原理的世界中，经济学的一般理论就是生活的基本原理！科学经济学（scientific economics）的第一个问题是，生活在什么范围内是理性的，这个问题也可以被简化为如何用给定的手段达到给定的目的。我们认为，这个范围并不大，即科学生活观（scientific view of life）是相当有限和片面的。从根本上说，生活是对价值的探索和发现，而不是用已知的知识最大限度地生产和享受已知价值。与获得想要的东西相比，我们更想"认识自己"，更想发现我们的真实需求。这个事实给作为一门科学存在的经济学树立了第一个，也是最彻底的一个局限性。

2 按照科学生活观，生活应有意识地将资源配置给给定目的。值得注意的是，这里所涉及的"科学"比其最严谨的定义有了一定的延伸，因为它承认思维意识和计划是真实与有效的，而最狭义的科学认为它们纯属错觉。最严格的科学观认为，生活是机械性的；人们在思考后采取的行动是主观性错觉；思考、计划和全部主观性行为全是错觉；人类活动只是整个宇宙运动中的小细节。但是，由于无法用纯粹客观的术语定义价值，我们只能假定意识要素的存在，并把这个矛盾留给哲学家，或者干脆认定它无法解决。因此，本文不得不从价值的常识性概念开始探讨。

两种类型的经验被认为有或能够有价值：一类是主动的（active），另一类是被动的（passive）；前者是创造或控制的，后者是欣赏的。它们并非是严格分离的两种经验，而是经验的不同"方面"，但实际上它们又是可以互相独立的。比如，主动创造或控制的价值是可以被欣赏；而主动型经验的价值大小取决于对产生的结果的"欣赏"程度或值得去做的程度。因此，主动型和被动型经验在一定程度上是结合或相互重叠的。不过，在我们熟悉的一些极端情形里，值得的感觉几乎完全被动的；在另一些极端情形里，行动的价值与结果的性质几乎无关。就像某些科学文献一样，一些关于价值论的文献也有着一元论的偏见，即按照具体作者的变化无常的喜好，将各种各样的价值简化为"意图"（contemplation）或"快乐的原因"（joy of being a cause）。但是，对于无偏见的观察者来说，主动型和被动型经验，以及它们之间各种各样的组合都应该被接受。

在主动型和被动型经验这两个大分类的下面，还各自有两个小分类。在被动欣赏分类中，可区分为情感、审美上的快乐和认知、智力上的快乐，它们之间的混合和联系十分复杂，但我们又可以区别纯粹审美价值和理解价值的不同。我们在愿意理解感到厌恶的事情的同时，也的确关心我们不愿努力理解的事情。有的时候，两者之间是互相促进的；但另一些时候，它们是互相冲突的。举个例子，对于有教养的人来说，理解是审美经验的一部分，比如理解一幅画、一首歌或一首诗是如何产生的以及它所带来的效应；但过多的分析理解也可能会破坏审美经验。一般来说，美必须包含一定程度的错觉；"设计或布局（machinery）"决不能过于显露，或者说其中有趣的部分不能过于强烈，不然就会失去效果。

主动型经验也可分为两类，它们不太好区分，但又的确不同。一类是自发的（*spontaneous*）行动，即直接快速瞄准目标的行动，类似于被动型中的情感驱动；另一类是蓄意的、计划好手段的行动，类似于被动型中的理解驱动。两者的区别是，自发行动是内在价值驱动的，而蓄意行动是结果价值驱动的。此外，与被动欣赏的过程一样，主动创造和控制的过程中两个子分类也总会产生冲突。比如，我们努力理解自己行动的原因和如何行动，并进行深入的技术分析；但当这个过程走得太远时，行动就完全成了用计划好的手段产生期望或可预见结果的程序性管理，从而失去了对行动的兴趣。最后，笔者认为关于子分类的探讨很有意思，如果篇幅允许的话，我们可以通过排列组合子分类研究不同类型的价值经验，但本文的目的仅仅是扼要的介绍与价值领域相关的科学含义，所以不再进行深入分析。

科学的直接目的是使我们有理解力，包括对美的理解和对技术行为的理解。但是，在现代复杂的思维方式中，理解欲越来越多地服从控制欲。科学精神给这种趋势提供了解释，那就是科学时代为了自身的利益，趋于将理解力归纳在感情和浪漫领域中；而与实践和能力相比，情感和浪漫是个并不受重视的价值层面。科学的价值在于必须实现的结果，并且，由于科学本身是一种工具，它必然带着一定程度的罪恶。而由科学精神所带来的对科学的热爱，只是一种令人感到遗憾的感情罢了。在用科学发展的眼光看世界时，科学的兴趣被"解释"为斯宾塞式的转移（Spencerian transfer）——将关注度从实际目的转移到实现实际目的的手段上来，而这些手段则成为伪目的（pseudo-end）。

本节中，我将谈及当科学被赋予过高地位时产生的显而易见的缺陷。在价值领域，一层科学的薄雾隐约可见，如果它还没有完全遮蔽绝大部分价值领域的话。首先，科学强调由行动结果非行动过程产生的价值。并且，它强调结果可以通过科学的数量研究得到，忽视"结果"产生过程中那些无法通过科学研究得到的定性或审美研究。由于这些理由，人们越来越多地选择结果可被预测或能够有效推进的行动，即用给定数量的资源或生产能力实现最大数量结果的行动。这意味着，重复性的工作越来越多，自发或创造性的工作越来越少。这是因为，科学只能复制或重新排列已有的要素，而无法指导真正的创造。真正的创造属于艺术领域，包括发现新目的和用于实现目的的新手段。科学总是试图"理解"艺术，用精心计算的法则产生效果，但仅仅靠这种努力取得的结果并非真正的艺术。由于科学永远无法解释为什么会这样，它倾向于否认这一事实，从而造成更大危害。而真正的创造拥有十分与众不同的技能；更确切地说，艺术根本就不是技术上的事情，而是一种心灵共鸣同感（psychic sympathy），是艺术家的心灵借助媒介自内而外的流露，而科学研究是从外部开始的。艺术家需要大量科学知识和技术去完成创作，但当他的作品被简化为科学知识和技术时，它们就不再是艺术，只不过是复制品。

然而，我们应该看到，当理解欲得到满足或精心计算的结果取得成功时，且它是某个具体问题的首次实现，这一过程十分类似于创造性活动经验；通过探索，甚至是从别人那里听到某个新知识时所产生的得意或优越感，也很像真正的发明。

科学的科学解释是，"知识就是力量"，这表明科学不具有价值，而是行动的从属。行动的价值则在于其结果，所以行动也是"工具"。在本节中,我将在承认这种解释的基础上进行探讨。这一实用主义认识论,是否带有实用主义形而上学,即用目的和手段来解释现实,取决于我们是否把科学知识等同于一般知识。根据本文的哲学假设之一,我们不能将科学知识等同于一般知识。也就是说,我们不能仅仅通过目的和手段得出的事实来解释人和人的世界。

不过,依照科学的定义,从知识的角度看,控制问题等同于预测问题。因为有目的行为(conduct)是一种手段适应目的的行为,具有必然的前瞻性。明智的有目的行为指的是依照正确的知识采取相应的行动。通过正确的知识,我将知道:倘若我不采取行动,会发生什么;倘若我采取设定手段行动,将为事件带来什么变化。即使我无法改变事件的自然进程,或至少无法带来想要的变化时,我也必须预见未来情况,为的是明智地适应未来所要发生的情况。从严格意义上的有意识行为的观点看,如果不是为了预测与我们的有目的的行为相关的眼前或遥远未来的事件,我们根本不会关心世界是什么样子。

所以,从某种层面上讲,科学等于预测技术,它作为一种智力机制保障着人们在行为上的明智。从科学(或把动机当作真实原因的伪科学)角度看,明智的"生活"和明智的"行动"只不过是同一件事情的不同说法罢了。而且,"明智"行动指的是能带来预期或想要的结果的行动。这不等于说,有计划的行动所带来的所有结果都是期望中的结果。但是,并非所有的控制都是科学的——即运用深思熟虑的手段实现期望的生产结果。控制始于对自己身体的控制,它是我们直接实现想法或目的的唯一通道。然而,值得怀疑的是,我们对自身肌肉系统的控制在何种范围内才算"科学的"。事实上,我们对肌肉系统的控制明显地趋于无意识和自动化,属于我们在上文提到的第二类控制经验。比如,说话一类的基本活动主要是通过反复实验或偶然过程学会的,很少包括有意识的适应。而且,毫无疑问的是,

5

说话绝大部分源于"本能"，比如如何通过调节声音以表达情绪。这似乎在告诉我们，任何娴熟的技术，在牢牢掌握后就趋于直觉化了（below the threshold），如一个熟练的钢琴手或打字员根本不用想他要敲击哪些键；正常人在发音的时候也不用想他在用哪个位置发音;熟练的技师以趋于自动化的方式使用工具，工具已成为他身体的一部分；甚至，将军们在指挥自己的士兵时也不一定比熟练的摩托车驾驶员思考得更多。

虽然任何工具性调整都趋于无意识化，这种趋势却没有显现在人的整个生活中。我们非但没有进化成无意识的自动机器，反而思考得越来越多，有意识的精神紧张相对于无意识行为持续增加。而且，有意识反应的一个神秘特征是，相对于机械化调整，有意识反应更易于出错且其易错性越来越大而非越来越小。

Ⅱ.预测技术或科学逻辑

根据过去判断未来，可能是所有科学制定和完善的原则。研究预测和控制的科学必须假定此原理的正确性，无论其研究对象是有意识还是无意识的认识过程，是深思熟虑还是自动的反应。即使是人类，也同其他低级动物一样拥有适应性反应模式，而该反应模式的基础是相同的。科学世界观不能容忍直觉或对新真理的先见，即先知感应。要知道，科学世界观的基本假定就是——真理是保持不变的，并通过理解和记忆被人们认识。但是，说真理保持不变，等于说世界是保持不变的。也就是说变化是不真实的；或者说，即使有真实的变化，也只能通过历史获知，而未来是不可预测的。

这就引出了一个悖论，即如果世界是不变的，那么根本就不存在预测；如果世界并非保持不变，那么预测就是不可能的。这个悖论要靠两个概念来解决：一个是规律；另一个是重新排列或综合分析。规律的基本概念是具有不变特征的变化，即如果一个事物的变化是可预测的，那么，它"本质上"是不变的。因为以不变的方式进行着变化，这意味着本质上没有变化。因此，任何可预测的变化和科学上可以讨论的变化，都类似于沿着一个可以用方程描述的路径移动，这个路径的每一部分都可以用同一个公式计算得到。

将静止的世界与变化的世界连接起来的另一个概念，是将相同的因素重新排列成不同的组合，即以重新排列为规律的改变等同于本义上的空间运动。科学拒绝相信简单事物中存在内在的、独立的变化，坚持把所有变化都简化为不变元素互相作用下产生的变化。因此，普通经验对象被分解为元素，并用它们的重新排列来解释可感知的任何变化。可以说，严格意义上的科学认为世界上只存在本义上的运动。但是，没人会真接受这个解释。因为人的思维可以察觉一个还没真正开始运动的运动过程，但把变化简化成运动的逻辑过程，就是把运动中的微粒弱化为人类无法感知和想象的形式。此外，一般意义上说，力的概念使机械学有了今日的发展，而力的概念显然是一种意识形式，不是可感知的外部世界中的存在。因此，我们决不可过分追求严格意义上的科学概念，而要研究我们的思维是如何把行为所依据的临时性知识组织起来的，而这些知识可以是，也可以不是来自科学实验室。

首先，意识把"巨大、粗糙、极度杂乱"的未加工经验组织起来，形成世界中既有的、运动的和在空间与时间中不断变化的物体。我们关注物的性质和行为模式，是因为物拥有可感知的真实性质。物的性质与行为模式形成了知识的内容和作为行动基础的思想主题。[1]实际想法所依据的公理是前面提到的同

[1] 现代数学的"新"逻辑和新现实主义哲学研究的是空的关系和纯粹秩序，即便与行为有任何关系，关系也不大，不值得在本文中考虑。

一性原则（principle of identity）或静止原则（static principle），即物"本质上"是保持不变的，它们有不变的内在本质。就感官而言，它们可以是变化的，但只是按照不变的"规律"变化，与其他的物间也有着确定性关系。我们可以简单地将这些规律陈述为：同一物在相同条件下会有相同行为。此外，正如推理过程中清楚表明的那样，"物"承认自己将会永恒地，同一地存在于一个组织中。

如果行为仅仅用于应对"相同条件下的相同事件"，那么，照字面讲，我们通常所说的思维便没有存在的理由了，智力不过就是记忆。然而，事实上，我们的智力要应对的物有着巨大的多样性，远远大于我们脑海的容量。所以，物在感知意义上是变化的。而且，"环境（circumstances）"（指物与其他物的关系）也同样是复杂多变的。思维的必要性源于如下两个事实：第一，对于人的智力来说，组成我们的世界的物过于复杂且多样；第二，它们的习性在进行着表面意义上的变化。在这个概要中，我们不打算深入讨论原子论逻辑（logic of atomism）。原子论逻辑把可感知的变化都简化为空间中的重新排列。它更多地属于哲学，而不属于实践逻辑（Logic of practice）。我们的研究将专注于公式化变化法则，并借助其预测未来和采取明智行为。

简化经验的第一步，是把相似的东西归纳到一起，这也是推断的最简单形式。预测的一个原理是，在相同条件下，不仅完全相同的物有相同的表现，相似的物也有相同的表现，甚至同一类别里相似的物也有相同的表现。这个原理的应用是十分有限的，因为很少有类别是以各方面都相似的物组成的。不过，很多分类是足够有效的，如自然界中同一棵或同一类植物的叶、同一座矿的样品等，而同一模型的机器、相同纯度的化学复合物或其他标准件是更为精确的分类。

在实践中，这一原理并入了具有有更成熟推论的第二个原理。类别由在某些方面相似的物组成，而这些物在别的一些方面可能存在不同。这里的预测原理是，在某些方面有相似特征的物将在其他方面有相似的表现。三段论形式逻辑（暂且将其限制于一般命题）就是一种借助分类进行的推理，相比推论过程，它更注重推论结果。如下面这个经典三段论，

人是必死的

苏格拉底是一个人

所以，苏格拉底必死。

显然，如果不是已经知道苏格拉底是一个人且他已经死了，我们也不知道所有的人都必死。换个角度看，如果必死是人类的一个基本属性，如果我们不首先知道苏格拉底必死，也就不知道苏格拉底是一个人。因此，我们是在先知道结果的前提下得出两个前提，不能说我们真的从前提推断出了结论。

想要弄清楚预测过程的真正本质，即通过现在预测未来，或通过观察熟知事物来推断未知事物，我们必须换个方式重述以上命题。我们知道的是，其他人都终有一死，更确切地说，具有某种相同的显见属性的其他"物"组成了"人"这个类别，即他们都表现出"必死"这一属性，而且（小前提）苏格拉底也有这个属性。据推断，我们将发现，苏格拉底有"人"类别成员身上的必死属性。

所有的推断基本上都具有这一特征。根据推断，具有某些属性的物体也有其他的不可观察属性，而这些不可观察属性和已观察属性是相互联系的。可以说，我们就是通过推断来展开对物的普遍认识的，即我们真正感知的事情很少，我们自以为感知到的大部分事情是推论来的。推理能力是把基本属性挑选出来的能力，很多真正与它们有联系的性质可以从这些基本特征中推论而来。这个原理的广泛适用，使得推论和预测成为可能，依赖于如下事实：经验对象的确可以被分类成有大量共同属性的类别。如果这个世界上物体的性质是随机分布的，那么，我们就无法推论，智力也就不会产生了。因此，"自然的齐一性

（uniformity of nature）"信条包括了物的稳定性和永恒性，以及分类的真实性。

推论理论需要以若干方式加以扩展，使其超出只涉及简单情况的一般命题型三段论。早期逻辑学家们研究了前提都是特称命题（particular proposition）的情况，但这种研究方式未能在实践指导中取得丰硕成果。比如，有些人死于肺病，X 是一个人，那么，X 兴许死于肺病。这样的推论没什么实质作用。通过运用概率和统计理论，现代逻辑可以走得更远；但在评论这个理论之前，我们应先提一下另外两种"不牺牲结论普遍性"的现代工具。第一个是作为分类和推论基础的数量相似性。很多属性（总是包括行动）不是简单的出现或不出现，而是在某个程度出现。事实上，科学主要关注的是一个数量与另一个数量之间的关系。在少数场合下发现的相互联系着的特征，使我们有可能建立起两个量之间的完整函数，这是我们认识自然的基础。

第二个工具可以沿着同一思路进行延伸。如果我们发现 A 与 B 之间和 B 与 C 之间有着特定数量的关系，或 A 与不同比例的 B 和 C 之间有特定的数量关系，我们常常有可能通过对少数情况的测量来建立这三个变量之间的函数关系，而这个关系可以用于解释无数的情况。

在本文的陈述中，相较于因素 (factors) 或变量（variable）这样的说法，我们避免使用"原因（cause）"或"力（force）"这类说法，这是因为这类说法给关系的一致性平添了不真实性和误导性。首先，我们探讨"原因"。"凡事皆有因"只不过是每一变化都与其他变化有联系，并且所有的变化都是时间的函数。但词语"前因（antecedent）"和"后果（consequent）"的使用要格外小心。因为推论出来的特性或答案，在时间上可以居于推论所依据的事情之前，也可以在它们之后。它甚至只是存在潜在可能性的事——比如，如果碰到烧红了的铁块，身体会受伤。此类知识的实际意义在于防止它发生。通常意义上来说，原因并不一定要在时间上先于效果。比如，当我们通过拉伸一根绳子而使它的张力增加时，原因与效果是同时出现的。因此，按照最普通的意思，原因是我们可直接控制的一种现象，通过控制，我们能够间接控制我们无法直接控制的另一种现象。当然，原因的概念也许还有其他意思，但深入到更多细节中会使我们的讨论不必要地复杂起来。其次，我们探讨"力"。长期以来力的概念被看作通过自身肌肉带来的物理变化，而我们仅仅知道力的效果，从来不知道具体的力（除了我们自己的肌肉）。正如庞加莱（Poincare）所说，力是简化某些方程的简易概念工具。

对变量的复合与分解，或综合与分析，需要进一步观察。有的时候，复合物的性质可以通过相加其构成元素来预测；有时需要较为复杂的加法；有时则完全不能相加。比如，我们可以把力学中的力相加，并通过推理预测结果；我们可以生产出化学复合物，但无法预测结果，因为无法发现复合物的性质与其元素的性质（质量除外）之间的一般关系，但我们可以确定相同元素以相同方式结合起来的将构成相同的复合物。当然，这个推论建立在，当我们用元素来预测复合物时，元素必须是易于识别的确定物质（使用比检验更为简单的方法）。关于精神现象的"分析"有很多不严谨的说法，而这样的说法在很大程度上是由恶意使用词语产生的。一般来说，精神现象是无法实证地进行拆分或复合的，因为不论是"元素"还是"复合物"都没有一般意义上的识别标记。

接下来，我们讨论特称命题（particular proposition）和统计理论（the theory of statistics）。比如，虽然我们不能通过"个别死于肺病的人"这一前提得出有指导意义的结论，但"完全随机选定的大量人中总有一定比例死于肺病"的前提是有用的。这是因为，在很多情况下，我们的计划与大量同类事例相关，

11

而不仅仅与单个事例相关。比如，在商业活动中，如果有可能说出多少建筑物将会遭受火灾，那么每个建筑物的所有者就可以通过与其他所有者合作的方式，以某种保险体制来保护自己。再如，如果一个商人知道一定比例的账款是无法收回的，那么，他就可以把这项损失作为经营成本来扣除，预先控制意外事件的发生。在事例无法客观分类的情况下，有时也可以通过估计事例发生的概率来进行预测。甚至在没有任何相似性的冒险活动中，通过多次碰运气也可能使收益和损失趋于抵销。

最后，同样重要的是，任何人的实际知识很少以任何方式直接从他自己的观察或思考中得来，而绝大多数来自于他与其他人的交流。因此，使任何一个人有可能有效地通晓这个世界的基本事实是，所有人眼中的客观世界都是相同的。只有"可信"的知识才真正可用，而可信的知识的第一标准就是可以被他人证明或检验。科学几乎被限制在了可以实际进行此类证明或检验的领域。在这些领域内，对于所有的正常观察者来说，数据（data）都是相同的，而且这些数据能够准确地在人们之间交流，并迫使所有的人都承认数据的同一性。难以想象，在缺乏有效交流的情况下，有意识且明智的思维和对真实世界的认识是怎么形成的。

所有这些预测方法结合起来，提供了一个成熟和复杂的技
12 术，它在科学研究中是有用且必不可少的。然而，在日常生活中，哪怕仅仅涉及物质世界，预测技术的应用都具有不确定性和不准确性。（正如我们将在下一节里看到的，在预测人的行为或社会的变化时，事情更是如此。）天气预报就是一个简单的例子。科学气象学家的确遵循上面描述的方法进行预测，他们测量变量、确定函数关系、计算概率等等。但是，那些不进行分析和测量的农民或有经验的水手，也能很准确地预测天气。他的方法在很大程度上是无意识的，是真正的直觉，或者仅仅在进行无意识推理。（科学教条主义者会坚持认为，不可能有真正

的直觉，但我们却并不那么肯定，尤其在人类解释和交流的领域。）无论如何，哪怕是只涉及物质世界的日常生活决策，也仅仅在很小程度上是科学的，无论这类问题从理论角度看是否存在被科学解决的可能性。人们很少详细地罗列结论性证明所依赖的全部变量，更很少测量它们，而只是隐约察觉到可观察因素与推论结果之间存在关系。实际上，在大部分事情中，人们只是做出一个大致估计，其过程仅在很小程度上是有意识的，大部分则无法详细描述。比如，预测价格的变动、确定油井的位置、预测农作物的产量，以及决定是否去上学、选择什么样的职业等之类的更为基本的日常决策。使大多数决策变得复杂的事实是，正如心理分析所强调的我们不知道自己想要什么，也不知道为什么想要。

至此，我们为下一步论述做好了准备，我们将使用科学方法对人类现象进行研究。作为介绍性内容的这两部分是为了弄清作为一门预测技术的科学的含义，以及对任何数据领域进行科学预测的必要条件，这些条件可以被看作科学定义的一部分。具有行为指导意义的预测必须包含不变真理的命题，且这些命题是由永久静止的数据产生的。历史事实没有直接的实际用途，只不过有助于我们严格区分科学真理和历史真理。一般来说，一个科学命题必须对一类对象或事例成立。它是不可直接观察属性与可观察属性之间的可靠关系，或这一关系成立的数字概率，通常通过两者之间的数量关系来表示。一般来说，科学真理必须是可证明的，意思是在所有观察者看来它都是相同的，而且可在人们之间准确交流。经验科学观假定一个独立于观察的世界，且这个世界对所有观察者来说都是相同的。不过，值得注意的是，没有科学证据可以证明观察者会就科学真理达成一致。事实上，根据数据特征的不同，不同观察者对数据达成一致的程度有很大不同。或者说，永远没有数量上的完全一致，只是在很多领域中，科学已经发展出一种测量技术迫使人们达成一致。在人类的特征和行为领域，所有这些前提条件——数据的稳定性、相似性、客观性，尤其是客观测量的可能性——都是十分有限的，这大大限制了科学对人类现象的研究。

Ⅲ. 人类数据的科学研究

每个人的行为都有很大一部分以某种方式与他人相联系。而且，如果他的行为是明智的，那么其基础必然是他对他人行为的有正确的预测。显然，就像我们通常渴望且需要拥有在不同阶段的"环境"情形下掌控他人行为的能力。这并不是说，我们在这个领域中做出了多少正确的预测，并且采取了多少与他人有关的明智行动。我们知道他人在不同环境下的可能行为，并以数不清的方式预测他人的行为，但我们并不会因为正确预测的比例不符合概率定律而感到气馁。而且，我们还通过有预谋的行动来影响他人的行为。然而，借助常识方法达到的预测和控制是否真的证明了科学研究的可能性呢？问题是，我们是否有可能像科学家在物理学和生物学中做到的那样，通过越来越广泛和仔细的事例对比和分析，构想和应用原理，达到不断改进常识的目的呢？

14 我们面临的第一个问题是，预测人类行为的常识方法是什么，以及它与科学方法的正确关系。显然，在预测人类行为时，常识并不是通过观察、比较和分析事例的一致性来得出结论的；常识也不把事例当作客观现象，即不把人当作"物"。常识把行动与情绪（feeling）联系起来，行为即便不是取决于，也至少与他人的意识态度（conscious attitude）联系紧密。人类的行为属性带着有明显的性格和个性，因此我们不能像研究水的流动性或炸药的爆炸性那样来研究人的个性。科学是否也应该以同样的方式将情况形势、行动与人的情绪联系起来呢？或者直接地建立形势与行动之间的关系呢？

后者看起来更容易实现，这是自称行为主义（Behaviorism）的一门年轻科学所倡导的方法。行为主义者指出，就像我们把意识赋予我们自己和同类那样，原始人也把意识赋予无生命的物体。不过，他们认为，我们不应幼稚地将在一个领域进行的实践照搬到另一个领域。此外，我们无法证明任何反应是否是有意识的，即便有，我们也无法证明意识的类型，更无法明确意识是在人类进化过程中的哪一个阶段出现的。因此，行为主义者有了一个看似合理的推论是，即最恰当的方法就是忽略意识，而是通过观察和分析人们过去对某一情况的反应来推论他们将来对同样情况的反应。狂热的行为主义者走得更远，他们干脆否认意识与行为有任何联系，或是对行为产生任何作用。不过，带有这种观点的行为主义者已把讨论引向了科学领域之外，而进入了哲学领域。科学领域里的实践问题是，意识在预测中是否有用。兴许，意识并不"真的存在"，但它可以像真的存在那样有用。毕竟，我们实际关心的是意识是否有用，而不是它是否存在。科学讨论就像它们应该做的那样，并不始终坚持将科学独立于形而上学。

本文无法用很长的篇幅去讨论与行为主义有关的问题，我们只能扼要地说明我们的观点：意识是有用的，并且在人类行为的解释中是必要且不可回避的。理由很简单，我们无法完全依靠自己，而是必须与他人交流或交换。[而且，我们可以在这个形而上学问题的讨论中注意到，相同的推理使我们有理由接受意识的本体实在性（ontological reality），它是我们相信任何事情存在的唯一理由。]事实上，我们永远无法彻底地把意识从关于物的概念中抹去。例如，上文已经指出如果没有力的概念，就不存在力学，但力不是一个运动，而是一个意识概念。我们无法想象一个由纯粹客观事物组成的世界是什么样子的；如果物体的行为是永久一致的，那么它们不可避免地被认为拥有精神的雏形（rudiment）。当我们尝试解释大多数物质物体的行为

15

时，在某种程度上把自身置于要解释的物体的位置上，尤其是在思考有生命的东西的行为时。纯粹机械生物学（mechanical biology）仍旧是科学家的追求。在讨论生命现象时，某种形式的目的论（telelogy）是不可避免的。想要活着和想要繁殖的意志（will）不能被活着和繁殖这一既定事实所概括，哪怕是对最低级的动物和植物生命的解释，我们都必须要承认，努力因素（element of striving）和过程、结果同样重要。

在人类行为的领域中，由于存在着人与人之间的交流，我们有足够理由承认意识是真实的，并会对行为产生重要影响。使我们相信行动的意识性的一个最具有决定性意义的理由是，行为主体的确能够告诉我们，他的行动是有意识的，并有明确的动机。虽然行为主义者在逻辑上是正确的，因为我们确实无法感知另一个人的意识，也无法验证它，只能从另一个人的行为里去推论它。但是，脱离掉逻辑上的意义，我们都能肯定自己对意识的认识要比对行为的认识更为确定和积极。我们无法科学地解释我们是如何交流感情或理解他人的表情、举止和言语所表达的事情。然而，如果说人类生活中有什么东西是清楚的，那就是，我们的知识生活完全是建立在交流的基础上的；没有它，我们永远不会得出客观性概念，而客观性概念是科学推理的基础。而且，正如我们在上一节指出的那样，真实性检验是有可能进行的验证，而验证靠的就是与他人的意识交流。

如果说没有交流就不可能有客观性概念，那么另一个真理是，没有交流也无法讨论主观事物。然而，有些神秘的是，我们的确能够相互讨论和理解纯粹的主观经验，尤其是在我们对纯粹的客观事实没有形成常识以前——这是一个毋庸置疑的事实。对于有目标的行为，如果采取行为主义的立场，否认意识的存在意味着我们根本无法进行关于行动价值或动机的讨论。我们可以讨论活动（activity）——尽管难以看出这样的讨论如何才有"意义"——和活动的"原因"（cause）（这个词的现象主义用法），但是不会有类似于活动的"动机"（reason）之类的讨论，这使得动机的概念将变得毫无意义，关于价值的所有讨论也变得毫不真实。

以上思考是如何影响科学预测行为的可能性呢？在一定范围内，我们兴许可以发现客观物体的行为规律，但"人"这个词指代的是一类十分真实而独特的"物（object）"。首先，关于一个具体的样本（具体的人）是否属于这个类（人类），人们很少有异议。但是，除了生理过程和条件反射（甚至这些也不完全一致）之外，极难发现人类的所有成员拥有共同的显著特征或特征性反应，甚至笑声、哭声和说话声都不是对特定刺激的确定性反应。在这个领域里，我们希望得出的"规律"，就其特征来说，至多只是统计规律。而且，根据我们即将在下文指出的理由，这些规律也只是在很小的范围内成立。

人类的行为依赖于他们的历史，但任何两个人的历史在其主要方面都不会相同或相近。困难在于，人们对环境作出的反应在很大程度上会受环境的细微差异而不同。"聪明"动物的故事就是例证。对于训练员来说，狗和马常常看似对发出的命令做出反应，但精心设计的实验已经证明，事情根本不是这样。实际上，它们依赖于训练员给出的某种"暗示"，而这种暗示十分微妙，以至于有时候精心设计的研究都不能揭示它到底是什么。一个众所周知的事实是，当不同的人试图用相同的技巧影响他人时，结果大不相同；法律和规章的效果极少符合它们的制定者的预期。甚至就其最基本和"粗略"情形而论，事实也是如此。谁敢说特定的惩罚一定能减少某种犯罪呢？向敌人投炸弹就一定会削弱他们的士气吗？提高工资是使人们工作得更加卖力还是变得更游手好闲？钻石价格变动会对销售量产生什么样影响？事实上，这得看情况！

这些思考形成了从行为科学方法到"心理学"方法的轻易转变，后者试图对意识进行科学研究。在这种情况下，"这取决于"人们如何根据自己的心情、脾气和他们观察到的"刺激"背后的态度来感受和思考他人的情绪。假设我们把意识的状态和态度当作预测行为的数据，那么，对人的行为进行科学研究的前景如何呢？它会胜过常识的判断吗？即使有改善，恐怕也不会有很大改善。我们怀疑是否有可能在不考虑意识的情况下，仅仅依据刺激与反应之间的关系来作出预测。我们怀疑正规的科学方式是否能够在意识数据化领域有深入的进展。行为主义者论点的否定性内容要比其作为解释基础更令人信服得多。毫无疑问的是，人类与生俱来的判断力能够研究上面提到的问题，并对可能的结果提出自己的看法。但是，又有谁能够说出他的结论所依据的数据，以及已知与未知之间的"函数关系"的特征呢？这个问题只能自问自答。

关于情绪和脾气，我们没有客观鉴别的标志，因为实际上它们是用对行为的预测来描述的。我们说一个人或一群人有采取某种行为的情绪或者他们的心情有可能导致某种事情发生。我们总是在没意识到"数据"的客观特征的情况下直接预测行为，并用可能发生的行为来描述情绪。"坏的"或"愉快"的情绪实在没有更深或不同的意思，它们更多的是行为，而不是预测行为的可识别标志。我们仅凭"会意（knowing）"预测将要发生什么，而非真正的有意识的推论过程。

这并不是说，预测和控制人类行为的艺术无法在有限范围内进行教授和学习，而是说教授和学习的方法完全不同于"填鸭式"准则。例如，绘画和写小说是可以教和学的，但不是告诉学生如何画和写，而是研究好的艺术作品，理解交流的技巧。这是一个包含直觉和智慧，无意识和有意识的过程，而且它们是相互联系着的。对它们相互联系的方式的研究超出了本文的范围，或者说是本文作者力不能及的。然而，正式的陈述并没有使我们远超如下真理：一个在某种情绪下采取某种活动的人，"很可能"在"适当的"条件下再采取那种活动。

　　这整个问题其实是一个经验事实（empirical fact）：是否存在与各种可能情况有一致联系的，且可被客观识别的特征。在刺激与反应之间插入情绪因素，只不过使如下结论更加清晰：只要我们的感官能区别各种情况，情况的发生序列就不可能一致。我们可以相信，在感知和验证的范围内，人们不会在相同的情况下体会到完全相同的感受；也不会在"相同"的情绪刺激下做出完全相同的行动。我们无法指望同一个人重复自己，更无法指望他人复制自己。假设一个人和作用于他的刺激真的完全相同，兴许能引发相同的行为。但是，人的最典型属性便是，人总在以不可预测的方式改变着；而且实际生活中的"刺激"通常是另一个人或多个人作出的"反应"，同样具有多变性和不确定性。实际上，讨论相同刺激是否"真的"能使同一个人或同一个类人做出相同反应的问题是徒劳无功的。我们面对的事实是，无论是行为主义还是心理学意义上，我们都不能说，在感知或可验证测试的作用下，相同刺激能使同一主体做同一行为。

　　此外，我们需要重视的一个事实是，科学原理的实际有用性取决于我们是否有能力确定（或以一定的概率）且定量地推论大量事实，且这些事实既无法从易于认识和测量的事实中，也难以从易于获取的历史数据中观察到。如仅仅知道氯化钠是可溶解的这一事实是没用的，除非有办法不用测量氯化钠的可溶解性，就能轻易地知道我们面前的东西就是氯化钠。在研究人的行为时，即便人真的有决定其行为的基本天性，也没有可推论出人身上的不可观察特征的可识别标志；即使有大量易于确定的人类数据，它们与我们希望知道的事情之间也不存在可观察关系。我们不难发现一个人的血统、种族、教育等很多特征，而且有些特征能通过一定程度的识别和测量与人的能力相联系；但我们无法从这样的联系中推论出任何确定事实。如我们无法根据一个人的血统、生活经历、身材、"智商"、是否喜欢在咖啡中放糖或是否喝咖啡之类的事情来推论他是否有领导素质，

19

或是否有理财能力。尽管文学和交谈中充满了关于某类人的行为的概括，如"妇女"、"犹太人"、"英国人"，甚至一个地区的人或城市的人、"耶鲁人"、"卫理公会派教徒"、某一姓氏的人等等。但是真正研究过此类问题的人都知道，当此类陈述变得十分明确，达到足以接受检验的程度时，它们就会变得不重要或错误的。的确，很多否定性的概括是可靠的，比如，不接受科学教育，一个人不可能成为合格的物理学家；再如，一个瘸腿的人无法成为一名传令兵。但是，肯定性的断言就很少能够成立。

重复一下，人本性上的良好判断力或许能对在特定条件下的一个人或一群人大概会做什么事得出非常有效的判断。此外，人们还可以在很大范围内有效地传递信息和描述情况，从而形成关于如何判断人的本性的一般性看法，且这样的看法在一定程度上是有用的。但是，所有这些都不是靠科学方法做到的。它们都是一种艺术行为，不属于科学，也不属于暗示和解释，而且不是一种精确、确定且客观的看法。在这个领域里，常识能起作用，但逻辑毫无用处；在这个领域里，改善我们的技术的途径是培养和训练我们的直觉，而不是把事情分解为组成它们的要素或元素，也不是把它们简化为可测量或确定的函数关系。

随着心理学中心理–分析（psycho-analysis）方法的发展，尤其是潜意识（subconscious mind）概念的引入，上述论点变得更加有力。我们无法在这里深入讨论这一发展的意义，但该方法的假设可在某些情况下被用作控制技术的基础；虽然该方法给"把行为简化为一般规律"的工作带来了新的困难和不确定性。新理论的可取之处在于证明了人的真实动机常常不同于人们所认为的动机，而且人的真实动机很难获知。杜威的一些追随者在"理性化"人的意识方面有很多研究，如詹姆斯·哈维·鲁宾逊（James Harvey Robinson）描述了"好理由（good reasons）"与"真理由（real reasons）"的区别，它们都以类似方式强调了用动机预测人类行为的难度。至于心理分析（psycho-analysis），我们认为这个词的后半部分，即"分析"在一定意义上不同于其最初的科学意思——科学分析；为了不造成描述性误解，这个方法的更确切名称应为心理解释（psycho-interpretation）。

　　除了行为主义和心理学，一般意义上的社会学科也对人类现象的科学预测进行研究，如历史哲学和社会心理学。在开始这部分内容之前，我们先要简单介绍一下人类本能的理论。关于这一主题的争论是相当令人沮丧的文字游戏，但就本文的目的来说，这个问题可以一带而过。一方面，没有人否认人类行为中有内在性要素，因为人们实际做和有可能做的事情并不完全源于训练或历史事件。但另一方面，也没有人认为，人类继承了某种预先形成的行为模式，即在任何给定的环境下都按照某种无须教育的行为模式做一定的事情。很多行为，比如吃、交配、说话、打斗、躲避危险等都是很容易地、自然地习得的。然而，需要注意的是，这些都不是具体的行为——它们的具体内容，即吃什么和如何吃、求爱形式和家庭生活方式、运用何种语言等等，都是通过后天的努力才学来的；而且在很大程度上，一类行为的内容与另一类行为的内容一样容易学会。在麦克杜格尔（McDougall）有关本能理论的最初版本中，他不认为本能理论属于行为理论。正如他公开坚持的那样，在任何具体本能情况下，刺激和反应都可以无限地改变，只有情绪这一核心部分是稳定的论据。此外，他认为本能丝毫无助于预测行为，因为它只能指出得出某种情况下的各种可能性反应，但并不能告诉我们在任何既定情况下将会出现何种特定反应。例如，处于危险之中的动物可能选择战斗，或是逃离，或是装死。无论它做什么，理论都告诉我们那是动物的"本能"所致。本能可以告诉我们在某种情况下可能的结果之一终将出现，但这没有任何实际意义；尽管这一解释可以让我们在事后为已发生的事情找一个理由。

如果研究反应就是研究预测实际行为，我们便回到了比较严格的社会学领域，即对社会遗产、风俗或制度的研究。这些研究中最为迷人的部分是，不同历史阶段对文化的定义，以及通过找出文化的发展和变化规律来建立起文化科学。这里，我们无法详细罗列曾经有过的个人研究计划，甚至无法概述历史上对建立这样一门科学（或称为哲学）的支持和反对观点。就我们的目的来说，我们只需指出，在那些可以给出判断的人中，包括历史学家自己，也很少有人相信此类努力会有丰富成果，或真正尊重社会学家和哲学家在寻找文化演进规律时所做的尝试。历史学家的职能是发现和展现"因为它实际上是（*wie es eigentlich gewesen*）"，或者如麦克劳林（A.C.Mclaughlin）教授所说，知晓过去发生的事，但不对发生的事进行归纳。这位历史学家还坦诚地质疑"让历史有用"的项目。在这一点上，最深刻的历史哲学家们刻薄地评论说，历史中唯一可以学到的事是人们拒绝接受历史教训。莱斯利·斯蒂芬（Leslie Stephen）用以下著名警言有力地强调了这一点：每当一位作家断言"历史证明"了某一点时，读者就理解成"没有证据可以证明这一点"。

在本文作者的理解中，这些历史学家并非真的认为研究历史无用，而是认为所有人都缺乏足够多的历史知识。但是，历史的用处不在于得出作为推论和预测基础的法则。在这个方面，历史不是科学，而是艺术。在研究方式上，历史学也完全不同于科学。历史学的研究方式是通过对判断力的训练，以及人类生活的洞悉。有用的历史知识主要是无意识的知识，其应用也是无意识的。就像我们对人类状况做解释和预测时，其推论基础也不是有意识的知识。的确，虽然以上内容时常能够被发现且随后转变成文字，但它仍然更多地是历史，而不是科学。

关于历史科学的主要问题，也是任何一门科学的问题，那便是：研究材料（至少其元素）是稳定、可分类和可证实吗？
也就是说，其中是否有有待发现的"规律"？关于历史和文化
的真理，美国经济学家中没有比新历史学派（new *Historismus*）
创始人凡勃伦博士表述得更好：……"没有试图发现的那种文
化规律［早期德国历史学派］，至多是一般智力的成年人都充分
熟悉的不精确概括。"[1] 然而，凡勃伦博士却继续建立了他自己
的历史科学（至少在经济学中），它的基础是因果规律（causal
law），但这些规律根本不同于"现象中的序列事件具有一致性
（uniformities of sequence in phenomena）"，它的基础是"决定
事件进程的原因"，而这些原因"造就了现象的一致性或变动"。
依照凡勃伦的观点，这才是"现代科学"，相比之下那些具有经
验主义本质的"自然规律"反而成了虚幻的东西。在本文作者
看来，这种观点根本不值得批判。就我所知，现代科学的第一
原则就是彻底拒绝某个原因"决定"或"导致"某件事情发生；
现代科学的第一信条则是将人类的知识局限于对现象一致性的
经验性概括。此外，唯一可以替代经验主义观点的观点是某种
类型的生命原理（entelechy）。但对这种原理，凡勃伦博士也抱
着像对经验主义"格言"一样轻蔑的态度。

当然，科学并不能给出因果关系规律与经验规律之间的区
别，两者只是普遍性程度上的区别。例如，寄生虫以特定方式
干扰动物的正常血液状况，它是产生疟疾的"原因"，而奎宁是
特效杀虫剂。相比上述陈述，"奎宁可治疟疾"是一个经验规律
的陈述。但是，当我们问"为什么"杀虫剂有毒，以及为什么

22

---

[1] 《科学在现代文明中的地位》（*The Place of Science in Modern Civilization*），第
262 页。这个说法也比我本人赞成的说法极端得多。这里的问题是对历史进行
科学研究能在多大程度上超越常识。我认为，如上所述，不仅历史培养常识，
但不同于得出科学规律，而且，在一定范围内，把常识判断弄得具有系统性和
改善它们的精确性是有可能的。历史研究无疑可以发现一些"规律"，如果规
律一词的用法不过于严格的话。

疟原虫造成的红细胞破坏会导致人们所熟悉的疟疾症状呢？这些问题只能用更具概括性的描述性命题来回答。除了更高程度的普遍性，我们能够给出的"原因"只能是——在我们知道寄生虫和传播寄生虫的蚊子之前，沼泽的出现"导致了"疟疾。

　　关于人的本性，另一种理论是威廉·托马斯（Wm.I. Thomas）和"芝加哥学派"在社会学题目下提出来的。它是关于人的本性和社会继承制度型"价值观"之间相互作用的理论。这一理论打算用这些价值和个人反映出的"态度"来解释人的行为。这是一个有意思的理论。在本文作者看来，与行为主义相比，它更有可能帮助我们理解人类行为。在帮助学习常识方面，它有巨大的实践价值；在给事件作出清晰明了的解释方面，远比幼稚的本能论有效。但是，这种理论是否有希望找到可用于实际预测行为的规律呢？这是一个完全不同的问题，且我们十分怀疑这种可能性的实现。这是因为，要实现这个雄心，必须满足同其他科学理论一样的假设。这些态度和价值观必须是稳定的、可归类的；最重要的是，社会学家必须找到客观标志，并借助这些标志在态度和价值观被行为表达出来之前就识别它们。我们猜想，也许真有可能用这种办法对行为做出充分的事后"解释"。也就是说，有可能证明它在多数情况下服从了规律，即在事后（afterwards）证明一种情况下的结果是在某种"力量（forces）"作用下的结果。但是，这些"力量"无法事先识别和测量，只能等待想要预测的结果出现，显然这没有做出预测的能力。

　　出路一个接一个被堵死了，我们被迫回到多次强调过的结论，即人类现象不适合按照严格的科学原则加以研究。它们不产生可作为预测和指导政策基础的一般法则（generalizations），因为没有一条有关它们的一般法则是正确的，或者说我们无法在对它们的观察过程中得到一般法则。一个具有无穷智慧的人可能会研究，是否存在永久真实的特征，是否真理本身也在不断变化，但这种研究属于纯粹哲学，不在我们研究的范围。在我们的观察范围内，无论我们是否试图把意识状态和态度等作为分类依据的数据，人类现象是不一致的，人类行为特征具有非同一性，它们也无法被分成有限个数的行为类别，且这些类别具有客观和可测量的标志。关于这个命题的每一部分，我们都可以给出经过深思熟虑的简短结束语。

与所有高级动物一样，人类本性的一个基本事实是，个人对一个"对象"的反应不仅依赖于或主要依赖于个人和对象，还依赖于个人的历史。当然，有人会反对说，在做出反应的那一刻，人的反应取决于当时他是一个什么样的人，他的历史仅仅通过改变当下的他而起作用。作为一个理论，这个命题无法证明，也无法反驳，但在实践中它是失实的，因为没有方法能观察到由历史造成的改变。这个现象被称作联想式记忆（associative memory）或记忆印迹学说（mannerism）。[1] 在最低层面，它是条件反射；在最高层面，我们说个人不是对物做出反应，而是物对于他来说意味着什么。用柏格森的较为生动的说法，动物以一种累积性的增长过程把它的过去携带到它的未来。人在成年之前就是一个对经历很敏感（sensitiveness）的生命，他的有意识和无意识记忆组成了他对价值的态度总和，所以他是唯一的，是无法被精确分类的。他必须被当作一个人来对待，但他是很不稳定且在很大程度上是不可知的，因为正如已经指出的那样，影响反应的那些联想（思维、感情、观点之间的心理关联或联系）相当难以观察。生命的历史无法被弄成精确的细节，也无法成为科学研究的数据。更何况，正如我们已经指出过的那样，在我们需要实际预测的绝大多数行为中，"刺激"

---

[1] 见罗素（Bertrand Russell），《心灵分析》（*The Analysis of Mind*）第 iv 章，以及其中提到的西蒙（Semon）的著作。弗洛伊德的心理学强调过去在人类当前行为中的作用。

是由他人的"反应"组成的，同样是不可分类且很大程度上的不可获知。

我们需要承认的是，人们对特定的"基本（elemental）"刺激和强烈愿望给出的反应是相似的。他们都体验过饥饿、性欲、恐惧、愤怒等动机，尽管这些动机的具体表达方式几乎完全来源于教育和社会暗示（social suggestion），且有关这些基本事情的文化背景也是相对稳定的。知道一个人属于哪个民族、社会阶层、受过什么教育等，有可能很准确地预测出他的生活经历。如果一个人生长在美国，他将吃猪肉、牛肉、羊肉，而不吃猫肉、狗肉和马肉。（理论上）他将遵守一夫一妻制，（至少相对于其他宗教来说）将以某种方式接受某种形式的基督教理念。如果他生活在美国南方，他将认为自己被灌输了反感黑人的种子（尽管这在很大程度上是一个误会）等。

此外，毫无疑问的是，关于生活中的意外情形和沧桑变迁发生的概率，科学研究能比常识得出更为准确的答案。通过观察基本的反应，我们有可能得出一些有价值的"规律"——具有"统计"特征的规律。例如，我们可以从影响出生率、结婚率、离婚率等的各种原因中学到一些东西。尤其在经济活动层面，没有人否认统计学和因果统计研究的价值。然而，定义统计单位的困难、获取可靠信息的困难，以及其他一些统计人员熟知的困难，给统计方法在经济领域的运用带来了严重的局限。这些困难导致获取真相的成本远超想象；或者是导致调查周期过长，以至在合理的调查结论给出以前，问题已经自我解决了。据最近的一则新闻评论，两个美国政府部门得出的美国上年度12月的棉花数量竟相差40%，这还不是关于未来的数量。

社会现象的统计研究，不仅会遇到巨大的实际困难，还存在两类普遍局限性。第一，如上所述，它仅限于对生活中的"基本"要素的研究。然而，人类的进步总是从基本和自然层面，即相对稳定和相同的层面，走向个人化层面（artificial），即变化无常和千差万别的层面。让一个人估计他的活动或他的支出中有多少比例用于基本生活所需，即用于保持身体健康和效能，即便他的预算相对非常一般，这个比例也会相当小。一位在美国演讲的德国学者称，年收入 100 美元的生活是极为轻松的，尤其当大家都差不多时。

统计方法的第二个局限性是，它仅仅研究特定个人，而将个人关系的差异性消除或简化成百分比。然而，当人们组成任何意义上的真正团体时，或当人们的反应以任何方式相互影响时，一种非常不同的情况就出现了。要知道，即使是自杀也具有传染性。当抱着某种共同信仰的个人能够进行有效的交流时，他们不再作为个人而行动，也不再是统计学而是团体心理学（group psychology）探究的事。当我们将一个团体等同于一个"有机体"，意味着我们不能简单的，或以可观察的方式将团体中的个人行动与他作为个人时的行动相联系。因此，预测团体行为同预测个人行为一样，存在一些不可逾越的困难——团体是不稳定的，不能被简化归类的，也不能被任何客观条件表示（除非它自己解释自己的行为）。与个人一样，团体和社会也把它们的过去携带到了未来，并在历史唯一性中成长。它们对意图而非局面做出反应，并与个人一样敏感且易于犯错。

我们不得不得出如下结论，不是人类现象不可预测和控制，而是正式的科学方法在这个领域的应用有很大局限性。常识能够预测和控制，且能通过训练更好地进行预测和控制。不过，这并不证明科学能够比常识预测和控制得更好。非常值得怀疑的是，在大多数社会问题面前，逻辑方法和逻辑规则是否能像非正式直觉判断（经过提炼和发展的非正式直觉判断可被作为一种艺术）一样给出好结果。要知道，艺术不是科学，艺术仅在很小的范围内能被简化为科学（在这种情况下，艺术不再是艺术）。科学似乎是专门为了控制物质自然界而发展起来的技术，而把科学方法应用于社会现象是一个经常被鼓吹和强调的理想，但这一理想依据的是一个十分严重的误解。

这一理想不仅误解了被研究材料的特征，还把我们引到本文讨论的范围之外，进入一个十分不同的领域，讨论社会控制这一重要概念中包括的道德问题。在实际生活中这意味着，要么事情是自控的，从而十分明显地不同于因果关系处理；要么社会的一部分控制着另一部分。毫无疑问，社会中的每个人和每个阶层都迫切地希望掌握能控制社会其余部分的技术。不过，这是社会哲学应该关心的事吗？在一定范围内它是的。因为所有有组织的体系内都存在一部分人控制社会其余部分的情况。在这个意义上，社会控制是法律的附属物。不过，我们大多数人都承认，法律自身应该被减少到最小。因为理想是自由而不是控制。还有，所有现实社会中都存在孩子和一些没法明智控制自己的成年人，对于这些人而言，有效的控制技术是迫切需要的。不过，从这么特殊的角度出发来解决问题，显然完全不同于将运用于自然界的科学控制方法直接运用于人类领域。

不过，我们在本文中想要发展的观点与纯粹方法论有关。在研究物质自然的领域里，正式的科学方法取得了巨大的成功。然而，考虑到人类数据的特征，我们十分怀疑正式的科学方法能否改善由常识得来的结果。我们可以用如下比喻来强调这一点：预测和控制人类行为的思维过程可被比喻为记忆唤醒过程。回忆能力是人类不可怀疑的能力，且能通过训练在一定程度上得以提高。不过，科学分析无法告诉我们如何回忆，也无法得出某种技术或公式法则来提高回忆能力。我们绞尽脑汁地回忆遗忘了的名字或事实，努力的心理过程就在持续进行中，尽管注意力可能在别的方面或思维被别的事物占据着。我们无法简单的形容这个过程是什么；我们只知道经过一段时间的努力，人类数据的寻找工作会变得有意识起来（在本例子中，也可能不会发生）。

在对同一个团体内的同伴进行行为预测和控制时，事情也是如此。这一过程似乎反对分析或正式的描述。问题是如何解释同伴，公式化结果并发明一种引导结果的技术，通过运用公式对结果进行推论和控制，而不是验证被观察的结果。我们必须学会理解和引导我们的伙伴，它就像审美性的理解和创造一样。每个人的生活都伴随着问题，商讨，尝试去判断他人，通过创造性作品具象化自己的创意，理解对他人的判断，欣赏他人的作品。最终，人们发现自己正在理解和被理解，他的结果与他的意图实现了某种程度的协调一致。

人类本性是通过语言形式描述的。就像对艺术品的讨论，人类本性很少用客观的、可感知的，记录的方式进行讨论，而主要通过暗示型、修辞型和非断言型语言进行。我们很难比较修辞型语言和记录型语言的相对重要性，但到目前为止，以写或说形式进行的声明多是修辞型的，因为修辞型语言不仅能表达人们的意图，还能将无法直接科学地表达出来的意图传达出来。

与感知相比，人们更关心意图（meaning）。意图是一种只能被暗示而无法被陈述的主观现象。行为主义–唯物主义者（behaviorist-materialist）也许坚持认为，"一颗坚定的心"和"我的爱就像红玫瑰"之类的表达"真的"是以物质上的细微相似性为基础的。不过，他们无法从感知意义上指出相似点究竟在何处，从而他的断言只不过是教条化的武断意见，如同神秘主义者的鼓吹一样语无伦次，与经验"事实"毫无关系。我们可以相信，除了可感知的物质相似，还存在一个由意图组成的世界，它与可验证的物质世界同样真实。恰如我们无法用纯粹客观条件描述现实世界，除了任意的数学符号和符号逻辑外，我们也无法说所有的语言都是记录型的。通过修辞型语言传达的意图是无法被取走也无法被组合的，而用普通意义上的"分析"和其他自然科学技术进行意图研究是一种误用。

28

IV. 作为一门科学的经济学

尽管有以上讨论，但我们仍认为经济学的确是一门科学，一门真正的，甚至严谨的科学，它得出的定律与数学定律或是机械学定律一样具有普遍性。经济学的发展建立在对自身含义和局限性的充分肯定上，并由准确的前提和严格的结论相组成。经济学和其他科学十分相似，只是经济学更为抽象——经济行为的内容不存在普遍规律，但经济行为的形式存在普遍规律。经济学是针对所有理性行为进行抽象化的基本原理，是理性行为组织中产生的社会关系的基本原理。我们无法说出一个人具体需要什么物品，但我们可以断定，在一定限度内他希望得到更多的物品而不是更少；超过一定限度，则相反。我们无法知晓，在特定的时间和地点上财富具体表现为何物；但我们充分地知道一个明智的个体会以什么态度对待财富。我们同样知道，在这个世界上的任何生产经营活动中，产量与生产所需资源之间存在某种数量上的普遍关系。

经济学原理并没有数学原理那么抽象。在现实生活中，2+2=4永远不正确，因为从严格数学原理来看我们无法相加不29 同的东西，而现实中没有完全相同的东西。我们熟悉的数字和数量定律，仅仅适用于完全抽象，且没有任何内容的个体。然而，没有人怀疑此类定律在实践中的作用。倘若只遵循严格数学定义，此类定律就不会那么有用；正因为失去了完全精确性，它们才获得了普遍适用性；正因为在任何情况下都不那么严格正确，它们才在任何情况下都有意义地正确着。

本文认为，数学原理、经济学原理，甚至是力学原理的抽象型先验定律，不同于惯性这种凭"直觉"认识的神秘定律。我们应该简单地把它们看作被观察事实，是我们生活的这个世界的特征，只是这些特征有着无法忽视的显著性和基础性。公理之所以"必然"，不是因为智力创造了它们，也不是因为智力赋予了它们经验，而是因为我们没有足够的智力去创造一个从根本上不同于目前生活中的世界的世界。

这正是经济学理论的一般规律——比如，效用递减规律和报酬递减规律——所具有的特征。效用递减规律只不过是如下事实的一般表述：一个有给定购买力的人（除非是弱智的人），决不会将所有购买力用于第一件商品或当下认为最重要一件商品上，而是以几乎确定的方式将购买力分配到可供选择的多种商品之上。所以，明智的货币支出和愚蠢的货币支出之间确有区别。

同样的，在产量与生产所消耗的资源之间也存在一个众所周知的数量型规律。这个事实是，"商品"通常不是由一种要素生产的，而是由不同种类的要素结合在一起生产出来的；十分相似的是，"满足"也是通过消费多种商品而产生的；而且这两种情况所依赖的特征非常相似。在以报酬递增一般规律支配的领域，可以通过减少致力于商品生产的资源来提高商品的产量。这个领域将是极度混乱的。

演绎经济理论经常会碰到的一个反对观点是，经济学只能从显见的原理得出显见的结论，而不能得出有实际意义的结论。这一观点掩盖了经济科学自身的事实，更不用说数学了。数学是一个以少数简单公理为基础的、范围无限扩展且错综复杂的组织。然而它是"有用"的。它的结论是现实世界的描述，是预测和控制物质世界现象必不可少的基础。在经济学中，一般理论结果的意义也是显著的。它们不是"显见的"，因为最有能力的学者也没有就很多经济学原理达成共识。对于实践目的来说，它们并非无用，因为很多社会政策依赖它们。不过，由于立法者和行政官员经常无法理解和遵守它们，导致政策常常出错。

经济学的一般规律在一定的制度背景下发生作用，并依赖于制度，但它们不是"制度性的（institutional）"。制度向经济

30

规律提供内容，并在不同情况下建立使经济规律发挥或快或慢作用的机制。制度可以规定自由选择的范围，也可以决定选择哪个机会，但选择的一般规律不是制度性的——除非把理性思维和客观世界看作制度，但这一解释会使它们完全失去意义。经济活动是指采用既定资源通过既定过程生产"财富"。财富概念的内容在很大程度上是制度性的，且生产财富所需的可用资源、已知生产过程和使用该财富的时间地点等都是历史产物。不过，无论把什么具体的东西看作财富，也无论使用什么生产要素和工艺，生产和消费的一般规律都是存在的。

　　作为反例，我们来总结下那些不承认一般规律的作用的人们，甚至包括一些经济学家给出的常见主张：理解定价的方式是为了研究市场机制和过程。市场的组织方式的确对价格有很大影响，而且至少通过两种方式影响价格。首先，它使商品的买者和卖者进行几近完美的交流，并通过这一渠道引出决定价格的真实因素——需求和供给——从而近乎自由和有效地决定了商品的真实价格。其次，所谓的市场机制和组织还包括的一个重要成分是需求操纵（manipulation of demand），即通过发布真真假假的商品信息，或通过暗示和劝告的方式进行心理强迫，为待出售的商品创造或实或虚的品质。这种需求操作可以达到影响价格的作用，但它并不影响"商品的价格由供给和需求条件决定"这一事实。还有一些造成价格偏离真实水平（充分了解商品和自己需求的买者和卖者完美交流后决定的价格）的因素，但它们仅仅导致了对价格基本趋势的误差性偏离，且从属于基本趋势。这种价格偏离类似于力学定律在实际机器中发挥作用时遇到的摩擦力和不合适材料所造成的偏差。

　　理论经济学与理论物理学之间有一个十分相近的类比。两者都探讨因果关系、力（因素）与变化的关系，且均不考虑在具体场合中什么力（因素）要发挥实际作用，或者什么结果是期待产生的。在两个领域中，原理的应用都取决于当时的具体目的、手段和条件。但是要运用原理必须建立在有原理可用的基础上。纯粹的理论的确不能直接给出确定的行动准则，但这不意味着纯粹理论没有实践价值。一个公认的事实是，不借助数学理论的发展，现代实验物理学寸步难行，而数学的发展却是由那些不曾做过实验的数学家相对独立地完成的。

尽管经济学定律与制度环境有关，但它们自身不是制度性的。正如我们已经看到的那样，有些经济学定律和理性行为一样具有普遍性，即在数量不同的目的之间进行选择，或在同一目的的不同实现手段之间进行选择。还有一些定律与"有组织的活动"一样具有普遍性，但与组织形式或方法无关。现存经济理论体系中的大部分内容在社会主义社会和个人交换型社会中同样有效。另一些定律直接联系交换关系中的行为，在没有此类关系的情况下它们毫无实践意义。还有一些定律仅适用于特殊制度安排下的行为，比如现金打折情况下产生的销售习惯，再比如分行银行制度（branch banking system）与独立银行（independent bank）所导致的不同商业行为。明智的科学观念要求我们清晰区分具有不同普遍程度的定律的分类和次级分类。每个定律在它所适用的范围内都具有普遍性，尽管它没有完全描述自己所试用的全部情况。一个定律常常表达为如下形式："只要情况具有这一特征，事情就会发生。"我们认为，只要一个定律能够充分解释某个经常发生的事，它就是有意义的。

如果不按现象进行分类，科学定律会以另一种等级分类模式进行分类。一个定律说，"在给定的条件下将会发生给定的变化"。但是，"给定的条件"也许只是相对地给定，它们自身相对于其他限定它们的条件可能是不断变化的。用直接原因解释了一个事件之后，兴许还需要用其他理由解释直接原因。在很大程度上，不同的解释阶段涉及不同科学，即用一门科学的结果作为另一门科学的数据（data）。但有时也会出现若干解释阶段同属一门科学，比如在经济学领域，这使得应该选择哪个结

32

果作为数据这一问题成为尤其突出的难点。我们将在稍后回到这个问题。

按照字面意思解释，"经济学"包括使用恰当的手段达到目的的行为和"节约地"利用手段以达到最大目的的行为，那么，经济学几乎成为包含一切的科学。它包括所有被我们称作理性行为的行为，而思考是用于指导完成这一功能的技术。不过，这个巨大的研究领域可被分为若干分支学科，经过几代人的努力之后，这些分支学科仍有待进一步界定，并进一步认清适合每个学科的研究方法。以下基本要素是需求－满足过程或理性行为过程必须包含的：（1）有待满足的需求；（2）商品、商品的使用或服务，以及满足需求的人力服务；（3）一系列中介商品；（4）商品生产所依赖的最终资源；（5）一系列技术转换过程；（6）完成这些过程的人力组织。这里的人力组织由两部分组成，它们是（6-a）技术类的生产单位内部组织，和（6-b）社会类的生产和分配组织。一般来说，"理论经济学"几乎仅仅关注第六点的最后一个因素，即一般社会组织，其研究单位是国家或很大程度上的整个世界。

33　　　当一个研究领域相对于单个学科来说过大时，就有必要将其分工给不同领域的研究人员，并用不同的组织方法进行研究。最重要的划分之一便是政治组织与经济组织之间的划分。政治组织包括以领土主权作为基础的君主政体、民主政体等。经济组织则是通过市场交换和商品和服务价格来发挥作用的市场主体。因此，经济理论仅限于分析以价格机制为基础的社会互动和合作：个人（实际上是家庭）竞争性地向企业出售自己的生产服务（人和"财产"）以换取金钱；企业用出售商品所获得的金钱竞争性地购买生产服务；真正完成生产活动的是以不同形式设立的企业。因此，经济理论直接研究的是经济生活的三大要素（需求、资源和组织）中的组织的一大部分，仅偶尔研究其他要素。因为人的需求属于心理学、社会学和伦理学；资源属于其他很多学科；组织的技术方面也属于其他学科，只有企业的内部组织属于经济学的一个特殊分支。

使经济理论变得含糊和困难的一个重要事实是上文已经提过的混淆的因果关系，或混淆的"给定条件"解释，或科学术语表示下的自变量与因变量的区别。这个问题是"静态"经济学与"动态"经济学，价格问题的短期观点和长期观点之间的粗略区别；它也是演绎理论经济学与"制度性（institutional）"经济学之间的核心区别。但这些对比型概念都具有相对性，它们都只是在一定程度内形成的对比。在一个极端里，我们仅讨论有大量数学研究的抽象型市场理论；在另一个极端里，我们研究（经济领域中的）历史型哲学，这是制度经济学的领地。但无论是哪种讨论，它们都是有用和必要的。

首先，"静态"和"动态"这两个术语的使用造成了不必要的混淆，它们在力学中所具有的含义与经济学的主要问题毫无关系。在经济学中，给定力（因素）之间的均衡条件问题——确切意义上的"静力学（statics）"——常常是重要的，但终归是从属性问题。更重要的问题是，给定条件下的力（因素）是否趋于产生一个均衡状态；如果是，那么如何产生？如果不是，那么它们的趋势是什么？也就是说，这是一个动力学问题。至今为止，这类问题在很大程度上被忽略了，并给经济学这门学科留下了致命漏洞。本文认为，经济理论的迫切任务是研究"运动定律"，即经济变化的动力学（kinetics）。就像不严格区别两类阻力——惯性和摩擦力会对物理学造成致命影响；现有经济理论以均衡状态的结果和条件为中心而疏于对经济变化规律的研究，也将使经济学难以发展。但是，当我们努力阐述与经济变化相关的质量、动能、能量等概念及应用时，当我们测量经济学意义上的力和加速度时，就会发现力学与经济学本身，以及它们的研究方法间存在巨大区别。

我们不能过分强调真正意义上的经济动力学（即对给定条

件下的变化规律的研究）与上面指出的主要问题（即什么条件可被视为给定）之间的对比。我们首先遇到的问题有很强的混淆性：人的需求是否能，或在什么意义上能被当作经济学中的数据（或自变量）。我们不必在这里讨论这个问题，但这不意味着它已经有了答案。人的需求通常被看作最基本的经济学数据，或是经济活动的最终驱动力。从短期上看，这一观点是合理的。[1] 但在长期内，人的需求显然是因变量，很大程度上是由经济活动引起和塑造的。这有些像河水与河道之间的关系：短期内，河道决定河水的流动；长期内，河水的流动决定河道。

　　类似的说法也在经济问题中的其他要素上成立。实现需求 - 满足的手段、用于生产的资源、生产技术和企业组织，在某种程度上是数据、原因和自变量；在另一些程度上是结果、因变量。最终的自变量只有经济力量无法改变的自然和人类本性，但又很难定义它们到底是什么。甚至关联于经济生活的技术和生理学定律也是按照人们相信的方式，而不是它们原本的方式发挥作用；而我们对它们的信念既不是固定不变的，也不是完全独立于经济事件的。

　　大量相互联系着的数据需要三种方法结合起来研究，而这三种方法必须在逻辑上严格区别，形成三个分支学科。第一个分支是公认的经济理论，主要对经济学因果关系的一般方面进行演绎性研究，其价格体系独立于具体的需求、技术和资源。第二个分支是应用经济学，试图用统计和归纳的方法研究具体时间和地点下的实际经济数据，研究一般规律在各种具体和偶然环境下的表现。也就是说，一方面，它需要获得被研究情况

---

[1] 本文前几节的论述应该弄清楚了的是，仅仅在有限的范围内，在任何场合下，人的需要可以被当作科学研究的数据。文明人兴许既是尝试新的需要和满足，又是对确定的需要作出的反应。但是，探索性的行为无法成为追求预见到的结果的理性行为，从而不属于严格意义上的科学研究的范围。

下的需求、资源和技术等相关的事实，并且能用精确的函数关系形式将这些事实表达出来（一般理论通常只能定性描述这些事实）。另一方面，它还能考虑和确认对于一般理论来说过于特殊或没有共识的事实和原理。本文第三部分证明了，这个分支仅限于很窄的研究范围，且相关数据缺乏科学研究所要求的稳定性、可分类性和可测性；并且，正如我们已经论述的那样，现实的经济实践既是有精确前提和严格结论的科学，也是有一般性知识和可靠判断的艺术。

经济学的第三个分支是经济领域中的历史哲学，即有些学者所称的"历史"经济学或另一些学者所称的"制度"经济学。这一分支试图预测因素的长期变化，而这些因素在应用经济学中作为数据、观测目标或推断依据存在。就目前所能预见的，第三个分支比第二个分支需要更多的非正式判断力，而不是按照科学原则进行推理。因为历史性的趋势是被"理解（sensed）"的，而不是被计划和设计的。

在经济学的第一个分支，即经济理论的范围内，有无数问题和观点为区别自变量与因变量提供了基础。但我们可以将数据稳定性分为成四到五个层面，且使它们分别对应因果序列中的不同层面，其中一个层面的原因是由下一个层面的更为一般和稳定的原因产生的结果。第一，瞬间价格情况（在可以用一般力量或因素解释的范围内）是买者意愿和卖者意愿达成均衡的结果，而交易者意愿的背后均是投机性的看法；此时物品的实际供给和需求都不直接对结果起作用，它们只是通过影响交易者的看法间接起作用，而真正决定价格的是交易者的看法。在一个有高度组织性的市场里，人们的投机性看法能得到充分有效地汇集；在一个没有充分组织性的市场里，某个时点或地点的价格首先会落在一个相当宽泛的区间内，再由买卖各方的竞争程度决定具体价格，并进一步取决于很多偶然和特殊的因素，尤其是各种形式和程度的"垄断"。

第二，绝大多数商品都有大致确定的生产周期，使得一定期间内的世界市场上可供利用的供给基本上不受价格影响。例如农作物的生产周期是近乎固定不变的；再如制造业的生产周期虽不那么确定，但在一定时期内其供给也是相对稳定的，尽管它可能对一个方向的价格变动比对另一个方向的价格变动做出快得多的反应。无论如何，一定时期内的供给几乎不会随价格变动这一经济现象相当普遍，以至于我们需要在价格理论中承认它。关于这个问题，如果将可供利用的，或承诺可以给出的实物供给量作为供给基数，则在价格调整方面，最终消费者的需求曲线保持不变。

第三，在更长的时期之内（比如 10 年）情况更为复杂。显然，长时期内的任何具体供给都变为因变量，只会对价格变化产生反应而非价格变化的原因，并通过生产能力的改变从一个产业转移向另一个产业。不过，长时期内的社会总生产能力仍能保持大致不变（或者仅由价格体系作用之外的原因变动）；我们还可将人口、消费习惯、财富分配、技术方法等看作自变量。对于长时期来说，这些自变量决定和解释了如物品的价格、生产服务的价格、生产能力在不同产业间的分配、商品在不同人间的分配等因变量的变化水平。最后，长时期内的生产能力到底是如何实现转移，以及需要多大的成本进行转移，是取决于每个具体情形中的特殊原因的，我们很难给出一般性结论。

最大的保留观点是，假设需求保持不变，一定时期内的生产和消费数据也是不变的。随着生活水平的提高，人们的经济兴趣越来越多地从基本需求转向审美、社会满足感和纯粹的体验，这使得人的需求变得更不稳定。带来的结果是，生产者将更多的精力用于唤醒人们的需求，或改变人们的需求以符合具体的产品；而较少研究人们的真实需求并生产出符合人们真实需求的产品。然而，尽管目前的国民支出总量已与严格意义上的国民生理需求没有太大联系，但在忽略社会和审美标准的前提下，它的绝大部分仍然符合一组相当稳定的文化价值。因为只是在较长时期内，例如几代人的更迭后，基本社会标准和理想才会发生巨变。此类长期变化的研究似乎是制度经济学最显著的任务，尽管此类推理也在很大程度上适用于经济情况的其他基本要素的变化。对社会标准和社会关系一般结构的历史变化研究，组成经济因果关系的第四个层面。没有人贬低这方面的研究，但也没有人认为这样的研究可以取代经济学的其他分支。这些其他分支或是独立于制度经济学，或是在特定时间和地点承认制度经济学，并用它们来解释经济生活中的直接事实。

但正如一再强调的，我们不大可能真正预测制度的历史变化，可能的研究方向被限制在两个路径上。第一个路径是将制度当作一种实体，且它们的成长和变化有着某种固有规律，因此能为未来做计划。但这类带有万物皆有灵论特征的独立变化并不受现代科学家赏识，原因是，经验告诉我们变化能被更大、更基础的变化所"解释"，在因果序列中甚至能追溯到地质或天文原因。这就引出了第二个路径，即用自然和生物学的一般规律解释人类文化及其演变。巴克尔（Buckle）的著作代表着至今为止在这个路径上所做的绝大多数尝试，但他的开创性工作尚未吸引到很多追随者以形成学派。自然选择理论和历史唯物主义也尝试解释历史，但它们甚至无法很好的解释过去，更别提在预测未来上有何建树。事实上，人在内心深处似乎是多愁善感和感情用事的，也许只有动物是真正"明智的"，知道什么事情对它们有利，并作相应的选择。因此本文相信，短期内我们不大可能通过发现某种内在规律，或通过某种确定的方法将人的动机行为和能够被预测的自然事实联系起来，从而找到可以预测人的动机和行为的公式。"历史自会重演"及其等价说法"人本性难移"在某种意义上是正确的，但这个意义无法界定，且如果从原理上对这个意义进行推断，结果更有可能是错误的而不是正确的。而且，在有限范围内，训练有素的判断力和人类天生的洞察力似乎比任何可发现的规律都更能有效地预测未来。

因此本文的主要论点是，人类数据的性质决定了人类问题，尤其是经济问题的科学研究是有局限的。在物质性质领域上，严格的科学方法使我们的理解和控制能力远远超越了常识所能及的高度。这是因为这个领域有相对稳定的数据，可被分类为有限数量的类别，更有可识别和可测量的指标；然而大多数人类数据不具备这些基本特征。此外，在深入考虑这一情形后我们将发现，对人类行为的理解和控制完全不同于对物质世界的解释和利用，因为物质对象不会反过来试图理解和利用研究它们的人！所以，解决人与人相处时产生的实际问题的方法必须完全不同于自然科学技术，它应该是常识的另一种发展和提炼，并把我们引入审美领域。在经济数据的有限领域内，我们之所以能够将经济学定义为一门严格的科学，是因为交换把各种因素简化成了确定的可测数量。然而，在具体情况下，作为科学的经济学能够告诉我们的很少；而且它的作用主要是否定性的，即尽可能地消除某些愚蠢理论的影响。真正的社会学和经济学必须既是科学的分支，也是文学的分支。事实上，它们有时同属两二者，有时则不属于任何一者。难怪科学家们仍在激烈地争论经济学是什么，以及经济学到底关于什么的学科。本文建议，从这堆泥潭里走出来的首要条件是承认人与其同伴之间的关系不同于人与物质自然界之间的关系，其次是除非在公认的和极狭小的范围内，要放弃把在一个领域中取得巨大成功的方法照搬到另一个完全不同的领域。

2　伦理学与经济解释

本文最初发表在《经济学季刊》杂志第 36 卷（1922 年
5 月）：第 454—481 页。

"经济解释"原则之中的一些方向为我们思考经济学与伦理
学的关系提供了一个天然的捷径，并有助于我们理解这两个学
科的边界和方法。本文的研究方向较为宽泛与普遍，暂不解决
涉及这一著名理论（即伦理学与经济解释）上的技术讨论。这
一理论的意义在于，它提出了如下基本问题:在人类思想体系中，
伦理学是否应该作为一个独立的学说占有一席之地，又或者是，
伦理学应当被当作高级经济学的一个分支呢？

经济学与伦理学天然就有一种亲密的关联，因为两者都是
解决"价值的问题"的。更加有趣的是，两者都与经济学这
一科学在范围与方法上的复杂性紧密相关。首先，理论与实践
之间的差异，或者说，科学与艺术之间的差距，给这个领域带
来了很多困难，具体问题就不在本文中详尽展开了。这个事实
的一个不幸和众所周知的结果是，经济学家们花费了大量精力
争论"经济学"是更应该把研究重心放在"事实"和"因果关
系"，还是"福利"上。对于其他的科学领域，这样的争论显然
是荒谬的。在经济学方法中，对于经济学和伦理学的关系有一
个更深的困惑，这一困惑是本文将要探讨的问题的主要来源。

这个问题与经济学的终极命题紧密相关。作为一个纯粹的科学，经济学的原则应当是探索真理，无关好坏或者善恶。在这一方面，经济学比起自然科学，还差得很远。常量与变量之间的区分没有引起足够的重视。许多不必要的争论，被浪费在了那些"从一个方面看是变量，而另一个方面看是常量"和"短期来看是变量，而长期来看是常量"的问题上，浪费了经济学家们大量的精力。

经济学研究的各种主题中最基本、最普遍和最没有争议的莫过于人的需要。然而，本文的主要目的之一恰恰是对此提出疑问：是否人类的需求应该被当作研究数据？这些究竟能不能被视为科学的数据呢？人类的需求作为经济推理的出发点，是经济科学所研究的整个变量体系中最大的未知数。究竟人类的需求是否是研究数据，又在什么情况下可以作为研究数据呢？要回答这个问题，就必须先搞清楚究竟什么是经济学的本质，什么是伦理学的本质，这二者之间又存在着怎样的关联。如果人类的需求被认定为可研究的科学数据，那么，伦理学家所设想的伦理学便不复存在，它的位置会被经济学所取代。有意思的是，我们看到，不仅大多数经济学家，甚至很多自称是伦理学家的思想家也都相信，伦理学只不过是被美化了的经济学。简单地说，我们要回答的基本问题是，经济学的研究动机——一般意义上的人类动机——"需要"和"欲望"是否可以被当作科学意义上的事实。或者具有完全不同特征的"价值观"和"道德水准"是否适合科学描述和进行合乎逻辑的研究。因为它的内在属性和定义是不断变化的，那么，它就无法作为科学研究的数据。一门科学必须有一个"静态的"研究对象。也就是说，它必须研究"保持不变"的东西。否则的话，即便得出了结论，也将可能被随时推翻，那么便没有研究的价值与意义了。经济学总是把需求和动机当作事实，因为在研究人类活动的一段时期之内，需求与动机易于阐释并且充分稳定。也就是说，在经济学的角度上，人类的生活被视为一个不断满足需求的过程。如果事实果真如此，那么生活便是一门经济学。如果事实并非如此，只有当"价值的创造"明显地超出了"需求的满足"，那么才可以认为，伦理学是一门不同于经济学的学科。在经济学思想史上，把人类的需求当作科学研究数据的理论，或多或少地受到了不止一次的质疑。早期历史学派经济学家，或多或少对这种做法有疑虑，并以此为基础反对古典演绎经济学。现代历史学派经济学家，凡勃伦、汉米尔顿和克拉克的"制度经济学"，以更加自觉的方式，对这种做法进行了批判。克拉克的立场最接近本文作者的立场。[1] 他观察到，推动经济活动的需求与经济活动所要致力于满足的需求都是经济学活动过程自身的产物："就像在一个企业中，一个部门提出需求，而另一个部门尽力满足。"迄今为止，我们主要强调了人的需要事实上是不稳定和容易改变的，并通过商业活动得到满足。常见的反对观点认为，人的需要的不断膨胀是不幸的，产生更多需要是有罪的。例如，凡勃伦就认为，广告和推销术毫无用处！从享乐主义的观点看，即从生活的经济哲学观点看，这个结论无疑是正确的。如果需要能被满足就好，没有质的差异，那么，就没有"高级需要"与"低级需要"之分，越小和越容易满足的需要越好。

我们反驳这种观点并不是基于某种情感或理想的层面，而是事实上普通人如何理解自己的需求，并在行为中体现出来。人的需求，不仅不稳定、易于受各种影响而改变，而且变化和膨胀是它们的本质，是它们的内在必然性。普通人实际需求的不是满足他当前的需要，而是比现在更多和更好的需要。他努力获取的东西并不是他真正想要的东西，而更多地是他认为他应该需要的东西。与受过教育和久经世故的人相比，对于思想

43

---

[1] "经济学和现代心理学，"政治经济学学报，1918 年 1 月和 2 月，引文来自第 8 页。

简单的人而言，一个人应该需求什么比他实际的需求更加重要。有教养的人往往"宽容地"认为，各有所好，无可争议。普通人则更有可能把那些有"错误"嗜好的人看作卑鄙下流的人，即便不应该受到鞭笞或射杀，也至少应该受到鄙视。

一个健康的文化的确可以引导人们摆脱这种观念，但它所带来的宽容的这种形式与自发地不去评判人类偏好或嗜好的高低贵贱的道德理念不同，毕竟，"偏好"最终决定了"需求"。当一个人考虑是否进行某种行为时，他要对不同需要进行比较，这样的比较十分不同于给定的量级之间的比较。深思熟虑地采取行动的人，并非仅仅努力满足给定的需要，甚至不以满足给定的需要为主。在当前目标实现顺利的情况下，人们潜意识中总是有要追求的新的需要的想法和对新的需要的渴望。需求和为了满足需求而做的行动，常常是指向未来新的和"高级的"、更成熟和开明的需要。而且，这些对于未来的需求，作为行动的目的和动机，比暂时地满足的需要起的作用更大。狭义的眼前需求"目标"是暂时的。对于新的需求来说，它是手段；对于原来的需求来说，它是目的。明智的有意识的行动总是无限地朝向未来的，是向前的和向上的。从根本上说，生活不是为目的而奋斗，不是为了满足而奋斗，而是为下一步打基础而奋斗。愿望相比成就而言，更是行动的基础。更确切地说，真正的成就是需求层次的提炼和提升，是偏好的培养。让我们再次强调，所有这些，不仅对于事后进行理论研究的外部观察者来说是正确的，对于采取行动的人来说也是正确的。

为了证实和支持上面提出的学说，让我们粗略思考下相反的观点，即"经济解释"的观点。历史上，这一学说与所谓"科学"社会主义有密切关联。[1]不过，我们对它的兴趣与任何

---

[1] 这个世界上，最有害的事情莫过于把宿命论作为革命口号的教义基础，并且把研究力和阶级斗争的机械哲学作为这个世界道德转变的历史背景！

口号或政策无关，只是将其作为一种行为理论，作为经济学与伦理学之间关系问题的一个答案。我们的第一个任务是弄清楚"科学"社会主义的真正含义。

这一理论的不同表述可以概括为如下命题："经济"或"物质"报酬"决定"历史进程。接下来简要阐释这些术语。不过，这个问题可以得到扼要说明。首先，历史是一门有关人类行为的科学，正如我们已经指出的那样，我们把它作为关于"动机"的一般理论来考虑。至于"决定"一词，按照公认的意思，动机决定行为；该理论的确是一个真理，这与动机的基本特征有关；然而问题是，就其本质来说，把动机描述为物质动机或经济动机是否恰当呢？在这两个名词中，"经济动机"一词更为恰当；"物质动机"的说法似乎自相矛盾；一个"动机"，除非被看作意识现象，不然毫无意义。相反的观点只会使我们完全拒绝动机决定行为的命题。我们不打算对这一问题进行哲学讨论，而采取常识的观点。[1]

人的动机最终或者主要是经济动机吗？要使"经济动机"一词有确切的、合理的意义，必须将经济动机与其他动机区别开。当然，在学术讨论和日常言谈中，人们广泛用到"经济动机"一词，感觉经济动机与其他动机有区别，但又无法通过研究来为其提供任何确定的基础，或提出对其进行不带有任何随意性的科学划分的可能性。大致上说，经济需要与其他需要之间的差异可以被看作低级需求和高级需求之间的差异。经济动机被看作较为"基本的"需要，源于生活需要，或更为普遍、稳定的物质需求。这一理论的社会主义宣讲对必需品概念的理

44

---

[1] 按照本文作者的观点，心理学中的纯粹科学态度必然导致行为科学主义，仅仅讨论无意识的刺激和反映，这就跟"心理学"发生了背离。但是，这是不符合事实的。科学家必须承认，在任何科学中，甚至物理学中，更不用说心理学中，我们都无法做到丝毫不带主观成分，用纯粹客观的术语进行阐述。

解更倾向于狭义的、确定的和符合逻辑的定义。[1]

普通人的观点，正如经济学的初学者所表现出来的，以及
教科书中给这门科学的常见定义所表明的那样，将生活中的经
济的一方面概括为"谋生"。那么，什么是谋生的"生"呢？
如果我们把谋生的"生"理解为普通而实际的生活，即包括了
休闲、文化甚至宗教；那么，经济生活与其他生活之间的区别
毫无根据，从而"谋生"一词就失去了意义。另一个极端是真
正的必需品的概念，即生理上的生活必需品。然而，经过研究
就会发现，这个概念也是十分含糊的。到底"生活"是仅仅指
个人生活，还是指整个群体或种族的生活？如果是后者，那么，
它是包括提升人口数量、维持现有生存水平，还是什么其他的
水平呢？"必需"所指的条件是否是生存条件，是保持人数不
变的条件，还是使人数增加的条件呢？或者仅仅指能实现的条
件？关于偏好和标准、人类的科学和技术设施的假设是什么？
即便我们设想人口严格受制于自身的再生功能（这是难以想象
的），保持人数不变的生育率依赖于死亡率，从而会随生活水平
的高低大幅度变动。我们怀疑，生活必需品的概念是否能够在
理论上得到客观界定，使其适合科学研究的要求。

在这两个极端——人们实际获得的东西与生存所必需的东西
之间，唯一可供选择的是某种传统的"社会生活必需品"的概
念。显然，这样一个"生活"概念比其他概念更加不确定。所
以，我们无法找到人类的谋生活动与其他活动之间区别的客观

---

[1] 我们可以大量引用社会主义者和其他作家的著作来证明这个说法。马克思观
点是含糊其词和故弄玄虚，恩格斯（Engels）观点是，"历史过程中的决定性因
素归根到底是现实生活的生产和再生产。"（Sozialisticsche Akademike 中的一篇
文章，Ghent, Mass and Class, chap.i.）

依据。[1]

经济活动的另一个常识概念是，经济活动包括与挣钱和花钱有关、创造和使用有价物品有关的所有事情。我们即将说明，就实际目的而言，这个概念基本上是正确的，虽然它直接或间接地包括了一个现代人的全部生活，从而必须把范围限定在生活的特定方面。一个有意思的问题是，我们的日常经济活动（上述意义上的）中有多少是在考虑"有用的"而不是必需的东西，这里的"有用"指的是有益于健康、效率或幸福。让我们从食物这一必需品开始讨论，但在今天的美国城镇中，食品支出显然只有一小部分属于这一类。[2] 进而讨论我们生活中一些其他所需的材料，如衣服、住所、家具等。显然，朝着这个方向走得越远，"有用"的比例越小。如果把纯粹装饰性、消遣性和社会性的方面从中排除，剩下的比例就会很小。

此外，当我们认真研究行为的真实动机时，就会发现，人类自发感觉到的需求并非营养、躲避风雨和花钱买来的东西所具有的生理意义。人类需求的是符合传统类型和数量的食物、服装和住所等。民族学的一则老生常谈是，一个民族的人宁愿挨饿和受冻也不会接受其他民族传统的饮食和装饰。仅仅在极端的情况下，我们才会将物质需求作为一种终极目的。不得不面对仅满足生理需要的生活，无异是相当的不幸。大部分文明人，在没有希望改善的情况下，宁愿自杀也不愿接受这样的生活。这一关于"动机"的解释，在某种意义上，最接近于经济解释，但却几乎是完全错误的。按照这种观点，人为了活着而行动。但是，相反的说法要更接近真理：人为了行动

45

---

[1] 这里，我们很容易想到工作与娱乐之间不同。但是，稍作研究就会发现，这无助于解决困难。在随后的一篇文章里，我们将讨论娱乐的经济意义和伦理意义。

[2] 当然，很大的可能在如下情况上是"必需的"：在实际情况下，一个人无法以更便宜的方式获得生存必需的营养和卡路里。

而活着。他们尽力活着，为的是实现他们认为值得过的那种生活。有位学者（不是经济学家或心理学家的）观察到，对生命的热爱，远远不是人类的最强烈动机，兴许是最弱的动机。无论如何，很难说有什么其他动机和感情是人愿为之放弃生命的。[1]

46　　　当我们从个人生存动机转向种族生存动机时，会遇到类似情形。人类会为了种族牺牲自己的生命。做出这样的牺牲是为了种族有更好或至少有价值的生活。逻辑上个人生产优先于种族生存，正如我们的生理需要逻辑上先于更高级的需要，但实际偏好顺序并非如此。在必要情况下，大多数文明人大概都不会拒绝为了同伴而牺牲自己的生命。

　　　然而，当唯物主义者把种族的永存作为一个动机来谈论时，他们想到的似乎不是这个抽象的结果，而是性情绪，动物世界中的延续和繁殖手段。这里，他们也是完全错误的。抽象的社会存在和福利比性吸引力更为有说服力。性体验与食物体验一样，并未支配文明人的主体。人类的性需要不同于动物，就好比，一顿丰盛的晚宴不同于食肉动物进食它刚刚捕杀的猎物，不同于在嗅觉引导下找到一块腐肉的一只美洲兀鹰的进食。再次来看"事实"这个问题，显然，事实就是，当动机的生物形式与动机的文化的、审美的或道德的部分冲突时，退让的是前者。当然，性放荡是常见的，但这显然像浪漫或夫妇间的爱情一样包括很多文化成分，尽管种类不同。[2]

---

[1] 作为现实生活的一种解释，经济学的最严重缺陷之一是假设人为了消费而生产。除非是经济水平极低的消费，相反的说法更接近于真理，"低级"消费的一大部分的动机就其本质来说也是社会性的。

[2] 有意思的是，（在性或其他领域中）被人们称作"兽性"行为而加以拒绝的行为恰恰是"野兽"从不沉湎的那类行为。从原理上说，动物不乱交，只不过对交配对象不那么挑剔。它们很少服从人类遵从的观念：就性目的而言，不同人看到的同一个异性是不同的。

无论从哪个方面，人类行为的这一生物学解释都是失败的。用饥饿和性来解释人类动机的理论都经不起研究。不可否认，人类的欲望是从动物欲望进化过来的，并与它们有着密切联系。对动物行为的理解可以有助于理解人类问题，但必须极为谨慎地加以解释。显然，人已经超越或摆脱了以活着为行动目的的层面。事实上，人类已经从根本上颠倒了这个关系。人追求的不是活着，而是传统和文化层面上的美好生活，或最起码的体面生活。并且，他愿意为了这种生活放弃生命，要么体面地活着，要么一无所有。人类有与动物一样的生理需求，但关于这些需求的满足方式，他却变得如此"特殊"，以至于形式比内容更为重要。以赤裸的存在和可怜的生存为目的的生活是人类无法忍受的。当人类的艺术和文化价值与物质需求发生冲突时，他宁愿选择后者，为了生活的质量而牺牲数量，而且难以看出如何阻止他这么做。难以想象，任何一个奴隶社会中的物质强迫可以有效地迫使所有人永久的生活在这种制度之下；如果让他们稍微了解主人及其生活方式，那么，任何物质需要的满足都无法阻止人类"不自由毋宁死"的口号，并带领他的同伴去实现一个个成就。一个众所周知的历史事实是，起义者不是暴力压制下的人，而是身上的束缚较为宽松，从而有了美好愿景的人。[1] 按照唯物主义的、经济学的或生物学的行为解释，每当人们必须在某种"真正的需要"与感情上的需要之间做出选择时，他们将选择前者。然而，事实上，人们常常作出相反的选

---

[1] 我们忽略了历史上与经济解释联系着的阶级斗争。值得一提的是，起义者，尤其是起义的上层领导者，有效动机基本上都是理想。除非革命者和反革命者都相信革命的理想是正义的，否则革命极少能够成功。莱布罗拉（Labriola）认为，当人民的真实动机是物质动机时，人民为他们的行动创造感情上的理由；不过，相反的说法更为正确。在国际对抗中，在很多被利用的经济动机背后，传统上的和情感上的理由也总是清晰可见的。在战争中，人们因为不同文化之间的冲突而战斗，众所周知，投身于这样的战斗与任何客观的优势无关。

择。社会目的、审美、娱乐、符合传统和"空虚"等的满足要比食物和住所更为"必要"。[1]

48　　这里，我们必须提到另一种行为解释的方法。这种方法密切联系着生物学方法，并且类似地致力于为福利找到一个客观度量。它是这样一种理论：人继承了一些本能，这些本能必须在行动中以某种形式成功地表现出来，不然人就会感到不适、遭受挫折和不幸福。我们无法在这里长篇论述这一理论为什么也不能解释现实行为或给出理想需求。幸运的是，我们也不必这么做，因为这一学说现在已经失去了吸引力。[2] 这一理论的意义是补充了生物学解释。按照假定，今天在生物学意义上无用的一些行动，在过去不同条件下也是如此，而且机体已经变得适应它们，并且其正常功能依赖于这种情况才得以继续发挥作用。

　　如果从科学意义上说，本能是有用的，那么，必定有可能

---

[1]　这个题目无法在这里详细论述并强调。社会哲学家中最臭名昭著的相反观点倡导者斯宾塞的著作是如下原理的发展：全部人类价值都用"寿命的延长"为标准。在他看来，作为公理，这个原理必要且正确。我们的观点是，实际上，寿命的延长是行动的附带结果，是一定意义上的必要的恶。

　　有意思的是，"生命的能量"，无法作为可测量的数量而被赋予一个客观的意义，从而不说明其伦理特征。生命是高度不同质的复合体，其成分拒绝被简化为物质意义上的共同尺度。如何比较一头肥猪的生命能量与一个人的生命能量呢？它们是不同类型的东西。对于常识来说，一团跳蚤比一次市政会议或皇家协会包含更多能量的"生命"，恐怕斯宾塞也很难认为它代表更多"能量"。生命的唯一可以想象的纯粹物质度量是单位时间内的新陈代谢中包括的用功的单位尔格衡量的能量。

　　凡勃伦和达文波特（Davenport）提出的工业价值与金钱价值之间的差异的背后是与斯宾塞的观点一样的混淆。不存在价值经得起研究的机械度量。而且，不把不同种类的价值简约为共同意义上的数量，我们就无法对价值或价值的种类进行比较。

[2]　见 Ellsworth Faris，"是本能数据还是假设"*American Journal of Sociology*，September 1921. 另见 C.E.Ayres，"本能和能力，"*Journal of Philosophy*，October 13 and 27, 1921.

得出有关它们的个数和特性的一些概念。但毫无疑问，关于这一点，总是有不同意见。逻辑上，选择似乎是在两个极端之间。一个极端是一般的行动受一个本能的驱使；另一个极端是每一项行动都有一个独立的本能。这两个极端观点之间有一个自由地带，可任意分类。人们已经具体罗列了各种环境下的可能行为，并在很大程度上简化两个极端情况组合。比如说，在危险之中，动物会选择战斗，或者逃跑。因此，理论家用"本能"定义了每一种不同的反应。当然，它并不能告诉我们这些可能的反应中哪一个将会发生。它仅仅告诉我们组成行为的是在可能的选择中产生，丝毫不具有启发性。情绪或欲望的分类也是相对有趣的，虽然这些分类并不具有科学功用，心理学家很难声称"发现"了情绪。在此，去思考究竟在什么程度上，动机会落入相互对立的极端，这一问题非常有趣。有很多此类相互对立的极端，它们比行动的本能更能说明人类的本性。我们需要某些东西，在极大程度上是因为我们渴望与他人一样，但也可以是因为我们渴望与他人不一样；我们渴望做某些事情，即是因为我们可以做到这些事情，但也可以是因为我们无法做到这些事情；我们渴望去做某些事情，既是因为我们可以做到这些事情，但也可以是因为我们无法做到这些事情；我们渴望陪伴，同时又需要隐私、甚至孤独；我们喜爱熟悉与安全，却又渴望新奇和冒险，等等。贪婪和占有欲，这大概是经济学家最愿意承认的人类本能，大概是我们所说的"合群"的对立面，从根本上说，独占是排除他人分享特定利益，而社交倾向是渴望与人分享特定兴趣或利益。所有这些，就像自私与慷慨，都是有一些意义的，但不适合作为科学分类的基础。有意义的是，现代本能理论的创始人麦克杜格尔，把情绪看作本能唯一的稳定部分，刺激和反应都易于变化不定。无须赘言，这样一种观点不适合

49

作为科学的行为定律的基础。[1]

我们自然地从本能理论转向了古老的心理学和伦理学学说：动作的最终呈现是机体的"协整"，是消化系统、神经肌肉系统和腺分泌系统（兴许还有与生殖、抚育下一代及其他相关社会活动）顺利、无阻碍发挥作用的结果。[2] 弗洛伊德主义和反常心理学已经证实了这一观点，而桑代克[3]也相当谨慎地说，行为受"致满足物"和"不快感刺激物"控制。兴许，对享乐主义理论的充分评论会再次贯穿经济欲求的大部分内容，包括食品、服装、住房、音乐等，并且还会提出如下坦率的问题：普通人在其中哪一项上的支出有多大比例使他"感觉更好"。当处在较高规模经济时，所有的尝试都能获得更大的成功，这时，一个人消费所占的比例越大，不仅不能使他感觉良好，而且相反，是更加不"舒适"。

---

[1] 这一本能理论的逻辑缺陷是误解了科学程序的目的和方法，这一谬误也充斥于把心理学科学化的企图。本能的意义也许在于把分析方法应用于对意识的研究（意志方面）。自然科学中的分析在不同场合下意味着不同的事情，它应用的一般基础是能够通过说明一个事物由什么组成来解释这个事物。在有些情况下，我们可以通过把部分简单加或通过类似于力学中的向量相加来预测总体。在另一些情况下，我们只能像化学中那样凭经验预测。化合物（质量除外）的性质与它的成分没有简单或一般性的关系，但通过实验，我们的确知道，相同化合物总是可以通过把它们以相同方式放在一起来获得。颜色就是一个有意思的例子。一种色谱颜色与另一种色谱颜色一样是原色，然而，只有少数颜色在如下意义上是原色，即我们可以通过把它们混合起来得到其他颜色。在意识的研究中，这些假设都不成立。在这个领域中，我们必须赋予分析一词一个十分特殊的意义，如果要使其有意义的话。我们认为，波德（Bode）教授把心理学中很多被认为是科学的东西永久消灭了。见他的文章，"The Doctrine of Focus and Fringe," *Philosophical Review*, 1914。

[2] 社会主义者承认快乐主义，而不是去证明它。斯宾塞也将之视为公理的是，维持生命的活动必然是带来快乐的行动（伦理学素材，第 34 节），并且反之亦然。现代实用主义者似乎也采取了同一个双重假设：善等于生物学上的有益和实际渴望的东西。对于我们来说，在批判这个教条的各个部分时，认真的思考似乎证实了常识。

[3] *The Original Nature of Man* (New York, 1913).

　　具有丰富想象力的文学家，毫无疑问，比所谓的心理学家
更出色。他们从来不会错误地认为，人追求幸福，或指望通过
它们的努力而变得更加幸福。各个时代的哲学家和宗教思想家
也是这样，甚至经济学家也承认，满足需要的努力是徒劳的。
显然，人类对需求的多样化会像希腊神话中九头蛇的头一样可
以增加。在现代文化的萌芽时期，希腊人、印度人、享乐主义
者（信奉伊比鸠鲁学说者）、禁欲主义者（斯多葛学派哲学家）
和犬儒学派（愤世嫉俗者）都认为，压制需要，要比努力满足
需要更"令人满意"和"经济"。知道自己真正需求什么的人，
以及那些并不沉溺于不自然生活方式的人，以及过于按照某种
方式思考的人，都不希望自己的需要得到满足。经济学家和其
他一些实用主义者认为，人为了使自己摆脱烦恼而工作和思考，
这一论调至少有一半是颠倒事实。我们为之努力的东西常常既 50
是"令人厌烦的烦恼物"又是可以满足需求的"满足品"；我们
用一半的聪明才智使自己陷入困境，用另一半聪明才智使自己
摆脱困境。"外出闯荡"和"距离产生美"都是我们的天性。很
难说，文明使现代人比原始时代的人更加幸福了。教育的目的
肯定不是使人幸福，而是提出越来越多的问题 。众所周知，智
慧总是伴随着悲伤。最著名的智者观察到，"智慧与不幸一样
多，知识越多，不幸越多"。因此，如果以幸福作为检验标准，
对于更高层次的追求和对无知的沉溺一样，都是失败的。
　　幸福不是检验标准。这并不意味着，幸福不应当是检验标
准，而只是陈述一个简单的事实，人并不是只希望得到幸福。
对于实现一个乌托邦式的完美的理想世界的一个不可克服的障
碍是——人并不希望生活在一切事情都顺利进行和生活无忧无
虑的世界上。我们都会回忆起威廉·詹姆斯从肖陶扩村逃离时的
轻松。一个没有任何近忧的人，不得不使自己忙于创造某些事
情，参与某种有趣的游戏、陷入爱河、准备征服某个敌人、猎
杀狮子、进行北极探险等。我们还想起浮士德的情形，撒旦难

以及时的创造用以给予他灵魂上的片刻安宁。于是，他最终死于寻找和追求，而天使宣布他"得救"了："不断努力进取者，吾人均能拯救之。"因此，快乐的哲学并非是人生的意义。忍受痛苦、忧伤和无聊，这三者中最大的是无聊。印度人很久以前就详细思考了快乐问题，并得出了具有必然性的结论——涅槃——生命已经足够而应享受死亡。[1]

在此，必须放弃把经济需要与其他需要加以区别的想法。

---

[1]　正如希腊的历史家普鲁塔克（Plutarch）告诉我们的那样，伊庇鲁斯国王皮拉斯（Pyrrhus）的生活中的一段插曲比已有的任何科学心理学都能更好的证明人的本性及其动机，从而值得大段复制。

当皮拉斯已经隐居伊庇鲁斯并离开马其顿时，他有一个天赐的机会享受平静的生活，并使自己的王国享受和平。但是，他被说服了，既不打扰别人也不受别人打扰的生活是无法忍受的日趋衰弱和单调的生活。……他对新的事业的渴望随之得到发泄。（随之而来的是他打算向罗马开战的声明）

当时，皮拉斯的宫廷里有一位名叫齐尼亚斯（Cineas）的萨洛尼卡人（Thessalonian），一位有出色预感的人……他投身于皮拉斯任命他的各项任务……并连续获得荣誉和接受新任务。看到皮拉斯决心征服意大利，在皮拉斯休息的时候，他寻机把皮拉斯引入了如下交谈："罗马人以善战而著称，并统治着很多好战的民族。如果顺应上天，我们征服了他们，那么，请问阁下，我们将如何利用我们的胜利呢？""齐尼亚斯"，国王回答说，"你的问题自身就是答案。一旦罗马人被征服，无论是希腊人还是未开化民族，在所有的国家，将不再有胆敢与我们作对的人。但是，我们将立即成为整个意大利的主人，没有人比你更懂得其伟大、力量和重要性。"短暂踌躇之后，齐尼亚斯继续说，"但是，阁下，在我们征服意大利之后，我们接下来做什么呢？"尚且没有理解他的主旨的皮拉斯回答说，"附近还有西西里向我们敞开她的怀抱，一个富裕和人口密集的岛国，很容易占领……"齐尼亚斯说，"我的国王，你所说的事情是很有可能的，但是占领西西里是我们的远征的结束吗？""远远不是"，皮拉斯回答说，"如果上天恩赐这次成功，这次成功仅仅是更大的事情的前奏。谁能忍受不去征服利比亚和迦太基？……当我们完成了这一系列征服时，谁还能够伪称我们的傲慢敌人会考虑抵抗我们呢？""的确"，齐尼亚斯说，"他们将不会……当我们征服了所有地方时，然后做什么呢？""我的朋友，你为什么总问然后如何，"皮拉斯笑着说说，"我们将享受安逸、美酒和快乐。"齐尼亚斯回答，"现在，什么东西在阻碍我们饮酒和享受安逸呢？此时我们已经有了这些东西，我们打算通过血流成河的战争，通过无穷无尽的辛苦和危险，通过制造和忍受无数灾难取得的东西。"

齐尼亚斯的话让皮拉斯痛苦，但没有使他改变想法……

我们没有可以明确界定的目标，无论是生活必需品、基本冲动的满足，还是快乐，都无助于把我们活动中的其中一个与整个行为区别开来。我们尤其要强调的是，也无法界定恰好刻画任何行为特征的目标。行为并非最终为了任何欲望的满足，也不是为了可以用一组命题阐述和成为逻辑论述主题的任何外在或内在目的的实现。[1] 所有的目的和动机都是经济目的和动机，因为它们的实现都需要客观资源的利用；所有的动机又都是理想的、传统的或富于情感，所以我们无法成功界定客观目的。它们的背后是"人的好动精神"。人是有欲望的生命，而且是求变的、好动的；我们最多能够给出的就是这样一个从科学的角度看不令人满意的非描述性描述。[2] 要界定经济学，正确的程序似乎要从动词"有效利用"的含义开始，即明智地利用资源以达到给定的目的。只要目的被看作给定的信息一样，那么，所有的活动都是经济活动。关于行为的唯一问题，就是手段利用的有效性问题，从而经济学是关于行为的、无所不包的科学。[3] 从这个角度看，生活问题成了经济问题，即按照人的需要得到最大满足的方式，利用现有可供利用的各种资源，包括人和物质的、自然和人造的资源。其中一部分资源被用于生产新的资源，

51

---

[1] "幸福"一词与其他词语一样是异质的（heterogeneous）。它的唯一含义是，行动的目的是意识的某种状态。这个说法不仅极为含糊，而且实际上在那些没有被经济逻辑和价格体系自身蒙蔽眼睛的伦理学家看来，它也是错误的。

[2] 这一推理也否定了埃弗雷特（Everett）在他十分畅销的著作 *Moral Values*（chap.VII，sec.11）中对人的需要进行的分类，以及上面提到的工业价值和金钱价值之间的区别。埃弗雷特罗列的价值类都是经济价值；事实上，几乎任何具体价值都属于他的绝大多数分类。

关于"真实目的"，我们应该指出的是，伦理思想家对至善（Summum Bonum）的寻求是徒劳的。

[3] 为了学术上的分工，这不得不有所限制，排除适应性调整的技术方面，并把经济学限于一般组织理论。实际上，绝大部分精力被放在了现有组织——私有财产和竞争的自由交换——的理论上，这使经济学成了价格理论。在我们的定义中，行为的经济方面不仅包括通常理解的技术，还包括各类艺术技能。

增加价值生产。因此，人的需求或目的是科学研究的数据的这一假设把生活简化成了经济学，并再次提出了我们在开始的时候提出的问题：生活完全是经济学，还是这种观点需要用伦理价值观加以补充呢？上面扼要介绍的经济学定义符合传统经济学文献的表述。人们熟悉的进行理论讨论的对象是"经济人"，但它却是支持者和反对者都很不相信的一个概念，但就是这样一个概念，却隐约成为所有经济研究的基础。经济人特指那些遵从经济规律的自然人。经济人事实上只是遵从某些行为规律，而经济学的任务就是发现这些规律是什么。经济人其实是理性的人，知道自己需要什么，并且知道能通过怎样的行为去得到它。而唯一可能的行为"科学"是关于经济人的行为研究，即我们所说的十分广义的经济学，除此之外，绝不可能存在其他行为规律或行为科学。一个科学原理的取得必然通过如下形式：在给定的条件下，特定事情的发生能被预计。在行为领域中，给定的条件是人的需求或目的，以及实现它们的基本原理或技术。

　　然而，对经济人这一概念提出异议也是有其合理性。简而言之之便是：经济人并不存在，从字面理解，这是正确的。人类的有意识行为并不遵从某种规律，所以具体意义上的行为科学是不存在的。人类既不知道自己需要的到底是什么——更不用说什么东西对他们"有益"，也不会采取明智的方式来确保他们可以努力得到自己想要得到的东西。[1] 对于行为科学研究来说，智力、技术、知识的局限性不是致命的，因为人们"或多或少"都是明智的，并"趋向于"明智地采取行动，况且所有的科学都会大量涉及对抽象事务的衡量问题。更大的局限性其实来自于"给定条件"并非会在现实中真的给定，而人类的需求也并不是最终的科学研究数据。

---

[1] 从这个角度看，动物高于人，在于它们更有明智和敏感。一头肥猪知道并做对自己有利的事情！

因此，经济学的定义必须被修改为：经济学所探讨的"行为"，是在适合进行科学研究的、由确定的条件支配的、能够简化为规律的范围内。按照自然科学的标准来衡量，这并不难，但对于行为科学来说，没有自然科学意义上的研究数据。行为上的研究数据是临时的和不断改变的，是个人面对的特殊情况，将其一般化，相对来说毫无意义。目前，一个人的行为表现看似是为了或多或少地实现确定的目的，但这至多是临时的和含糊的。他自己通常也意识到，这个目的不是最终的目的，并非真的是一个"终结"；它仅仅是具体行为的目的，而不是最终目的。一个全神贯注下棋的人，表现得好像生命的最高价值就是吃掉对手的棋子，但这显然不是真正的或最终的目的。使这个人将吃掉对方棋子作为临时目的的环境，在很大程度上是偶然的，无法简化为规律，而在文明社会中典型行为所处的环境在本质上与这个游戏类似。

所以，一门行为科学要成为可能，除非其主题高度抽象，而且几乎完全不告诉我们有关具体的现实行为的任何事情。其经济学研究的是行为的形式，而不是其实质或内容。一般来说，一个人宁愿要较多财富而不是较少财富（经济人的原理特征），因为在这个表述中"财富"一词没有明确的具体含义；它只不过是一个抽象的词，包括人们实际（临时）需要的每一种东西。另一个重要经济规律是效用递减规律，也是抽象的，其实质内容是这样的：人们总是更乐意试图把收入用于很多种需求和满足很多需求的地方，而不是集中用于一种或少数需求和满足需求的手段。因为这种定律仅仅研究形式，丝毫不涉及内容，所以他们是不重要的，不过，仍有必要了解它们意味和不意味着什么。 53

如果谁要研究动机和行为的具体内容，他就必须从经济学理论转向生物学、社会心理学，尤其是文化史。因此，文化史不是经济学的一种方法，而是一个不同的研究领域，虽然历史上那场著名的争论［奥地利学派与德国历史学派之间的争论。——译者注］会使人认为它是经济学的一种方法。文化史只是描述它研究对象的起源和演变，而不提供科学解释。固然，历史学试图成为一门科学，而且这种努力已经带来了多种"历史哲学"。但是，仍然令人深表怀疑的是，历史的"规律"是否真的存在，这整个事情的基础是否就是一个误解。[1]

如果经济学仅限于研究行为的抽象形式，而具体行为的研究要采取历史但非科学的形式，那么，伦理学研究什么呢？除了解释动机和用动机之间的关系来解释行为外，还有另一类问题，即对动机的评估问题。但是，我们首先遇到的在逻辑上无法逾越的困难是，对某一目的的批判意味着首先必须具备某种标准，而从逻辑上说，这个标准指向了另一个目的。在合乎逻辑的论述中，这个目的必须像第一个那样被看作是一个研究数据。因此，从科学上说，我们永远无法回答一个目的是否与另一个目的冲突的问题，以及在两者冲突的情况下牺牲哪一个的问题。不过，这仅仅在给定数量下对目的进行的比较，是属于经济核算范畴，包括用给定数量的资源创造最大数量的价值或满足最大数量的需求。因此，在价值领域中，除了经济学，似乎看起来没有任何其他学科的立足之地。如果我们要为真正不同于和独立于经济学的伦理学找到一席之地，就必须找到不单单是用于科学研究的目的或标准。[2]

在有些人看来，伦理学仅仅是"美化"后的经济学，美德

---

[1] 我们无法长篇论述历史（演变）解释与科学解释之间的关系。它们之间的区别已经被弄得足以说明这些词语的使用是合理的，无须长篇哲学分析。我们并不认为它们中的一个"高于"另一个，而只不过认为，它们是不同的，各自满足其特殊目的。

[2] 本文开始已经指出，主要伦理学派之一（快乐主义）只不过扩展了经济学原理，而且不相信其他伦理学。经济学家通常支持这一观点——原理是同一个，无论他们所说的善被称作快乐还是需要满足，只要它被认为是有数量的——今天，这同一个立场正在被现实主义哲学家捡起来，他们把价值看作物的真实属性。见佩里（R.B.Perry），*The Moral Economy.*

也相应地被简化成了一种更大的审慎。但是，在人类的道德常识中，最基本的观念是美德不同于审慎；一个人"真正想要"的东西不同于"应当"去做的东西；尽管某种宗教或其他"道德制裁"使人们最终谨慎的去做正确的事情；至少可以说，是因为正确才审慎，不是因为审慎才正确，也不能说两者之间没有区别。相当多的伦理学著作是关于这一区别的有效性或道德常识的争论，即关于是否有伦理学之类的事情的争论。这个问题兴许造成了不同思想流派之间的最基本区分点。这对于希腊人来说，并没有任何困难，因为他们的语言中没有用于表达责任或良心的词语；对于现代"异教徒"来说，也没有困难，他们认为这些事情纯粹是迂腐的清教徒的迷信。如果没有从整个一个哲学体系的立场上来看，那么在这个问题上，站在任何一方都显得武断、教条。不过，我们希望提出的是，如果有一门真正的伦理学，那么，它不能是一门科学，并给出真正的伦理学可能存在的几点理由。

这些理由中的第一个是本文给出的论述，即认真研究之下，把目的和需求看作科学研究的数据的观点破灭了。第二个理由是，理性的、经济学的价值批判给出的结果与所有的常识都不一致。在这个观点中，理想的人才会是经济人，知道自己需要什么并专心于"追求它"。当然，事实正好相反。道德把经济人谴责为自私和无情的人。此外，我们赞扬一个人，并不仅仅或主要因为他的行为，而是相当不理性地基于他的动机，即推动行为的情感。

我们不可能一一去居住每一种假设中的道德社会，也不可能去论证是否此类含义就"证明"了问题中的假设。倡导冷静和清晰思考方式的人通常承认，"道德幻觉"已经经受住了实践检验，承认其效用，尽管从科学上来说它是一个恶作剧式的骗局。不过，必须看到，具体世界无法仅仅由纯粹客观科学研究数据的东西建造起来，总会有信念上的情感元素。众所周知，力量和能量就是我们理解事物时添加的情感元素。然而，不把力量看作真实的，我们就无法真实的思考任何事情。表面来看，如果不加上我们自己的意识，我们就无法把任何东西作为存在的东西来描述。每一个事实背后都有一个理论，而理论的背后是兴趣。相信一件事情没有纯粹客观的理由，做一件事情也一样没有。而且，如果我们的感觉不告诉我们有关真实世界的任何事情，我们就不知道且无法知道有关真实世界的任何事情。不仅责任和正义，而且所有的努力、渴望和牺牲也都是错觉。这一概念令人无法忍受，使我们有理由相信他们不是幻觉，如同我们有理由相信地球存在一样。

55   不过，一个真实的、非科学的、超出人类经验的伦理学之所以可能和必要，主要理由在于科学解释的局限性。我们已经看到，行为的"科学"研究仅限于其抽象形式，其具体内容只能以"历史的"原因加以解释。但是，在研究人类的问题时，我们会不断地回到距离科学命题更远的范畴，回到根本无法以符合逻辑的观点命题加以解释的关系。我们必须承认，我们大部分"知识"具有这一特征。修饰丰富的语言的确能传递一种意思，然而，毫无争议的是，它常常不能照字面的意思理解。当伯恩斯说他的爱就像"红红的玫瑰"时，他的话带有某些含义，尽管这不是他要表达的！威廉·詹姆斯对这些无法找到物质基础的事物之间的比较有过如下评论：一个作家的风格就像在一个屋子里点燃了芳香熏剂的空气。让任何人取一本科学教科书，努力将其中的形容性的表达翻译成毫无夸张的、纯粹逻辑的形式，他就会认识到仅仅用平实的词语描述这个世界是多么的不可能。

一般性的描述必定是对价值的批判，因为它具有审美与文学批判的特征。我们的价值和标准一样，只是这种特征更为明显，是详细研究我们的欲望所具有的特征。这些特征无法描述，因为它们的本质决定了它们是不稳定的、不断成长的和变化的。当然，从智力的角度来看这是令人失望的。科学想法只能依赖于两个极端命题中的一个，一者是当存在有一个绝对的价值时，二者是每个人的需求都是绝对的，并且一个人的需求与另一个人的需求一样"好"。然而，客观上这两个命题都不成立。我们必须学会用不同的更为精确有效的"价值标准"来进行思考。行为的高级目标是检验和尝试这些价值，是界定和改善它们，而不是简单地接受和"满足"它们。在此，不存在对价值进行判断的准则，而最严重的错误正是试图制定这样的准则，但是，断言一种观点与另一种观点一样好也是非常错误的，正所谓，萝卜青菜各有所爱，爱好不容争辩，每个人都可以有自己的口味。塔夫特（Tufts）教授以近乎讽刺的方式强调了对理性的、科学的观点的失望："对于'好'的唯一检验是看一个好人是否会赞成和选择这件事，正如对好人的检验是看他是否会做'好'的事。"[1]

如果上述建议是合理的，那么，在行为领域中就有三种不同类型的研究：第一个是科学观，或经济学和科学技术；第二个是演变观或文化史；第三个是价值批判。后者的讨论，像文学和艺术批判一样，是建议性的而不是逻辑陈述，是修饰语言而不是平实的语言，而且其原理将通过能引起大家共鸣的解释而不是通过智力的认知来得到。[2]

56

---

[1] 见 *Creative Intelligence* 中杜威等的"The Moral Life"一文。佩里教授在一篇评论中同样优美地阐明了对这一观点的不可避免的科学经济学反应。见 *Quarterly Journal of Ethics*，vol.28, p. 119，其中佩里教授在论及上述引文时说："……对于我来说，它的意思不可能是其作者的意思。我简直无法表达我的迷茫。"

[2] 如果历史和批判要有各自的恰当地命名的方法，如果要将其充分地与"科学"区别开来，需要有一个更好的术语。"演变的（genetic）"和"规范的（normative）"之类的形容词用于"科学"一词是应该反对的，但这可能是我们能想到的最好的。它们没有充分强调其中的差异。

应该注意到的是，有些学者曾经试图以不同于上面描述的逻辑过程为基础把伦理学科学化。他们把行为的目的看作"意识的某个阶段"（快乐或幸福）的产物，但假定我们的常识不知道行动会产生什么影响，为了获得行为准则，有必要对过去的经验进行特殊研究。然而，这一推理并没有把伦理学与经济学区别开，因为它只不过是明确一个经过验证的需求的技术问题。

3 竞争的伦理学

本文最初发表于《经济学季刊》杂志第 37 卷（1923 年 8 月）：第 579—624 页。

在此前的一篇文章里[1]，作者反驳了大多数经济学家都接受的伦理观。反对的观点不是直接针对快乐主义，而是任何类型的"科学"伦理学，是任何以如下假设为出发点的伦理学：人的需要是客观的和可量化的，而且此类需要的满足是价值的本质和准则；特别是以这一假设为基础，试图把伦理学简化为人们普遍认可的经济学的一个分支学科的观点。此类观点总是把"更高级"需求简化为与"较低级"需求相比来说不那么重要的需要，并用生物学来解释人类生活。但事实上，在人的价值刻度上，较为低级的需求和"必需的"需求并不总是排在那些难以用生存价值证明合理的需求前面。无论如何，我们所谓的进步，不是表现为"消费数量"的增加，而是审美和精神等这些异于生理需求的需求满足比例越来越大。正如前面所强调的那些事实，大都反对用资产负债表的眼光来看待生活。它们告诉我们，生活是十分微妙的，不仅仅是同质项目的加减；伦理学应该朝着

---

[1] "Ethics and the Economic Interpretation," *Quarterly Journal of Economics*, May 1922.

审美批判的方向发展，其原则不同于科学规律，而且并不完全符合逻辑。把满足需求作为价值的最终准则是我们无法接受的，因为我们并不真的把需求看作是终极追求目标。我们关于偏好的争论比其他任何事情的争论都更多；我们在价值评估中遇到的最大困难是对自身需求的评估，而最令人烦恼的需求则是哪一种需求才是人们真正渴望的。

62

本文的目的是补充和深化前面的论述。首先，我们将重新强调，一个可靠的价值准则是正确的政策选择的必要基础。第二，我们将研究隐含在自由主义或个人主义社会哲学中的价值标准，并提出关于它们的一些问题。幸运的是，我们的论述可以十分扼要。无须赘言，社会政策必须以某种社会理想价值为基础。一个组织系统的运行必须遵循社会标准。这个标准当然体现着社会成员的个人价值观，但又不是简单地等同于它们。它预设这么一个过程，既把各种各样的个人利益组织起来，对它们进行权衡，裁决它们之间的冲突。

没有确定的价值度量，就不可能建立"社会效率"的概念。甚至在物理学和工程学中，"效率"也严格地是一个价值范畴；不存在机械效率之类的东西。根据基本的物质不灭和能量守恒定律，无论什么物质进入任何机器或过程后都以某种形式释放出来。用纯机械学的术语说，全部效率之和等于百分之百。任何机器的效率都是有效输出与总输出之间的比率。在简单情况下，有用与无用之间的区别是十分清楚且无须讨论的。比如，一台电动机产生的机械能与热能之间的区别。不过，当涉及多个形式的有效输出（或有成本的输入）时，要讨论效率，就必须首先有衡量和判断效用（即价值）的方法。当一台蒸汽机的废气被用于加热时，其效率关系会发生很大变化。在社会效率这样的复杂问题中，有无数类型的支出和回报因素，因此不难理解价值评估过程是这门学科的核心。必须承认，仅仅在很小的范围内，人的行为才能被解释为确定和稳定的价值的创造，可以作为科学研究的对象。然而，从根本上说，生活是对价值领域自身的探索，而不仅仅是生产给定的价值。清楚看到这一点，也就明白了为什么大量关于社会效率的讨论都是徒劳。

63　　理解了这些显而易见的基本原理，会让我们更快的否定那些引起广泛关注的对现有经济秩序持批评态度的观点。凡勃伦及其追随者赞成的一个思想是，"金融业"与"工业"是有某些区别的[1]，社会应该从"金融家"手中接管工业，并将其交给"工匠"。[2]

这一想法来源于同一个显而易见的谬误，即社会可以在生产更多商品和生产更多价值之间作出选择，而且聪明的做法是选择前者。严格来说，这个命题的两个部分都难以令人接受。如果商品不止一种，那么商品的数量显然要用价值单位来衡量。由各个领域的工匠决定把多少生产能力用于其领域的建议将会是怪诞的：军事专家会将其全部用于陆军和海军；卫生专家会将其全部用于医疗卫生等。经济学入门课程的最重要作用是让学生明白整个社会的管理就是价值问题。机械效率或技术效率是毫无意义的。

正如我们将要证明的那样，对现有经济秩序的合理批评主要涉及其价值标准，而非创造这些价值的效率。我们将进一步强调，对社会过程或结果的合理批评，其前提不仅仅包括价值的衡量，还包括理性的价值判断。就像关于效率的命题那样，这并不是不证自明的真理。可论证的是，政策的决定或批评，仅仅涉及可供选择的可能结果的比较。一个经常会提出来的且可以被证明的观点是，价值是相对的。也就是说，一件东西的好坏，是相对于另一件东西而言的。一个实际问题是，如何发挥判断力作用？一种方式是比较各种选择机会并决定哪一个优

---

[1]　Publ. Amer. Econ. Assoc., 3d ser., vol. ii, 1901.

[2]　*The Vested Interest and the State of the Industrial Arts*, pp.63, 89, 99.

先；另一种方式是先有一些理想标准，然后把实际或可能做到的事情与这些理想标准进行比较，即按照设定的理想标准，从而间接地确定不同选择的优先级。毫无疑问，两种方法都得到利用，并且都是有用的。不过，我们认为，关于道德和社会生活这一更大和更高层面的问题，阐明理想标准是必要的一步。因此，有一门"绝对的"伦理科学，这也是一门重要的科学。它的格言并非真的绝对，因为它们永远处于现实世界的成长和变化之中。不过，至少它们"不仅仅"是相对的；它们必定超越可立即实现的事情，并且通常属于实际上不可能实现的事情，是追求的理想，而不是有待实现的目标。

64

　　我们认为，这样的理想标准，不仅关乎每个个体，而且植根于我们文化的一部分。对于一个国家来说，在一定时期内，要建立一个有用的比较标准，这些标准也必须是充分一致和客观的。一般来讲，应当按照理想——上述意义上的绝对伦理标准——做出判断，而不仅仅按照能够做到的最优选项来做出判断。不然，从语言学上说，把一种情况称作毫无希望的情况与把它称作理想的情况就是等价的，这显然不符合通常的用法。接下来，我们将求助于我们服从的现代基督教的绝对伦理学的常识性理想标准。我们并不佯装要构想此类原则的一部法典。它们通常无法用一组命题来描述。我们也不试图"解决"道德问题或建立道德标准，而仅仅试图弄清楚在做出关于经济制度的某些熟悉的道德判断时实际涉及的标准，并对其进行批判研究。因此，我们的论述在语气上是否定的。而且，为了简要，我们会偶尔给出具有"攻击性"的陈述。不过，让我们在这里郑重声明，我们不是在倡导改革。政策问题是选择问题，是一个纯粹相对的问题。我们在这里关心的是有关理想的问题。我们假定，我们可以更进一步深入到至少"相对"的理想世界。即便竞争体系优于任何其他可以取代它的体系，为了改善它，也要首先弄清楚它与可以想象的理想体系相比有哪些不足。

从伦理标准的角度，对竞争经济秩序进行的研究，自然地分为三个部分。第一个是我们已经提出的，即人的需要不是最终的样本，或不等同于价值，但这并不意味着它们不真实和不重要。我们永远无法回避物质需要，即必要的生活条件、对健康和舒适生活的需求，以及文明行为中实际上显得重要的动机。此外，在任何给定的时间和地点，现有文化阶段（水平）规定了具有强迫性的最低条件。的确，在极限之内，经济活动的目65 的是满足需求，而且这个事实提出了一组问题，这些问题是在评价任何经济组织体系时都要考虑的。首先，我们必须研究其经济的和准机械的价值标准，如何比较，如何挑选不同社会成员和阶层的需要。毋庸置疑，满足哪些需求的问题与满足哪些人需求的问题联系密切。一个体系对两个问题的回答形成其社会经济价值刻度。同一群人，由于选择、比较和结合的方法不同，可以有十分不同的社会价值刻度。而截然不同的价值刻度在伦理方面则反映了社会正义这一古老问题。它联系着社会体系如何对待个人和社会阶层的需要，但这并不意味着它与个人不同需求的排序无关。同一个题目下要研究的第二个问题更多地属于机制问题，但仍然是价值问题，即该体系把可供利用的资源用于创造认可价值时的效率，即是否生产了用规定的标准衡量的最大数量"产品"。

另一个必须首先考虑的问题在伦理方面更为基本。这个问题直接源于承认人的需求的临时性和如下事实：一个经济体系的运行所满足的需求在很大程度上是由这个体系自身的运行过程所产生。一个经济秩序价值刻度的建立不仅仅是可以买卖的商品和服务的选择与比较，还包括人的需求本身的形成和彻底改变，即便不是完全的创造。人的需求和满足它们的手段都在很大程度上是经济体系的产物。经济体系的伦理学研究必须考虑它趋于产生或培养什么类型的需求，以及它如何对待每时每刻都实际存在着的需求。

需要考虑的三个主要观点中的第二个事关经济生活的一个方面，且在迅速得到经济学家们的愈发充分的承认，即企业的动机在很大程度上源于相互竞争。工业和贸易是一场竞争性的游戏，参与者的动机部分地和参与其他游戏或体育活动的动机相同。这不是直接或经济意义上的满足需要，成功参与游戏的"报酬"不是渴望得到可以满足需要的物质，而是像在其他竞赛中那样给成功者的徽章，比如绶带、奖章等。因此，我们的第二个主要任务是提出如下问题：商业活动到底是一种什么样的游戏？我们是否可以从伦理的角度讨论游戏，从而提出判断它们或对它们进行排序的基础呢？相对来说，商业是好的游戏，还是坏的游戏，或者是无所谓好坏的游戏呢？

本文的第三部分将从纯伦理的角度简要研究价值问题的一些基本方面。经济活动是生活中的一个重要部分，而且重要性持续提升。关于经济体系对人的性格的影响，我们虽然还不能深入研究，但至少能抛砖引玉竞争的动机和伦理价值的成功点使我们强调的重点。西方人采用并发展了竞争经济秩序，这一秩序使得竞赛和竞争成了他们的一个突出性格特征。当前，人们追求的享受和成功往往是在竞争中赶超或领先于其他人取得，而很少关注争夺的东西除了作为竞争自身的目标之外还有什么意义。伦理学的一个重要作用就是提醒人们，这不是唯一可行的价值观念，并指出它与西方世界继续提倡的宗教理想不尽相同。这一不同在根本上造成了我们思想和文化的二元主义。

在整个讨论中，我们要始终牢记经济体系在这些方面之间的密切联系。经济活动同时是满足需求的手段，是人的需求和性格形成中的要素，属于创造性的自我表现的领域，是一场竞争性的游戏。虽然人们正在参与商业游戏，他们也同时在塑造自身和其他性格，并创造一种文明。这样一种文明是否值得延续的问题绝不是一个可有可无的问题。

|

　　讨论自由竞争或自由放任的优点是特别有意思的事情。这
是因为，这一"明显和简单的自然的自由体系有着诱人的表面
合理性，但它实际上易于造成令人失望的结果。[1]18 世纪后期和
19 世纪早期，在"古典经济学家"的曼彻斯特自由主义影响下，
以及正在壮大的资产阶级政治压力和一般环境压力下，个人自
由在经济生活中得到迅速实现。不过，早在个人主义尚未实现
之前，其可能的后果已经被认为是不可忍受的，由此开启了社
会干涉和控制的运动，并不断高涨。斯密以来的个人主义支持
者所做的辩护可以一言以蔽之：自由竞争的社会组织趋于把单
位生产资源分派到社会生产体系中最能增加总的社会红利（用
价格衡量）的地方，并且它给生产活动的每位参与者的报酬趋
于或等于他的边际贡献。在作者看来，这样一个命题是完全可
靠的。不过，作为伦理上的社会理想，它是不可靠的，并不是
理想的完美境界的详细阐述。然而，关于个人自由和社会化的
讨论主要集中于竞争趋势的论述是否正确，而不是集中于它的
伦理意义，即便它是正确的。那些不喜欢这一体系的实际趋势
的人——实际上是所有的人——向科学分析发出质疑。我们将要
说明，首先，生活条件不容许这一理论内含的满足理想个人主

[1]　应该指出的是，为了简单，我们将把竞争体系说成经济学家所理解的"纯粹
　　竞争体系"。有人会说，这样一个体系从来也不会十分接近实际，或任何一个
　　严肃的经济学家都不会提倡这个体系——亚当·斯密肯定没有提倡它。这样的
　　评论是多余的。纯粹个人主义秩序思想是一个必要的逻辑工具，用于区别个人
　　主义趋势与社会主义趋势。倘若双方都普遍认识到世界上没有百分之百的个人
　　主义和百分之百的社会主义，而只是程度和比例的问题，这会大大有助于更清
　　楚的加以讨论。

义的假定条件；其次，在自由主义有可能实现的范围内，现实
生活条件中不存在通常被人们当作理所当然地包含其中的那种
伦理含义。

对个人主义含义的深入分析陈述是经济理论家的任务，不
是伦理批评家的任务。经济学的发展历程具有偶然性，尤其是
其中科学与实践之间的奇特关系，以至于很少有人努力弄清楚
完全竞争这一纯经济学前提的概念。理论经济学家感兴趣的是
管理问题，对于管理问题来说，陈述严格的原理过于抽象而不
能直接应用。而且，这些经济学家一般没有受过专业训练，没
有能力认同并应用严格方法。通常，数理经济学家曾经是数学
家，后来成了经济学家。他们倾向于过分简化样本和低估了数
学模型的前提与生活事实之间的不一致性。结果就是他们未能
成功地让应用经济学家们理解他们的表述并承认其与现实问题
的关系。对一般经济学文献持批评态度的读者必定感到震惊，
竟然没有人试图给竞争下个精确定义，而这个概念恰恰是经济
学的主题。清楚阐述理论上的个人主义假设，将有助于弄清楚
其与实际中的所谓自由放任的不同，并进而思考后者在作为政
策导向的问题。在本文中，我们只能扼要阐述一个竞争体系的
前提条件。我们的论述将兼顾如下特殊目的:在现实生活条件中，
任何以自由放任为基础的社会秩序都无法证明人们所熟知的辩
护性经济学的伦理结论是正当的。

1. 首先，个人主义的竞争体系必定是由自由订约的个人组
成的。事实上，任何一个现代国家中都只有一小部分人签订自
己承担责任的契约。我们的"个人主义"实际上是"家庭主
义"。未成年人、老年人和无数其他阶层的人，包括很多妇女，
他们的地位都是由他人决定的。家庭仍然是生产和消费单位。
无须指出的是，当一个人代表他人签订契约时，为自由契约所
做的所有辩护都是无用的或实际上正好相反。

2. 另外，最自由的个人，不受阻碍的成年男人，并不是真

正意义上的最终单位或社会样本。他在很大程度上是经济体系的产品。经济系统是文化环境的一个基本部分，而文化环境塑造了他的欲望和需求，给定了他拥有的、可以买卖的生产能力，而这些能力又在很大程度上决定了他的机会。社会组织是通过自由合约形成的，意味着订约者知道他们需要什么，并受需求的引导，即他们是"完全理性的"。这等于说，他们是需求要满足的精密机器。事实上，人类活动在很大程度上源于一时的冲动，相对来说是对刺激和暗示不加思考的、不确定的反应。此外，没有管制的竞争会鼓励欺骗和堕落。无论如何，在家庭是社会单元的情况下，财富、文化、教育优势和经济机会的继承会积累起来，造成越来越大的不平等，给处于两个极端的人的个性造成不利影响。把个人当作样本完全不符合事实。而且，我们必须承认，一个竞争的经济秩序趋于塑造的性格常常严重偏离伦理上的理想标准。

3. 人们普遍承认，有效竞争要求"流动性"，即在市场中交易的所有商品和服务都完全可分并流动。这个假设仅仅在有限程度上符合事实。这给实际竞争的"趋势"规定了上限，在很多情况下造成原则无效。这里，与其他假设一样，要想从一个"趋势"得出具有实践意义的结论，必须也要考虑相反的趋势情景，并注意它们的相对强度。以过分简化的前提为基础进行推理的显著缺陷是，得出的结论以及相应的政策建议往往忽略掉那些被假设抽象掉的重要因素。

4. 完全竞争的一个重要前提是每个参与者都充分知道自己的交易机会。一个"完美的市场"包括交易者之间完美、迅速和无成本的相互交流。对于有形交易所里进行交易的个别商品来说，这个条件近乎得到满足。但是，大多数消费品市场是无形的。至于生产服务，抽象的货币资本的确通过高度发达的市场流动。不过，劳动、土地和实际资本市场中有较大的讨价还价空间和偶然偏差。生产组织和产品分配都与理论上的完美结果有所出入。

5. 竞争的另一个条件是，每一件可出售商品或服务的每个实际或潜在买者都准确知道其性质和满足需求的能力。对于生产性物品，这意味着知道它们在技术上的重要性。显然，在一个像现代世界这样的复杂工业文明中，对"趋势"的偏离通常要比趋势本身更加重要。间接知识可微妙地弥补直接的无知，但没有人知道得足够多，从而让自己按照接近于完美智力的理想方式采取行动。此外，完全竞争要求人们不仅仅知道相关事情现在是什么样子，还必须预见它们未来会怎样，常常包括相当遥远的未来，但预知比现在知道更加有限。

70

6. 明智的行动结果是实现它的目的，只有当这些目的真正有价值时，结果才在伦理上是理想的。在个人主义背景下，意味着个人的需求必须是理想的，而且他们的知识是完美的。我们已经充分评论过如下事实：社会秩序在很大程度上塑造并满足其成员的需求。所以，对社会秩序进行伦理裁决的依据是它产生什么样的需求和塑造什么类型的人，而不是它在满足现实需求时的有效性。[1]

7. 自由竞争实际作用的发挥遇到的另一重大局限性来自如

---

[1] 关于人的需求的特征，见 A.F.McGoun in the *Quarterly Journal of Economics* for February 1923. McGoun 教授似乎想把他的论述部分地作为对前面提到的我那篇文章的批评。不过，他的文章一开头就通过曲线来描述变化，而我的观点是，人的需要不是可以用曲线充分描述的那种变量，要清楚论述这个问题需要太多篇幅。当然我不怀疑他文章中的观点有重要价值。

威克斯蒂德（Wicksteed）在 *Common Sense of Political Economy* 中的很多地方给出了关于各种各样的需求特征的富有智慧和有洞察力的评论。帕特里克·盖迪斯（Patrick Geddes）收录在圆桌系列丛书（Round Table Series）中的文章是一篇杰出的论述，把所有经济价值都简约为审美标准。H.W. 斯图亚特（H.W.Stuart）在 *Creative Intelligence* 中的文章 "Phases of the Economic Interest" 强调了我们的活动很多具有探索和实验特征，不同于经济逻辑要求的静态需要。凡勃伦的《有闲阶级论》（*Theory of the Leisure Class*）辛辣讽刺了很多"高级"需要。G. P. 沃特金斯（G.P.Watkin）的 *welfare as an Economic Quantity*（接下页）

下事实：人们并非可以自由地进入现实中的不完美市场。一个十分严重和常见的错误是把自由与自由竞争混为一谈。正如经济学导论自身所表明的那样，任何一个经济团体，通过联合，都比通过竞争所获取的更多。在自由的情况下，幸运的是，阻止全面走向垄断的是人性的局限性，它使垄断所必要的组织不可行，或使其组织成本高于垄断所带来的收益。不过，全面垄断是自我矛盾的，而且社会行动是反对这一趋势的唯一办法。竞争发挥的作用是使得人们自觉不自觉的走向垄断。不仅越来越多的商品的生产者正在这么做，很多工业和农业部门的工人也正在这么做，基本农产品的生产者已经热心于这一目标。[1]

8. 按照个人主义的竞争方式来组织满足需求的活动，预先假定了需求和满足需求的手段都是个人的。也就是说，一个人的需求附属于满足需求的产品和服务，当他消费这些产品和服务满足自己的需求时，丝毫不影响他人。事实上，个人想要的是什么，在很大程度是人类关系的事情，而不仅仅是商品服务之类的东西。我们想要某些东西，是因为其他人有这些东西，或我们无法拥有它们。文明生活的附属物只能由社会来提供，而且我们希望生活在一个文明社会中，并以文明的方式生活。个人之间的交易或契约，几乎毫无例外地会对不直接参与交易

（接上页）的最后几章对这些问题的冷静讨论很有科学意义。

　　用于创造需求商业活动已经在最近的文献中受到了广泛关注。这方面的领军人物也是凡勃伦。一个严重的错误是不加区别地谴责此类活动。创造需求是好是坏，完全取决于创造出来的需求的特征。我们不能肆无忌惮地谴责广告和推销术，除非我们准备拒绝接受大多数教育和文明，因为使人有别于野兽的大多数欲望都是人为创造出来的。从伦理上说，正确需求的创造比需求的满足更为重要。至于这方面的事实，我们可以观察到，企业对需求的变化的兴趣胜过对变化的特征的兴趣，并主要造成那些最易于实现的变化。一般道德说教告诉我们，使人变坏要比使人变好容易，而且现代营销方法的偏好形成趋势符合这一观点。

[1] 显然，这一论点类似于马克思的论点。马克思的一些结论值得认真对待，尽管他的逻辑基础——所谓的大规模生产方法的普遍优越性——必须被拒绝。

的人造成影响，从而产生相应的交易代价。有必要用社会行动 71
鼓励那些给他人造成正外部性但参与者无法在市场上收取报酬
的交易，抑制那些给他人造成负外部性而参与者无须付出代价
的交易。一个典型例子是，一个人的财产增值或使用，造成邻
居的财产增值或遭受损失。在一个发达社会秩序中，个人之间
的"自由交易"几乎总会给外部人造成有利或不利的影响。

9. 没有一个科学的价值测量单位，一个交易体系根本无法
按照"理论"运行。社会必须接管或小心控制与流通媒介有关
的活动。由于高度发达的信用体系，对银行业和货币的控制在
很大程度上就相当于对全部商业活动的控制，而完全放任的自
由银行体系会很快导致所有交换关系混乱不堪。

10. 一个经济组织必须将其生产能力一部分用于满足当期
社会需要，一部分用于未来增长。如果这第二个功能是在竞争
组织内由个人自发完成的，那么，这个体系的每个成员都必须
在他自己的当前需求和未来社会需求之间作出正确比较和选择。
竞争的个人主义在这个方面的不足是公认的，因为进步是社会
事实的一个基本。在个人主义的体系中，进步的必要条件是今
天的个人对未来的个人关心——家庭制度会导致进步形式的范
围和后果不确定，或者依靠他们对进步自身或它作为某种形式
的理想价值的兴趣，或依靠某种具有偶然性的关系，进步是追
求其他目的的活动的附带产物。所有这些无一产生无可挑剔的
结果。不过，这同一领域中的社会行动问题是如此困难，而进
步理想自身又是如此地含糊，以至于不可能在小范围内就社会
组织的不同形式与问题答案的关系给出有价值的讨论。一个事
实是，这个领域中的社会介入要多于对当前生产和消费控制，
教育和科学由社会提供就是见证。

11. 所有人类计划和执行总会有不确定性。只有在所有的人
都理性对待风险的情况下，一个理性的社会秩序才能通过个人
行动来实现。不过，众所周知，普通人的态度是不理性的，从

72 而有必要对个人自由进行很多社会限制。不仅有必要禁止赌博，而且要保证资源的控制和财富生产的指挥掌握在合适的人手中。这些人从事冒险活动的自由必须进一步受到广泛限制。因此，任何社会都不曾把生产资源当作严格意义上的私人财产来对待。

12. 个人主义和竞争无法带来社会资源的最优分配的最后一个理由是收入分配的伦理学。在一个竞争体系中，收入分配是通过市场——生产服务的定价——实现的，当然也有上面罗列的市场缺陷。不过，这并不是最主要的。一个常见的假设是，按照生产边际贡献支付报酬是合乎伦理的做法。"生产理论"的阐述者部分地对这个假设负有责任。这一理论自身，由于对收入分配中因果关系解释的原因，评价不高。这是因为，有些人因误导而接受这一标准，却又无法认可现实的结果，于是掉头攻击这一理论。对这一问题的研究将证明，从绝对伦理的角度看，生产贡献的伦理意义可以很小或没有。（必须牢记，我们的讨论所设定的边界使我们不用考虑可行性问题。这是因为，我们正在研究的是理想，而不是现实世界的可能结果是否在那些方面与我们的道德追求和谐一致。）对生产力作为一个奖赏标准的研究也只能是概要性的。[1]

（a）首先，如上所述，仅仅有一个"一般趋势"，把每一

---

[1] "特有产品（specific product）"是它的出现能够使社会多生产的东西，而不考虑它独自能够生产什么。我们假定，这是"产品"一词的一个正确用法。这是因为，一般来说，在因果关系中正确的是，"原因"是先前情形中的决定因素，而哪个因素被视为决定因素在很大程度上取决于观察角度。

我们还认识到，特有生产力是明智地利用生产资源的唯一可能基础，因为特有贡献最大化是总产品最大化的条件。

还应该牢记的是，收入分配的绝对伦理学与组织事实和不同要素的产品的相互联系无关。在个人自给自足但承认相同伦理原则的社会中，有些更有效率或更勤奋或更有运气的人有更多产品可与他人分享，这些人与发达自由企业体系中的人一样有大或小的义务。

生产要素的产品分配给这一要素。这里，无知是一个特别重要的因素，因为正确的分配要求完美的技术知识和远见。人一生中的消费是不均匀的。仅仅在十分有限的程度上，自由交换体系能够使一个人靠他下一年的收入生活。更为有限的是，当这一趋势的实现超过一个人的寿命时，他是否能够依靠自由交换生活？

（b）把每个生产要素放在它能够作出最大贡献的地方的趋势远远没有按照实际贡献支付报酬的力量有效。兴许，一个社会体系让艺术家擦皮鞋，支付他们擦皮鞋的报酬；另一个社会让艺术家做艺术家的工作，也支付他们擦皮鞋的报酬；两者相比，后者更容易遭受谴责。

（c）产品或贡献总是用价格衡量的，并不完全符合伦理价值。一件产品的货币价值是关于"需求"的事情，而需求反映的是广大购买者的偏好、购买力和寻找替代品的难易程度。正如我们已经指出的那样，所有这些因素在很大程度上是经济体系自身的运行创造出来和控制的。因此，这些因素的结果，就其自身而言，可以没有用作判断该体系的标准的伦理意义。相反，对该体系的判断必须依据关于需求的这些事实与伦理标准的一致性，而不能依据实际中商品的生产和分配与需求的契合程度。而且，现实中，最终结果的确偏离人们持有的伦理标准。没有人认为从伦理上说，一瓶陈年老酒与一袋白面有同样的价值，或者一位贵妇人的一件稀奇古怪的外衣与一座普通的住宅有同样的价值，尽管此类相对价格并不少见。伦理上，整个评价过程是一个"恶性"循环，因为价格来自需求，而需求来自价格。

（d）收入并不流向"要素"，而是流向"要素"的所有者，除了所有权的事实，绝不具有更多伦理正当性。人或物质生产能力的所有权是继承、运气和努力的共同结果，而且这大概也正是它们的相对重要性排序。从绝对伦理的角度看，理想的收

73

入分配兴许是有争议的，不过，上面提到的三个理由中，恐怕只有努力具有伦理上的正当性。[1]从绝对伦理的角度看，大概绝大多数人都同意，继承的能力代表着对这个世界的义务而不是对它的索取。运气的重要性将在后面结合商业游戏的概念一并讨论。人们常常区别看待来自劳动的收入与来自其他要素的收入的伦理意义。我们必须承认，这一立场中有一个错误。经济意义上的劳动可以是牺牲，也可以是享乐的来源。而且，劳动能力，与财产所有权一样，来自相同的三个源泉，即继承、运气和努力。而且，这三个源泉的相对重要性也没有显著的差异。

（e）任何服务或产品的价值，视需求而定，可以在零到无穷大之间的任何地方。即使需求是合乎伦理的，也很难说拥有提供人们需要的服务的能力，是对较大部分社会红利的一项合乎伦理的权利，除非这一能力自身来自尽责的努力。

（f）一项生产服务的价值，视其稀缺程度，可以在零到无穷大之间的任何地方。最重要的服务会因为供应过多而变得毫无价值，而最不重要的服务会因为极度稀缺而变得极有价值，就像畸形人可以通过让人观赏来满足一种经济需求。难以看出，为什么越是不同于别人就越值得赞扬，除非这是他人不愿意付出努力的结果。

（g）最后，值得指出的是，现代社会的确承认和尊重完全不能自立的人有权享有基本的生存条件。从原理上说，极端情况下承认这一点与承认能力不同没有区别，并不形成在收入分

----

[1] 我们发现了一些严肃学者有如下共识：与共享准则事实上相同的按需分配原则是收入分配的理想基础。这些学者尤其包括：泰勒（Taylor），*Principles of Economics*，8th ed., p.511；陶西格（Taussig），*Principles of Political Economy*, 3d ed., vol. ii, p.475. 在一个理想的世界上，我们可以假定，所有的人付出同样的努力，以至于按照努力进行收入分配完全符合理想。在本文作者看来，努力，即尽责的努力是更好的原则，它是更符合常识的奖惩观念，很少达到视所有的人都同样值得奖励的程度，且多少在实践中不可行。

配中区别对待的合理基础。不过，难道每个人都认为，用价格体系衡量的"能力"真的符合伦理上的美德吗？一个人"无能"可以是因为这个人对于这个世界来说太善良，也可以是因为这个人应受谴责，尽管前者不如后者常见。

因此，竞争体系，简单地看作一个满足需求的机制，与我们的最高理想相距甚远。与完全竞争的理论趋势相对立的，必定是它的根本局限性和相反趋势，对它们的认真研究揭示了很多东西。在竞争体系中，指导资源用途的价值标准是商品价格，而商品价格大大偏离公认的伦理价值。而且，现有秩序越是完全竞争，社会控制的范围缩小，上述偏离就会越严重。此外，无阻碍的个人主义趋于降低标准，而不是提高它们。"给大众所需要的东西"通常意味着使公众的偏好变得腐化。正如联合工程会题为"工业中的浪费"报告所说明的那样，这一体系在用资源生产价值方面也是无效率的。它按照能力来分配工业产品，但只有在权利与权力一致的情况下，这样的分配才是合乎伦理的。在促进多种形式的社会进步方面，其失败是公认的，它在这方面的功能正在不断地被其他社会机构取代。放任自由，价值单位的变动，加上另一些因素，会导致偏离理论上的均衡状态的剧烈波动，这样一个体系会周期性地发生"崩溃"。

本文明确拒绝对竞争体系与其他制度的比较做出裁决。不过，考虑到本文的论述带有否定的语气，似乎可以客观地说，这些问题大多是极为困难的，而且，很多罪恶和麻烦的原因是大规模组织固有的，与其形式无关。还必须指出的是，竞争是经济秩序的一般基础，对竞争的彻底批评很有可能是在犯更加严重的错误。最后，让我们重复一下：实际中没有完全个人主义的社会组织方法，也没有完全社会主义的社会组织方法。经济和其他活动总是以各种可能的方式组织的，问题是在个人主义、社会主义和它们的各种变形中找出一个正确的比例，并将其中每一个应用于恰当的领域。

II

当我们从经济活动满足需求这一方面转向其价值问题的某些方面时，我们的任务更加艰巨。在这些领域，有指导意义的研究成果很少，并且相关材料很难分类确定，我们只能试图提出问题，并提出研究思路。

对已有教条的批判中，基本的一点是，人们只是在十分狭隘和最终的意义上承认，这一经济体系仅仅是满足商品和服务需求的一个机制。经济学家迟迟没有全面和充分认识到，这个体系也创造需求，而且人的需求既是该体系的目的和生产向导，同时又是经济产物，更少受到关注的是，有些方面根本就不属于通常意义上对商品和服务需求的满足。但是，当我们认为生产活动占据人类生活的主要部分时，肯定会假定生产只不过是手段，是必要的恶，是为了生产过程之外的善而作出的牺牲。我们不得不在经济过程中寻找目的，不仅仅是为了产品的消费，同时把参与经济活动看作自我表现和创造性成就的一个领域认真研究。

一旦这个问题提出来，显然，除了生产出来产品的进行消费，生产中还有其他价值。旧理论仅仅把生产当作为了消费产品而做出的牺牲或承受的痛苦。从心理学批判转向经济理论以来，旧经济理论的不足越来越成了共识。消费本身带来的满足，在很大程度上来自社会环境，而不是来自商品的内在属性。财富的大规模积累用于各种各样看不见目的的活动，足以证明消费不是生产的唯一动机。形成鲜明对照的是，最积极和成功地投身于创造财富的人常常把自己的消费限制在相当有节制的水平，而这样的生活是为了保持身材，以满足他们的商业活动对体力或脑力的要求。毫无疑问，在社会经济的底部，满足物质需要是简单劳动者的最主要动机；级别越高，消费越不是生理必须，而更多的是审美或社会礼仪上的事情；级别再高一些，娱乐活动的比例更大，结果越来越不重要。关于经济动机的特征，经济学曾经是含糊的，有一些时候，财富占有是基本动机；另一些时候，财富的消费是基本动机，尚未弄清楚这些动机之间的关系以及它们与其他可能动机之间的关系。

让我们转而寻找把生产当作一项活动的动机，而非为了产品生产，其中最明显的是其作为一场竞争性游戏。对财富的渴望，或多或少有些像游戏中渴望获取对手的筹码。因此，对工业体系的批判必须从这个角度来思考，如果它是一类游戏，那么它是一类什么样的游戏呢？毫无疑问，对这一体系很多强烈的反对意见就是从这里产生的。一无所有和收入微薄的大众不仅抗议缺乏基本的生活水平，也抗议不公平的竞赛条件。就他们的情感而言，因不公平的条件而失败，兴许与失去筹码一样重要。在一个较上层阶级中，一些人心目产生了怨恨，这些人不喜欢这场游戏，从而反对被迫参与它，并反对用这场游戏中的成败进行社会和个人评判。

工会领导越来越关注经济关系的这一"人性面"。他们更多地谈论"控制"，较少谈论工资和劳动时数。在经济不满者的著作中，这一重点转移也是十分明显的。当这种情绪成长得足够强烈时，人事问题开始严重干扰企业运行，统治阶层不得不予以关注。一个带有几分真理的说法是，今天对竞争体系的反对更多地来自经济权力、机会和威望的分配不均，而不是产品享受中的分配不均。毫无疑问，敌对情绪更因为如下反差而增加：一方面，政治家高喊公民热情支持的自由和平等；另一方面，广大劳动人民却（正确或错误地）觉得他们的真实生活中充满专制和奴役。

经济学家和时事评论家开始认识到，商业和工业的效率在很大程度上来自行动的内在兴趣。区区贪婪动机是多么的无力；我们经济生活的动力很大程度上取决于把这场游戏弄得有趣。这一觉醒见证之一是迅速涌现的、关于"动机"的文献。只要

77

我们还有有待挖掘的领域，不仅有"上流社会"，而且有上升的机会，那么就不会有严重的问题。不过，在一个较为固定的社会中，一个趋势是商业活动仅仅对于少数"大企业首脑"和"金融巨头"来说十分有趣，而这个结果却是靠劳动大众单调乏味的苦干来实现的。这个过程是有极限的，超过这个极限，必定会产生反叛情绪，从而对于领导者自身来说游戏不再有趣，更不用说广大人民所依赖的产品产量所受到的影响。

当我们的考虑从可比的商品，转而考虑权力和威望时，经济秩序的伦理标准和理念问题成了一个不同且困难得多的问题。在一场竞争游戏中，把平等说成理念肯定是愚蠢的。很多极端论述忽略了这一事实。对现有社会的一些批评等于谴责一场竞走因为有些人领先了而导致不公平。我们必须牢记，这个体系是一个满足需求的机制，又是一场游戏。而且这两个功能是不可分的，尽管这两类的理念是不同的。为了效率，商品生产中能力的大规模集中是必要的。不过，这也违反了游戏中的机会平等原则。正如实际发生的那样，当控制权伴随着消费的权力时，会造成这方面令人无法容忍的不平等。自由平等与效率之间似乎有深层次的矛盾。对于民主和平等理想来说，生物进化方面的研究很少得出让人满意的结果。在生物进化中，一般趋势是高度集中化或"头部"优先发展。然而，人类社会至少在某种程度上有所不同，因为从历史的角度看，似乎存在着的一个趋势：看似不那么有效率的"民主制度"战胜了独裁、贵族统治和导致等级组织的制度，尽管民主制度实际上并没有实现平等的理想。

在一个既是竞争游戏又是满足需求的机制体系中，我们似乎发现了三个有冲突的理念。第一个理想是上面已经提到的按照努力分配收入。第二个理想是"工具归能够使用它们的人支配"。这个原则是效率的必要条件，不过，其中包括给较好的玩家较好的装备，让跑得较快的选手遇到较少的障碍。这公然破坏了第三个理想，即维护游戏的公平。

　　要精确阐述公平且有趣的游戏是十分困难的。游戏与工作之间的区别十分微妙。心理学家通过艰苦努力也未能将其弄清楚。一个古老和永远吸引人的梦想是，在正确的条件下把所有的工作都变成游戏。我们知道，任何种类的工作都注入了游戏精神。正如我们在前面看到的那样，在一定程度上，创造性艺术、高级职业工作，尤其是商业自身，就是典型例子。然而，游戏的定义告诉我们至多的是，游戏是令人愉快的活动。它通常被定义为自身构成目的的活动，是为了活动自身而完成的活动。[1] 不过这一观点很难经得起推敲。我们无法想象完全自发和独立的人类活动，无论它是多么"有趣"。兴许，婴儿四肢的随机摆动适合这一描述。不过，一个成人或儿童的游戏，或者消遣性活动不仅仅是肢体的活动。这些活动有目标，哪怕仅仅是搭建一个随即拆掉的积木房子，活动的有趣性也依赖于有一个目标。兴许，我们可以说，在玩游戏时，目标通常是如此地紧跟着活动得到实现，以至于两者被自然地当作同一件事情，或者说目标是如此充分地吸引了注意力以至于把努力完全排除在意识之外；在工作的时候，目标与活动之间有明显的区别，而且对于大脑来说，活动是手段，与目的形成鲜明对照。至少，通过在一定程度上注视目标，导致努力被从意识中挤了出去，工作中常常有游戏的情绪成分。这种转移他人注意力的能力似乎是领导能力的一个重要因素。

　　这里，我们主要关注的是竞争游戏的特殊心理，而不是一般游戏问题。一般游戏问题包括非竞争性的社会仪式、单人随

─────────

[1] 关于"游戏（play）"一词用法的杰出概述见雷恩沃特（C.F.Rainwater）的 *The Play Movement* 的导论。杜威给出的典型定义包括"那些不以活动本身以外报酬为目的的活动"。也见罗斯金 Ruskin 的 *Crown of Wild Olive* 中关于"工作"的演讲。

机游戏和单人纸牌游戏。关于一个好的竞争游戏与一个糟糕的游戏之间的差异，我们可以有信心地给出如下几点观点。首先，影响胜负和增加游戏趣味性的因素有三个：玩游戏的能力、努力和运气。显然，在任何具体场合下，玩一种游戏的能力，与人的其他能力一样，是多种因素的复合：内在天赋、此前付出在游戏上的努力或训练，或者在某种相近的、消遣性的或严肃的活动中得到的训练。一个好的游戏必须能检验玩家的能力。要做到这一点，它必须迫使玩家尽其所能。与此同时，它还必须包括纯粹客观能力（假定是最大努力）之外的某种东西。结果

80 必须是不可预测的，如果丝毫没有运气的成分，也就没有游戏可言。在一个举重选手知道了自己能够确定举起多重之后，便没有了举重项目，尽管结果衡量能力。在成绩被"记录"下来的情形里，兴趣集中于多次尝试中人（或马等）的能力的不可预测波动。

　　一个好的游戏还要求能力、努力和运气的某个合理比例，尽管这个比例永远不那么确定，例外情况是绝大多数人都沉迷于纯粹运气，尽管一个明显的事实是，一个竞争的完全机会游戏包括着一个逻辑上的矛盾。可以肯定，人们普遍同意，技巧游戏"优于"机会游戏。趣味使人付出努力，而兴趣依赖如下事实：努力可以改变结果。但是，如果不同玩家的能力悬殊太大，那么努力就是徒劳多余的，游戏就索然无味了。当一个猎人把打猎当作游戏时，他会给他的猎物逃生机会。最后，毫无疑问，人们都承认，有些游戏比另一些游戏"高级"，具体哪些游戏更高级，取决于成功玩相应游戏要求人们具备哪些素质。游戏的排序还涉及价值标准问题。在所有的艺术批判领域里，正是价值标准问题阻碍了通向客观性的道路，这方面我们也不得不求助于一个普遍共识，并在一定范围内承认完全相反的判断同样有效。

　　毫无疑问，不同评判者对作为一种竞争游戏的商业活动排

序有不同看法。不过，上面简要说明的原则暗含着这种游戏的一些不足。商业活动的结果不是真实能力的精确检验，因为不同人进入比赛时的条件差别较大。此外，运气的成分也很大，远远超过公平游戏所允许的程度，以至于能力和努力不起作用。而且与一般的赌博游戏一样，运气的成分会积累起来。一位玩家在第一轮的好运气，不会按照大数定律随着游戏的继续而被平均掉，而是使这位玩家在接下来的轮次中始终处于有利地位。一个人会因为第一轮的坏运气而遭淘汰，或者处于淘汰边缘。[1]

　　再者，不同的人玩商业游戏的能力有巨大差异。不过，由于这类游戏是有组织的，弱小者与强大者在同一个场地上格斗，不像体育比赛那样，按照运动员精神给选手分级别，给高级别 81 选手设置较大的障碍。事实上，在商业活动中，正如我们已经看到的那样，情况正好相反，其中障碍的分布有利于强者，不利于弱者。我们不得不相信，商业能力在一定程度上是继承来的，而且社会制度保证一些人继承一些优势：优越的教育、进入游戏时优越的条件和有利的奖品分布。

　　奖品分布还以另一种方式偏离运动员精神的最高理想标准。在一场竞争中，如果已知选手能力不均，但不均的程度没有大到需要对选手进行分类或通过障碍设置安排来做到机会均等，那么，可以通过大量价值不等的奖品来增加兴趣。这个方法通过游戏自身的发展自动地对选手进行分等级。但是，商业游戏中的趋势是放大筹码分配不均所带来的成绩不均。假设我们正在组织一场千人男子竞走比赛，选手是从普通人中随机选取的。一个极端是他们兴许按照某个标志进行排列并争夺唯一的奖品；

---

[1] 与满足需求情况相比，运气的相对强弱更难以衡量。关于游戏中运气的理想数量以及商业中实际上有多大数量的运气，人们有不同看法。运气成分的积累作用大概更是公认的恶。值得指出的是，在生活的各个方面，有很多选择都是一生只遇到一次，是悲剧和痛苦的主要源泉。

另一个极端，奖品是平均分配的，与竞赛结果无关。从体育的角度看，两者同样荒谬。如果竞争的批评者倾向于制造平均，那么，毫无疑问该体系自身远远地走向相反的极端。

商业成功在很大程度上源于商业能力。承认这一点，我们必须面对的一个问题是，把商业看作一场游戏，商业能力作为人类的特性，是否是美德呢？不可否认，有教养的人大多持否定态度。一般认为，成功的商人既不是最聪明的人，也不是最高尚的人。无论现在和过去，商业都没有表现出很高的运动员精神，更不用说接下来要提出的一个问题，即运动员精神本身是否是人类的最高理想。关于由商业活动发展出的素质，以及享受和成功参与它的必要条件，都没有客观的度量，关于它们的任何观点都会被反对者认为是"偏见"。关于这个题目，我们仅仅引用十分重要和有代表性的罗斯金的观点。罗斯金说，"在一个由供求调节而没有公开暴力的社会中，富裕起来的人一般来说是勤奋、果敢、妄自尊大、贪婪、敏捷、做事有条不紊、有判断力、缺乏想象力、麻木不仁和无知的人；陷入贫困者是十足愚蠢、十足精明、懒惰、不计后果、恭顺、有思想、呆滞、富有想象力、易怒、博识、无远见、无规律和易于冲动的人，以及笨拙的流氓、窃贼、十足地仁慈、正义和神圣的人。"[1]

无论一个人如何称赞商业游戏，他都必须承认，他人有权持不同观点，而且很多令人尊敬的人根本不喜欢这种游戏。因此，我们有理由认为，像今天这样，商业游戏如此地主导我们的生活，以及把社会生活等同于商业生活，这是我们的不幸。在现代工业社会中，所有的价值都被简化成了货币度量，很多最高尚和仁慈的性格会导致不快乐，甚至庸碌的生活。每一个人都被迫参与经济游戏，并按照他在游戏中取得的成绩接受裁

82

---

[1]　取自 *The Cry of Justice: An Anthology of Social Protest*, 厄普顿·辛克莱（Upton Sinclair）, p.752.

决，无论他的活动领域或兴趣是什么，他都不得不把他所感兴趣的活动作为副业。

III

我们的第三个主要问题是竞争的伦理问题。尽管这个问题最为重要，我们对它的研究却相对更不充分。从伦理的角度看，竞赛是好的动机，还是坏的动机？任何比赛中的成功都是高贵的目标吗？有些价值是人们共同追求的，并用其结果来衡量生活的成败。除了这些价值，是否还有更高意义的价值呢？显然，现代人日常生活中实际追求的绝大多数目的最初都具有这种特征：它们就像卡片和棋子，自身毫无意义，只不过是游戏的目标；对游戏提出质疑，就是使自己不令人喜欢，"参与游戏"就是接受现实世界，抗议就是拒绝。"好的游戏"取代了好的人。尤其在美国，商业竞争以及与之相伴的竞技人生观得到了最大发展，产生了两种价值观。较大的价值观是争取胜利，从而方法问题不是最重要的，为了取胜，可以不择手段。较小的价值观是在输了之后体面地出局和死亡。

我们无意回避竞争精神是否是伦理上的美德这一问题，并以尖锐的方式将其提出来。不可否认，竞赛动机兴许是对活动感兴趣的一种源泉。这里提出的问题某种程度上是一个古老和科学无法回答的问题，即快乐与纪律作为基本道德价值的问题。快乐主义者会说，理所当然，增加价值就是增加快乐，只关心增加的是否多于失去的。

但是，这里我们似乎遇到了穆勒快乐主义矛盾，兴许也是生活的矛盾。事实上，比较容易证明的是，给经济生活引入竞赛动机，使其效率提高的程度要大于使其快乐增加的程度！客观地观察工业的运行，以及人们下班后对休闲既狂热又可怜的追求，很难说人们生活得幸福。正如上面指出的那样，经济活

83

动已经成了领导者入迷的游戏，但对于普通员工来说，这往往被简化为机械般单调无趣的苦工。总的来说，参与竞争的欲望是诱饵还是刺激？是积极的还是消极的？尤其我们应该想起，对大众来说，竞争是在消费领域，而生产仅仅被看作手段。从快乐角度看，正常人是宁愿不停的、不问是非和近乎你死我活的竞争，还是宁愿不那么紧张的活动氛围，而且活动目的又是内在地有价值的，并伴有较多的观赏态度？当前人们对生活的匆促及其向行会和中世纪精神的发展，表明了对竞争趋势存在普遍反感情绪。[1]

如果承认生活的目的是把事情完成，那么，竞争的理由变得更加有力。不过，即使是在这里，疑虑也会产生。一个不可回避的问题是，要完成的是什么事情？如果重要的仅仅是把事情完成，那么，作为达到有价值或无价值目的的动力，竞争同样有效。如果是这样的话，最终选择必须留给偶然事件或其他原则。然而，似乎有一个趋势，竞争是有选择的，并非具有非常高尚的意义。难以相信，在"较高级"领域竞赛同样有效。

兴许有人认为，无所谓做什么事情，所有的活动都同样发展人的个性，或者说使生活有意义的是行动和变化之类的。仅仅从有趣的活动这一角度来看，如果我们既不关心结果的特征，也不关心兴趣的特征（超越如下事实：它是一个"智力上的"兴趣，结果是可见的结果），那么，以竞争为基础来组织生活似乎是十分正当的。这种组织方式兴许有助于培养一种哲学态度，这种态度将证明理论的合理性。如果是这样的话，我们就可以

---

[1]　伯特兰·罗素在他的 *Principles of Social Reconstruction* 中区别了竞争与非竞争价值观，几乎等同于善与恶的区别。专注于前者是现代世界的主要罪过。韦尔斯（H.G.Wells）在其早期著作 *In the Days of the Come* 描述了一个消除了竞争的田园诗般的世界。相反，现代社会主义者也许更普遍地接受了作为一个动机的竞争好胜心，仅仅宣称在社会主义制度下，竞争将变得有道德和转向社会福利而非个人利益。

给实用主义流行的原因一个充分的"经济解释"。用能力解释生活，其中"智力"也作为能力的一种形式，那么竞争企业制度有效地增进了人类控制自然的能力，并带来了现代物质生活的进步。

正是在能力的意义上，竞争经济学以及竞争生活观有待证明是正当的。我们是否打算把它们看作是正当的，取决于伦理上我们是否愿意承认能力是我们的世界观基础。正如费希特（Fichte）所说，"一个人选择什么样的哲学，取决于他是什么样的人。"不过，和绝大多数格言一样，换个方向解读一样正确：一个人是什么样的人，取决于他选择什么样的哲学，这是永恒的互为因果的规律。正如我们刚刚指出的那样，整个体系趋于塑造证明这一体系是正当的精神。在这个意义上，我们花费这么长的篇幅攻击和驳斥的"经济解释"部分有道理的。[1] 不过，事情并不到此为止，也不能到此为止。整个问题是，我们是否像尼采那样接受"能力伦理"，或这一伦理的接受是否有矛盾，即是否意味着完全拒绝任何真正的"伦理学"。绝大多数人在各种场合中接受的教导中，伦理不同于能力，权利不同于权力，而且对于道德的本质来说，这一不同是根本的。今天，一个很受尊重的观点是，所有这些想法都是幼稚的，是走向成熟的过程中必须抛弃的。它是现代科学世界观的一部分，一个合理的部分。对于它的很多顽固倡导者来说，那些持怀疑态度的人只能承认自己"头脑简单"和"低能"。

从逻辑上说，他们必然正确！关于一般世界问题的严格科学讨论无情地通向宿命论，通向能力问题，通向伦理学的梦幻世界，不涉及两种力量何者更强大的问题，而涉及的是另一类问题。必须清楚认识的一个问题是：科学自身的逻辑是否普遍

85

---

[1] 见上面提到的文章："Ethics and the Economic Interpretation," *Quarterly Journal of Economics*, May 1922.

有效，是否有一个这样现实世界，它不是用可见的事实来理解的，也不是用经验验证的命题来描述的。更确切地说，问题是，关于这样一个现实世界的知识是否是可能的，或者它是否能够进行合理的讨论。务实的科学家，如果没有偏见，会承认兴许有这样一个现实，但坚持我们无法"合理地"讨论它。如果合理的讨论是指科学讨论，即对于他来说两者是同义语，上述说法当然是正确的。对于现代智力来说，这样的争论充满巨大困难，因为现代智力自身被塑造得与智力过程所意味着的科学观相符合。然而，两个事实必须得到承认。一是科学世界观不仅在很多人类经验的基本数据中找不到立足之地，而且按照其自身的逻辑信条来检验，它最终也会有很多矛盾。很多伟大科学家就持有这一观点。二是人们的确试图在一定程度上"相互理解"。他们谈论不属于科学事实的事情，但这些事情，就像艺术或个性那样，也能够解释人的行为。

假定我们仅仅承认成就大小这一伦理标准，即这一制度自身所产生的理想，这等于宣布其余伦理标准都因我们没有能力进行讨论而被抛弃。下面，我们概述一些有悠久历史的伦理理论与竞争制度的评价问题结束我们的讨论。从快乐主义的角度看，问题是竞争是否给生活增加了快乐。现在，让我们重新回到这个在前面已经提出过的问题。在我们的视野里，19世纪的快乐主义者并不是伦理学上的快乐主义者。他们抱有或采取的是心理学的快乐主义立场，其中包括用快乐作为一般意义上的动机的同义语来回避问题。今天攻击或批评它就是去杀死已经被杀死了的东西。按照保尔森（Paulsen）的功利主义定义，他们实际上是功利主义者，指的是按照结果而不是按照其是否符合一般规则来判断人类行为。在如何判断结果这一关键问题上，他们都保持沉默或含糊其辞。不过，研究表明，19世纪的功利主义本质上只不过是能力伦理学，是我们在前面提到的"美其名的经济学"，其结果是把品德简化为谨慎或精心管理，其理念是取得想要的最大结果。从知识有助于获取能力，或自身能力的实用主义概念上说，它是科学的、智力的。至于能力应当被用于什么目的，这一真正的伦理学问题，他们从没有给出过明确或系统的论述。欲望或需要被默认为价值的实质。斯宾塞明确把欲望回溯到生存欲望这一最终合理性证明，假定任何物种"必定"渴望在生物学意义上有利的东西，而且对于所有的群体来说，生存能力事实上就是正确与否的最终尺度。如此，他勇敢地把整个体系简化成了一个伦理谬论。

在本文作者看来，不必否认"伦理学"这个词适用于这类概念。生存条件只不过是生物学定律。假定一个人想要生存，那么，他至少部分地按照这些定律谨慎地行动，但很难将其与正确或责任的概念联系起来，而且如果正确或责任丝毫没有超出谨慎的意思，那么，伦理学的整个世界都是虚假的。[1] 伦理学是研究在不同类型的生活之间作出选择的问题，并假定的确有在不同类型生活之间的选择，不然就没有伦理学。竞争的伦理特征不是由竞争刺激了大量行动这一事实决定的，这只不过提出了做事情或动机本身的伦理性质。

所谓的科学自然主义伦理学，作为伦理学思想的一般形式，与希腊人或基督徒观点的真正伦理学上的快乐主义或幸福说形成对照。从前者的角度看，幸福哲学是前面已经说过的，无须补充。竞争兴许形成活动中的额外快乐源泉，尤其对于胜利者或在游戏的进步中有机会取胜的人来说。不过，竞争更有可能变成一根刺棒，尤其在被迫参与的情况下。一个普遍共识是，幸福更多地依赖于精神资源丰富，快乐地欣赏生活中无代价的事情，尤其是对自己同伴的感情，而不那么取决于物质满足。合作的一个有力理由是，它趋于教会人们在更加积极的意义上相互喜爱，而不是由参与一场竞赛能够培养的相互喜爱。在一

87

---

[1] 这些作者无法为生存的伦理义务找一个立足点，从而不得不否认它。

场争夺生活手段或体面生活的竞赛中，肯定不会产生积极的相互喜爱。推销术在商业世界中的主导地位以及经济竞争的精神必定也趋于阻碍这些"自由物品"的欣赏。

还应该看到，虽然"上帝对所爱之人必加以约束"很难作为可行的道德格言加以应用，但人们普遍承认，人的本性在逆境中要比在安全和舒适的情况下表现地更加细微。另外，很少有人能够被委以很大权力而不会用它伤害别人，并造成自己的道德败坏。

可以肯定，作为一个动机，竞争的正当性，要从亚里士多德的概念，即什么是作为人、内在值得做的事情，或柏拉图原型的善这一概念中寻找。希腊伦理思想的突出特征是，作为目标的善这一概念和作为一种认知的道德判断这一概念。一件事情应该做，是因为这件事情是要做的事情，而不是因为它是或不是他人正在做的事情。美德是知识，而善是合理构思的。不过，与这些说法的意思形成鲜明对照的是现代人把美德简化为谨慎，把选择简化为利益计算。希腊伦理学中智力平等是指区别真假价值的能力，完全不同于预见变化和用手段达到目的的能力。一个是欣赏意义上的竞赛，另一个是能力意义上的竞赛；一个的理想是完美，另一个的理想是伟大。的确，希腊人并非对赞誉和荣誉无所谓，在其生活中竞赛精神也发挥着重要作用，全国运动会就是证明。不过，理想似乎总是完美的实现，人们的教育是认识更高级的价值，而不仅仅是取胜。可以肯定的是，它不仅仅是取胜的能力。

88　　基督教被以很多相互冲突的方式解释，以至于难以对其进行科学讨论，不过这些不同解释都不允许竞争的价值观进入基督教思想。如果说有什么事情是这些不同解释都必定同意的，那就是基督教中善的概念是与竞争对立的。我们根本没有被迫相信福音的核心形象是苦行修道者，他从不谴责快乐，并有他自己的快乐。不过，难以想象的是，他会参与任何类型的竞争活动。他的最具特征性的言语是炽热的：领导者应该是所有人的仆人。基督教伦理的理念明显不同于希腊伦理的理念，如同两者都明显不同于现代思想，而现代思想来自自然科学和政治经济学。我们已经说过，对活动的伦理判断决不依据其效率，即最终结果的数量，而是依据那些结果的特征或导致行动的动机的特征。希腊观点注重的是结果的特征，并赋予伦理价值基本的审美概念；基督教注重的是动机，其生活理想可以用"灵性"一词来概括，正如希腊理想可以用"美"或"完美"来概括。由于希腊人把美德等同于知识。在希腊人看来，不可想象一个人承认真正的价值并且不按照它们来行动。（像 Paul——Romans7：15；Galatians5：3 更明确地阐述的那样），基督教的美德由责任心（conscientiousness）组成，在于做相信是正确的事情，而不在于对客观的善的正确理解。必须承认，如果难以描述或定义美，那么对于一个科学和公理主义时代来说，要合理地地讨论灵性则更加困难。两种理想都同意自己不同于经济学的（科学的、实用主义的）伦理学，在于它们的理念是定性的，而后者是定量的。在本文作者看来，现代常识是从基督教（或只不过系统阐述了基督教的康德）那里得到了关于什么事情合乎伦理的概念。

现代生活中的一个醒目事实是，得到承认的行为理论所组成的精神伦理，与不道德的、未经批判的效率概念之间的完全分离。其中效率的概念取代精神伦理，成了实际起作用的理念，其起作用的价值观无意中取自商业销售经理们的传统或实践，其中混杂着一些审美准则。今天"灵性"在越来越少的人和越来越少的实践中被保留；甚至越来越多地被转变成了竞赛和炫耀，其中或多或少地掺杂着审美性的消遣、纯粹商业主义的成分。"基督徒"国家中生活的精神和基督教的精神提供了一个有意思的研究题目：理论与实践之间的对比。自始至终，有越来越多的证据证明现代人存在精神饥饿，他们已经偏离了对生活

89

的精神态度，不知道如何回去。对于旧的信仰来说，科学太强大了；对于朴素、谦卑和尊严这些旧的理想来说，竞争性的商业主义也过于强大。

因此，我们似乎无法从伦理上证明竞争是理想的人类关系的基础或理想的行动动机。它既不符合社会是朋友组成的团体这一异教徒理念，也不符合社会是精神上的伙伴关系这一基督教理念，其唯一的正当理由是它在做事情时是有效率的。不过，要不带偏见地回答"什么事情"的问题，就必须承认它们遗弃了太多值得追求的事情。无论是为了善，还是为了恶，其审美理想都不足以博得最胜任的裁决。至于灵性，商业主义以一种明确的方式使得这个词对于现实中的人来说不可理解。动机本身已经普遍地受到谴责。例如，在学术生活中，尽管每个（美国）机构都觉得被迫用信誉、标志和荣誉，但它们实际上从未被作为内在有价值的东西加以保护。

用其他社会组织基础来取代竞争个人主义，是否有可能带来改善呢？这个问题超出了本文的范围。本文目的，只是设法弄清楚，从纯粹理想标准的角度看，竞争的根本缺陷，并进而建立与其他可能的体系进行比较的基础。让我们总结一下：我们首先用一个导论强调了对一个社会秩序的判断总是有一个价值判断，并预示了一个共同的价值度量和标准。要作出合理的判断，这个价值度量必须被弄得尽可能清楚和明确。效率是一个价值范畴，而社会效率是一个伦理范畴。按照正统经济学的理论，竞争体系的基础是社会个人成员的实际需求。按照假设，竞争实现了这些需求的比较，并按照它们得到最大程度满足的方式组织社会资源的利用，即按照假设，它"趋于"这样。因此，本文的第一个主要任务是罗列这一趋势的较为基本和显著的局限性或相反趋势。它们在很多情况下与上述趋势本身一样重要。经济理论必须孤立地研究理想趋势。这是它最容易做到的。不过，要得出有关这一体系真的慈善的实践结论，必须权衡一般理论认可的这些趋势和偏离它的趋势的实际相对重要性。

　　在本文的第二部分，我们指出，竞争性的经济生活在生产方面具有的价值含义，其中最显著的是其作为一场竞争游戏的吸引力。从这个角度进行的研究揭示了作为纯粹游戏的商业活动的显著缺陷。另外，存在一个伦理上的矛盾：无论这场游戏对于其中的领导者来说是多么迷人，人民大众的生计却只是其中的棋子。

　　最后，我们从理想的伦理学的角度对游戏组织的主导作用或竞争激励的行动提出了怀疑，尤其将它与异教徒的完美伦理和基督教的灵性理念进行了比较。

4 社会成本解释中的
一些谬误

94

本文原载于《经济学季刊》杂志第 38 卷（1924 年 8 月）：第 582—606 页。

普林斯顿大学的格雷厄姆（F.D.Graham）教授在最近发表的两篇文章里 [1] 对经典的比较成本理论给出了具有独创性的论述。他试图证明将该理论用于说明跨国贸易的经济优势是"完全错误的"。他认为保护性关税也可以是一项明智的策略国家政策，原因在于采用这一政策的国家利用自有资源获得的产出可能比自由贸易情况下要多。在本文作者看来，尽管经典理论的很多阐述有改善余地，但是格雷厄姆的论述仍然是错误的。这个问题之所以十分重要，是因为从一般理论的角度看，庇古教授的不朽著作《福利经济学》[2]

---

footnote
[1] February 1923, November 1923.

[2] The Macmillan CO., 1918。这篇文章在《经济学杂志》（*Economic Journal*）三月号出版之前就已经写成和呈送给了 *Quarterly Journal* 的编辑。在 *Economic journal* 三月号上，D. H. 罗伯逊（D. H. Robertson）教授的一篇文章有一些相同的观点，并展现了他那一贯的分析透彻和独具风格的特点。此外，在附在那篇文章的回应中，庇古教授承认了他的分析中的具体错误，并声称在即将出版的修订版中将其删除。本文似乎没有必要为了把关于罗伯逊教授的观点的讨论包括进去而进行彻底修改和扩充，相信读者不会因此认为本文作者专横。

中的主要论述也犯有类似错误。

如果把经济理论解释为对组织竞争机制的批判，那么它要回答的一个最一般问题是，自由竞争契约关系的基本倾向是否能够获得价格衡量下的最大价值。随之而来的更重要问题是，价格是否能够准确衡量"真实价值（real value）"，以及如何分配生产出来的价值。这两个问题，既是经济学问题，又是伦理学问题。不过，完全竞争的理论趋势与现实竞争社会事实之间的不同主要在于应用经济学，而不是理论经济学。国际或区际贸易理论只不过是如下一般问题的一个特例：一个社会是否能够通过干涉它自己的成员与拥有不同生产资源的另一个社会中的成员之间的自由交换关系来增加交换价值。与国内贸易相比，国际贸易的特殊之处在于劳动力不可流动。即使在一国之内，自然资源也是不可流动的。而资本品能通过与消费品一样的方式进入国际商业活动。

格雷厄姆教授和庇古教授推断得出共同的结论是，两个地区之间的自由贸易有可能使其中之一或两者都降低财富的生产。庇古教授更是把这一逻辑推广到不同产业之间的关系，不论这些不同产业是否分布于相互隔离的不同地区。他的论点是，个人出于对利润的追求，会把生产资源过度投入到成本递增（报酬递减）的产业；而通过某种形式的社会行动，把这些资源转移到成本不变或递减的产业，总产出将会增加。我们要揭露的是对社会成本与企业家成本之间关系的误解。由于庇古教授提出的问题更具有一般性，我们首先对其进行研究。

I

在庇古教授的研究中，自由企业制度导致资源过度投入到成本递增行业的论点是借助一个具体例子得出的。[1] 假设两地之

---

[1] 《福利经济学》（*Economics of Welfare*），第 194 页。

间有两条公路，一条十分宽阔，不会堵塞，但公路等级低，路面差；另一条的路面好得多，但很窄，通行能力相当有限。[1] 假设许多卡车在这两地之间自由选择道路行驶，那么车辆的分布结果是两条公路上每辆车的单位运输成本或单位投资效果相同。当更多卡车走较窄和路面较好的公路时，这条路就会变得更加拥挤，直至走较宽和路面较差的公路同样合算。走较窄和路面较好的公路的卡车每增加一辆，造成的拥挤和阻碍以相同方式影响这条公路上的每一辆卡车的成本和运输量。显然，在达到均衡点之后，应该任意地让少数卡车改走较宽的公路，使那些留在较窄公路上的卡车的成本下降或运输量增加。对于整个交通系统来说，这无疑是一件好事。改道的卡车并没有遭受损失，因为较窄公路上的每一辆卡车都处于改走较宽公路的边际状态，都服从同一个成本产出关系。然而，每当两条公路上的卡车的运输成本有差异时，每一辆卡车的司机都有改走较窄公路的动机，直至对于所有的卡车来说，这么做的利益消失。因此，正如作者认为的那样，个体自由导致投入在成本不变产业与成本递增产业之间形成了糟糕的分布。

在这种情况下，社会干涉似乎是合理的。如果政府对走较窄公路的每辆卡车征税，该税费就会被卡车的主人看作成本，从而使较窄公路上的卡车减少，使普通成本加上税等于免税的较宽公路上的成本。税率的高低可以调整到得使两条公路得到最有效率利用的状态。显然，对于整个社会来说，如此征得的税收是一项收益，因为与没有征税时相比，征税并没有增加任何一辆卡车的成本。

---

[1] 为了简单，不考虑这两条公路的建造成本。研究目的是两类"成本"的影响：一类成本代表本来可以用于其他用途的生产能力的消耗；另一类成本是纯租金。采用的假设是为了把这两类成本以最简单方式区别开。如果把各种各样的成本都考虑进去，只要这两条公路之一有确定的优越性，在另一条公路上投资总是保持不变的，那么，结论不变。

　　这意味着，每当人们可以在成本曲线斜率不同的两个用途之间自由选择时，这一论点就成立。比如，两个农场，一个肥沃，另一个不那么肥沃、勉强可以耕种，简称边际农场。在人均产出等于边际农场的产出之前，劳动和资本就会一直流向肥沃农田。倘若如此，那么与公路的例子一样，把一部分劳动从优等土地转移到劣等土地，全部劳动和资本的总产品将增加。对于熟悉传统经济理论的人来说，上述推理的这一应用隐含了一个谬误。该陈述表明了倘若无人拥有优等农田时的情况，但在私人占有和追求土地最优开发的情况下，事情就完全不同了。事实上，恰恰是所有权的社会功能阻止了此类过度投资。

　　庞古教授在公路一例中的推理在逻辑上完全正确，但也存在经济推理中经常遇到的缺陷，即假设完全不符合现实生活事实[1]，忽略了竞争条件下最基本的特征：生产要素的私人所有权对于生产来说具有切实意义。如果公路归私人占有和利用，那么，普通经济动机的结果正是上文假想的征税状态要达到的理想状态。在充分竞争的情况下，较宽公路的所有者无法收费。如果一种生产要素不服从报酬递减规律且无法独家占有，那么，就没有人试图占有它，它将一直是免费品。但是，较窄公路的所有者能够收费，收费额代表其相对于自由公路的"优越程度"，并符合与李嘉图经济学（Ricardian economics）一样历史悠久的地租理论。将这一众所周知的推理应用到这里，可以证明收费额将正好等于上述理想税率。不过在这个应用的过程中，我们需要比经典理论的很多阐述者更加严谨和完备。

　　优越投资机会的所有者可以在投资的第一单位投资产出超

97

---

[1]　对于"归纳经济学（inductive economics）"倡导者的教诲来说，"事实"是没有争议的。在这种情况下，需要的不是更精确的观察或收集更多"统计数字"，而是正确地加以理论化。当然，还有一个更广泛的领域，其中的重要事实不是显而易见的。

过出在免费机会下单位投资产出的差额范围内，随意制定收费标准。此时优等公路上的车辆会增加到拥挤和报酬递减开始产生效果的点。（在这个简单的例子中，用报酬递减的概念，要比用成本递增的概念好，因为实际目标主要是给定资源的产出最大化，而不是给定产出的资源支出最小化。）通过减少收费，优等道路所有者将增加其道路的通行次数（或一般情况下的劳动和资本投入）。但是，道路的所有者显然不会把收费标准定得很低，以至于利用这条道路的最后一辆卡车所得到的报酬高于其对总产出（即利用这条路的全部卡车的总产出）带来的增量。两种方式的效果完全相同。在第三者租用道路的情况下，结果也是如此。收费或租金将被调整到利用较窄道路的最后一辆卡车增加的产出正好等于它在较宽公路上产出。没有卡车愿意支付更高费率，而且公路的所有者也不愿意接受更低的费率。这一调整正好使两条公路的总产出达到最大值。

　　我们可以借助简单的图形阐明上述理论[1]。图 A 和图 B 代表成本不变和报酬不变的情况，即在较宽的道路上增加一单位产出的成本或增加一单位投资的报酬不变。在图 C 中，曲线 $DD'Du$ 是较窄公路的成本曲线，表明成本随产出的增加而递增。在开始的时候，它低于较宽公路上的成本，但从点 D' 开始，由于出现拥挤成本开始递增。曲线 $DD'Dm$ 是较窄公路上的边际成本曲线。庇古对"边际成本"的定义为，第 n 单位的边际成本等于生产 $n+1$ 单位的总成本减去生产 n 单位的总成本。在图 C 中可以看到边际成本增加的速度要快于平均每单位产出成本增加的速度，原因是每新增一单位产出，会将之前每单位产出的成本增量加到边际产出的成本上。需要指出的是，边际产品的成本总是等于整体的平均成本，很多经济分析都混淆了以上两个成本概念。

---

[1]　见庇古，上面引用的著作，附录 iii，第 931—938 页。

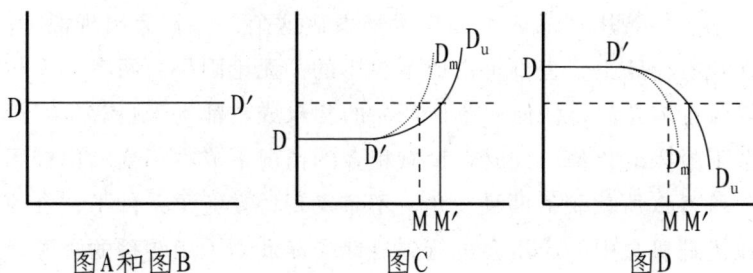

图A和图B　　图C　　图D

图 D 展示了图 C 的另一面，描述了产品如何随投入增加而变动，即报酬递减曲线而非成本递增曲线。一开始，较窄道路上的产出水平高于较宽道路上的产出水平，但从点 D′ 开始，报酬开始下降，这里的点 D′ 对应着图 C 中的 D′。曲线 D′Du 表明每增加一单位投入的实际总产出，而曲线 D′Dm 表明其边际产出，即它带来的总产出增加量。同样的，边际产出递减得更快，原因是新增加一单位投入使得之前每单位投入的产出都减少到与新增的单位投入的产出相等。两者道理相同，只不过表达方式不同。正如前面指出的那样，图 D 的角度更可取。可以猜想，倘若庇古教授以这种方式进行论述，他大概会避免因为用产出的成本代替资源的产出来衡量效率而犯下的错误。[1]

　　道路的所有者将调整其收费标准，使通行量达到图 C 或图 D 中的点 M。在追求利润最大化的情况下，通行量将不是庇古教授所认为的 M′。此时，实际产出等于"理想"产出。然而，在庇古的论述中，恰恰是"理想"产出的定义出现了错误（第 937 页）。显然，当优等道路上最后一单位资源投入的边际产品

99

---

[1] 值得指出的是，罗伯逊的观点正好相反：递增和递减成本的概念优于递减和递增报酬的概念。见上面引用的著作，第 17 页。他没有论述他的这一观点。在我看来，这是企业家看问题的视角，而上面的文字中提倡的投资者或社会视角正好相反，而且对于一般分析来说显然也是更可取的。

产出等于免费公路上一单位相同投入的产出时，上述调整是正确的。但若用产品成本和售价来表达这个条件就会出现混淆。在免费公路上，售价是由成本决定的，无论因果，两者至少相等。也就是说，任何一单位产品的货币成本都等于自有生产机会下投入的价值，此时在没有租金的情况下成本不变。比较图 C 和图 D 所代表的两种视角，不难发现，在竞争条件下，资源在优越机会中的应用会进行到边际实际成本（用转移的资源衡量的成本）等于免费机会下的实际成本。当资源投入等量增加导致产出等量增加时，等量产出成本相同。但是，均衡条件不能用优越机会下产品的货币成本和售价来表述，因为无论资源如何分配，无论如何收取租金，甚至无论投资机会是否被占有和利用，货币成本和售价都会相等。均衡条件是，优越机会的总租金最大化。单位产出的租金占固定单位成本的比例可变。

上面的论述可以轻易地推广到地租的一般情况，在此不作详细论述。要点是，任何机会，无论它是否代表任何类型的先前投资，只要相应需求足以使其可转移资源投入达到报酬递减的阶段，它都是生产要素。该投资机会的私人所有者对其收费起到了限制投资的社会作用，使得边际产出（而不是单位产出）等于投资在免费机会（无租金）下的产出。在竞争条件下，这一收费将使边际产品相等，从而使总产出最大化。[1]

---

[1] 理论上，一个有趣的事实是，投资机会的所有者报酬最大化和保证社会在它上面的投资达到最优的租金等于其"边际产品"的这一原理，与用于描述可以在不同用途中转移的其他生产要素的竞争性报酬决定的原理相同。它恰恰是这个投资机会的退出使用或被破坏会所导致的整个竞争体系的产量减少，与它结合起来的生产要素会被转移到可能的次优用途。这一点是扬（Young）在论"租金"的一篇文章中提出的（Ely, *Outlines of Economics*, 4th ed., pp.409, 410）。扬教授还指出了庇古教授在《财富和福利》（*Quarterly Journal of Economics*, August 1913.）的论述中的一个基本错误。

"投资"与"机会"之间的关系是一个有意思的问题。它并不像人们通常所认为的那样简单。在本文作者看来，通常所说的"自然资源"与劳动（接下页）

需要补充说明的是，在现实生活中，最初私人"占有"机会获得的途径，除了购买、消灭或打败原有所有者之外，还包括开发、详细研究、摸索式的评估、研发和把产品投放市场等投资方式。在竞争条件下，此类"占有"活动中的投资报酬不会高于其他领域中的投资报酬。这些活动的确带有"侥幸成分"，在很大程度上受运气影响。但是，没有证据表明运气成分大于和经济进步相关的其他活动，也没有证据表明"占有"活动事实上的平均报酬高于保守的投资所带来的报酬。

||

庇古教授经常论及成本递减或报酬递增的行业，但相关原理只是意味着效率随产业规模的变化而变化。格雷厄姆教授关于国际贸易和国际价值的一些推理也有赖成本递减理论。因此在研究他的观点之前，我们需要先简要讨论成本递减的概念、成本的含义及其变动。本文作者相信，成本递减的概念中包含一些严重的错误。

价值评估是有意识选择的一个方面。若非为了作出选择，价值评估就毫无意义甚至根本不会存在。价值评估是价值的比较，独立存在的单个价值至多是想象中单个的力，不存在一个与之方向相反的力作为其"反作用力"或其"作用力"。事实上，在人类活动的解释中，价值完全是力的类比。而且，在行为科学主义的阐述中，价值就等同于力。也就是说，价值是工具性的概念，从纯粹哲学上说是不存在的。从根本上说，任何价值的成本都只不过是选择这一价值时放弃的价值。它正好是所作选择的反作用

（接上页）或资本之间的区别很少有依据。对于经济理论来说，真正有意义的属性是供给条件和流动性程度或在某个用途中的专用性。详细研究之下，两者都不能成为把自然要素当作单独一类的理由。

101　力或阻力，正是它使选择成为选择。通常，我们把成本看作某类"资源"的消耗，但每个人都必须承认，资源自身无价值，它们只不过代表着把资源用于选定的之外的其他用途时的产出。

　　成本概念逻辑上的不清楚，在很大程度上源于"痛苦（pain）"一词的含糊。从广义的角度看，每一项成本都是一种痛苦，两者可以等同。我们无法区别痛苦与快乐的牺牲，或快乐与摆脱痛苦。本文无法从心理学的角度深入研究行为主体，但需指出的是，一个具体的人，以什么方式看待一项具体的牺牲，主要取决于他意识情调（affective tone）的变化方向，或取决于已经确立的期望。本质上，一项价值的快乐－痛苦特征无关紧要，成本的普遍含义是可供选择的一项价值的牺牲。这种说法同样适用于劳动的令人厌烦和货币的支付。挖沟时的令人厌烦，反映的是本来会有的闲荡或玩耍的价值。此类厌烦或痛苦，与把出售自由公债所得用于支付医生的账单而放弃本来可以享受的两星期度假没有本质差别。[1]

　　选择中的一个自然和通用的法则必然是成本递增的法则。按照固定的比率用一种物品交换另一种物品时，交换进行得越多，放弃的"效用"越大，获得的"效用"越小，即效用递减规律。在两种物品都可以用同一生产要素生产时，获得一种物品就意味着要放弃另一种物品，此时我们才想到成本的变化。如果两种物品都是由唯一一种同质的生产要素生产，那么随着这种要素的转移，一种物品的产量随着另一种物品产量减少而增加，不存在成本的变动——除非指的是交换情况中的效用成

---

[1]　在经济学中，除了与痛苦的概念（在心理学中，痛苦的概念最终有了独立于不快的确定含义）的混淆，成本的概念还有另一个含糊源泉。这个源泉是那些不进入市场和没有有价格的价值与那些进入市场和有价格的价值之间的关系。劳动的令人生厌背后的"闲逛"就是这类价值。有一种趋势，把成本的概念与这些非金钱价值联系起来。应该指出的是，在这一联系中，不仅劳动，所有种类的生产服务都服从用途竞争，有些用途不经过可以在市场上出售的产品直接产生满足。比如，土地可以变成田地，也可以变成花园。这样的例子举不胜举。

本递增。然而，现实情况通常并非这么简单。如果我们希望通过少生产玉米来多生产小麦，那么我们就会发现，当生产要素被更多地用于生产小麦时，每多生产一蒲式耳小麦，要放弃更多蒲式耳玉米（和玉米价值）。这是一般所理解的成本递增（报酬递减）的经济学原理的最基本和最清楚的形式。

当用价值来衡量成本、用物质单位衡量产品时，成本递增的理由有两个，一个反映价值的变动，另一个反映技术上产量的变动。如果所有生产资源都是完全同质和完全流动的，那么，价值变动发挥作用。但是，一般情况下技术上的变化会接着发生，随着产量增加，单位成本增加得更快。技术变化中，当减少一种商品的产量时，转移出来的资源不那么适合生产另一种商品，结果利用从第一种商品生产中转移出来的资源生产第二种商品时，原材料的消耗比例上升。以上所述转移的生产要素产出效率下降是"报酬递减"这一模糊概念的其中一种解释。成本递增的另一个技术原因是，生产要素并不真的同质。随着生产力越来越多地从生产玉米转移到生产小麦，被转移的人、土地和辅助工具越来越不适合小麦生产，越来越适合玉米生产。因此，一种商品每增加一单位，要减少的另一种商品的数量越来越多，或者说要增加一单位小麦，要减少更多单位的玉米，从而小麦的价值成本因为这第三个理由而增加得更快。

上面提到的三类变化都涉及真正意义上的成本递增，即增加一单位商品产量所需付出的牺牲或价值上升[1]。除此之外，我们还必须考虑到成本递增的另两个可能原因。第一，当小麦的产量增加一单位时，可以从其他产业转过来的要素的价格上升，原来已经用于生产小麦的同类要素的价格也会上升。那么这些增加的成本都应算入最后一单位产品的成本吗？在某种意义上，

102

---

[1] 在这一段讨论中，"价值"指的是"真正的"价值，是相对重要性或效用，不涉及关于交换价值或价格的断言。

这的确是最后一单位商品的社会成本。然而，生产力转移的前提条件是，市场上对小麦与其他商品的价值评估已经发生了使得这一转移变得合理的变化。也就是说，当利用交换体系衡量

103 价值时，同类商品的每一单位都被赋予相同价值，小麦总价值的增加必须大于其竞争商品的价值减少量。（考虑到通常用消费者剩余所指的超边际单位（infra-marginal units）的潜在重要性，在两个方向上都可能有一个差额。）第二，随着小麦产量增加，对小麦生产所需专用资源的支出上升[1]，这部分成本本质上属于租金或剩余。这些支出显然不代表社会成本，只不过是产品的再分配。此类再分配是善还是恶，取决于两类要素所有者的道德立场。

我们对成本递减（或报酬递增）的多种原因或方式进行简要讨论。最重要的是技术上的规模经济，当一种商品产量增加时，生产的服务成本将会增加。但是，每单位产品上此类成本的这一增加会被资源的有效利用充分抵消，即一定数量的材料和资源消耗带来更大数量的产品。[2] 不过，技术上的效率来自单个生产单位的规模变大，而不是来自整个行业的总产出增加。此类效率是通过更精细的分工或机器的使用来实现的，这样导致的生产规模扩大与与整个行业总产量的变动无必然联系。在有效竞争的情况下，生产单位的规模将趋于增加到不存在进一步的规模经济的情况，或只剩下单个垄断生产单位的情况。当所有生产单位都处于最有效的规模时，总产量的变动将仅仅改变它们的个数，不涉及技术经济。

---

[1] 我们在上面已经提到了把专用要素等同于自然要素和把可转移要素等同于资本的谬误，这里不再详细论述。

[2] 格雷厄姆教授（第 203 页注）说，成本递减是"比例定律的一个方面"。这是一个常见说法，但依据的是本文中充分驳斥的一个误解。它仅仅偶尔成立，如果说它在任何一般意义上成立的话，需要一种与要素比例的变化相联系的更为精细的技术。

上述论点遭到"外部经济（external economy）"学说的反驳。该学说依赖于一个错误的看法。对于一个具体生产单位来说，经济可以是"外部的"，但对于整个行业来说影响其效率的经济就不是外部的，此时在一个具体单位之内进行的生产过程是次要的因素。在一个行业中，对于一个企业来说的外部经济，对于另一个企业来说可以是内部经济。当一种产品的生产规模扩大时，如果生产过程中的一个部门或阶段不断地提供技术经济的机会，就会最终导致垄断，或者推迟成本随着规模扩大而递增的正常关系。如果生产组织的规模相对于整个行业来说较大，产量、成本和价格之间的关系就会完全不同。

成本递减另两个所谓的原因是需求激励（stimulation of demand）和发明激励。确切地说，两者都可以被看作相同条件下产量增加的后果。生产一种商品，并按照亏损的价格销售，会培养消费者对这种产品的偏好，但从原理上说这与以其他方式花钱来产生这种结果没有区别。发明促进生产规模的扩大，而不是大规模生产导致了发明。的确，某个外部原因所导致的需求增加会刺激发明，但其影响首先是使得整个行业变得更加有利可图。该影响既不均匀或可靠，也不能将其归因于产量增加。

以上陈述可以总结为：作为一般条件下的长期趋势，生产成本会随着产量的上升而增加，除非这个行业成为垄断行业；同时也指出了社会成本与企业家的货币成本之间的关系的本质。在竞争情况下，可转移资源在不同用途中的分配将使得其在各个用途中产出的边际价值相等[1]，从而获得价值衡量下的最大总产出。不可转移的资源将得到"租金"，它使所有生产者和各个生产单位目前条件下的货币成本相等。或者说，租金使资源配置在货币成本均等的条件下达到产出最大化的状态。

[1] 其他科学中的"微小变化"一词是经济学中通常所说的边际单位。

104

接下来，让我们在一般形式上指出和批判格雷厄姆教授的论述中普遍出现的另一个主要价值论谬误。这个谬误是臭名昭著的"相互需求法则（law of reciprocal demand）"，即国际交换中商品的价格将调整到一个国家的出口正好支付其进口的状态，这个所谓的法则至多不过是陈词滥调。说一个人在交换中放弃的东西正好支付他在交换活动中获得的东西，只是意味着拿一种物品换取另一种物品罢了。而真正需要解释的是如何决定放弃的成本和回报的价值数额。

105　‖‖

现在，我们做好了充分准备，可以具体讨论格雷厄姆教授对比较优势法则的批判了。格雷厄姆教授假定有两个国家，分别记作 A 和 B。不过，分别记作英国和美国更为简单些。然后，假设在英国，

10 天的劳动生产 40 单位小麦，

10 天的劳动生产 40 块手表；

在美国，

10 天的劳动生产 40 单位小麦，

10 天的劳动生产 30 块手表。

美国在小麦的生产中有比较优势，而英国在手表的生产中有比较优势。[1] 依照公认的理论，按照这两个成本比率之间的任何比率进行贸易对两国来说都有利。格雷厄姆假定，开始的时候，交换比率是 35 块手表交换 40 单位小麦。美国用 10 天

---

[1] 劳动的使用等同于生产能力，或把劳动看作唯一可以从一个产业转移到另一个产业的生产要素。这样的简化有可能误导不小心的读者，但不在这里对其进行批判。然而，有意思的是，历史上，整个比较成本学说是劳动成本价值论的支柱。

的劳动生产的小麦可交换 35 块手表，用同样多的劳动生产手表，只能生产 30 块；英国用 10 天的劳动生产的手表可换到 $\frac{40}{35} \times 40 (= 45\frac{5}{7})$ 单位小麦，用同样多的劳动生产小麦，只能生产 40 单位。

至此，比较优势法则充分成立。但是此时，格雷厄姆教授的进攻开始了。假设小麦种植是成本递增行业，而手表制造业是一个成本递减行业，那么，随着两国越来越专业化，有可能发生两种商品的成本在英国都递减，在美国都递增的情况。首先，不难证明，如果这个过程走得足够远，美国将开始遭受损失。按照文章中的假设，这个过程进行得越远，英国在手表制造上的比较优势越大，而美国在小麦生产中的比较优势也越大，因此它将永远进行下去。然而，这个结论必定会使人猜疑，在丹麦有什么事情不对。

首先，按照上面的论述，放弃手表制造业是成本递减行业的假设，那么，这两个国家的两个成本比率必定趋于一致，而不是随着越来越专业化而相差更多。在任何假设下，要么成本比率趋于一致，要么一个国家完全停止生产其中的一种产品。在第一种情况下，交换比率将是两国的共同成本比率（正如此类讨论经常所做的那样，忽略运输成本）。如果第二种结果发生，一个国家放弃其中的一个产业，那么，交换比率将是继续生产两种产品的那个国家中的成本比率（假定没有垄断）。格雷厄姆教授"假定"比较优势因为专业化而扩大，并在之后进一步"假定"（第 210 页），当一个国家的成本比率是另一个国家的成本比率的一半，市场价格可以是两者之间的任何一个比率。在该成本条件下，现实中唯一可能的结果是美国立即停止生产手表，并按照 40 比 40 的比率用小麦交换手表（英国的成本比率），与自己生产手表相比，每 10 天的劳动多得 20 块手表。

接下来，本文作者考虑把他的成本图形当作边际成本而不是当作单位成本，进而解释会有什么后果。然而，他所做的仅仅是把边际成本与假设的超边际成本进行平均，两者在数值上的差别十分微小。他没有给出过成本的确切定义，我们只能猜想，正如本文的第一和第二部分论述的那样，他回避了成本概念中的困难和含糊点。可以肯定的是，在竞争情况下，识别不同供给单位的货币成本或其边际真实成本的永久性差异是行不通的。代表真实成本的货币成本因情况而不同，但租金成分总是促使货币成本趋于均等，从而实现社会所期望的边际真实成本均等。价值和成本，就像作用力与反作用力一样绝对相等。在一个交换体系中，所有相似单位的价值必定相等，所以它们的成本也必定相等。

在本文作者看来，从社会和道德的角度出发，上述观点也是正确的。我们不会，也不应该，赋予第一片面包高于最后一片面包的价值。我们也并不总是赋予任何东西高于其必要成本的价值。当某种物品由不同的人消费时，情况就不同了，因为不同的人进入的市场不同，其交换生产能力的购买力不同。但这是伦理学问题，不属于交换领域的原理性问题。剩余的重要性就好比势能在物理学中的地位。它们与基本条件的可能变化有关，但与特定情况下的均衡条件无关。关于实际量之间的关系，总是可以对成本曲线和效用曲线作如下解释：当供给改变时，每单位的成本或效用都按照曲线所描述的方式变动。

按照庇古教授对边际货币成本的定义，边际货币成本与竞争条件无关。的确，在垄断情况下，供给会调整到最后一单位货物对总销售价格的贡献（边际需求价格）等于生产这一单位所导致的总成本增加（边际供给价格），也就是说将总成本与总销售价格之差最大化。格雷厄姆教授似乎用"边际成本"定义了最后一单位货物生产所需要的货币支出。但是，如上所述，在竞争条件下，这一单位的成本不可能长期不同于其他单位的成本或整个供给的单位成本。

格雷厄姆教授的文章多处使用对不同商品的需求弹性差异的影响，尤其是农产品与工业品间的不同需求弹性。他未能认识到，对于大量不同种类的商品，需求是一个交换比率，只不过是从另一个角度看的生产比率，从而是成本比率。假设在一个复杂经济社会中只存在唯一一种商品且销售的变动很小，此时可以把货币看作是一个绝对值。但是，把全部交换简化为两类商品之间的物物交换的做法是不被接受的。

另外，对贸易的实际过程的思考表明，需求弹性与特有的国际贸易或国际价值理论无关。每个国家再在具有比较优势的商品生产上会变得越来越专业化，直至通过交换额外获得一单位进口商品的成本等于在国内生产它的成本。在某个点上，一个国家获得的进口商品数量等于没有贸易和均衡状态下自己生产该种商品的数量，即通过贸易节省了生产能力，解放了在没有贸易的情况下本来要用于该进口商品生产的资源。超过这个点，需求弹性就开始在节省下来生产能力的处置过程中起作用。该部分额外的生产能力不会被全部用于和对外贸易有关的商品中，而是会按照普通的供求规律在整个生产领域进行分配。

以上讨论适用于在成本解释中犯下错误的那些著作。只要成本原则被用于决定国际价值，而不是"假定"国际价值，格雷厄姆教授第二篇文章的整个论述都是站不住脚的。他的第一篇文章中也有很多值得批判观点，但不属于本文的范围。该文没有认识到解决国际贸易的基本问题时是为了换取商品 Y，而生产商品 X 只不过是间接生产商品 Y 的另一种方法。在竞争条件下，只有间接生产的产量大于直接生产的产量时，生产资源才会被用于这一间接生产过程。经济分析要说明的是，为什么追求利润的动机迫使私人生产者把资源用于带来最大收益的用途。对于上述例子中追求利润的小麦生产者和手表生产者来说，要考虑的不是比较优势，而是绝对利润或亏损。如果 10 天的劳动生产出来的小麦可以换取的手表数量超过 40 块，那么，这个劳动量的价值就大于 40 块手表，用这个劳动量生产手表的商人就会遭受亏损。这是用物质产品效率进行思考时常见谬误之一，而就这个例子的本质来说，效率是价值量之间的关系。

自由企业制度不是完全理想的社会组织制度，这是一个不可反驳的命题。本文作者也无意反驳这个命题，不过，这个制度的缺陷和失灵存在于完全竞争理论条件下的交换机制领域之外。庇古教授和格雷厄姆教授的思路是证明竞争在发挥作用时总是存在偏差，但是对于该证明的努力都注定会失败。在特定的理论条件下，经济学家多多少少会确认这个制度是理想的。本文开始提到的一般批判问题的正确形式是，把这些隐藏的假设弄清楚，并将其与生活事实——竞争情况下交换实际进行的条件——进行对照。[1]

当我们从这个角度向这个问题发起攻击时，批评家会发现他现在思考的事情有别于上述逻辑上的数量关系。人类并非一开始就是"个人"，大多数人甚至从法律上说也没有与他人签订契约的能力。生活价值更不能简化为可以买卖商品和服务消费所带来的满足。在真实意义上，人们对商品和服务的需要都不是对商品和服务本身的需要，而是社会影响的结果。这些社会影响有无数种类，属于各个道德层面，并在很大程度上是由竞争体系本身塑造的。人们相互交换的商品和服务最终来源于人自身和其他事物的生产能力。这些生产能力则来自有责任感的努力、遗产、纯粹运气、公然的暴力和欺诈等随机的混合。对于其自身生产能力的市场情况，他自己知道得很少，而且信息总是处于过去式。在这个体系中担当指挥任务的企业家，与跟他们打交道的人一样，也只不过是无知和脆弱的人。（在一个完全理想的理论秩序中，根本不存在管理问题！）这整个体系依赖于一个外部组织，一个独裁主义的国家提供这个体系运行

109

[1] 庇古教授的《财富与福利》中的大量批判性内容都具有这一特征。

的环境，而国家也是由一群无知和脆弱的人组成的。除了保护弱者，国家还必须界定和保护财产权，强制契约的履行，防止非契约（强迫）交易，维护流通媒介，尤其要防止串谋和与竞争所对立的、趋向的垄断。要作出对自由企业制度的最终批判，我们必须研究这个总结中列举的假设，而非交换关系原理。

5　经济心理学的事实与形而上学

本文原载于《美国经济评论》杂志第 15 卷（1925 年 6 月）：第 247—266 页。

　　将行为主义方法应用于经济学的文章有助于阐明和解决方法论领域中一些令人困惑的问题。与自然科学相比，社会科学的一大特征是大量的探讨主题仍是围绕定义和方法的争论，很多相关研究者也公开表达了对这种状况的不满。这些学者，尤其是年轻的学者，希望通过将自然科学领域的方法和分类运用到社会学和经济学领域来摆脱这种混乱。乍看之下，这可能是一个显而易见的建议，但本文试图证明这种方法是行不通的。当然，我们的结论也并不仅仅是让人悲观和绝望的；相反，我们想要证明的是，研究者试图摆脱的这种混乱，并不像表面看上去那么糟。事实上，目的性问题即使不是社会科学的主要部分，也至少是一大部分，因此这种混乱局面的存在具有必然性和适当性。社会科学并不像自然科学那样，仅仅局限于对实现目标的方法和途径的研究；社会科学的主要问题是且必须是如何使用能力，而不是如何获得能力。

|

　　首先，我们要明确承认的是，行为主义就是把在自然科学领域中发展起来的严格意义上的科学方法应用于人类现象研究。我们还应承认这种方法不论从理论还是实际角度来看都是有意义的。的确，通过弄清自然科学方法的优点及其科学性来源，能有效证明为什么我们必须要从不同的角度研究人类行为问题。

　　人类智力的发展是从原始人的万物有灵论到用客观方法描述客观现象的进步史。人类文明的主要组成部分是科学进步，因为科学使人类有了支配自然和自身的力量，而科学的典型产物便是科技和医学。既然科学在上述领域取得了如此辉煌的成就，那么我们为什么不能在相同的客观事实基础上建立法律和社会制度呢？这就是行为主义者提出的问题。今天，没有人会否认人类是一种自然产物，人的行为也是一种自然现象。那么人们自然会倾向于用研究工程和疾病的方法来观察、分析、探寻和研究社会现象。正如行为主义者认为的那样，为此我们只需获取事实，而放弃把行为看作能动本源（entelechy）或形而上学实体的表达和实现，如"意志"或"愿望"等。我们应该像研究其他自然现象那样研究人类行为，即彻底消灭原始人的那种把自然界中的所有事情都看作由某种精神力量引起的想法，而仅仅专注于对事实的观察。这一看似合理的观点就是行为主义者的主流论调。

　　现在的问题是如何看待人类的"意识"。从上文来看，行为主义的实质是坚决主张在研究和描述人类行为时忽视可观察的物质事实以外的事物，这意味着行为主义从实际上否认了意识的存在。此外，行为主义者还认为，我们无法"直接获取"与意识有关的事实，至多能从行为事实中"推断"出来，因为只有行为事实才是可"观察的"。[1] 所以行为主义的研究主题只限于对行为数据的研究，像研究其他自然现象那样，把意识的"存在性"作为形而上学的问题搁置一旁。行为主义还认为，对于经济学（和一般应用心理学）来说，意识存在性的研究不仅是徒劳的，且可能给研究过程造成混乱，有损数据研究的科学性。

　　针对这一观点，本文将试图证明，我们无法将人类作为无意识的有机体（organism）或机械（mechanism）看待，即便可能我们也不愿这么做。这意味着我们必须从不同的角度研究人类行为产生的现象，并赋予这些现象除人类领域外没有的意义。事实上，可以从两个方面证明人类并不仅仅是一个观察对象。首先，"人"既是一个观察对象，也是一个观察者，一个最终无法等同于观察对象的观察者；第二，"人"这一因素（*agent*）的概念从根本上不同于科学研究中的因素（agent）的概念。我认为，若忽视了以上事实，我们将无法在有关人或人的行为的领域开展真正有用或明智的（intelligent）分析研究工作。

　　在深入讨论之前，我们要首先承认和明确这一情形下的新因素对传统思维的冲击。我们的确不能像观察物质现象那样对意识事实进行观察。关于这一点，我们甚至无法间接地通过不同研究者的验证达成一致。尽管学界对观察的定义仍有分歧，但可以确定的是当人同时作为观察者和被观察对象时，其作为观察者时持有的兴趣将显著影响其作为被观察对象时的行为。因此我们无法在忽略人的观察兴趣的情况下对人类进行观察，这是一个无法回避的"残酷事实"。即使我们找出各种借口来"回避"它，但这么做也无异于将形而上学的先入为主观念置于

---

[1]　见奥尔波特（Allport），*Social Pschology*，chap. 1. 术语的这一用法是反驳玄学的论述中典型的，通过提出一个与自己的偏见一致的幼稚的玄学体系来反驳玄学，而不是进行批判分析。

经验事实（即实际经验数据）之前。

相较于独立存在的观察者，代理（agency）或实际活动（real activity）的概念对传统思维产生的冲击更大。它无法被简化为上文提到的兴趣，更无法被简化为自然科学中的可感知数据。也就是说，我们不得不承认，人的意识兴趣不仅仅像均匀序列中的数据那般具有存在性、因果关系性、可描述性和科学解释性，且具有更深远意义上的解释力，但这种解释力是很难用语言进行描述的。兴趣是原因，又是目的，但却因为传统科学的局限性而无法与事实意义上的"目的"相统一。与以往一样，我们可以说，人类的意识兴趣不是"观察"，起码它不是自然科学意义上的"观察"。但是，它终归是"事实"，是每个有智力的人都承认的事实，甚至是在为形而上学理论辩论时都必须承认的事实。因为对行而上学的辩护本源于某种兴趣，且这种兴趣或多或少地包括一些创造性元素，而这些创造性元素却是形而上学辩护者所反对的。

本文将分两部分来对将自然科学或行为主义方法作为经济学唯一或主要方法的做法进行反驳。第一部分，我们有必要回顾获得信条和信念过程中的一些基本问题，并扼要说明其逻辑。因为这是一个涉及思维最终基础的哲学问题，摆脱它的唯一办法是遵循事先作出的假设。第二部分，我们将更为具体地回答这个问题，从必要的实践角度对人类行为进行解释、预测和控制。

II

讨论过程中隐含了一个绝对真实的特征。当一位行为主义者发表一篇论文或做出一个主张时，他表现并表达了一种兴趣。假定这是一个真理意义上的兴趣，且他没有将辩论挑战视为儿戏；一个不可回避的结论是，真理中也包含了兴趣，而且"真理是兴趣"在逻辑上优于"事实是真理"。此外，参与讨论的人都必须承认，讨论是得到或检验真理的最好方法。一旦出现了关于真理本质的不同观点，讨论是必然和唯一的方法，而讨论的最终基础是关于兴趣的讨论和对真理的追求。事实之上和之下都是兴趣，至少是对真理的兴趣。在不作进一步论述的情况下（如果这算是一个论述的话），假定事实上还存在其他兴趣，并结合其他兴趣继续思考真理，可能是讨论或避免个人教条主义的唯一基础。此外，兴趣的一个本质是冲突，并最终服从重要性递减规律，真理意义上的兴趣也不例外。无论现在还是过去，没有人能够做到穷尽一生的真理追求（更不用说享受真理）。因为我们无法仅仅依靠真理而活，也无法仅仅依靠讨论或寻求真理而活。

　　不幸的是，除了兴趣的本质包含冲突，还存在其他类型的冲突，甚至存在于真理的兴趣的不同表现形式之间。虽然各种类型和体系的哲学难题（pons asinorum）不会愚昧到完全错误，但有些不可抵抗却难以描述的事情迫使我们必须区别本质（being）与外表（seeming），并尽可能地用公式进行标准化表达。在这方面，行动的实际兴趣与将事件简化、理论化的兴趣有了密切的联系。为了行动，我们不仅需要知道现在，还要知道未来，使计划先于行动，而有目的的行动才是有计划的行动，所以我们必须能够进行预测。我们已经证明，通过不断提炼预测和控制世界的能力，我们可获得科学真理准则；这个证明的基本假设是存在一个最终性质不变的"真实世界"，且这个世界符合一定"规律"，所以它的当前和未来都表现的和过去一样。此外，各个时代的观察者对这个真实世界的知识都一样，这使得我们能从他人的经验中学习知识，并得出令人满意的结论。这样的情况下，一旦获得知识，就意味着永久拥有并不断积累。再者，这也使我们将完全知识（complete knowledge）视为一个可实现的成就。

　　然而行动这个概念与知识的永恒性或最终完全性存在着利

益冲突，这也解释了为什么行动这一概念会遭到强烈反感。如
果这个世界上不仅存在着一致的前因——真正的、创造性的因
果关系，还存在着其他原因，那么知识将永远不会完全，已经
拥有的知识必须不断进行更新。这导致事物的最终性质不断变
化，寻求真理就好比是在无边苦海中航行。

实践兴趣和理论兴趣的结合使我们拒绝被那些无法随时随
地真实表现的事物，认为它们不过是主观臆想，不是真实的知
识；接下来人们就会拒绝那些不能产生一致性和普遍性结果的知
识源。这时我们就到达了机械一元论（mechanistic monism）世
界观下的"科学"理念。这种将表象或错觉与真实分离的准则
意味着只有空间结构和运动是"真实的"。

令人难以忽视的是上述观点对于智力的批评。整个问题的
关键是我们建立的知识准则不仅能让自身满意，也对其他目的
有用；但该准则却在很多情况下不承认那些更有用或更令人满
意的知识。那些知识虽然无法进行严格或绝对的检验，但却是
我们的生活和思考无法离开的。因此在有些情况下，简单和确
定的兴趣不得不服从于相冲突的其他兴趣。那么人类行为的哪
些知识是有用且令人满意的呢？我们将在本文第三部分讨论这
个具体问题。这里，我们仅仅讨论有关这个主题的抽象逻辑层
面问题。

回到我们的出发点，真理的最终检验标准不是任何抽象的
原理，而是明智的讨论和最终达成一致的意见，这正是"逻辑"
与"常识"的区别。而且每当逻辑与常识发生冲突时，我们总
是采用判断常识的做法来解决冲突。需要注意的是，逻辑原理
本身也以常识为基础，是通过归纳抽象的常识得来的。当逻辑
原理的衍生结果与常识发生冲突时，即当正常智力同意拒绝逻
辑时，我们必须放弃逻辑原理。

真理的一个绝对基本的科学原则是存在达成同意的可能性。
因为真理不仅仅对所有人而言是相同的事情，且是人们都知道

和承认的相同的事情。但科学逻辑的解释者常常以不加批判和思考的方式把上述原则运用于证明和验证的过程。例如，怀特海（Whitehead）在《自然的概念》（*The concept of Nature*）中始终使用复数代名词指代观察者；有且只有一次在附加说明中提到"一次观察"中包括多次观察后的同意；但他从未解释过观察者是如何达成一致的。但是，本文认为一个观察结果在成立之前，交流和讨论，以及与他人的、经过交流的观察进行比较是一个必须进行的过程。以科学逻辑者的观点，人类对现实世界的直接感受，即对外部客观物体的有意识感知，是毫无意义的。本文则认为，人类"知道"并承认很多自身的感知是错觉的；但这个事实迫使人类求助一致意见，或某个准则。因此，同意这一过程包含不同心智和精神间的交流，试图将这样的交流简化为不同有机体之间的机械互动是不可取的。

然而错觉这一概念的产生不仅仅以交流和比较中的分歧作为基础。上文我们提到的错觉是那些无法被其他观察者验证的个人对真实世界的感知，但我们对错觉的研究不仅于此。一种类型的错觉只有个别人拥有。如震颤性谵妄症患者眼中的蛇只有他们能看到，可以说是"不真实的"，但对于震颤性谵妄症患者来说他们眼中的"蛇"与丛林或博物馆里的蛇一样"真实"。另一种类型的错觉则适用"一致性"准则。如我们都能感知插在水里的直棍子变成了弯的；或者当一个物体被放在一面镜子前，镜子里的映像是变形的；或在缪勒－莱尔（Muller-Lyer）图形中，实际上相同长度的线却让人觉得长度不同；类似这样的例子还有很多。要知道，一致性是机械学的一个概念，意思是除非是在可实验验证的一致性条件下，事物不会改变它们的性质或位置。

这里的要点是，错觉是我们同意的错觉，真实是我们同意的真实，因为我们通过检验证明了在这两种情形下的同意均是有效的，这两种同意从本质上来说均是常识达成共识的过程。

与美一样，真理也是通过共识来建立的。并且，这两种情况都是关于"符合要求"的一致同意。而一致同意的要求又需要通过一致同意来形成，所以最终我们还是要依靠人类大众都认同的准则来生活。

不过，在目前的情形下尚没有应用精心制作的检验的必要。对于"人的兴趣是真实的，并且是显著真实的"这一观点，过去或是将来都不会有任何实质意义上的异议。假设存在一种"逻辑原理"证明兴趣是不真实的或不显著真实，那么只能说明这种逻辑自身存在局限性。受过教育的人们可在特定领域内接受机械逻辑，且认识到机械逻辑在某些领域的高度有效性。因为机械逻辑的准则使其有能力将自身的有效性和实用性达成一致，并最终建立起有利于自身且确实非凡的"常识"。尽管我们无法在任何形式下感知机械逻辑（this matter），且机械逻辑与现代理论有着不能容忍的歧义，但当今拥有科学头脑的人们仍承认机械逻辑，是实际存在的，且无色和高度不连续，因为有些可视现象中存在类似于物质波动的变动，我们承认视觉功能实际上是以客观物体的某些性质为基础的，且这些性质完全不同于一般概念中的可视色彩性质。我们认为，物质（thing）"实际上是"可以用机械模型描述的一种类别；而且，尽管从经验上看"机械逻辑"总是联系着波动，但其无法静止的事实阻止了其拥有任何可观察的属性；但进一步的事实是，被观察到波动的"机械逻辑"事实上是通过可视属性为我们所知的，而这些可视属性则需通过机械波动假定来解释。这是否意味着，机械逻辑（mechanistic logic）有胜过常识的巨大能力？不过，机械逻辑并没有延伸到让人类否认他和他的同伴是有兴趣和有意识的生命。此外，否认意识的人，只不过是把一个逻辑体系的抽象准则放在了作为该逻辑体系唯一基础的基本原理之前。

这些否认意识的人不仅反对不同正常心智间能够达成一致的事实，且在把人简化为观察对象时完全无视一个显而易见的真理：观察过程包括了不同心智之间的交流，这些心智与观察得到的数据形成对照。逻辑上讲，这是无法回避的事实，因为即便一个人能够事先宣称他的同伴仅仅是被观察对象，他也无法单凭他自己的感受来理解他人的心智，并推断自己也像他人一样完全没有心智。另外，我们有极其充分的理由认为，感知自身的能力也是通过不同心智之间的交流建立起来;没有这种能力，我们将永远无法形成自身也是这个世界的观察对象的概念。

借助遗传心理学的一些事实，让我们转向直接意识 V.S. 推断的问题。与行为主义形式的自然科学所提出的观点相比，一个更自然和容易接受的观点是，我们实际上是从直接的、精神的数据中推断外部世界的。如果我们固守逻辑并放弃常识的二元主义，那么，为了简化和减少世界中现实（reality）的种类，更容易和相对谨慎的做法一定是采取主观主义的道路，而非客观现实主义的道路。一些普遍的认识是，首先我们可感知的事情中有一大部分是错觉的，而且我们很难找到区别现实和错觉的准则;其次是物理原理中也存在矛盾;再次是自然科学给我们的是一个不确定且不可信的现实。所有这些认识都使我们相对容易地接受以下观点，即所有客观性都是错觉，只有可感知的精神事实才是唯一现实。这条道路上的真正障碍不是逻辑上的障碍，而是来自常识的不可抵抗压力。逻辑上讲，这一立场是无懈可击的，并且单从逻辑角度来看也是相当令人满意的。

有意思的是，主观唯心论（subjective idealism）和科学唯物论（scientific realism）最终遇到同一个麻烦，即常识不可能否认现实中存在其他心智。在主观主义的解释中，有关常识和自然现象的数据都遗失了，仅仅剩下个人经验中的数据。然而，在批判行为主义时，只有常识能够把我们从主观主义中拯救出来。如果一个人求助于逻辑类的东西来统一他的世界，他会立即遭遇两种对立的方法：一种认为心智只不过是物质的过程;

另一种认为物质世界只不过是精神的内容。不过，把所有可感知的属性都当作错觉（就像自然科学向我们证明的那样），要比拒绝自身作为观察者的存在和同伴作为有意识主体的存在容易得多。

最后要综述的一点是，每当科学家向自己或他人证明自身科学活动的理由时，他们都在承认兴趣先于科学事实，而且他们一直在做这样的事。的确，一般而言，科学唯物论在唯心主义（略加伪装的实用主义）向它打响第一枪时就投降了。今天的科学家，不像他们勇敢的先驱那样，对如"科学的目的是什么"之类的问题嗤之以鼻，而是接受这些问题的挑战，并用科学的效用为科学辩护。不过，他们丝毫没有察觉，其实他们已经从现实主义哲学转向目的主义哲学了！

人的兴趣是我们在讨论人类行为时必须接受并作为重要数据的概念。逻辑上，我们有可能认为（至少语法规则允许且人们真的这么做了），科学研究的世界仅仅会讨论可观察的事实；这里的事实是指行为（behavior），并最终指向在空间或空间－时间中的移动的行为。但是，在讨论行为时忽视背后的有意识兴趣显得很可笑。因为讨论也是一种"行为（behavior）"；虽然在行为主义者看来，除了"解释"讨论，也没有什么可说的，但这会引起另一场没有尽头的关于行为 [指讨论者或解释者的行为——译者] 的解释。另一个极端是很多优秀的思想家相信心智是唯一的现实；但对于常识来说，这也会走向令人反感的立场，即只存在一个心智且"我"就是"它"。

至此，我们必须承认，即便对单一世界观的渴望是真实的，把心智或客观对象归结为其他类型的存在都是无效的；且此类努力的结果是逻辑语言的断裂和混淆（logic chopping and churning of words）。[1] 讨论或主张任何一种观点都是放弃和驳斥

----

[1] 见威廉·詹姆斯，《多元主义的宇宙》（*A Pluralistic Universe*）。

一元化观点，因为讨论或主张是对其他心智的诉请。通俗地说，唯心论和唯物论都是"空话"；也就是说一元论是空想！在人类和社会科学中[1]，唯一可能正确的观点是多元论观点。讨论的基本出发点是心灵之间、经验（部分是关于共同的外部真实世界的经验，部分是关于非共同环境下的经验）之间的交流，但讨论总是以很多方式和程度表达着兴趣和联系着外部现实世界。

Ⅲ

如果我们承认讨论是不能仅仅用物质运动来"解释"的现象，那么明智的做法是带着经济研究背后的目的和兴趣来思考方法论问题。经济研究的三个传统目的是解释、预测和控制，三者很难严格划分开来，但各自的兴趣点又确有不同，尤其是"解释（explanation）"与"预测"、"控制"的区别明确。一件事情得到了解释意味着我们从中得到了智力上的某种满足，因为我们的问题得到了回答。这种满足感是一种最终的经验事实，就像疑问态度或科学兴趣一样，是进行研究的动机或"理由（cause）"（后文将对"理由"一词有更深入的解释）。预测也是一种兴趣。在有些情况下，人们作出预测，不是出于控制这一功利性动机，而是因为我们喜欢作出预测。尽管我们已经指出了科学工具观（即目的论观点）与坚持将科学限定在可验证事实范围之内的观点间存在不能容忍的矛盾，但控制动机仍然在当前的讨论中被过度强调。

纯粹理论中体现的兴趣主要是把问题尽量解释清楚，是不

---

[1] 限于篇幅，我们无法在这里讨论有相同问题的自然科学假设。

从严格科学即纯粹描述的角度看，力是不真实的，运动才是现实。这是科霍夫（Kirkhoff）、马赫（Mach）、皮尔逊（Pearson）、庞加莱（Poincare）和罗素和牛顿采取的观点。他们拒绝光波动理论，但保留"以太（ether）"作为引力的"媒介物"（卡乔里（Cajori），《物理学史》，第61页）。

同类型的解释为我们带来的智力上的满足感。例如，有人告诉你约翰打了詹姆斯，原因是约翰的中耳受到了某种特定声音的刺激（物质事实），或为詹姆斯"侮辱了"他（与意图或有意识的态度相关）；那么这两个解释有优劣之分么？哪一个会给人带来更大的满足感么？人真的是一个"设定"的、会对特定物质环境作出相应反应的机关（organism）吗？就像一把装上子弹、打开扳机的枪那样，只要扣动扳机就会射出子弹吗？还是我们认为不仅仅是那样，对于这个"机关"来说，"情况"是有"含意的（meanings）"，而机关对情况又是有"态度的（attitude）"，且这些态度最终不仅仅是某种事物的构造或运动。以上问题是每个研究这个领域的学者都必须回答的。然而，但凡对人的意识机制有所认识的人都必须承认，上述两种答案都具有真理和意义，即使它们无法协调一些形而上学的矛盾，即两种真理和解释的存在性。我们的兴趣存在冲突，且我们无法在不考虑生活和实际思维的需求的情况下追求简化。激励能力递减的原理（principle of diminishing motivating power）意味着我们必须在某个地方达到平衡！

　　为了把这一问题弄得更加清楚，我们可以想象一个无须描述细节的简单实验。假设使行为主义者沿着一条街道行走，并用任意给定的"刺激"使迎面而来的人与他相识，比如对行为主义者做出轻蔑的手势，或给他一美元。然后行为主义者需要在毫不提及精神层面或意识过程的前提下，用"有机体"的物质结构和条件解释每个人的不同"反应"。行为主义者会可能坚称："理论上说这是可以做到的，但由于实际中有无法克服的困难，导致我们无法给出合理的解释"。但这样的说法是纯粹教条主义且不科学的。必须注意到的是，以上实验中最为重要的数据之一是，接受实验的人是否知道向他们做作出疯子般行为以引起他们注意的人是在做实验。尽管语法规则允许行为主义者相信这一信息不过是机体的物质条件细节之一，但这仅仅在语法上说得通。而且我们的语言，既不是也不为哲学家和科学家发明。

毫无疑问，至少从遗传学角度看，实用主义的如下论点是有道理的：理论兴趣最终是实用的，因为精神一般出现在物质过程之后，并附加在物质之上。然而，与兴奋和易怒一样，探索精神也是有生命物体的最终性质；且从人类历史来看，把自然界当成伙伴并与之和谐共处的愿望和利用自然界的愿望一样基础。不难看出，在生命的紧要关头，死的和静止的自然观必定逐步取代万物有灵论观点，而且这种替代正在发生。历史经验告诉我们，持友谊态度对待无生命物体是无效果的，因为对于观察来说，无生命物体不具有探究性，不是由意愿、祈求或交谈驱动的。因此，当我们试图解释无生命物质的行为时，无须像解释人类行为那样联系情绪和意愿，而是转向固有不变的"内在本质"。[1] 对于常识来说，这一科学"解释"只不过否认了解释的可能性，如同法国剧作家莫里哀（Moliere）讽刺医生说，鸦片使病人入睡是因为它具有"安眠作用"。科学仅仅告诉我们，事物在特定情况下展示出某种状态是因为它符合某种基本准则。但这一归纳仍给我们带来了智力上的满足感，虽然归纳中并不包括预测和控制。从实际需求的角度看，我们希望世界是固定不变的，从而可以使我们的行为主动适应可见的未来，并利用世界的不变性或规律性，按照我们各种各样的"功利主义"兴趣需求对世界进行改造。从纯粹的智力满足角度看，我们也希望有一个不变且可知的世界。但这两种愿望都无法解释人类对友谊和真实解释的渴望。

如上所述，客观事物的不变性或无情性是全体观察者通过交流都能看到的。从人类行为的第二类兴趣——预测——的角度看，无论是为了预测自身，还是把预测作为研究其他兴趣的工

124

---

[1] 斯诺（Snow），上面引用过的著作，第491页。

具，我们在此又面临最终事实的拷问。科学的目标是确定哪一层面上以上的事物是不变的，有且只有此类事物能被看作客观现实。科学思想已经产生了自相矛盾点，关于可感知和可想象的物质的存在性研究并不是我们在这里要关心的问题。无生命自然的无情性与人类的有情性是相对立的；人的"身体"中的确存在其他物体所具有的（普遍、一致和无情的）属性，这些是我们在静止的自然界中可利用的唯一属性；但这些属性不是我们感兴趣的主要人类属性。当一个行为主义者就方法论问题进行演讲或撰文时，他自己也认识到他所涉及的范畴不同于其他科学。他讨论的不是其他科学内容所需要的方法论和概念！他也并不争辩他们像不像他们自己所认为的那样！

这个差异从每个角度来看都是成立和显著的，以至于抛弃偏见或单凭兴趣看待这个问题的人很难真正采取行为主义者的主张。人与人之间并不像同一类别的自然物之间那样相似。或者说，人类在物质层面相似，但从我们所关心的社会关系层面看，人类又是完全不同的。因为人类不会在经过一连串的反应后保持不变，但不变性恰恰是根据过去行为预测未来行为的必需品。一个根本的特征是，人类有记忆，并能够依据熟悉程度的不同对相同情形作出不同反应。最为明显的是，不同观察者对同一个"有机体"的兴趣关注点不同。多样的个人兴趣和关系使得同一个人在另外两个人看来，是截然不同的两个人。[1]对于观察者来说，同一"有机体"因其身体主干不同而有别于其他"有机体"；它在某种意义上是相同的，但在另一种意义上又是无限多样的，而且这个无限多样的特性十分重要。我们可以通过不违反原则的调整，利用感官功能观察我们自己的身

---

[1] 就像关于一个人童年的家乡那样，关于物体和位置，这个说法也在很大程度上是正确的。科学武断地拒绝考虑物的这个方面，因为它与科学的特殊兴趣无关，从而按照定义，是不真实的。

体，但我们也通过另一个不同的、更加重要的方式来观察自己的身体。

从预测和控制行为的角度看，一个人可以在极为有限的程度上观察到自己对具体情况下细节的反应，但观察者与其身体之间的特殊关系可以被描述成任何事。从控制角度来说，控制自己的身体绝对不同于控制宇宙里的其他部分。自己的身体是"无情"的对立面，是会对精神意志作出直接反应的，且不会通过别的途径作出反应的物品（例外是我们的身体在受到如电击之类的刺激作出无意识反应）。此外，正如科学观点所说，我们是通过对自己身体的直接反应间接控制世界的其余部分的。肌肉是我们的意志与物质世界联系的唯一有效接触点；我们可以直接并自愿的移动自己身体的大部分。虽然对胰腺分泌过程的微小控制是另一个技术层面上的例外，但从科学的角度来看，我们是通过移动自己的身体来对外部世界事件序列的一致性（规律）进行控制的；此外，实用型预测和控制（它们是科学逻辑形成的基础和理由）也是从身体的移动开始的。然而，当通过身体移动影响事件序列一致性延伸到物质环境时，以上断言在很大程度上成为不可验证的教条，并且通过把所有控制看作错觉，使科学自身的实际基础失去意义。

他人的身体当然不像自己的身体那般对自己的意志作出直接反应。不过，相当清楚的是，人类对他人行为的实际预测和控制，更多地依靠与他人"心灵"的交流，而不是感官观察他人的身体移动，更不用说如下事实：人总是对他人的感受更感兴趣，而非他人的实际行为。人类仅在极少情况下被看作有机体。一个落水者在求救时肯定会考虑恩人伸出援助之手时的情绪。人类是有个性的，而交流是社会关系最大的组成部分，兴趣则存在于交流的情绪和思想中，而不存在于行为或行为的物质结果中。而且，当一个人想要另一个人以某种方式行动时，他真正要解决的是精神态度，而非物质刺激和反应。有人可能会"争辩"上述事实仍是物质因果，但这再一次陷入了把纯粹哲学理论置于经验事实之前的误区。

此外，我们必须要承认，人类在作为观察者的同时也是可感知的数据（被观察物），在作为控制者的同时也是"被控制"主体。不考虑控制关系中的社会关系，相当于把关于"社会控制"的丰富讨论简化成了词语编造。所有社会单位都有控制欲，即使是进行超脱理论研究的"科学家"，他们服从任何适用于他人的"行为规律"。除此之外，人们也总是努力摆脱控制。此外，正如我们在前文指出的那样，努力"控制"他人，在很大程度上就是努力欺骗和"愚弄"他人，其首要前提是不让他人知道其最终要建立的关系特征。马克吐温在《汤姆历险记》中关于汤姆·索亚如何让孩子为他刷墙的描述中，包含了比很多学术专著还要多的心理学研究。如果一位行为主义者要讨论这一情形，他就必须首先忽略有关欺骗、错觉以及目的、意图和努力等的精神事实，或者把它们定义为毫无意义的事实。但在这一情形下，精神事实恰恰是最主要的人类数据，忽略它们的讨论注定得不到有意义的结论。

承认我们与伙伴之间的兴趣和"控制"的相互关系，是讨论伦理关系的基础要件，即我们要把博爱（humanity）当作目的，而非手段。即便在纯粹功利主义或自利性关系中，即便一个人仅仅为了诱使他人按照自己的意愿行事，人与人之间的相互性也必须得到承认。事实上，这是人类关系"非科学特征"的一个一般性推论。我坚持认为，人类关系服从多样性和非直接性原理，而控制的目的更有可能借助其他的目标实现。詹姆斯·斯图亚特·穆勒把这种情形当作"快乐主义的悖论"的例子来讨论。即使是不太涉及道德的人类关系，比如经济学家间以学术研究为目的的互动活动，也不具有机械控制的性质。

因此，从宽泛的意义来看，关于人类，我们至少有三种类型的"控制"。第一类是真正的机械型控制，只有这一类可以用纯粹行为主义的术语进行讨论，即达到用某种物质刺激产生某种物质反应的目的。第二类控制既承认物质事实，也承认和利用意识类"事实"，即将其作为（科学）因果序列中的要素之一。它超越严格的科学范畴，因为正如行为主义者认为的那样，从严格的科学意义上说，任何关于意识的事实都是不可"观察的"。然而，我们的确"知道"关于意识的事实"就在那儿"，并且无法忽视它们。我们无法定义和数量化有关意识的知识，因为意识型事实会显著地被我们自身的态度所改变，甚至会被我们的探究所改变，这不同与无生命的静止自然。我们可以把这类控制称作"准机械控制"。在第三类控制中，有意识的态度或动机不只被看作一个一致序列中的事实或事件。与科学类型的"原因"相比，这类控制把动机当作行动背后真实或有效的原因。下文将简述这三类控制的含义和关系。

第一类纯粹机械控制在医疗技术中应用广泛，普通社会关系中极少严肃应用。比如，我可以通过突然大吼一声"使"另一个人移动，或者通过用针刺他人来使其从座位上站起来等。这一控制方法的存在是得到承认的。但在这样的控制中，需要特别指明的是问题中的人不能知道这是一次实验！人类的反应极少是机械反应，即几乎完全无意识的反应，而且这些反应相对来说并不重要。即使是在医疗技术中，也有具有两个普遍的保留条件。第一，医疗实践不是为了产生"行为"，而是为了改变"行为"的"调子或风格"，就像使用适度的刺激物或镇静剂将人麻醉那样。第二，医疗本身对意识并不忽视而是给予足够的重视，不仅将其作为最终关心的事物，还将其作为身体状况的最显著诱因之一。

日常生活中人与人之间的控制关系，以及经济学著作中描述的大部分控制均属于第二类控制，即准机械技术类控制。从事件序列的一致性这一普通科学意义上来说，人的需求应被当作行为的原因。对于个人来说，问题在于如何让他人做自己希

望他人做的事情。首先，我们至少要像关心他人实际行为那样
关心他人的情绪和思想。当我们试图控制他人的行为时，取得
成功的办法是影响他们的情绪和动机，而不是机械地刺激他们。
上文多次提到的，事件序列在纯粹物质层面上是完整的观点，
在实践中是错误的，且是大众常识无法接受的。我们都知道，
我们的态度会影响他人的态度，并通过他人的态度影响他人的
行为。这正是人类现象的研究、预测和控制在范畴上不同于无
生命世界研究的地方。从另一方面讲，区别第二和第三类控制
关系是很困难的。人们倾向于想象他们正在努力使他们的伙伴
与自己共同追求理想，但操纵和利用才是其真实目的。这里需
要再次强调，尽管"真实目的"与感观目的确实存在不同，但
这种不同很难被"科学的讨论"。

如上所述，第二类控制关系还包括社会控制的极大部分，
如奖惩机制、劝说、强迫、公共舆论和"风俗"，其适用的对象
是有意识的高级动物、没有理解力的孩子、缺乏理解力的成年
人和在上面提到的康德主义意义上的无道德的人。统治他们是
"为他们好"，无论这样做是道德或无道德的。在所有这些情形
中，控制者利用意识作为手段并最终实现对他人的控制。

如果说把意识当作行为控制和解释的数据已经违背了常识
必要性，那么否认意识状态的存在则更违背于事实真相。在这
种情况下，常识必须再一次战胜纯粹哲学兴趣。在绝大多数情
形中，意识状态的确有超出事实的方面。它们既是科学意义上
的行动原因和控制手段，又是目的和可承认价值；在一定程度
上，它们不仅"真实"，也很"重要"。当我们仅仅把有意识这
一状态看作一个事实，"实际上"除了心理上的化学变化就不存
在其他事物了；类似的，价值判断在"实际上"也仅仅是某一
行动的动机或某一原因的"事实"。当一个人认为某件东西好的
时候，大脑对事物的简化会令我们倾向于将其诠释为当事人赞
成或想要这件东西，但这是不对的，因为这两个表达方式实际

上不可互换的，前种表达方式有比逻辑更强烈的东西存在。

实际上，不论是经济学还是应用心理学领域的认真尝试都无法忽视如下"事实"：价值不仅仅是需求，正如需求不仅仅是行为。"的确"，有些需求比其他需求更好，我们对有些东西的需求比对另一东西的需求更加迫切；但这里的更好不等于更大。逻辑上，没有无私或牺牲之类的事情；但事实上我们的确可以把他人当作目的而不仅仅是手段。无论用什么办法，"让"一个人做我想要他做的事情，这并不意味着要让他更清楚的知道什么是他值得拥有的。"强迫"（包括属于心理强迫的劝说）一个人接受某种想法与改变他的想法之间存在区别，即使该区别破坏了形而上学体系的简单性且无法用科学术语表达，但它确实存在。按照原则做事，尊重他人和集体的利益，不等同于"知道一个人想要并追求什么"。上述是一个伦理学问题，但伦理学不同于心理学，正如心理学不同于物理学。这不意味着人们"应当"按照快乐最大化或某种准则行动，也不意味着他们一定要按照某一准则一致地行动。然而，我们往往忍不住会作出这一"应当"式陈述。这个词在我心中的唯一定义恰恰证明了它提到的是某种现实。这个现实就是活着的意志不仅仅是活着的事实，对长寿的强烈愿望改善了我们对生活的内在要求。用数量定义生活是不可能的，即使是我们所说的"身体"健康，也包括一个理想化或目的论的标准。

为了彻底证明纯粹行为主义的社会控制观的荒谬性，我们只需考虑法学这一最古老和重要的社会科学。法学就在研究控制关系最根本的类型。法学里充满了意图、欺骗、过失、"合理"预期、强迫、自由和道德责任等概念；任何公开或间接地用行为术语定义这些概念的行为，都会将法学变成一个不可能的暴政。

一门科学的特征必须由其研究对象决定。如果我们在写的是用于指导马基雅维利主义（Machiavellian）绝对君主制或路易十四治国实践的经济学著作，那么把讨论保持在一个近似"科学的"水平是可以想象的。但事实并非如此，民主已经来到这个世界并成为人类关系中越来越重要的因素。控制已经不再是一个人或少数人单方面操纵的事情，正在越来越多地演变为一种相互关系。今天，单方面控制仅仅在刑法中被采用。确切地说，社会问题已不再是"控制"关系，而是相互适应、共同寻求和谐生活的关系，以及值得为之生活和工作的目的。再次强调，这不仅仅是理想，而是事实，是社会科学家在研究中必须面对且不可回避的现实。拒绝接受这些事实并采取其他行动的经济学家，即使能为自己的立场找到逻辑型的纯粹哲学理由，他也放弃了作为社会成员和知识分子的最重要职能。

IV

总结来说："科学"一词是不明确的。在日常用语中，"科学"不明确的点在于，它是仅仅指代重复出现的、可总结的一般命题性现象，还是也指代具有唯一性的历史和地理历史现象；关于精神现象即意识的事实性讨论是否也能称为科学，还是只有可感官观察和验证的事情（意识数据显然不是）能够被称为科学。但是，得出这一严格准则的努力是徒劳的，甚至在物质数据的世界中也是如此。实际上，我们在绝大多数情况下依靠视觉获取可验证观察。物理度量定义的唯一办法是将物理概念与可视觉观察的参照物联系起来，比如，温度是用水银柱的高度衡量的；力是用刻度或弹簧秤指数衡量的；电量则是用检流计指针衡量的等等。但需要注意的是，不同人或同一人在不同时间内观察到的力、质量、时间，甚至空间等基本量会有很大不同。以空间为例，我们只能通过人工视觉方法来强迫同意和保证客观度量。然而，"逻辑上"讲，视觉最终依赖于触摸；正如幼年时期的我们依赖于触摸和肌肉感觉培养来构建空间感觉。

我们被空间逻辑领进了僵局。要知道我们通过触摸和肌肉感知到的是力，且正如休谟（Hume）和赫胥黎（Huxley）、科克霍夫（Kirkhoff）、马赫（Mach）和无数其他人证明的那样，我们不能在肯定运动（举止行为）的同时否认力的存在。行为主义者想要在人类现象研究中引入的正是这一肤浅教条主义的半视图。然而，在人类现象中，我们能够直接感知到自身的力、愿望和活力，并且通过交流知道他人身上的力、愿望和活力。而确认事情的真伪、所有科学知识，以及感知客体的能力都依赖于交流得以实现。行为主义者的建议实际上否认了无法用眼睛看到（*see*）的所有事，但事实上，按照现代物理学的感觉传导理论（transmission theory of perception），视觉属性不是直接的，也不是真实的。

我们只能回到常识和对现实情况的实际要求。由于无法用一元论对人类进行有意义的讨论，我们回到二元论。墨守成规的伊曼纽尔·康德在区别纯粹理性与实践理性时遇到了麻烦，他承认两者之间的不一致，并认为后者对前者具有支配地位。在社会科学中追求纯粹的自然科学是误入歧途的。为了从实践的角度预测和控制人类行为，也为了理解其最终理论目的，研究心灵间相互了解和影响的过程要比机械分析人体间相互影响的过程更有意义。我们应该要把重点放在对心灵的研究上，尽管对机体行为的研究也是必不可少的，但机体行为所起的作用是从属性和工具性的。对形而上学有共同渴望的我们而言，要研究心灵和身体及它们之间的相互关系，并尽可能的使自己适应132两类没有桥梁的现实和思想之间的冲突是令人厌恶的。知识是程度上的事情，相比于原则性知识，我们实际上对有点争议的知识更加确定。

具体来说，关于人类现象，我们可学习的有意义知识主要来自于研究、实践和与其他心灵交流。就其各种形式来说，这一过程是一种艺术，不同于科学。在自然科学中，交流理所当然是为了证实；在社会科学中，交流却是核心。无论是多么不可思议的事，我们的确可以通过交流了解其他人的心灵，并通过对方了解我们自己的心灵，反之亦然。交流过程中的知识远远多于观察，通过把我们自己当作被认识对象，既从外部，也从内部获取知识。可以说，对人类"行为"的理解、预测和控制是一门艺术；或者说这个过程是艺术的客观和附带部分。这个过程包括所有精神交流，并且基本上是对思想和情绪的理解、预测和控制。

6 现代资本主义问题中的历史和理论议题

　　本文原载于来自《经济与商业史》杂志的《商业史评论》第 1 卷（1928 年第 11 月）：第 119—136 页。

　　1927 年，松巴特（Werner Sombart）教授发表了他那关于当代资本主义的不朽著作的修订版第三卷，并以"高级资本主义"命名。[1] 它的"不朽"是没有异议的，甚至作者观点和结论的最强烈反对者也没有异议。作者（在第 III 卷前言中）承认自己是马克思的继承者。马克思把资本主义一词变成了所有文明语言中家喻户晓的一个词。松巴特则因为这部著作和这个领域的其他专业研究 [2]，取代马克思，成了这个概念及相关问题的权

---

[1]　Der moderne Kapitalismus: Historisch-systematische Darstellung des gesamteuropäischen Wirtschaftslebens von seinen Anfängen bis zur Gegenwart. Dritter Band. Das Wirtschaftsleben im Zeitalter des Hochkapitalismus.

　　　与前两卷一样，这一卷也分为两部。全部六本长达 3300 页，大八开本。这次修订版的前两卷出版于 1916 年，已经重印四次。它的第一版共有两卷，共计 1200 页，出版于 1902 年。

[2]　Die Juden und das Wirtschaftsleben,1911(Eng.trans., The Jews and Modern Capitalism, 1913). Luxus und Kapitalismus, 1913. Der Bourgeois, 1913(Eng. trans., The Quintessence of Capitalism, 1915). Krieg und Kapitalismus, 1913.

威。在很长时期内，资本主义问题在很大程度上就是松巴特问题。本文不打算评论在一代人的时间里与松巴特的名字联系着的有关资本主义问题的大量文献。本文目的是说明这部著作对我的影响，而我是一位"纸上谈兵"的经济学学生，对经典的演绎式理论、经济制度的历史发展和因果关系都同样关心。

从这个角度看，这一情形提出了一个长期争论不休但仍然棘手和富有挑战性的问题。在现代经济思想发展史上很长时期内，不同学派的历史学家和经济学家曾争论过一个问题，即解释经济现象意味着什么。客气地说，结果令人失望。我们发现，在很大程度上，一派学者占有问题，另一派占有资料，两派学者似乎生活在相互隔绝的两个世界。制度学派经济学家继承了由历史学派经济学发起的对演绎分析方法的攻击，而统计学家的加入导致了三分天下的局面。在我看来，或者至少我相信，这些方法和其他方法都是有用和必要的，而且这些不同方法的追随者之间的友好和富有智慧的合作也是必要的。然而，使人沮丧的是，他们却如此专心于把对方驱逐出去。

人性是有局限的。每位学者很自然地都以为自己对各种观点的思考没有偏见，但对于批判性的读者，事情就不是这样了。例如，松巴特曾提出抗议，他（和新历史学派）必须被看作把理论和历史结合起来的一派（第 I 卷，第 I 篇，第 xiii 页）。他坚称自己是一位经济学家，而不是一位历史学家。他甚至相当粗野地使用"区区历史学家"之类的词语。然而，对于理论家来说，《当代资本主义》一书的一个最显著特征是作者未能理解竞争经济组织的最基本原理。他的大多数"错误"并不是他特有的，而是大部分历史学家和其他关于经济问题的作家普遍有的，只有受过专门训练的理论家是例外。事实上，这些错误源于那些原始的和流行的错误概念，但经济学基本原理的教师和作家们发现，要根除这些错误简直是不可能的事情。

在经济史研究中，货币与财富的混淆在重商主义的研究中已经变得十分显著。而且，正是在这里，历史学家和理论家之间的观点冲突最为尖锐。可悲的是，我们可以有把握地预测，关于这个重大的主题，需要很长时期的艰苦教育，这两个学派才会停止相互强行施加影响，变成互不理睬。为什么呢？应该看到，研究一种思想或政策的历史背景，或者将其当作达到一个目的的一个手段加以批判研究，都是合理和有益的。[1]

　　这并不是说，像松巴特和德国历史学派 [见埃德温·坎南（E.Cannan）] 经常做的那样，没有人能够愚蠢到不知道货币与财富之间的区别，古代的迈达斯 [希腊神话中的弗利治亚国王，相传贪财，求神赐给点物成金的法术——译者注] 神话就足以排除这一错觉。可以肯定的是，重商主义者并没有明确地将货币等同于财富（尽管在很多地方他们是几乎这样的），但毫无疑问的是，只有以此为前提，很多重商主义的主张和政策才有意义。当今，在大多数文明资本主义世界，条件没有什么不同。一个来自金星的人，读过我们最优秀的金融学家和政治家的典型主张之后，难免会得出如下结论：一个国家的繁荣靠的是尽量把商品运到外国，并避免外国人用有形商品偿付。

　　关于这个问题的一个更加异乎寻常但实际上不那么严重的例子出现在松巴特著作中几乎难以置信的位置，他用十多页（第 II 卷，第 I 篇，第 185 及其后 ）的篇幅论证和强调，发现新大陆之后，用新投入流通的货币组成和衡量的商品的总需求

135

------

[1]　对于区区理论家来说，即便是从历史学角度看，历史学家对重商主义的传统
　　处理似乎也是值得批判的。国家建设方面值得强调，但仅仅限制在这个方面肯定
　　是不够的，如果不是误导的话。因此，松巴特说（*Der moderne Kapitalismus*,
　　rev., vol. I, pt. 1, p. 363），"重商主义最初只不过是城镇向一个更大的地域扩张时
　　期的经济政策。"但是，其后第 3 页，他说，"Aus der Güterversorgungspolitik der
　　Städte wurde eine Geldversorgungspolitik der Staaten." 这肯定是有一点重要区别
　　的相同事情。如果我们平行地罗列中世纪后期的城镇经济政策和重商主义经济
　　政策——（军事霸权、大规模人口和殖民扩张等）——我们肯定会发现，两者
　　之间的不同要比两者之间的相似更加显著。

增加了。毫无疑问，理论上，他承认一个交换经济的基本公理
（有时称作"萨伊定律"），即一种商品的供给是对另一种商品
的需求，反之亦然。所以，总需求和总供给必然相等，货币只
不过是交易媒介。然而，有最明显的相反论述。幸运的是，所
有这些并不能证明松巴特过分强调了新的金银在欧洲经济转型
中的重要作用，毫无疑问这个作用是巨大的。各个学派的经济
学家，古典经济学家、经济史学家也不例外，都凭感觉得出了
正确结论，并用荒谬的推理加以证明。我们的观点只不过是说，
为了学者们之间的更有效合作，迫切需要的是，在作出自己的
陈述时格外谨慎，在阅读他人的著作时有更多宽容的解释。

　　关于在经济分析中不清楚民众思想的另一个更有影响的例
子是，历史学家大多不理解竞争如何使经济关系受到无情的、
类似机械般的控制。资本主义的批判者，很少有人充分清楚看
到，企业家在控制生产——生产什么、在什么地方生产、在什
么时候生产、用什么工具和方法生产，特别是支付多么高的工
资——时的相对无奈。在完全竞争条件下，他是完全无奈的，
只不过是消费者（和对职业或雇主有情感偏好的劳动者和财产
所有者）消费选择的代办人。毫无疑问，在现实生活中，竞争
是很不完全的，但不完全的程度常常被高估，也常常被低估。
实际上，仅仅在十分有限的范围内，经理们能够任性地做出选
择而不招致破产的命运。显然，在一个合理的地域和时间范围
之内，无情的竞争居于压倒一切的地位。

136

　　现在，关于资本主义的全部文献中的一个常见观点是，资
本主义"精神"就是个人之间的讨价还价。这一观点是极为脱
离现实的。在现实资本主义中，相对来说，很少有讨价还价。[1]

---

[1]　当然，广告和推销活动中的劝说成分具有原始的讨价还价的性质。但是，与
　　适当和必要类型的"教育"和广告的实际影响力相比，这一成分的相对重要性
　　往往被经济生活的肤浅评论家过度高估，被辩护者过度低估。

何况，在有效竞争情况下，根本没有讨价还价。另一方面，当一个卖者或生产者因为被模仿而受到影响或决定（不顾自己当时的最大利益）要与对手竞争时，他不再遵从经济动机，而是表现得不理性和感情用事。

在流行思想中，尤其是在马克思主义和大多数其他社会主义文献中，基本原理是"资本"或"生产资料"的所有者可以支配工人。但是，如果雇主相互竞争并且按照经济动机采取行动，这个命题就是错误或没有意义的。在一个竞争社会中，经济权力的分配，只不过是不同个人向联合生产活动提供的财产或劳动服务的相对市场价值。而且，在垄断条件下，每个群体也和其他群体一样拥有同等的权力。[1]

与之对应，关于财产与人之间的讨价还价关系的这种错误观念还导致了各种学派的思想家以及大众坚定地持有另一个观点：劳动真的"生产"全部产品。这一团乱麻中充满了关于机械（因果关系）解释与社会批判之间的关系、科学与伦理之间的关系的未经认真研究的、在很大程度上是潜意识的臆断、信条和范畴。这必定是一个哲学问题，而我们时代的情绪是反对社会科学的哲学化。在一定限度内，这个趋势是健康的，但是超过一定限度，它就变得庸俗和无知。坚持我们今天听到的一些事实，实际上等于拒绝面对另一些事实，对于我们的讨论来说，这些事实与那些已被认知的事实同样是至关重要的，却因它们不适合那些先入为主的方法论而被抛弃了。限于篇幅，我们很难在这里讨论这个领域，但在任何方式的资本主义批判中，关于社会事实的特征及其与伦理判断的关系问题都十分重要，

---

[1] 实际上，权力的分布因为财产可以"资本化（capitalizing）"而变得对财产所有者有利，因为财产所有者可以靠财产生活，从而有能力等待。如果劳动者不受自由这一"不可剥夺的权利"保护，如果他们可以签订定期工作契约，并把他们的劳动能力资本化，那么，他们在经济上就会更加安全——奴隶有的那种安全。

以至于我们必须对其作一些说明。松巴特又一次提供了一个很 137
好的反面例子！

《高级资本主义》（*Hochkapitalismus*）中到处散落着松巴特
的价格（和分配）理论，或作者认可的理论（尤其见第 III 卷，
第 I 篇，第 127—146 页）。他的边际效用理论令人迷惑（第 127
页）。他试图把社会产品的一个特定份额错误地"归因于或分配
给"参与生产的要素。这些努力源于辩护目的……（第 140 页）。
财产份额（剩余价值）是相对经济权力的表达，而且这个概念
只有一点明显不同于经济法的概念（第 141 页）。他的其余论
述综合了历史和描述"分析"。不过，这里的"分析"远远不是
机械原理或因果关系的定量分离。事实上，在我们前面引用过的
那一段的后半部分（第 140 页），他彻底批判了特定的因果关系，
甚至在经济学中也对其进行了批判。用作者的话说，经济理论家
是引导人们按照因果关系进行思考的罪魁祸首！

针对合理的教条的评论必须这么简要。再之，虽然他（松
巴特）的陈述在很大程度上完全违背真理，但是作者有可靠的
直觉。他正确应用了归因方法。无论在什么地方，每当一个效
果与一个具体原因有联系，这一方法在生产力理论和效用理论
中的应用与其在科学中的应用是相同的，因为所有因果关系都
是共同因果关系。归纳法的所有讨论及其原则分类突出强调了
如下基本原理：就组成情况的元素而言，自然是一律的，整个
事件序列的多样性要用具体元素的数量变化来解释。有时，程
度的变化只不过是某个元素出现或不出现联系着后来的某个元
素出现或不出现，而这个元素被看作是另一个元素的"原因"。
然而，更为常见的是，原因和结果中的元素都是变量，而解释
它们需要分别说明它们之间的数量关系。有的时候，这一数量
关系相对来说简单，可以用一条（通过原点的）直线来描述，
但通常更为复杂。典型情况下，我们要解释的结果总是某类曲
线函数，每一个都有无穷多个原因。如果情况当真如此，那么， 138

原因与结果（换句话说，生产要素与产品，或者商品与满足）之间的关系就必须被表述为所有起作用的原因的数量的一个函数，并且对每一个的无穷小改变量进行计算。边际效用和边际生产力理论是偏微分方程——因果律的一般形式——的粗糙口头表述。至少从 19 世纪初开始，这些原理就已经是力学的普通内容，但经济学家大约在 1870 年才开始发现它们，而且只有极少数经济学家清楚它们。

然而，当松巴特谈到科学和伦理学时，他才触及问题的核心，但他的主要结论本末倒置，尽管许多职业经济学家也是如此。无穷小增量理论描述经济因果关系的逻辑，因为没有其他因果原理符合人类的经验或者为人类智力所知。这些原理同样适用于各种类型的因果关系，无论人类行为被看作由动机决定的选择，还是被看作对物质或心理刺激的自动反应。正因为如此，它才符合某个形式的规律。但是，所有此类考虑实际上无任何伦理意义。竞争情况下，劳动者和财产所有者的收入趋于等于他（它）对生产的贡献。这个趋势并不意味着他们能够得到他们"应当"拥有的东西。这个命题的反命题会包括如下假设：结果"应当"随其原因出现，这显然是没有意义的。另外，我们观察到的收入分配和理论上完全竞争本来会导致的收入分配都在很大程度上不符合公认的伦理标准。[1]

---

[1] 赋予一个人在社会生产活动中的贡献为基础的收入分配伦理意义是错误的。其错误根源有多个。这里我们只能提到其中少数几个。一是情感上的权宜之计，即考虑到人类的自私，社会必须这么组织，不然人们就不会有效地工作。当然，报酬与贡献之间任何程度的正相关都在理论上支持这一结果。把权宜之计等同于伦理，等于否认存在常识所接受的伦理，许多经济学家也会承认并乐于接受其后果。然而，可以证明，造成这一点的相同逻辑将消灭权宜之计的概念，并将经济行为简化为机械必然性，最终是令人难以忍受的荒谬。不过，我们不便在这里进行详细论述。

在我们看来，生产力的伦理意义假设背后的根本混淆是如下事实：努力是生产要素之一，而对于常识来说努力的确有伦理意义。不过，承认努力是（接下页）

接下来，让我们从资本主义问题的经济理论思考转向其历史方面。

在过去 30 年里，一个显著的变化是人们的注意力从现代经济生活的机器工业方面，从工业革命时期的发明，从英国，转向从文化史方面进行更为广泛的解释。松巴特和马克斯·韦伯（Max Weber）是这一运动的领导者，他们强调经济变化背后的非技术因素，政治、心理、智力和宗教因素。与第一版相比，修订版的《现代资本主义》，以某些方式代表着向更为传统的观点的回归。早期著作认为，资本主义时代始于 1204 年。这一年，在威尼斯人的操纵下，十字军攻占了君士坦丁堡；意大利数学家金莱昂纳多·斐波纳契（Leonardo Pisano）的数学著作把阿拉伯符号引入了基督教欧洲。新版本把现代从中世纪史中分了出来，并以 1760 年焦炭炼钢方法的引入作为分界线把现代分为两个时期。从大约 1500 年到 1760 年，是"早期资本主义"时期；从 1760 年到第一次世界大战是"高级资本主义（High Capitalism）"时期。正如作者现在承认的那样，关于犹太人、战争和奢侈品，有关于一些特殊主题的极端表述。而且，关于这些主题的理论和第一版中关于一般工作的理论都变得温和了

139

（接上页）一个事件序列中的一个要素，我们的讨论就会超出科学的范围。这是因为，科学意义上的因果关系中没有努力之类的事情，从而科学思想与伦理思想的前提之间有着根本的冲突。

经济思想领域中最有意思和最重要的事情是在经济学文献中寻找生产的概念，并区别其因果方面的含义和伦理方面的含义。兴许，我们可以发现在因果意义上使用"生产"一词的趋势，并且在提到财产要素时无意中加入了一种伦理含义，并在提到个人的作用时这一伦理意义成了主要的。但在现实中，第一种收入来源（个人努力）并没有比第二种收入来源（财产）多得多的伦理意义。个人能力，几乎与财富一样，也是遗传和运气的结果，而不是努力或任何合乎伦理的源泉的结果。

很多，在新版《现代资本主义》中被放入更好的视角。[1]

总的来说，尽管松巴特很少对他的批判者表示尊重，但是针对他早期理论的许多批判在他的新作品里面的修订完善中发挥着一些作用。他承认，关于早期现代发展中地租实际上是资本的唯一来源的问题，他受到了斯特里德（Strieder）的影响。[2] 最初，他的观点是，商业本身和贸易利润并非资本积累的一个重要来源，他的这个观点源自贵族地主手中持有过多的货币。斯特里德关于德国奥格斯堡（Augsburg）财富的著作，正如税收记录、海尼恩（Heynen）关于威尼斯历史的研究[3]，以及哈普齐（Hapke）、纳格里赫（Nuglisch）和冯·拜娄（von Below）等人的文章所证明的那样[4]，似乎不可能把"租金理论"和事实协调起来。然而，常常有可能找到一种解释，把一些理论协调起来，而争论各方看到的只是绝对的矛盾。在这个例子中，韦伯的观点使松巴特和他的反对者看起来基本上是对的。

---

[1] 一位法国人把松巴特列为最伟大的五位现代经济学家之一，他们是斯密、马克思、瓦尔拉斯、帕累托和松巴特。松巴特的这位法国信奉者认为，修订版仅仅与第一版的书名相同。(G-H. Bousquet in *Revue d'histoire economique et sociale*, vol. XV, no. 2, 1972). 在我看来，这极度夸大了修订。

[2] J. Strieder, *Zur Genesis des modernen Kapitalismus. Forschungen zur Entstehung der grossen Kapitalvermögen am Ausgange des Mittelalters und zu Beginn der Neuzeit, zunächst in Augsburg,* 1904. See *Der moderne Kapitalismus*, rev.ed., vol.I, pt.2, pp. 637-38 and note.

[3] Reinhard Heznen, Zur Entstehung des Kapitalismus in Venedig, 1905.

[4] Rud. Häpke, "Die Entstehung der grosser Vermögen im Mittelalter," *Jahrbuch für Nationalökonomie,* vol. XXI, ser. 3; A. Nuglisch, "Zur Frage der Entstehung des modernen Kapitalismus," *Jahrbuch für Nationalökonomie,* vol XXVIII, ser.2; and G.von Below, "Die Entstehung des modernen Kapitalismus," *Historische Zeitschrift,* vol. XCI.

除了这些批评，还有布伦塔诺（Lujo Brentano）在 *Die Anfänge des modernen Kapitalismus*（1916）中对松巴特观点的修正。其日期正好是松巴特自己修订 *Die moderne Kapitalismus* 的日期。尽管布伦塔诺的文章是在这之前发表的，松巴特没有表明他对它们有所了解。海尼恩是布伦塔诺的学生。

韦伯认为[1]，货币是商人在贸易中创造出来的，但原始资本提供者的确是以拥有土地的贵族为主，其主要形式是康孟达契约（commenda-contract）[意大利商人创造的贸易伙伴的合作形式之一] 或其他信用安排。

显然，松巴特的第二个很有争议的观点是中世纪贸易的"手工业"特征，这个立场与地租和贸易是早期现代资本来源的理论有关。在他的修订版中，他不愿意就这个立场做出任何让步。[2] 这个问题涉及松巴特思想的"精华"。他认为，早期经济生活完全不同于资本主义经济生活，尤其不同于"高级资本主义"经济生活，而"早期资本主义"是一个过渡阶段和形式。重要的是不同时期经济生活的"精神"。在他给资本主义的正式定义（第 I 卷，第 I 篇，第 319 页）中，资本主义的关键特征是经济组织的形式，而资本主义精神只是附属性的。但显然，在他的整个著作中，资本主义精神是事情的内在核心。在他看来，资本主义精神即，经济活动的唯一目的是出于经济理性主义（economic rationalism）的增加货币总额（与之形成对照的是，手工业的目的是满足需要）。经济理性主义又分解为三个要素：(a) 事先计划（*Planmässigkeit*）；(b) 明智的指挥（*Zweckmässigkeit*）；(c) 通过对目的和手段进行准确的数量评估来实现的控制（*Rechnungsmässigkeit*）。稍后（第 327、329页），资本主义精神又被描述为现代欧洲灵魂的浮士德（Faust）

140

---

[1] *General Economic History* (Eng. Trans.), pp. 343f. 这个问题密切联系着中世纪城镇的起源问题。对于作者来说，亨利·皮雷内（Henri Pirenne）的著作《中世纪城市》（*Medieval Cities*）似乎给出了一个不全面的观点，把它们看作完全是商人的创造。他没有提到松巴特。*Der Moderne Kapitalismus*, rev. ed., vol. 1, pt. 1, p.175 提到了皮雷内的观点。亨利·西伊（H. See）教授（Les origenes du capitalisme moderne; esquisse historique, esp. pp. 34, 190）带有尊敬地提到了松巴特的论点，但认为其不足信。

[2] 见他在修订版第 xviii 章里那具有挑战性的重述（第 I 卷，第 I 部，第 279 页及其后），有一个附录回应他的批判者（第 309 页及其后）。

精神——"事业心（enterprise）"的无限延伸——与守法、勤奋和节俭的"资产阶级"精神的结合。正是这些抽象的定量性（quantitativeness）和无界性（unboundedness）形成了其与工匠精神的根本不同。[1]

暂且完全撇开历史因果关系不论，毫无疑问，资本主义精神是现代经济史或现代史的最重要事实。正是松巴特的著作，以及同样有影响力的韦伯的著作，教会了人们欣赏作为现代社会思想的一个阶段——数量理性（quantitative rationality）的重要性。这代表了这个时代最伟大的智力成就之一。在我看来，当松巴特强调抽象的目标和不受限制的追求时，总的来说，他是正确的。的确，中世纪的拼搏精神和今天的谋生在经济生活中的作用往往容易被低估。挣钱的最终目的是谋生，这个说法是经济学教师难以让学生和公众赞成的诸多事实之一。然而，挣钱几乎是普遍的，专注于一个相当确定和有限的生活标准（尽管随社会地位不同有很大不同），是中世纪与现代经济生活之间最重要的差异。[2]

世界观的根本转变造就了现代人。这一转变的因果解释不同于这一变化的简单历史描述，但这方面没有很多可以列举的东西。在一段时间的历史写作中，这类东西已经过时了。知识

---

[1] 也见松巴特的收录在 *Grundriss der Sozialökononik* 文章和他的著作 *Der bourgeois*（英译版，*The Quintessence of Capitalism*）。

[2] 这不由让人想起松巴特与皮雷内（Pirenne）之间的强烈对比（两者都不那么有雅量，而松巴特相当令人讨厌——*Der moderne Kapitalismus*，第1卷，第1部，第175页）。而且，我们还可以看到，无论如何，恰恰在他们不可能相互恭维的地方，他们相互补充。按照皮累内的理论，整个现代发展都是一代代新人前仆后继的成就。他的这一理论与松巴特的中世纪与现代经济精神之间比较的观点惊人地相似。

限于篇幅，我们无法在这里评论松巴特作为一位经济史学家的重要性。本文作者也不胜任这么做。不过，我们必定有一个深刻印象，他的著作里有大量出色工作。

积累和技术进步必定导致进步这个看似合理的纯粹教条，在衰 141
落这一令人生厌的事实面前是站不住脚的。强调一些被看作偶
然事件或简单作为数据的具体技术进步通常是具有启发性的，
这些技术进步是一系列重要事件的关键。松巴特对阿拉伯符号
体系重要性的看法怎么说也不过分。不过，我们可以提出的一
个问题是，为什么阿拉伯符号没有在其发源地国家产生与其在
意大利和欧洲所产生的影响呢？毫无疑问，关于现代资本主义
起源，最著名的假说是马克斯·韦伯的宗教理论。

《现代资本主义》第一版出版两年之后，韦伯出版了他
的《新教伦理与资本主义精神》(*Protestant ethics and the
spirit of capitalism*) 的第一版[1]。韦伯试图证明，新教，尤其
是加尔文教 (Calvinism) 和英国清教 (Puritanism)，是资
本主义运动的最主要起因，而不仅仅是其道德标准的合理化
(rationalization)。他的论述依据是清教在小资产阶级中间的力
量。这些小资产阶级无法从事大规模商业活动。松巴特在《犹
太人与经济生活》(*Die Juden und das Wirtschaftsleben*) 中
借用了这一主要思想，并试图用它说明犹太人中间的类似宗
教精神，解释它们在资本主义发展中所起的决定性作用。宗
教说的这两个方面受到了布伦塔诺 (Brentano)（前面引用的
论文 X 和 XI）的毁灭性批判。在表达方式上，布伦塔诺显示

---

[1] Archiv für Sozialwissenschaft und Sozialpolitik (1904 and 1905). 其后，在这
份期刊和和其他期刊上出现大量争论。1912 年出版的 E.Troeltsch 的著作 *Die
sozialllchehren der christlichen Kirchen und Gruppen* 对韦伯的观点给予了全面支持。
见布伦塔诺在 *Der wirtschaftende Mensch in der Geschichte* (1923, p.372n.) 中给出
的参考文献。这部文集在早先的 *Die Anfänge des modernen Kapitalismus* 中添加
了几篇关于历史进程中宗教和理论与经济学关系的文章。本文中提到的布伦塔
诺的著作都指后者。韦伯最初的文章重新发表在他的 *Gesammelte Aufsätze zur
Religionssoziologie*, vol. I. 他的观点在 *General Economic History* 的第 IV 篇有总结，
现在已经有英译版问世。它们的一个简易表述见弗塞斯 (P. T. Forsyth) 牧师发表
在 *Contemporary Review* (1910) 上的两篇文章。

出对韦伯的尊重，但对松巴特却没有！看似一个可靠的法则是，在是否有深远意义的历史因果原理这个问题的争论中，否定的一方占优势。更近一些，陶尼（R. H.Tawney）在一部文字优美的学术著作中研究了新教教会的作用，其中并没有提到松巴特和犹太教理论。[1] 而且，亨利·西伊（Henri Sée）在他简短但精彩的历史概览中对这一问题给出了明智和公正的评论。[2]

目前为止，结果都是否定的，关于资本主义的起因，没有令人满意的观点。陶尼看到，在这一领域，作为私人生活的一种社会组织力量的宗教被不断激发的贪婪赶了出去，而动人的渴望——主要是倒退——转向一个不同的状态。中世纪教会是一股政治力量，关于其实际政策（目的或手段）或世俗经济关系的伦理，我们没有任何客观研究，这与宗教和道德家动听的说教形成了鲜明对照。陶尼似乎过于把宗教与宗教组织等同起来了，并夸大了教会与其他有权力的官僚机构行为的差别，没有论及上述两种比较在伦理方面可能存在的不同观点。

从这个角度看，关于起主导作用的活动精神，布伦塔诺提出了一个十分有意思的经济进化理论，其核心概念是经济单位的构成是不断变化的。他认为，总的来说，一个经济单位在精神上普遍且总是敌视外部单位和贪得无厌，而与自身成员之间则有手足情谊和共产主义精神（communism）。历史上已经发生过经济单位的转变和解体。只要原始家庭团体能够在相对自足和独立于其他团体的情况下扩张，公社原则（communal

---

[1] *Religion and the Rise of Capitalism*, London and New York, 1926。另见三篇文章，on "Religious Thought on Social and Economic Questions in the Sixteenth and Seventeenth Centuries," *Journal of Political Economy*, Chicago, 1923. 这些评论者对陶尼的著作进行了广泛讨论。

[2] *Les origines du capitalime moderne (esuisse historique)*, Paris, 1926. Cf. esp. pp. 2-27 and 108-110.

principle）就能维持，而当团体间通过贸易而互相依赖时，外部伦理就会渗入团体内部成员之间的关系。于是，逐利成了个人之间经济交往的精神，而只有现代小家庭内部是有限的例外。在他关于资本主义起源的论文明确地探寻其战争血统，贸易最初与战争是孪生兄弟。这再一次使人想到松巴特所强调的东西。

正如已经暗示的那样，西伊倾向于谨慎，避免给出解释性的理论和大量归纳。他承认，清教和犹太教是现代资本主义"最活跃的要素"（第 47 页），但他指出（第 109 页），在犹太人于 16 世纪末进入荷兰之前，荷兰的资本主义运动就已经如火如荼了。似乎，他主要强调的是地理因素，对于理性方法应用的最终结果来说，这自然是正确的，但对于其起源来说就不那么令人满意了。他用"个人主义"一词来描述这一运动的精神（第 47，191-92 页）。这一解释的最显著弱点是完全没有提到政治思想的情况和运动。在 16 世纪，国家主义（statism）毫无疑问和个人主义一样突出。西伊明确把宗教改革（Reformation）看作个人主义宣言。他没有注意到，倘若马丁·路德（Luther）宣称个人在宗教上独立于主教和牧师，那么，他本人同样成为地方王子的可怜臣民，并在经济上和政治上服从所有已经建立起来的权威。在新教的创始人中，或者在那个世纪的所有伟大人物中，有真正的个人主义者吗？而且，无论如何，就观点的变化而言，个人主义只不过是资本主义的另一个说法，兴许是一个更好的说法。在这一点上，布伦塔诺更为正确。他强调了（前面引用的著作第 53，370 页等）整个运动的双重根源，一个是异教（paganism）的复兴，强调国家；另一个是宗教革命，在他看来，也基本上是个人主义的。

无论我们如何看待清教徒主义（Puritanism）理论，马克斯·韦伯肯定在一个方面胜过上面提到的其他作家。他是唯一一个从广义史学的角度解决资本主义起源问题的人，唯有他采取的角度能够真正为此类问题提供一个答案。在本文作者看来，

143

资本主义起源问题最好用否定的形式陈述：为什么资本主义没有在现代西欧之外的时间和地点得到发展呢？特别是，为什么在古典和古代文明中没有与现代可比的发展呢？马克斯·韦伯讨论了这些问题。他的《经济通史》（*General Economic History*）只不过是一个概览，是在一个学生的课堂笔记基础上编辑而成，但在这个根本性问题方面，它独具一格。

对上面几页中概览文献的思考提出了很多值得详细讨论问题，但结论我们只能提到几点。第一，正如本文开头指出的那样，历史学家因为缺乏对资本主义体制的清楚理解而被制约。在组织方面，事情的本质根本不像松巴特和马克思认为的那样，有产者统治无产的劳动者。今天，由于无情的竞争，资本家对工人的统治当然不如前资本主义时代那么严重。无论竞争是多么的不完全和偶尔不发挥作用，从概念上说，它都不同于一个社会的政治制度中具体化的奴役制度。最重要的是，财产概念的内容变了，分化成了许多形式，更有人和物免于当局和传统势力征用。与这些相比，"契约"尽管与理想中的自由不同，但的确是巨大的解放。理论上，并且在很大程度的事实上，今天一个企业的"所有者"与资本家或财富的最终所有者的关系类似于他与劳动者的关系。资本家和劳动者有相同的命运。因此，当西伊强调资本主义的本质是贷款利息时（前面引用的著作第26、193页），他是对的，甚至比他认识到的都更加正确。

另外，关于资本主义"精神"，对交易和征服的讨论更加颠倒黑白。在文章开头也提到竞争和交易是对立的概念。恰恰是其他时代和人们有过交易和征服，或者特别地按照交易和征服的方式思考——这一点更为重要。他们有他们自己培养的将军、牧师、窃贼、艺术家、商人，这些人在世上出人头地。的确，在中国、印度、中世纪欧洲、罗马，乃至希腊，有很多人不以这种方式生活，但他们知道并且羡慕这样的生活。现代世界的新内容不是征服人，而是征服自然。当今，这与征服另一些人形成鲜明对照，尽管从根本上说它可以是征服人的一个方式。正如那些欣喜于打碎资本主义的人（例如，《贪婪社会》的作者）有时必须承认的那样，这实际上大体是正确的。我们不赞同资本主义，并坚持认为资本主义几乎没有什么伦理道德，但是，它也具有建设性的是，企业家精神之类的事情在资本主义之前的时代几乎纯粹是贪得无厌的。而资本主义更加把自身看作是建设性的。现代商人总的来说天真和一般虚伪地把自己做的所有事情都看作生产性的，可以肯定，对于历史学家来说，这种精神与其功绩一样重要。

用比尔兹（Beards）的话说，新奇的事情是发明的发明。早期的技术进步并不是基于真正意义上的发明，而是基于偶然的（我们必须承认），一个缓慢的有利变异的，自发进化的达尔文过程。今天，所有这些都改变了。征服自然成了有预谋的行动，并成了个人进步的手段。马克斯·韦伯没有夸大不同于魔法的精神宗教的重要性；而松巴特过分强调了算术，说算术教会了大众应对数量问题并得出正确答案。显然，技术过程必须通过一个逐步的、试错的方法达到一定的点，才能成为审慎的和理性的。兴许，在一个僵化的权威和传统社会框架中，也许需要漫长的时间才能找到艰苦的进步方式，并将其传播到更为原始和没有法律的民族。在这个方面，特别有意思的是，欧洲人借以实现从中世纪向现代的转型的五种重要技术进步——指南针、阿拉伯符号、火药、纸和印刷术——都源于亚洲。并且几个世纪之后，亚洲人才开始从欧洲学习资本主义。

145

最后，似乎很少有人思考，奴隶制和奴役问题在欧洲部分地区被废除的过程，是现代与古典时代的重要差异之一，这对于那些想要理解资本主义起源的人来说，值得特别研究。

7 静力学和动力学：关于经济学中力学类比的质疑

> 本文的德文译本首次发表在《政治经济学》杂志第 2 卷
> （1930 年 8 月）：第 1—26 页；本文发表在《竞争的伦理》
> 一书中（纽约：哈珀兄弟公司，1935）：第 161—185 页。

相对于其在经济学著作中较高的使用频度和熟知程度而言，比较奇怪的是却极少有人去讨论"静态"和"动态"这两个术语的含义。相对更为充分的是有关对两者进行区别的必要性的论据，而这更显得缺乏足够的动力去弄清楚它们的定义。马歇尔（Marshall）的用法是一个典型。他经常用到"静态"和"动态"这两个术语，以及其他相类似的如"在其他条件都不变的情况下"和"经济生活的一般条件不变"等表达方式，并多次强调弄清楚这些术语的重要性。但是，他从未能够提供一份完整的静态数据或"其他事物"的清单，也未试图清楚地表述相关的原理。当然，也有例外，尤其是 J.B. 克拉克、熊彼特（Schumpeter），以及数理学派的瓦尔拉斯（Walras）及其继承者。本文的目的既不准备深入研究相关著作并加以批判，也不打算以一种肯定和建设性的方式给出什么结论，只不过是提出一些问题，但不准备给出最终的答案。

当然，"静力学"和"动力学"是从理论力学里借用过来的术语。大多数使用过它们的经济学家都意识到，与所有的类比一样，经济理论与力学的类比也存在着局限性。其实，熊彼特曾经明确地指出（*Wirtschaftliche Entwicklung,* p.75），就如同现实中不存在完全相似的情况的假设一样，不存在与力学的任何联系。但是，还是存在着一个真实和重要的关系，不然这些词语就不会被借用过来，而且摩擦力和惯性等概念的经常使用进一步证明了力学类比对经济学家思维产生的重大影响。我们将从这个角度来研究这个题目。力学类比似乎值得认真深入的研究，以及努力弄清楚在它应用中所包含的一些问题。

150

显然，经济静力学的基本概念是均衡和均衡状态中各种力。一开始，我们面对的一个事实是，具有批判精神的物理学家总是觉得力的概念是令人讨厌的。自牛顿以来，物理学家们就把力看作是超自然和不真实的，并力争将其从他们的概念体系中清除出去。毋庸置疑的是，对于典型的常识来说（如果这些多少有些矛盾的术语可以一起使用的话），存在着对超距作用（action-at-a-distance）[超距作用是指物理学历史上出现的一种观点。它认为（至少在早期）：相隔一定距离的两个物体之间存在直接的、瞬时的相互作用，不需要任何媒质传递，也不需要任何传递时间——译者注。]的厌恶，以及对找到严格力学意义上影响的解释的强烈冲动。很显然，我们无法在这里研究这个问题。我们只想指出，引力和其他各种力的"力学"理论从未在物理学中扎根，而且势能所发挥的作用似乎是在把超自然的各种力从该问题中清除出去。尽管新的理论得到了验证，而且对于经济学来说十分重要的类比肯定仍属于旧的牛顿力学，但是想要通过相对论来解决整个问题的新方法的重要性依然尚不清楚。事实上，理论物理学中某个狭小领域无论发生了什么，工程师们都毫无疑问的会继续使用旧的概念。在这里，我们的观点是在使用力学类比时，包括了各种力的概念，而且从最原始的情况来看，力就是一个最棘手的概念。

与力学相比，在经济学中，力的概念依据不同学者个人对于不同心理类型的倾向，即不同的世界观而有着不同程度的棘手程度。带有唯物主义和行为主义偏见的学者，如果关心的是一致性问题，则最好立即摒弃力、趋势和均衡的概念，而将他的研究范围仅仅限定在现实可测量范围内的统计趋势、相关性等。也就是说，他不再谈论人和人的需要、牺牲和满足，而仅仅研究商品和价格。这的确是很多人现在正在做的事情——无论这一行为背后的逻辑基础是否清楚。如果在这样一个体系中使用"均衡"和"趋势"之类的术语，它们只能指统计模式和数学极限，而非它们在通常用法中的含义。对于非唯物主义者来说，无论是唯心主义者、二元论者、多元论者，还是别的什么主义者，只要他认为通俗易懂地谈论精神生活（mental life）是可能的和重要的，那么，人类行为中力的概念就要比自然界中更为清楚和真实。对于人类来说，力的类比是一种动机，并且人的确会认为（当并非在试图证明相反的理论的时候）他们拥有关于动机的知识。这些知识来自于个人的经验和与同伴的交流。而与之形成对照的是对于无生命自然界中的力，人类却无法获得此类知识。

在力学中，变化或过程意味着运动（motion），从而我们可以此类推把社会进程说成是一种运动（movement）。在力学的均衡中，最简单的例子是两个或多个力（速度）相互抵消，从而形成一个完全静止的状态。在经济学的分类中，则是一个没有引起任何经济进程（交换）的市场均衡。一旦我们考虑这样一种均衡状态建立起来的过程时，我们就进入了动力学或动态分析的领域，从而就必须开始关注力学类比使用中所包含的最基本的问题。

在演示力学均衡被建立起来的实验中，力无法避免的必须通过含有质量、重量或弹力的物体来起作用，并进而作用于这些大量的物体和相互作用于彼此。如果能够把摩擦力从这个系统中消除，那么，事实上它就不会从其他位置向静止的均衡状态靠拢，而会出现永久性的振荡或环形运动，并且其轨迹可以用一个方程来描述。而当存在摩擦力的时候，再加上惯性，就像我们日常见到的那些情形。而且由于摩擦力有着不同的类型，我们不得不做出一些重要的区分。当摩擦力是因固体接触产生时，从任何一个非理论上的均衡点释放该系统，它或许会继续保持静止状态。或者，即便它运动，也最终会静止下来。但是，静止点以及朝那个点移动的特性则可以根据摩擦力的特征（站立中的摩擦与移动中摩擦之间的关系）以及相对于该系统的惯性而言摩擦力的大小和初始状态的非均衡程度而有着很大的不同。细节在此无关紧要，但阻尼振荡（damped oscillation）是一种最有可能的结果。实际的静止点或许是理论上的均衡点，但这一结果的可能性非常小。

另一类摩擦力是一个固体通过一个流体时遇到的阻力，而阻 152
力的大小则取决于流体的密度和黏性。如果在我们的实验中整个装置都是悬挂在水或水银中，有或没有振荡，甚至其摆动接近无限放缓，那么，静止那一时刻就是理论上均衡状态的那一点。或多或少介于固体和流体之间的例子是沙子或射击。

对于经济学家来说，这些案例提出了一些值得研究的问题。由于一个没有摩擦的系统的理论所需要的不是均衡，而是永久的振荡。所以，正如经济学家们通常所做的那样，把持续偏离理论上的均衡的情况归因于"摩擦力"是十分不精确的。然而，这假定了惯性的存在，并提出了摩擦与惯性之间联系或是它们在经济学中类比的问题。似乎经济学家们在讨论向均衡状态调整的趋势时，他们所能想到的类比是惯性不存在或可以忽略不计的情况下，克服黏性摩擦力的移动。巨大惯性的存在意味着振荡趋势的出现。而且，借助这一类比，对经济现象中经常出现的周期性摆动进行仔细研究，既在理论上具有启发性，又在实践上具有重要性。如果一个个体的经济行为具有对某种条件反应的特性，而他的这一反应又招致一段时间之后的另一反应（无论理由是什么），那么，这个第一反应会是最剧烈的，并引发一系列振荡。其次，黏性摩擦之间的不同以及固体表面摩擦之间的不同也被证明是发人深思的。

在作者看来更有吸引力的是我们在哲学层面上对于力学类比及其引用的深入研究，以及对其适用性和局限性的确定。当然，丰硕成果的取得，依赖的是研究者的天赋或是讨论的缓慢发展。我们不应忘记，物理学家用了大约两个半世纪（从伽利略（Galileo）到迈耶（Meyer）、焦耳（Joule）和兰金（Rankine））才得出有关能量的一个清晰的基本概念。其实，背后最终还是是心理层面的问题，尤其是与自动的反应相比有意识的深思熟虑和努力所发挥的作用。在这方面，传统经济思想占据了中间地带。它承认对方法的深思熟虑是真实的，但把目的看作是给定的，并认为对目的的深思熟虑（通常意义上是不加思考地接受目的）"其实"是对手段的深思熟虑。当然，一种客观的科学观点则进一步认为，所有的深思熟虑"实际上都是不真实的"，至少在过程或结果的区分中是这样的。依照这一观点，有意识的状态至多是在一定时空结构中的"事件"，有物理上的变化，但却没有更多的动态属性。问题在此似乎被压缩成如同误差一样，以及与之关联的尝试。而科学上对于这一观念是强烈反对的，所追求的更是自动和无例外的一致性，即事物的最终不变性和被动特性。[1]

在市场统一价格的基本"经济规律"中，前提假设条件是所有的经济主体对市场状况有着完美的知识和了解。完全可以

153

---

[1] 正统经济学的可用假设是英国功利主义的那些假设，是由休谟经典地表述的。其中一个假设是，人会错误地选择手段，但不会错误地选择目的。物理学中力的概念是否不同于动机的概念，从而不包括作为一类误差的偶然性呢？这就解释了它与科学智力的矛盾。

想象，研究显示"阻力"，如无知、偏见等在多大程度上阻碍
了实际情况与如此明显的趋势相一致。而它也与惯性或不同类
型的摩擦力相类似。在描述人对条件作出反应的时候，人们普
遍和必然会用到"摩擦力"和"惯性"等术语。这表明它们具
有科学的意义，而不仅仅是类比的意义。然而，这些概念需要
进行严格的区分，因为两种情况下规则是不同。（粘性）摩擦力
的反作用力产生运动，其速度则与这个力的大小成比例；惯性
的反作用力产生加速运动，而加速度的大小与这个力的大小成
比例。

　　无论我们设想人类行为背后的"力"是什么，无论是有意
识的兴趣或（生物学的、享乐主义的、美学的或伦理意义上的
设想）"真实利益"，或仅仅是有机体的物质状况，对于这一过
程正确的力学研究给我们提出了很多有意思的问题。力学有三
个根本的维度：时间、空间和质量（应该比力更具有经验基础）。
在力学的实际应用中，还必须把上面提到的各种不同类型的摩
擦力考虑进去。只有时间维度可以被拿过来并在经济学领域中
直接使用。然而，除非我们能够赋予空间和质量可行的意义，
而且赋予空间的不仅仅是可测量的距离，也还包括方向，否则，
我们无法把经济过程简化为数量表达式。我们的确经常谈到经
济变化的方向，甚至包括方向相反或相似的程度。当这个概念
被搞准确时，它是各种变化之间的"角"（angle）。也许，将来
有可能使用以坐标表示的具有确定含义的社会力和过程中"场"
（field）的概念。动量、能量和相应的能量守恒定律是物理学的
重要概念，也在市场竞争中有着真实的类比。在力学中，作用
力和反作用力是相等的。一个力产生相等的反方向动量（尽管
能量是不同的）。在力学中，虽然动量被保存下来，但摩擦力却
把一个数量可测的机械能转换成一个"相等"数量的热能。如
果此类关系无法解释，我建议寻找别的途径来避免力学类比，
并提出更不容易让人误解的术语。

154

我们将会看到，到目前为止，大部分讨论实际上研究的是动力学。只考虑了朝着均衡状态变化（运动或移动）的特性，而没有考虑均衡状态的抽象条件（在"各个方向"上的力是相等的）。这个方法着重于强调经济学术语与力学术语之间的根本区别。这里的讨论应该弄清楚不存在经济动态学这门科学，因为它的存在不能先于上面提到的基本的量和单位定义的产生。这方面距离实现依然十分遥远，而其实现的可能性对于读者来说也基本是勉强而不切实际的。至多可以说，尽管这些研究的目的并非要建立这样一门一般性科学，但各个领域中对统计经济学（statistical economics）使用的热情有可能产生可以被用于这些定义的数据。在实际使用中，经济动态学或动态经济学只不过是在提到"静态"分析的局限性时所使用的一个批判性或否定性的术语，或更确切地说是任何一位经济学家反对另外一位经济学家使用均衡概念时的用语。它最清晰的用法是笼统的强调给定条件的变化与给定条件下的调整之间的对比。实际上，它坚持认为根本没有给定的条件。如果始终坚持这一观点的话，那么也就意味着没有可预测的反作用力，从而成为科学便是不可能的。我们无法在这里讨论这个问题。无论如何，答案只能是指向有关经济学的"历史和前途"。我们所关心的是各种概念的定义，而我们目前的观点是没有真正意义上的经济动态学。经济学文献中没有关于测量的力、阻力和运动之间关系的研究。所谓的经济动态学应该称作演进或历史经济学。相反，演进范畴对于力学来说是不适用的。力学的最基本假设是始终不变（一直到最近）的，即相信质量和能"实际上"既不能被创造，也不能被毁灭。无论如何，在力学转换中，物质的一般性质是不变的。

155　　　我们的下一个任务是唤起人们对"静态"和"动态"相对性的注意，以及认真界定一系列经济过程中的重要阶段和时期。其中相对更稳定的条件，即那些承受更为缓慢变化过程的条件，在理论分析中被当作分析框架或是相对更短期调整的条件设定。这些相对更短期调整的特征是"趋于"建立一种在任何给定时间里给定条件下的均衡状态。不过，由于后者事实上也在不断的变化，因此，这种调整存在着一定的时滞。主要受到对未来与经济主体运行环境变化相关的不确定性以及未知性的影响，除了时滞，还有很多其他干扰和失调也会随之而来。对于这一系列调整的最后一个阶段，我们必须更加具体地研究最长周期的进程是否会如经济学家所认为的那样具有趋于均衡的特征，并进而研究是否能够以研究动力学问题的方式来开展对经济进化或进步的研究。为了弄清楚其中涉及的关系和调整的本质，首先让我们回顾一下与自然现象有关的均衡概念的使用。

乍一看，静态条件的概念只不过是"其他条件不变的情况（*ceteris paribus*）"。但是，稍作思考就会发现，其中常常包括更多事情。的确，对于一个相互关联的系统中任何两个量之间的因果关系或相关关系的研究都要求其他量保持不变。用更为精确的数学语言表述就是因果关系是一个函数关系，其中包括非常多的变量。在完全可分的情况下，其中任何两个变量之间的关系都是一个偏导数，而这个偏导数是所有其他变量的函数。也只有在所有其他变量的取值都给定的情况下，才能独立地表述这两者之间的关系。一般来说，对于一个函数中的全部变量来说，相关关系可以是相互的。但是，在实际情况中，这一关系通常不是相互的，而且被当作变量的元素和那些被认为是固定不变的元素是无法随意选定的。从本质上说，均衡一般来说是一种真实意义上的适应性现象。一组因子适应另一组因子（以及相互适应）。在组与组之间，调整大体上是朝着一个方向进行的。尤其在经济学中，如上所述，基本因素自身也在独立地变动，并带动适应性因子组跟随它们变动而不是去适应后者的变动。[1]

156   来自于自然界最常见可用于说明经济学中静态均衡的例子
是水会趋于其一个平面。这里，不容许怀疑过程与背景条件之
间的分离，以及变化的因素与与其相关的其他因素之间的分离。
"给定的条件"包括:（1）水的数量和流动性;（2）水在重力的
作用下可以在其中自由流动的集水区或连在一起的多个容器的
形状和大小;（3）重力。可变的是水位或者是构成它质量的各种
成分。（这个例子也适用于本文第一部分提出的问题，即重力、
惯性和各种摩擦力以及稍有不同的条件下可能发生的进程的实
际特征的相似的含义。）

这里，我们所感兴趣的只不过是向均衡状态变化调整所具
有的特征。有一组固定或假定固定的条件因素，以及有一个通
过建立一个在给定条件下的均衡状态而形成的向着静止状态移
动的进程。在这个世界上，此类一般现象的普遍存在十分引人
注目。再如，风是由大气的不均衡造成的，即由与水平面差异
造成的压力差相应的气压差异所造成的，而风的吹动使气压变
得均等，并使得这一过程最终停止。与之类似，电流也是从高
电压到低电压的一种流动。我们日常看到的所有运动和过程似
乎总是能量从上到下（down hill）并趋于一个静止水平的一种
流动。它们中大多数最终是来自于对太阳能的重新分配，而太
阳能自身也具有相同的特征。它的流动永远保持着不均衡，并
导致水和空气的流动，进而引起生命现象的产生。最基本的宇

---

[1] 各种可能的类型都会在经济学中遇到。价格与成本之间的关系就是一个例
子。其中的调整在方向上是相互的，但在速度和范围上十分不同，以至于我们
可以说生产成本"决定"价格，而不是相反。一种商品的成本变动反映的是使
用相同资源、相互竞争的所有产业的相对移动，与商品价格的变动相比很小。
我们可以正确地说，相对不变的量是原因，如同我们说大海的水平面决定海湾
的水平面，地球吸引下落的苹果，我们把小舟系在岸上，尽管其中的关系是相
互的。

宙之谜是宇宙的起源和归宿。科学将其描述为一种不可逆的反作用。（如果一个无摩擦力的系统类比成立，那么，太阳能必定会在某个时候以某种方式完成一个循环，但这不是我们所要关心的问题。）

在经济学里，我们主要关心的均衡不是静止状态的均衡，而是均衡的过程，形成"给定条件"的过程相对较慢，而在这些给定条件下，则会产生一个相对更快并趋于一个移动均衡的过程。因此，太阳能的流动、地球的形状、位置和运动影响着水从海洋蒸发并通过河流回到海洋的整个循环过程。当回流海洋的水量等于从海洋蒸发的水量时，这个循环过程就处于均衡状态。而且，当这个复杂循环的每一点上回流的水量等于蒸发的水量时，流量将既不会扩大，也不会缩小。显然，当太阳辐射或无数其他给定条件中的任何一个发生变化时，而事实上所有这些也确实会发生变化，需要相当长的时间才能重新建立均衡状态。所以，这也表示在任何时间点上这个系统不会永远真的处于均衡状态（"移动的均衡"）。但是，它朝向均衡状态运动的趋势是科学描述中需要弄清楚的主要内容。（摩擦力和惯性在造成向移动均衡状态调整的过程的滞后时所发挥的作用十分不同于其在向静止均衡状态调整趋势中发挥的作用，但这些差异无须在此作详细的讨论。）

在经济学中，正如前面评论的那样，这个一般类型的关系可以在一系列阶段中得到证明。从短期到最终的长期，价格理论中的一系列"案例"是在马歇尔的伟大著作中所常见的。在他的价格理论中，他认为存在四种主要"案例。"[1] 按照我们这里讨论的原理的特殊观点，对材料的系统性调查显示马歇尔的结果似乎需要一些修正。并不需要在我们所讨论的例子与马歇尔所讨论的例子之间进行详细的对比，但是需要按阶段指出主要

157

[1] 《经济学原理》，第5篇，第5章，尤其是B节。

的几点显著性差异。在他的一系列阶段的开端和在短期的结尾，似乎就都有遗漏。马歇尔的方案没有充分考虑如下事实：在商品价格的实际定价中，在高度有组织的市场以及每个时刻都有一个确定价格的情况下，组成市场和任一时刻决定价格的并不是商品的供给者和潜在的消费者（就如同在数学系统中的假定一样），而是介于两者之间的一群职业商人。这一事实使得有必要在价格理论中引入有着其自身给定条件和均衡位置的另一个阶段。

例如，在进行一个谷物交易的小麦市场上，在任何时刻，决定价格的给定条件总是各个商人的看法、意向和财力。消费者的实际需求和生产者的实际供给是这个市场之外的事情，仅仅通过商人对于眼前的现实情况以及他们所能预见的未来可能发生的情况间接地起作用。在这种情况下的变量是价格和商人相互之间的买卖情况。总的交易量以及单个商人所持有的数量对于实际小麦的数量或是任何人生现实来说并不具有决定性作用。相对于商人在某个时刻的态度来说，均衡价格的条件仅仅是用蒲式耳衡量的总的有效购买意向等于总的有效出售意向时价格和交易申诉的分布。

长期来看，受小麦主产区收获季节限制，对商人来说价格不再是确定供应量的唯一原因，它们自身将趋向于与实物供给和消费者需求平衡，并带动价格随之改变。因此，从整个经济周期来看，这些因素影响并成就了价格均衡。与短期周期不同的是，这些因素是可以分开的，分为"供给"条件和"需求"条件。小麦的生产者或拥有者与小麦的消费者大致上是可以区别的。拥有小麦与需要小麦是截然不同的事实。但是，在一个投机性市场上，或在投机动机以各种方式决定买卖者的角色的情况下，事情就不是这样的。在此情况下，需求是包括小麦的全体买者（包括拥有者）在整个季节的购买倾向，而供给是整个市场（实际上是世界上消费小麦的地区）小麦的数量。（为了简单，库存结转和不同地区的季节重叠可以忽略不计。）对于农作物之外的其他东西来说，"季节"是不确定的，但在相对短的时期内，供给的完全无弹性是价格决定中的一个重要既定条件。在供给固定不变的时期内，变量是价格和供给在整个季节和全体买者中间的分布。均衡价格的条件是，供给在整个季节和消费者中间的分布符合边际效用比率等于价格比率。

在更长一些的时期内，比如，几年之内，供给不能被当作论据的事实，而是重要的情况变量，消费者的收入也是如此。这把我们引向了静态经济的定义这一棘手问题，即在什么条件下经济生活将继续但没有增长，生产和消费始终如一，没有大范围的变动。正如本文一开始指出的那样，作为一个最为有用的分析工具，这样一个经济的基本特征没有得到充分研究。这是一个十分艰巨的任务。事实上，要严格定义经济生活的规模保持不变或经济生活的特征保持不变，必须脱离现实，从而使得相应的研究失去意义。[1] 然而，经济学的概念可以既充分切合实际又有用，尽管定义中必须有一些随意成分。我们只能简明扼要的说明我们的体系，虽然显得有些武断，但可以作为参考。

静态的连续经济生活的最主要给定条件首先包括（1）人的

159

---

[1] 严格来说，在这样一个经济社会中，人长生不老，永远不学习和忘记，永远不改变自己的心智和偏好；绝对标准化的商品、生产设施和工艺；资源不会增加，永远不会枯竭，也不会被浪费。在数学处理中，我们指望有这样的严格性。事实上，这些经济学家假定了统计学上的一致性，脱离了现实，却没有做到演绎理论所需要的确定性。此外，他们的方程体系追求的不是完全均衡状态，而是相当徒劳地试图超越该体系的任何状态的不稳定性。他们认真地把它们与力学方程进行比较，而力学方程说明任何点处与不均衡有关的压力及其结果的大小和方向。

需要和（2）满足需要的手段。后者意味着最终生产资源。[1] 生产资源进一步分为：（2-A）实际的"物"，人和其他物质要素；（2-B）一般"文化"水平的经济生产能力。后者又包括：（2-B-a）狭义的、物理和化学过程的外部意义上的技术；（2-B-b）人文意义上的企业组织技术。这一子分类包括很多重叠，尤其因为从逻辑上说技术进步是人固有的，是他们的特性和能力，但为了清楚，这样的罗列似乎还是必要的。

除了这些主要因素，另有一些条件也必须保持不变。（3）不仅生产资源的总供给保持不变，它们（包括人的身外之物和个人能力）的所有权的分布必须保持不变。（4）货币条件必须被以某种形式具体确定下来（这难以做到十分切合实际，因为一个不变价格水平是无法定义的，而且在没有"阻力"的条件

---

[1] 在任意给定的条件下生产服务的数量固定不变的观点是"奥地利学派"的观点。这里，我们无法花费很长篇幅为这一观点辩护。它并不严格符合事实，但完全符合经济理论中的其他一般假设。从理论上说，任何生产服务的现有数量都受心理因素影响。而且，当生产资源从一个用途转移到另一个用途时，相对厌烦和单调等因素也必须考虑进去。但是，在本文作者看来，古典经济学家严重混淆了两类成本。一类是对于一个民族或个人来说的整个收入的"成本"，确切说是痛苦或牺牲；另一类是决定具体一单位商品的价格的"成本"。劳动和节制的"痛苦"，作为一个一般事实，实际上与价格决定的成本无关。理论上，相对痛苦是价格的一个要素，因为它是成本的一个要素。但是，事实上，劳动报酬的高低与痛苦成反比而不是成正比，从而表明痛苦发挥的作用并不显著。任何用途中的劳动供给，与其他要素的供给一样，是相互竞争的用途的相对吸引力的事情，与这种要素的一般供给价格几乎无关。

这种观点的一个较为重要的反对观点联系着的观点是，生产要素的任何分类都不符合现实。显然，要保证一个类中的各个单位充分同质，从而可以相互替换，那么要素可以分为无穷多类。而且，随着时间推移，不同类之间的界限会移动。在最终的长期，具有生产属性的任何人或物实际上都必须被置换或更新，都可以被（具有其他属性的）某种其他东西取代，而这种东西含有相同"数量"的抽象"投资"和"生产能力"。从广泛意义上说，它们都是资本。可以详细证明，这些事实并不从根本上影响上面的论述。这些事实只不过意味着生产要素可以从一个领域向另一个领域的流动性。任何要素分类都与均衡实现之后的这种情况有关。

下，任何系统都"趋于"无限的通货膨胀）。（5）最后，必须牢记的是，在若干方面，一个交换体系是无法独立存在的，很多经济功能必须由社会即政府来完成或控制。因此，不同层面的公共政策（包括整个政治、法律和道德体系等，不必在这里列举）必须包括在经济体系的不变条件之中。尤其是，必须假定国家不制造垄断或不利用垄断力量，或者此类行为受到严格限制。[1]

这就是静态经济的给定条件。均衡状态的建立过程中的变量有三类：（1）最终物品和服务的价格；（2）生产服务的价格（包括超过维护和重置费用、转移给其他资源的中间产品的准租金）；（3）生产资源在不同产业的配置以及在每一产业内部不同企业间的分布。（最终产品在生产服务的提供者中间的"分配"是由服务价格和所有权决定的）。

160

按照静态经济的定义，所有收入都被用于消费。均衡的其余条件都包括在边际量相等的两个类似陈述之中：（1）最终产品和服务的价格使追求效用最大化的消费者（按照等量支出带来等量效用的方式）恰好购买生产出来的全部产品；（2）生产服务的价格使追求利润最大化的生产者（企业家）（按照等量支出带

---

[1] 静态经济所要求的很多方面的不变性可以通过假定人们的习惯来保证。但是，这很难符合经济行为。

关于静态经济的最有意思争论之一只能在这里提一下。这是熊彼特的观点：所有的资本品都可以被分解为土地和劳动，从而作为资本品不获得收入（利息或准租金）。在本文作者看来，在关于需要和供给条件的任何现实条件下，用时间之外的相同资源在较长时期内才能生产出来的商品必定有更大价值。生产中"时间"的供给受限于消费品的供给，从而要求一个价格，除非所有商品都是自由物品，从而经济生活的条件的不存在。见庞巴维克（Bohm-Bawerk）对熊彼特的批判，*Zeitsch. f. Volkswirtsch. Soz. u. Verw.*, *XXII* 另见 E.von Becherath, *Schmollers Jahrbuch*, vol. 53.。我们同意熊彼特和维塞尔等人的观点，除了利息自身的影响，不存在宁愿现在而不愿未来的一般偏好，从而没有理由在静态经济中作出这一假设。要使这一概念符合现实，我们必须想象资本供给的一个自然的静止均衡，比如，J. S. 穆勒设想的静止状态，利率恰好足以防止已经积累起来的资本被消费且不会带来更多储蓄。

来等量产品市场价值的方式）恰好购买全部生产服务（在相应价格水平的供给量，如果我们不假定供给固定不变的话）。

仔细观察将会发现，这两个陈述包括若干其他条件。生产成本等于商品价格，以及生产资源通过"归因分配（imputation）"，以价格的形式得到的产品等于它们的边际产品。这只是简单的重复。普通意义上的"租金"现象得到了处理，因为从原理上说，一类生产服务是同时用于制造多种产品，还是仅仅用于制造一种产品，竞争过程都以相同方式发挥作用——不过，服务价格，作为成本，与产品价格之间的因果关系在两种情况下是相反的（如果一种生产服务广泛用于多个行业，其报酬仅仅是决定产品价格的一个因素；如果它单单被用于一种产品，那么它的报酬便是这种产品价格的决定因素）。（制造同一种产品的）同行业企业家之间的竞争，与不同行业企业家之间的竞争一样，使生产服务的价格等于其生产贡献的价格。唯一没有明确考虑的情况是，一种生产要素的整个供给掌握在唯一一位企业家手中。在这种情况下，收入分配的份额不会造成太大的影响。限于篇幅，我们不在这里讨论产品市场的垄断。[1]

---

[1] 在这里描述的静态经济中，所有的经济过程都是绝对地连续的，没有扩张，也没有收缩。顺便指出，这个概念不会因为条件的有规律周期性变化而遭到破坏，比如日出日落、一年有四季、生产活动与消费的交替等，条件是这些现象要重复得足够多，受到影响的人充分预见到所有的变化并在自己的经济行为中将它们考虑进去。在很多情况下，对于经济理论来说，与变化联系着的不确定性要比变化自身更加重要。这意味着，有规律的连续增长在静态经济中也是允许的，因为这样的增长不变包括不可预见性（见熊彼特）。我们不怀疑关于一个有增长，但没有不确定性，其中各类支出的边际报酬总是均等的社会的研究的合理性或重要性。承认这一点不影响上面作出的、（完美调整的）无增长社会与有增长的社会之间的区别的意义。关于"静态经济"一词，兴许相对来说它更适用于这里描述的概念，没有增长，而不是没有不确定性。要严格符合力学类比，"静态（statics）"一词应该像开始的时候暗示的那样联系到一个商品市场的均衡。

现在，我们来到了第四步，即最后一步。[1] 理论上，每一个更长期的调整过程都是一个较短期的、向均衡状态调整过程的给定条件，即背景或框架。第一个是一个投机性市场中的价格决定；第二个是在供给和需求给定的有限时期内生产者和消费者决定价格；第三个是各种产品的生产和消费都保持不变地连续进行；最后是增长和变化问题。（按照习惯用法，我们用"增长"指代表进步的质量和数量变化。）这里，我们尤其关心的问题有：第一，组成增长的最长期变化的"均衡"特征；第二，力学概念和术语是否适用于描述这些变化。我们必须弄清楚什么在变化，变化的背景或给定条件是什么，经济进步是否也是一组给定条件下、向一个均衡状态的调整过程。

一个不争的事实是，经济增长的过程的确是在一定环境条件下发生的。然而，我们又无法详细罗列这些条件，把经济变化与不变的环境或独立于经济事件的变化分开。这是经济科学自身发现和界定其范围的问题。关于物质世界及其规律或生理学意义上的人，这样的描述并不困难，但关于心理和社会制度，这样的描述就十分困难。[2] 无论如何，一般概念是清楚的，这正

---

[1] 我们将要指出，尽管我们在开头的时候插入了投机市场的阶段，我们仍然像马歇尔那样提出同样个数的"情况"（见上，p.157）。马歇尔关于短期与长期正常价格的区别被忽略了，因为它会误导人们区别（人力或非人力）固定资本与不同产业间自由流动的资本。此外，还有观点上的更为根本的不同。马歇尔拒绝把较短的调整期明确看作流动资源从一个产业流向另一产业的转移。也就是说，在这里和其他地方，他拒绝严格区别静态条件下的生产变化——产业间的相互抵消调整——与影响社会总量的变化。在我们看来，这把他引向若干错误，尤其是他错误地把土地看作与其他资本品不同类型的生产要素。（见下，第165页）。

[2] 这里，关于人的本性及其在这个宇宙中的地位，是我们又一次不得面对一个重要因素。"科学观"假定，人的变化能够完全用外部的先验自然条件来解释。如果一种理论承认人有目的，并且积极改变他自身和他的环境，那么，这一理论就不符合人的本性的科学概念，要研究的是一个不同的领域。在本文作者看来，这一矛盾是智力发展的现阶段无法克服的。哲学和经验尚且没有告诉我们一些概念，使我们能够容易地按照经验进行思考，而且常识迫使我们承认它们是真实和有效的。

是我们在这里所需要的。

至于这个过程中包括的变量，正如前面已经论述的那样，我们只需指出哪些变量是需要讨论的变量，即哪些变量影响了下一阶段。静态经济的给定条件是难以罗列的。不过，促进现实社会经济增长的主要因素已非常明显的：几乎所有的生产要素的供给都在不断增加；技术和企业组织在不断改善；消费者的需要在不断扩张；人们的生活水平在不断提高。我们的问题是，是否可以认为，这些变化是经济中的"力"打破了旧的均衡状态并走向新的均衡状态呢？就像水和空气的流动破坏水平面和空气压力，从而向一个新的均衡状态调整。在这种情况下，我们兴许可以断定，经济增长既不是背景自身正在发生变化，也不是靠背景的变化维持的，也就是说制造非均衡的过程与向均衡调整过程一致。如果进步是向均衡状态的移动，那么，本质上它必定是静态的。

英国古典经济学家詹姆斯·斯图亚特·穆勒，他提出假定经济进步是一个向均衡调整的过程，并认为均衡状态会迅速得到实现。相反的是，大部分当代经济家认为经济的增长是自发累计的。历史学家亨利·亚当斯（Henry Adams）曾经说过，经济进步的规律是一个几何级数。"古典经济学家"的现代继承者背弃了静止状态的立即实现这一重要假设。但是，我们发现，关于长期变化的特征的讨论仍然是用朝向均衡状态的趋势来描述的，但均衡及其相关给定条件的本质却没有得到明确陈述。然而，认真研究之下，似乎它们又暗含着已被淘汰的那些假设。本文其余部分将扼要说明主要的长期调整来观察的经济进步要素。

为此，我们最好采用进步变量（不同于上面所说的静态经济的常量）。全部要素都系于人，消费者、劳动者、物主或企业家。另外，在讨论增长时，不便清楚区别同一个人行使的不同能力。

我们可以先讨论人口，即"抽象的"人数。这当然是早期经济学热衷的题目之一，而且总是被当作均衡原理的一个例证来对待的。最近的讨论则较为谨慎，不再认为控制出生率的心理上的生活标准是一个固定的条件，加上生活必需品的产量的增速远远低于人口的增速，两者决定了一个均衡的人口和工资水平。

就方法论而言，这似乎是一个有启发意义的例子。毫无疑问，一定条件下生物繁殖的自然规律是一个常数比率（也可以是递减的比率），或者说一个地域能够承受的人口是有限的。换句话说，人口增长中包括"力"的均等化，直接意义上的出生率和死亡率相等，以及这两个比率背后、较为间接意义上的动机和条件。但是，承认"人口有极限"，并不证明人口"正在接近极限"，而这里的极限指的是另一些条件给定下的均衡状态。需要强调的一个基本事实是，经济进步中包括的所有增长因素之间的相互联系都是与环境条件的关系相反的。每一个正在改变的经济要素都是条件，与非经济环境条件一样，正在影响着其他要素的改变或其位置的最终稳定性。但是，后者无法被假定"相等"。所以，把人口增长描述为一个向均衡状态调整的趋势，不但令人误解，而且没有任何益处。一个均衡状态必定联系着整个经济进步，联系着这个经济中被看作给定的每个要素，而不是仅仅联系着单个要素，就像在静态经济中那样，均衡状态必定应用于所有可变要素。（为了简单，我们忽略人口的构成、年龄和性别分布等，其中均衡的概念有一个特殊而熟知的应用。）

第二，从人的心理特征来说，我们看到了作为第一增长要素的人的需要的膨胀。常见的假设是，这是一个累积趋势，而不是一个均衡趋势。作为现代条件下的一个事实，不必怀疑这个假设，尽管我们常常可以看到不良社会心理风气的蔓延会破坏以它为基础的预测。关于需要的认真讨论，应首先强调如下

163

事实：通常，人们需要的是商品的社会含义，而不是商品自身或它们对个人的直接物质效果。其他心理特征，比如，知识、技能、个人能力和道德，与作为一个生产者的人有关，并在事实上形成技术和企业组织的一个要素。勤奋或能力和道德，与人口一样，也是有极限的。它们似乎接近实际上的完美（假定它们的确进步）。知识和技能提出一个有意思的问题：个人能够学会或已经学会做的事情肯定是有限的。然而，一个群体，通过专业化，似乎可以打破这个极限。然而，专业化需要协调，而协调的成本递增。美国的人口普查表明，越来越多的人是通过告诉别人做什么来谋生的。由于道德因素，知识的重要性会提出一些问题。就例如诗歌对企业管理者的启发：一知半解是危险的事情。

从更为严格的经济学角度看这些心理特征，会提出成本问题。即便坚持认为这个领域的进步是"自然的"（例如，符合达尔文的适者生存的选择原则），我们也无法否认，我们看到的大多数变化是社会和个人的有计划努力和支出的结果，而且两者都在很大程度上是在经济回报预期的影响下做出的。再一次，我们很难看出均衡分析如何能够得到切合实际的应用。这个方面的"生产"成本规律，以及成本与报酬之间的密切关系，提出了有趣但过于复杂而无法在这里讨论的问题。人口的变化还具有不确定性，而人类难以预测或靠经验来发现这一不确定性。[1]

（3）物质生产资源（不包括人本身）。传统上，经济学家区别自然的东西与人造的东西，即土地与资本品。按照定义，土

---

[1] 理论家一般假定不确定性是一种心理成本，但在本文作者看来，其他条件相同，赌博、博弈和"有风险的"商业活动方面的证据似乎是朝着相反方向的。如果总体上来说一项事业的固定的已知报酬高于具有偶然性的事业的报酬的真实精算值，那么，广告之类的投资的平均报酬就应该低于一般平均报酬率。

地的供给总是固定不变的。在这个方向上，不可能有增长。土地供给就成了经济进步的永久地给定的背景条件，成了影响经济发展的附加物。然而，土地与资本品之间的区别从来都不清楚，并且受到越来越多的质疑。自然生产要素这一类难以界定，其供给，即已知可供利用的数量，既不是以工作和等待的方式付出代价的结果，又不会在将来增加（不过，这个说法对于政治疆界之内的区域不成立）。地球的表面终归是有限的，但它自身不是且不大可能成为限制经济活动或增长的因素。此外，对于我们来说，一方面，在时间上追溯资源的起源——人第一次出现在地球上，既不可能，又徒劳；另一方面，在任何给定时刻，所有的资源都是等同于"最终的资源"，除非已知它们是永久的和不需要更换。

　　简单地说，在任何一个时刻正在使用的大多数生产要素需要维护和更换，有些仅仅需要维护，少数甚至不需要维护。如果可消耗的生产要素的服务可以连续提供，那么，就必须从它们的报酬中提取一笔重置基金。在静态条件下，如上所述（注6），这个问题是自行解决的。每一种生产要素（及其所有者）都会收到归因于它的当期产品，用于支付其永久维护和更换所必需的"其他要素"，只有残余性的净收入才可用于消费。（最终，净的残余是支付给等待或更确切地说是时间自身的报酬。）维护与更换之间的这一区别实际上没有特殊意义，会在一个静态经济中消失。在一个进步经济中，生产要素的供给因为储蓄和投资而增加，所遵循的原理是，等量投资带来等量永久净收入增加（或按照一定的概率增加，而概率的估计取决于一个人持有的不确定性理论）。的确，有些生产要素比另一些更容易增加，存在着各种程度的不确定性和其他方面的差异。在增长点或边际上，自然资源分解为两个成分，一个是发现成本，本质上属于上面提到的"知识的生产"；另一个是开发成本，与已知条件下的生产活动的投资一样。[1]

这将我们引向资本的增长，表现为具体的物品或思想，但又不同于具体的物品或思想。这当然是储蓄和投资问题，是我们在前面的讨论中多次发现有必要提到的一个问题。撇开资本和利息理论的一般问题，我们的问题是，积累是否可以被看作一个向均衡状态调整的过程，如果是，那么均衡的条件是什么。

166　新古典经济学中的利率理论可以概括为如下命题：利率从价格这一概念衍生而来，也同样代表供给与需求之间的平衡。这要么意味着给定（"静态"）条件下的均衡，要么意味着经济增长的过程实际上是趋向于使利率永恒地稳定下来的状态。这两个观点被混淆在了同一个陈述之中。尤其是，按照假定，供给服从增长，而需求（一般条件而非需求量）保持不变。需求曲线与描述供给的增长率的曲线的交点自然是没有意义的。

此外，在我们看来，如果阐述清楚的话，从实际角度看短期均衡和长期均衡都是令人误解和荒谬的。短期内，因为在任何给定的时刻，资本的供给，像具体要素供给那样，事实上是固定的（而且它服从的变化依赖于利率之外的事情），需求量依赖于利率，而且如果利率足够高或足够低，需求量会发生巨大变化，即从零到无穷大。因此，在一个完美的资本市场上，某一时刻的利率完全由需求决定，是给定供给的需求价格。长期来看，问题更加严重，并且更加重要。我们可以用马歇尔的说法作为例子："因此，利率……趋于一个均衡水平，使对资本

---

[1]　把土地分解为知识和资本品的这一分析，与上面提到的熊彼特把资本品分解为土地和劳动服务的分析，形成了鲜明对照。

唯一一个奇特条件是，这一特殊知识领域似乎在某种意义上说是可以耗尽的，从而有一个理论上的极限（总有一天，地球上的资源全部为人所知），并且在这个意义上说，这个方向上的增长是走向均衡状态的过程。（几乎任何科学发现都在实际上和在经济意义上是已知的地球资源的增加，如同换个角度看是技术和人的素质提高。）

的总需求……等于现有总供给……"（《原理》，第534页）。显然，他的推理是，储蓄受利息激励，资本积累必定导致利率下降（报酬递减），从而这一过程将最终在某个地方停下来，此时报酬不足以激励更多净储蓄。我们发现，这一论述中的一个基本错误是，在假定不变的其他事情中，资本积累本身除了导致均衡趋势，不能有其他影响。但是，事实上资本积累有更多后果，甚至是方向相反的影响。此类后果之一是，当新的储蓄被用于投资时，产生收入，在减弱储蓄动机的同时也使储蓄变得更加容易。我们无法从理论上断定哪一个后果起主导作用。或者说，我们无法断言，如果其他条件不变，储蓄是否会在资本品变成免费物品之前停下来（如上所述，在所有物品都变成免费物品之前，这样的事情是不会发生的）。此外，我们还必须注意到一个不那么直接的后果，即充足的资本和低利率刺激发明，其一般趋势是导致资本需求曲线向上移动。此外，发明和发现（除了建造和开发之外）也需要资本，而且在这个用途中报酬递减规律也以缓慢和不确定的方式起作用。

167

连同这些反方向的影响，我们还必须注意到当今世界上实际发生的高储蓄率，积累减缓和利率下降的趋势并不清楚。这些事实表明，均衡趋势理论是值得怀疑的，至少均衡状态存在于无限遥远的未来，其中被假定不变的"其他事情"有无限广阔的变化余地。

就方法论而言，重要的是，对于一个具体过程来说假定为背景的"其他事情"或"给定条件"形成了一个相互关联的系统，而这个过程也是一个更大的系统的要素之一。对于十分小的变化，允许假定一组要素或条件中的一个变化，其他保持不变。但是，在讨论长期趋势时，这是不允许的。要使均衡调整趋势的概念得出可靠的结果，必须十分认真确定常量系统或长期过程，以及向它们（和相互）调整的变量系统。

（4）在一个静态经济中，生产能力的所有权的分布是保持不变的。但是，就像人的需要的膨胀那样，生产能力的所有权的分布的长期趋势肯定是累积性的，是反均衡趋势的。通常经济将会是一个趋于累进性集中的过程。即财富的增长是："让富者更富，穷者更穷（to him that hath shall be given, and from him that hath not shall be taken away）。"如果这样一个趋势在实际中并不十分显著，是因为有各种各样的有目的社会干涉，还有无数"偶然事件"，以及任何可能造成的不稳定的因素的事件。然而，若超过某个特定临界点，我们无法保证其他因素能够保持不变。拥有巨额财富的人，尤其如果财富是继承获得的，不可能像一个刚刚取得商业成功的人那样有相同的动机和兴趣。

　　我们的一般结论是，在经济进步这个研究领域内，向均衡状态调整的趋势的概念肯定不适用于具体的增长要素。将其看作一个单一的过程容易让人误解。这一观点通过提到"制度（institution）"这一宽泛的词语所包含的现象而得到了强调。在价格理论中，对趋势的思考总是与一个"竞争的"或"资本主义的"经济体系有关。但是，包括在此类经济生活中的人类兴趣和特征都服从历史变化。此外，没有一个社会是或应该是完全和纯粹竞争的。国家、法律和道德约束的作用永远是重要的，而且其他形式的组织，比如，自愿合作，也是如此。最严格意义上的商业生活也不会符合理论上的经济人行为。历史的发展随着观点、态度和制度的进步而变化，资本主义的性质也在不断改革。事实上，在资本主义的最高峰到来之前，向其他形式的、主导类型的组织的进化就已经开始。这一社会进化大大超出了经济理论家的领域，但迫切需要注意的是，向均衡价格调整的趋势的概念极其不适用于描述历史之类的变化。也许有一天，我们可以更进一步，在讨论基本的历史性经济变化时，完全拒绝应用力学类比，完全拒绝力、阻力、移动的概念。

8　新经济学和经济活动的控制

本文原载于《政治经济学》杂志第 40 卷（1932 年 8 月）：第 433—476 页。

|

评论一部被广泛赞扬和采用，并公认取得了成功的经济学教科书，尤其是一部从控制的角度研究经济学的著作[1]，等于评论这个学科的教育现状和问题，对这样一部著作的评论对于经济控制问题也是有意义的。另外，教育和社会控制密切相关。教育自身就是试图控制的最重要领域之一。这个领域中取得的结果对于其他领域的成功必定有很大指导意义。同时，教育也是实施控制的最重要的一种方法。本文的出发点是从控制的角度研究经济学的问题，其次是经济学教育问题，而且我们将不失时机地以萨姆纳（Summner）的《现代经济社会》（*Modern Economic Society*）一书为出发点，引出一些更广泛议题的讨论。

要讨论现实或假设的社会制度和政策，或发表与这些题目有关的意见，我们的每一句话实际上都难免被解读为赞成或反

---

[1]　*Modern Economic Society*, by Summner H. Slichter (New York: Henry Holt & Co., 1931). 第 1 章的标题是 "经济活动的控制"，而且这是全书的核心题目。

对讨论中涉及的制度和政策。无论我们如何强调我们的断言只是纯粹描述性的，但在读者看来，我们就是在支持或反对某种利益。学术圈和科学圈也是如此。例如，经济学家中，每当一个人对一个不符合事实或逻辑的立场发表评论时，这个人就会立即被看作那个学派的"支持者"或"反对者"。源于当今思维模式、语言结构、讨论主题的特征和人的本性，不可能清楚区别关于人类事务的描述性陈述与（两种形式）的价值判断性陈述。为了尽量减少混淆，我的权宜之计是尽量用第一人称名词陈述我的个人观点。当然，无论用什么词语，我都无法准确表达我想说的意思，而且总会说得比我想要说的多很多，所以我不得不花费很大篇幅解释词语和收回已经说出来的一些话。我知道，这是每个人都爱做的事情，不过，这样的事情是需要我在意的。为了清楚说明这一点，我首先就要对著作给出两个简明的客观评价。其一，萨姆纳的《现代经济社会》是一部伟大的经济学著作，选择从控制的角度来写不失为正确的选择；其二，该书实际上没有讲述控制经济学，且其中包含的很大一部分经济学是错误的。

毫无疑问，我的意思是清楚的。这两个评价都是真实的，而且我无法用更好的语言来表达这样的观点，我按照约定俗成的习惯使用每个词，更重要的是，每个词都取其纯粹描述性意思。在这两个观点中，我丝毫都不想表达我个人认同或反对，或者"客观的优缺点"。这两个陈述中的第一个不是仅仅凭借我本人的权威而做出的，按照我能想到的标准，很多最有资格做出判断的学者都曾这样说过。此外，我个人在大学教授基础经济学十多年，但我不曾用这本书作为教材。我仔细阅读过它，发现了证明其他人判断的各个理由。我实在不知道还有什么依据能够使一个陈述成为描述性事实。关于第二个命题，此书关于控制的内容基本上可以概括为"控制万岁，打倒反对控制者（ *vive* control, and a bas the opposition to control）。"不过，该

书没有告诉我们有哪些反对者，也没有告诉我们要控制的是什 174
么，由谁控制，要达到什么目的以及通过什么方法。我并不认
为它是在"提倡"控制或者说控制是一件好事。它似乎在说，
控制是"必要的"，尽管没有指明要控制的是什么。然而，对于
大学教科书，这样处理控制这个话题的方式还是挺出色的。（下
面，我们的主要的兴趣是控制，顺便谈到其他方面内容。）

　　本文主要证明这样两个陈述并不矛盾。所以，有可能在社
会科学中，一部著作没有提出关于一个主题的任何观点，即没
有提出可称作正确或错误的东西，也可以是一部伟大的著作。
我们还将证明，它并没有提出一个有价值的假说。在今天的经
济学里，如果有什么需要澄清的话，这就是最需要澄清的事情，
因为这是整个社会科学理论中最主要和最基本的问题。而且，
恰恰因其被忽略，反而成了一个问题。

　　如果留意的话，以下两个陈述可能值得认可。第一，客观
研究价值有限；思考和社会讨论的诸多功能之一是确认它们自
身的功能和局限性。过度思考，与其他事情过度一样，会变得
无益甚至有害（服从边际报酬递减的经济规律）。在一些需要采
取行动的情况下，从一开始，思考就是有害的;还有一些情况下，
思考是不可能的。关于社会行动的社会讨论更是如此。事实上，
这一点十分正确，且在实际中十分重要，以至于政治机器的主
要任务之一是平息讨论。（或者平息政治协商性争论。"讨论
（discussion）"一词的含糊性是这一主要问题的一个方面。）第
二，无须证明，我们能够并真要谈论社会现象，恰恰因为这里
的讨论完全不同于描述。尤其是，我们谈论社会现象是为了影
响他人的态度，希望改变他人的态度，或使其保持不变。我们
大概要承认的是此类讨论是必要的，并在一定限度内是有益的，
但过度的客观分析和描述兴许是有害的。关键问题是这两种情
形中恰当的度或"边际"。更加重要的是，在这个方面，社会现

175　象的"讨论"与自然现象的"讨论"之间是有区别的。在我看来，这个问题十分重要，却被人们忽视了，而我要唤醒人们注意。第三，自然现象的讨论不会改变或破坏自然现象，但社会现象的讨论会变欢快为阴沉，变和平为战争。这一命题大概也存在争议。

　　我们必须面对的最糟糕语言困境之一是"明智地"讨论社会现象反而造成含糊。事实上，如果说这个领域中的言论是"明智的"，简直等于说一架钢琴是高了还是低了，而没有指明这里的高低指的是它的音调高低，还是它的价格高低，或它所处位置的海拔高度或它自己的垂直高度。然而，这正是经济学家们花费大量精力正在做的事情，尤其当他们谈论不同方法的相对优点时。正如我们在开始的时候提到的那样，这一含糊性的一个最重要方面是，人们总是用（道德或党派偏见性的）带有敬语意义的词语进行讨论。这些词语如此含糊，以至于没有特殊定义，就无法将其作为相互交流的媒介。然而，最为人们所忽视、贬低和嘲笑的一类讨论是尽量用意思准确的词语进行的讨论。（当这样一位参与者出现和破坏愉快的讨论时，中止讨论的一个常见简单方法是把他戏称为"哲学家"。）

　　我们无法避免修辞（epithet），因为不含糊地描述事情离不开语境，这些词语在这一语境里最初有敬语意思。这里，我只能说，我不是在用它们回避任何问题，而是在努力提醒人们注意一个真正的问题。有个例子能充分证明这一点：大多数读者在这之前都经历过的消极反应（他们中的大多数到此为止）。在某个"边际"，原本中肯的努力变得不中肯，然后变得有害。中肯很快成了令人厌烦的东西。它是否在变得"真的"不中肯之前就变得令人厌烦？这两者之间是否有任何差异？考虑到社会问题的性质，这是一个特殊的问题。这是因为，实际上来说，任何类型的思考或讨论要变得令人讨厌，必须将其进行到使其真的不中肯，理论上正肯，却脱离实际是靠不住的。政治演说就是证明这一点的很好例子。第一，竞选者说的话很少准确告诉

人们他当选后将会在哪些事情上不同于在任者。第二，即便他 176
想给出此类严格信息，通常他也无法做到。第三，当他就真正
关心的事情进行演讲时，对于他来说，努力给出准确信息，是
十分错误的做法。

不过，刚刚提到的第三个方面还提出了客观性问题的一个
更深层和严重的方面。由于政治过程的特征，鼓励或允许客观
地审视政治过程，是否是明智或安全的做法呢？"明智地"面
对问题要求有纯洁和神圣的氛围，但社会大概无法"真的"做
到这一点，并且也不试图这样做，因此每一次客观性的忠告都
可能遇到冷嘲热讽，令人失望。特别是，在社会科学领域里，
真的会有人努力客观地评论著作吗？如果你客观地审视大学入
门经济学教科书的条件和要求，你就会发现，如果一本教科书
试图"说得"太多，它只会免于被人称为是"糟糕的"教科书，
但永远不会成为一本广泛采用的教科书。不过，如果一位评论
者得出这一迂腐的结论或将其公开发表应当被原谅吗？[1]

我们暂且不论大学教科书，将在稍后详细讨论。现在的问
题是，努力以一种客观的方式讨论社会现象，是不是不仅仅在
浪费时间，甚至是有害的事情呢？它只能是一群不得不使用某
种秘密语言的拥簇者的合理兴趣吗？人们是靠"真理"活着还
是靠实用或神圣的幻觉活着？带着严肃的疑虑对此类问题进行
思考兴许都是犯罪。这里，我依然计划以《当代经济社会》为
例。边际报酬递减这个话题普遍存在困惑，要客观地研究这个
话题，首先要简明扼要地表明这些困惑的基本性质和来源。

上面已经指出，核心事实是，当人们谈论控制之类的主题
时，他们一般会对控制感兴趣。实际上，讨论控制的人，是对
控制感兴趣的人，或者是对某种形式的行动感兴趣的人。社

---

[1] *Modern Economic Society*, by Summner H. Slichter (New York: Henry Holt & Co.,
1931). 第 1 章的标题是"经济活动的控制"，而且这是全书的核心题目。

会变革的一个奇特之处是，它们是由关于它们的公开讨论引起（或阻止）的（不包括阴谋或政变，其中的本质是不公开讨论）；

177　不过，有效促进、防止或指导变革的讨论，完全不同于分析和描述现象时所使用的那种讨论。[1] 所以，关于社会控制问题，什么是明智的讨论或明智地利用讨论，意思完全取决于要达到的目的。（当然，指的是直接和预期的变化；我要提出的主要问题是，客观讨论变化（无论变化是好是坏）的最终意义问题。）

　　关于这两个目的和研究方法的类型的问题，这位经济学家采取的方式有些特殊。他假定，在社会变革的讨论者的分工中，他的作用不是直接影响变革，而是使知识和技术惠及更多人。也就是说，按照假设，他的研究是完全客观的。由此引起的另一个问题是，除了固守他自己的领域，经济学家的作用依赖于谁用了他提供的知识和技术。依照传统，他应该担当顾问，他的服务对象可以同时是（a）假设一个"控制"国民的政府，无论这个政府要促进达到的目的是什么；（b）假设试图"控制"政府的国民，或者试图作为个人或团体控制它；（c）希望"控制"其他人的个人，照理这些个人不用相同的技术控制自己；（d）广大人民，他们不是在寻求"控制"手段，而是为一起生活和工作寻找一个更好的基础或法律制度。

　　如果一个社会以"民主"作为社会道德理想，或将其作为社会制度的给定特征，那么，关于"经济活动的控制"的讨论

---

[1] 还令人怀疑的是，如果一位经济学家的主要兴趣在于真实和清楚陈述事实和以问题的客观分析为基础的原理，他是否会努力写一本合格的教科书。即便他努力这么做，他是否能够写出一本合格的教科书呢？兴许有例外，就像有多才多艺的天才，他们既是优秀的画家，又是优秀的美学教师。不过，正如纯粹科学与建筑工程之间有分工那样，在批判与创造之间似乎有深入的自然分工。毫无疑问，这两类智力和表现之间的相互不协调的程度，在"艺术"中要比在"科学"中更大。况且，"社会科学"的地位更是有争议的诸多问题之一。不过，社会科学教育肯定更具有艺术性，而且这一点对于任何一门科学兴许都是真的。"控制"问题的意义是，就实质而言，控制就是教育。

是（a）和（b）的结合，或多或少地近似于（d）。相对于这个问题来说，如果一个集体要为理想的相互关系寻求一个共同基础，那么，可以肯定，可能的明智讨论不是"科学观"所代表的那种讨论。科学讨论是关于"因果"或相互关系的直接分析，但最终是工具是逻辑。如果说有任何"客观的"社会科学的话，它的讨论中具有的客观性也必定是社会目的和行动的过程实际有的客观性，与不同物质现象的客观性存在很大的差异。"事件序列的一致（uniformity of sequence）"的概念是与行为者自身"控制"的概念对立的。毫无疑问，社会现象存在相当大的一致性，但那是意图和价值的一致体现，而不是物质事件的一致性。它是通过交流、移情作用 (*Einfuhlung*) 和"感应自省（sympathetic introspection）"（库利）得知的。众所周知，不同的观察者不能给出精确的一致性结果。而且，除了难以保证客观性，还有客观性是否值得追求的问题。隐瞒、不坦率、耍弄权谋、欺骗等似乎是人类关系中的主要范畴。在审美不一致（esthetic repugnance）、同情心和礼貌、各种类型的忠实、猥亵和神圣之间，有一个广泛领域，在这个领域里，原则上，人们拒绝"真理"。这个领域里，普通用语在不同程度上把其他目的置于事实交流之前。好奇心是人的第一宗罪。

178

II

　　正如我们指出的那样，客观分析与社会控制之间的所有基本关系都在教育领域里得到了很好证明，尤其是大学基础经济学课程当中。在这一课程自身中，很有可能真的努力做到客观都是有害的。这样的努力肯定不是为了客观地认识自己客观性的局限所在。而且，对于以任何方式相关的每个人来说，兴许同样有害的是，任何局外人都应当努力客观地观察这种情形的各个方面。（这里，我所说"有害"意思只不过是一种失礼的说法。）教育与其他社会活动领域一样，也有这一有趣的特点，很多关于它的事情显然是"真的"，在私下交谈中，无论是否带着尊敬的口气谈论它们都不失礼。然而，在公开和在官方场合"谈论"它们，简直是大逆不道。至少每个人都这么认为，而且事实上也是这样——决不能且实际上也没有人那么做。倘若这是整个社会科学领域里的一个普遍和重要方法原则，那么，对于这个职业来说，这个事实无疑是令人窘迫的，除非找到某种办法将这个事实隐藏起来。然而，兴许不需要特殊的方法。与其他客观的表达方式一样，如果一个人成功地以一种客观的方式说表达出来，它兴许充分证明了它是十分令人讨厌的事情，以至于它不会造成危害。

179　　在当前这类教育性讨论中，我们可以从教育的目的是什么开始，充满信心地指望教育的单调沉闷能使教育免于受到危害。按照我们正在使用的十分有意思和客观的方式，对于一本教科书的判断来说，这可以被当作"中肯的"。有三类广泛的目的，可以尝试:（a）向学生传授"真理"，包括让他们理解关系;（b）向学生灌输对学生和社会有益或在其他意义上有益的信念或思想;（c）给他们想要的，即最知名的教育心理学家所说的某种能够"带来满足的东西"。这些目的，实际上在多大程度占主导地位，决不能与它们在多大程度上出现在教育系统中每个人的头脑中混淆起来。

　　我表明我个人的态度，即大学经济学教育项目的有些地方"应当"把重点放在上述第一类目的上，即强调事实、真理和理解力。我承认我带有偏见。这仅仅是一个"愿望"，一种情感，但在内心深处，我对此深表怀疑。尽管如此，我个人对作为一个问题的控制难题感兴趣（兴许是无用的好奇），我乐于看到还有一些人也以一种相同的方式对它感兴趣并努力分析它，说明控制的理由、控制的事实条件、要达到的结果、可能的选择机会和方法，以及关于行动的可能后果能够知道的所有事情。自然，这些与这门初级课程没有任何关系。在这个方面，我把不同的目标当作已定之事，仅仅关心成功教学的必要条件，将其作为社会学的数据。

大量强调事实、真理和理解力的"著作"未必会像其他商品那样被生产出来，满足一种需求，意思当然指"创造"自己的需求。对这个事实作出判断都只不过是在责骂或称赞整个经验领域，这样做是很幼稚的。但再一次，那些取得了成功的著作，其具有的特征，为客观地研究控制问题的条件提供了最重要的社会数据。我希望，所有这些数据能按之前提到的方式得以利用，而且我也希望这项工作的规模不至于孤零零地很小，完全不为研究者小圈子之外的人所知。按照其他研究领域中好的做法和一般的理由，可以假定必须分工明确，一些人创新拓展知识，另一些人传播和应用知识。因此，我希望有一群真正的"经济学家"，他们多多少少不同于新闻工作者、公民基础教育老师、商人、政治竞选者、公共场所演说家，尽管在一个民主社会中这些人是更重要的人，也是报酬更高的人。简而言之，我衷心希望看到人们努力保持区分真理与宣传之间的区别，自然也希望看到宣传有效且有益，而不是有益但无效，或有效但有害。[1]

接下来，让我们具体讨论教育的目标和一本好的教材的必要条件。显然，回答这个问题的第一步是客观地看待这个问题。生产出来的商品必须售出。当然，我们在这里立即遇到的一种倾向是，把表示敬意的含义添加到事实的平实陈述之中。无论一位作家是满怀最纯粹的传教士热忱，还是为了个人荣耀，这一倾向的必然性都是绝对确定和显然的。从各个角度看，写一

180

---

[1] "科学"方法的运用造成了社会领域和自然领域之间最具特征性的不同。（对于那些暂时不顾词语的可怕含义的人来说，肤浅的观点与万物有灵论和巫术的相似未必使这一情况的现实变得模糊。）关键不仅在于谈论社会现象会改变社会现象，还在于上述两类谈论，尤其是意在描述而不是去改变它们的谈论，兴许也产生变化，而且重要的是，要知道它可能会产生什么和变化的数量。

本不出版的书，或出版了但不会被教师采用的书，或教师采用了但学生不读的书，或者学生读了但不喜欢的书，都是徒劳的、浪费的、不道德的。在以个人自由为基础的社会中，给最终消费者提供的必须是、将是和应该是他想要的东西。[1]

解决了这一点，接下来的一步是探索我们的消费者事实上需要的是什么。首先，我们可以顺便注意到，消费者的需要常常相当矛盾。他们甚至喜欢被愚弄，并愿意为此花钱。在一个自由社会中，产生了巴纳姆（Barnums）现象。他们还喜欢被滥用和申斥，是受虐狂。一类重要的文学满足这一需求——参阅门肯（Menchens）的著作；就像欧洲作家和演说家在美国的演讲。在各种形式的娱乐和启迪中，需要详细说明的只有一个：一般来说，人们最喜欢的事情是被激励去想象高尚的行为和辉煌的成就，条件是这一过程不能走得太远，达到详细描述具体事情的程度，更不要开始任何行动。文学和艺术的许多流派正是为了满足这一需求而产生的，包括当今关于社会控制的大多数作品。

---

[1] 在社会领域内的宣传家、真理探索者和真理传播者之间，立场差异是如此势不两立，以至于同一代人的宣传家与真理探索者之间的实际关系更有可能是敌视的关系，而不是合作的关系。可以指望的主要是某代真理探索者与后代宣传家的合作。

这并不意味着，真理探索者不应考虑实践。社会组织领域强烈需要知识，而此类知识十分难以获得，而且任何假说的检验都需要实际上无法做到的大规模不可逆投入，所以，在努力获得知识的同时必须努力避免有害的行动并促进有益的行动。有意识的目标必须是"人类的改善"，改善的程度要远大于自然科学的情形。在自然科学中，有可能用少量费用或时间和机会进行实验，而且纯粹出于好奇心进行的研究可以积累起来，形成有用的结果。这当然是古典和新古典经济学家建立的主要传统。这并不意味着忽视在行动前获得对行动结果的知识与付诸行动之间的区别。过去，主流经济学家过多对"控制"感兴趣，过少对可靠和精确的知识感兴趣。

真正的实际困难是观点冲突。真理探寻者活动结果的传播，决不能与批判态度的传播混为一谈。结果必须交给这样的宣传家，他知道如何用恰当的传媒口号加以证明（参见英国法律理论），它们并不真的变化，只不过是基本智慧的正确应用。在基本发生真的变化或"进步"的情况下，显然，规则的修正是必要的。

所有这些都是不寻常地恰当和有价值的。不过，谁要是唤起公众 181
注意这一点，他就是在做我们在上面所说的那种不中肯的事情。

需要更多地提到的一点是：无论是在"大学"里，还是在别的任何地方，从来都不曾有自发的大规模的或有效推广对社会现象的客观性研究。如果明确指出这一点，当然是一种愤世嫉俗的亵渎。不过，对于那些希望客观地看待现象的人来说，这个事实也是有趣的现象。在特定的狭小范围之内，公众是实用主义者，不过一旦最基本的物质需要得到了满足，那么常常在这之前，他们就成了浪漫主义者了。大多数被误称为实用主义的文明人，实际上是浪漫主义者，因为最终目标是非理性的。公众给科学的绰号是"沉闷的科学"，部分是出于偶然，部分是出于不便在这里详细说明的理由，这个绰号与经济学特定地联系了起来。除非带来某种"惊奇"，公众并不对"真理"感兴趣。按照流行的偏好定义，社会理论既无趣，又不实用，尤其是关于总是令公众生厌的纯粹客观的问题。追求客观性是有代价的，在不牺牲更加巨大利益的情况下，要尽量将代价最小化或消除。追求客观性也是辛苦的，对于大多数人来说，是那种最可怕形式的辛苦，而且对于相当多数人来说，是不能忍受的辛苦。

一般来说，人类生而讨厌客观性，总是试图"游戏通关（beat the game）"，试图弄圆成方，试图产生永恒的运动。在任何事务和公开的竞争中，庸医总是轻易地击败科学医术。在一些领域中，这一自然倾向如随之任之，会产生极大的危害，对此法律加以干涉，给（如赌博和医术那样的）公平和公开竞争进行了规定限制。

关于客观自然，事情尚且如此；关于人自身和制度，事情就更是如此了。而且，即便是在第一个领域里，我们也不能直截了当指责人的本性，因为有时它的确要"游戏通关"，而且我们取得了革命性进步。在社会领域，客观地进行思考和表现是十分可怕的，以至于思考都令人无法忍受。（然而，要说他们不客观，简直是亵渎！）仅仅在少数例外情况下，"真理"高于（对真理之外的某个价值的）"忠诚（loyalty）"，或高于人性、尊重，或高于（有益和有害社会活动的）成功。正如前面指出的那样，在基本社会现实中，比如在政治、道德和宗教领域，不存在确切意义上的探索真理的"讨论"。

182　　　的确有关于这些问题的"争论"，但公众对其中任何事情都不很感兴趣。不过，在一种观点是被集体接受的情况下，真正改变任何人观点的想法都是悖理逆天的行为，而且在观点分裂的情况下，这样做总是有利于一方但不利于另一方的事情。当然，对于每一方来说，在不去调查内容和理由的前提下，他们的观点都是"真理"。

　　谁也不要认为学术机构中的情形与一般公众中的情形有什么显著不同。当然，把"将真理置于忠诚和其他更高价值之上"这一点说出来，也是叛逆和猥亵。假设没有人认为，学术机构中的情形并不显著不同于一般公众中的情形。当然，把它说出来，即把真理置于忠诚和其他更高价值之上，也是叛逆和猥亵。不过，政治学、经济学和社会学中的每个工作者都知道，并且在茶余饭后谈论，这些领域的"科学"文献，在触及基本问题的时候，基本上都是有争论的，而且争论的问题是党团之间有争议的主要事情，实际上是争论的核心。说出来也许过于直率，人们的主要兴趣仍然是个人胜利和声望，促进某种美好理想的实现，或纯粹为了争论而争论，而不是为了"真理"而争论。"科学"文献中的情形尚且如此，更不必说基础教育了。

　　如果一个人继续"信仰"社会学研究中的客观性，客观性也仅仅限于一群非常苛刻的专家团体，而且之后靠的是信仰的力量而不是理性。当我们从观察开始时，作出的任何断言都将被解释得符合如下经文："不帮我们的人就是反对我们的人（he that not for us is against us）"；而且，很难认为这句话有大家公认之外的意思。在这个领域里，语言的目的自然是获得认同。

而且，很难抗拒占主导地位的美国哲学逻辑，即"真理"就是"起作用"的东西（"truth"is what "works"）。于是，如果引起赞同的表达方式的语法格式是"让他们见鬼去吧，朋友，为我们欢呼（give'em hell, boys, hurrah for our side），"这必定是真理的格式。而且，对相反的事情的成见就是偏见。关于社会控制这一主题，人们想要的要么是揭露和谴责，要么是要求采取行动的号角。因此，这就是有可能给他们的东西，也是"明智地"试图给他们的东西。逻辑上，我很清楚这一点。但是，这一被击倒的偏见借助"什么行动？"和"控制什么？"的问题重新跳了起来。

反对客观性的偏见的实践理由远远更为强烈。不仅公众的态度会挫败客观地发表言论的努力，而且公众就是正确，提出"什么行动"的问题是根本错误和不道德的。正如肖伯纳笔下年轻的昂德肖特（Undershot）先生在《巴巴拉少校》（*Major Barbara*）中所说的那样，所有有争议的问题背后只有一个问题：正确与错误之间的问题，而每一个有教养的人不用争论都知道何为对，何为错。关于道德问题，不可能有中间立场，所有的问题最终都是道德问题；因此，客观性是一种罪恶，一个例证是美国主义或美国精神（Americanism）的理想。事实上，历史上美国是个什么样子在很大程度上被这一神圣原则——尤其是言论自由和个人权力——的捍卫者完全颠倒了，但这么说只不过是非美国式说法（un-American）。值得注意的是，报纸和公众迅速和肯定地揭掉了自己的面具，不再支持宪法或独立宣言中的"权利（rights）"。权利应该适用于另一方的想法是一个明显的恶作剧，而且把思想如此结合是犯罪意图的充分证明，试图给最严厉的惩罚寻找理由。一次"审讯（trial）"之类的任何事情都是过多的退让，因为它宽恕了冒犯。

对于福斯特（W. Z. Foster）先生来说，言论自由和宣传自由显然是对的。在美国，对言论自由和宣传自由的任何限

183

制都是错误的，在俄罗斯则相反，理由简单且严格，即美国建立起来的秩序是错误的，而俄罗斯建立起来的秩序是正确的。对于伊斯利（Easley）、菲什（Fish），美国革命女儿会（the Daughters of the American Revolution）等来说，用同样简单和严格的逻辑，事情则完全相反。（注意，有问题的是"言论"自由，而不是"讨论"自由；二者如若混淆，则会导致人们装聋装哑。）如果你问任何一方，"红色"、"自由"或"剥削"之类的宣传口号，除了它们所意味着对或错，还有什么内容？那么，这等于宣布你自己是敌人，胆怯且伪善的敌人。

这里的要点是，可以容忍社会和谐生活的"原则"基本上是宗教原则。一条宗教原则的基本性质是，不仅反对它是不道德的，而且询问它是什么，在道德上就相当于拒绝和攻击这条原则。因此，关于社会原则的争论，真实前提的"客观性"永远无法实现。要了解一种宗教的基本原则的，唯一的途径是信奉它，排除任何不敬的思想，不要想着有可能或渴望知道关于它的任何事情。

在《新经济学》中，"经济活动的控制"也是此类基本原理。询问我们在上面提到的关于它的任何问题，其主题、动因、对象、目的、手段和过程，都只不过是在证明自己是在反对控制，是在反对减轻人类痛苦这一理想。经济学教育是一个打着"控制"的旗帜招募队伍的过程。[1]

现在是重新强调如下观点的时候了：所有这些都是不带任何批评含义地写下的。为了证实这一点，我可以补充说，关于这

184

---

[1] 或者，如我们即将断言的那样，使他们需要给他的东西。对于目前的论述来说，这点不同并不重要。而且，要注意到的要点是，它与本文主题——一般控制问题无关，还因为关于它的荒谬断言有损于很多社会批判。"在一个以个人自由为基础的社会中"，生产者使消费者需要自己提供给他的东西，是一项竞争活动。这并不是说：（a）来自不同方向的压力将在很大程度上相互抵消；（b）消费者最初潜在地需要什么将决定什么宣传会有效。从事"控制"或"创造"甚至改变消费者需要的人是报晓的公鸡。

些要点，我完全同意《新经济学》，只是有一点我明确地表示有所保留。与在其他领域中一样，在经济学中，如果我们要以实际的方式谈论行为或社会政策，必须有最终原理，而且它们必须是宗教信条那样的最终原理。人是有信仰的动物。而且，即便有的话，也只有少数人有能力批判信仰的基础，并做到"明智地"相信它们。不过，朝这个方向认真努力的自然结果是社会嘲笑和明智选择孤独。因此，要做的"明智"的事情是"加入游戏"，拒绝"阴沉的理论（gray theory）"（客观性），并拥抱绿金生命之树（green golden tree of life）（宣传）。相应地，大规模教育必定是在某个旗帜下招募的过程，选择正确的旗帜，站在优势的一边。无偏见和宽容的人，是道德世界里的布里丹驴子（Buridan's ass），宁愿站在两个大草垛之间饿死。这样的人站在党派之间的无人区，双方都仇视他，而且每一方对他的仇视都超过对自己的敌人的仇视，双方都攻击他。窥探公认的集体价值背后的最终原理是猥亵和冒渎。客观研究是试图使人完全裸露，揭露人的灵魂、身体、行为、文化和神。正如富有智慧的民间格言所说，你不能活着看到神的面目。对禁止的知识的渴求是原罪，人类仍然用辛苦、痛苦和死亡来赎罪。个人必须清楚区别对错；集体则必须统一思想。一个社会对外来发明宽容，是颓废的征兆；个人对外人宽容则尤其危险，因为他不受集体自我崇拜的蒙蔽，用"客观"的眼光观察人们的行为，这使为集体成为他的牺牲者。宽容和不宽容之间的界线是一个严肃的历史问题。当人们无法就此达成共识时，他们必定交战，根据具体情况而定，无论生死，人人都成了英雄。[1]

---

[1]　这一狂热崇拜的另一个最终原理是"科学方法"。这里的"科学方法"不同于这个词在其他领域里所意味的方法。我们也决不可询问任何与可以界定的问题有关的实际所做的任何事情是否恰当。这个术语被定义为《新经济学》的"方法"或"各种各样的方法"。

关于客观性，浏览一下人类史就可以发现，人类总是依靠不加批判地接受某种形式带着神圣光泽的欺骗。在早期，它表现为牧师和国王的由"神"任命；在现代资产阶级民主政体（bourgeois democracy）中，它表现为如下学说：人民的声音就是神的声音，意味着教会读报和按照需要创办的报纸教育出来的乌合之众的政治智慧和公正。而且，尤其接受过赞助和装饰的在庙堂里举行的礼拜是交任务的教育。（而且，当一个放肆无礼小孩开始评论说皇帝身上没穿衣服时，他大概会立即被掐死。）毫无疑问，与报纸相比，大学教育和研究的内容中有更多明智的东西，而且有某种类型的真理和发现真理的方法，它们是无害的和不伤大雅的，在一定程度上是自由讨论的。但是，关于塑造社会生活特征的事情，教育实现了或真正试图实现的基本原理，带来实质性变化的任何论点都只不过例证了本文的主题，即缺乏客观性。（在有些情况下，哲学以某种方式是个例外，但如果事情是这样，也仅仅因为它没有真正的例外和无害。）大概没有人天真地认为教育可以不是这个体系的一部分，或者是独立的一部分。

关于教育"教给"人们什么，不言而喻，它给人们想要的东西。与商业一样，它的标准是必须"满足客户"。它说的事情必须被装扮成新的真理的揭示，但必须使主流信念得到满足。如上所述，它的教导兴许形式上是批判性的和打破旧习的，但理论上它可以把它的学者粉饰得是不学无术的人和可怜的罪人；在细节上，与竞争的模型相比，它们是符合标准的。这是必要的，又是正确的。"一个人就可以把马牵到河边，但十个人都无法强迫它喝水。"要想给人们很多教育，首先要让他们愿意接受教育，或者让他们想大幅度改变自己。人按照自己的偶像创造自己的神。据说，"一个最诚实的神是人的最高贵作品。"而且毫无疑问的是，这是一个高贵的说法，但事实上，在历史上，超党派的神与超党派的政治家或其他类型的人同样稀少。正如一位哲学家所说，生命的第一定律是自我保存（*perseverare in esse suo*）；兴许，他应该补充说，第二定律是按照自己的超常设计来塑造其他生命的慷慨意愿。

真正的自我批判或倾向自我批判的能力不是没有，但属于例外。在理解教育的性质时，远远更为重要的是在他人手里得到批判性再造的渴望，这种渴望非常罕有。[1] 还有，我们必须感谢"神"，人类高度抵抗教育。假如一个人试图把教育当作迅速使人改头换面的一个方法，那么，请他稍微思考他本人会把这项工作交给谁负责。假定他可以任命一位官员，一位唯我独尊的"转变者"，使其他数百万人不会同时向许多方向转变。十分明显，这一任务的完成需要神的智慧。接受这一任务的人将证明他自己不适合这一任务。技能意味着活动的已知结果，然而教育没有确定的结果，任何社会控制亦然。与学结合起来的教是一种合作，也一种探险活动。

如果任何人为他人怀疑拥有一种有效的教育技能，他会被草率给人处决掉，其影响付之一炬。而两个人拥有这个有效教育技能的秘密的话，他们会成为一种势不可当的力量，与不可

---

[1] 有意思的是，错误的思想（ideas of Wrong）远比正确的思想（ideas of Right）神圣。绝对必要的恨和摧毁远比赞同和创造强烈。相应地，人格化（personification）的倾向也更加强烈。更为正确的是，正如伏尔泰（Voltaire）所说，恶魔"必须"存在；如果他不存在，我们也必定创造他。

在关于社会现实的这两类言谈之间的混淆，一个有意思的例子是通过指导他们学习历史和宗教心理学来使他们信教。（当然，有时这是出于相反目的做到的，即明智地做到的。）同样的说法也基本上适用于所有"道德教育"以及一些哲学家的努力，尤其是边沁（Bentham）和斯宾塞，还包括大多数功利主义者。他们的崇高愿望是给道德提供一个合理基础，把这个世界从历史上宗教衰退所带来的灾难中拯救出来。斯宾塞看到并强调了如下历史原理：手段取代目的。但他没能看到，从行为的原因进行推理到达的"真实目的"丝毫没有情感动力。

在事实研究（factual inquiry）领域，一个类似的原理成立，即逻辑学家的谬误。尤其是从个人偏好出发（*ad hominem*），对于人类来说是唯一有吸引力的论点，今后将在流行的讨论中使用。这会是教育和社会控制的最重要原理之一，如果这些事情真的有原理的话。

动摇的事物对决。单单想想这种情况，就足以使巨人发抖。不过这种想法基本上没有什么意义。

人是矛盾的动物；社会控制是一个荒谬的概念。这个古老的真理可以恰当地用英国诗人亚历山大·蒲柏（Alexander Pope）如下诗句描述："诲人当出以婉辞不可以师自居（men must be taught as if you taught them not）。"但是，在教育成为"社会的精神支柱"以及把教育用于医治社会弊病的万能药之前，就已经有了这句诗，即它先于教育成为一种宗教的最终原理和巨大既得利益。当时还没有以教育为目的的大规模机构。在这些现代环境里，关系自然地经历了另一次颠倒。在一个教育神圣的社会中，在人们名义上接受教育的地方，所有的事情必须有效地，甚至炫耀地贴上教育的标签。然而，只有傻子才会想象所有这些将改变这种情况下的基本事实。我们只不过在旧的谬论上面有了一个新的谬论。"未诲人而以师自居"（men must be not-taught as if you taught them），与此同时，"诲人而不以师自居"。教育能予人"知足"；不能像其他形式的娱乐那样，给教育的成果一个称谓然后出售。

关于好的和成功的教育的必要条件，我们已经说得够多了。总是有一些词语，比如"正义"、"自由"、"进步"和"服务"，可以从任何报纸社论或商业午餐会俱乐部演讲中学到，甚至从街头巷尾的短暂交谈中学到；更有如下事实：一个人不仅仅从学校接受教学的训练，也学会穿得更有学术风格和学术感觉。

好的个人仪表和语言才能是唯一的特殊要求。今天，"社会控制"或"社会规划"是受欢迎的题目，比如，和引入一个健全的货币体系，或试图解决当前情况下具体问题的对外贸易管制相比，设计太平盛世更受欢迎。最基本的事情是把讨论引向充分远离"词语"具体所指的事情，以免损害它们的吸引力。不过，大多数教师的良好判断力使他们避免了在这个方面越界的危险。如果不是这样，那么更好的做法是拾起某种机械论。

（一个人可以表现得忠实于机器，并得到坦率的反应。）

按照这一分析，自一战以来，美国大学基础经济学教育的进步是显著和令人满意的。它越来越符合民主这一伟大理想，而民主是人们为之奋斗的目标。"客观地"定义，民主意味着各个领域中竞争地推销商品和服务、政治计划和候选人、社会倾向和信条以及拯救计划。（我们将会想起，社会现象的一个奇特之处是，花名的改变，比如把玫瑰改为臭荽，其香味随之改变，这兴许是不客观地定义某种东西的一个理由。）在这方面，"看不见的手"的作用难以逃过人们的注意力。十分清楚的是，在这一时期，教育经历了一个历史关键点，类似于现代工业在30年前或更早时期经历的关键点，即生产能力跟上了扩张的需求，而且管理中心从生产转向了营销。教育机构和部门并不希望无用或浪费，而且它们希望跟上生活。结果，基础经济学课程迅速地从"成熟学者"和"老学究"（名称并不重要）的手里转移到了积极进取的年轻人手里，他们有能力并愿意使经济学教育在数量上得到发展。这是检验可靠性的实用主义标准，也是检验热情的实用主义标准，意味着将来有更多。不用说，教科书的写作也朝着同一方向发展，只是时间上稍微滞后一些。我要再次声明，这不是批评，亦非任何类型的评判。如果一个人认为这种现象"可以被改变"，那么他就太单纯了。一位博学的经济学家的专制也只能带来轻微改变，因为专制者与教师处于同样的地位，他们也希望自己有用，希望保住自己的职位。在生存竞争情况下，他们的职位与其他领域中的职位就一样了，这就是我们称赞的民主。如果一个人试图改变它，那么，他就是社会和平、秩序和福利的敌人。一个人无法把一个社会这匹马引向泉水或强迫它饮水。而且，也没有什么可以让明智者更加感恩的。在社会控制问题的任何"客观"研究中，上述事实都是第一和最重要一章的内容。信念和理想相同是社会中真正重要的事情。而且，社会教育的真正要务就是要带来并维持这样

188

的大同。一个必然的推论是，全体一致不得不借助信条，而且部分任务是保持人民不询问这些信条的具体内容。再也明显不过的是，任何此类疑问都会破坏思想的统一，引起普遍敌意和冲突。大规模社会科学教育必须是这一类型的，而且必然是这种类型的。

大学社会科学教育问题始于上述分析的这一点。若过度热心于避免无害亦无能的制度，会带来争论，这种争论如此明确，使得冲突各方知道自己的立场，这是一个负面的问题，换言之，是一件危险的事情。宣传互无胜负的事情，实际上是拿起一把出鞘的利剑，持剑人得准备着被利剑刺死。这会是一场灾难。在与政治行动有关的领域里，教育机构的真正功能在别处。大学，要想提供服务和生存，应该坚守真理、美学、进步和崇高理想，以及无争议的"事实"。也有些教员和学生有兴趣客观地探索社会现象的真理和解决问题的办法，这是一个正面的问题。但他们是否能够做到这一点？是否会把社会和人类引向灰暗不明的角落？这是一个十分严肃和可疑的问题。按照大学和社会的可见兴趣或利益，肯定反对这样的做法，因为倘若它不是昂贵的浪费，它的影响总的来说很有可能是很有害的。大量的一般课程肯定应当避免提出客观性的问题，应当认定谆谆教导的口号是客观的，这些口号是这个体系的神圣特征。

上面已经暗示的和已经提及的另外一个更加确定的实际问题。它主要是关于定义的问题。在有些领域，社会行动根本不涉及利益冲突，或者在相关事实得到充分理解的情况下，不会有利益冲突；也有的时候，理论上，有可能"明智地"采取行动，即在显著程度上预见到行动的后果。显然，首要问题是界定这个领域。这个领域正好是传统的"静止状态"价格经济学所包括的领域，其中目的和手段的价格度量是普遍承认的。关于长期影响或历史变化，价格度量当然不是公认的，行动的影响也不能非常准确地预测到。在有价格度量存在的领域之外，关于目的，人们很少有共识，也很少可预测，所有的事情都是有争议的。（甚至关于刑法我都曾听到一位著名刑法学家和法官（更不用说著名激进主义者）怀疑现存社会实践是增加还是减少来自犯罪的总危害。）在所有这些领域，关于可见的未来的"科学"问题将"客观地界定"科学方法适用的领域。然而，所谓"静态"经济理论问题与人类的任何问题一样普遍和永恒。采用社会主义或共产主义也无法从根本上改变一般理论的特征。要使这一一般理论失效，一个社会秩序只能建立在如下原理之上：人们最好不要考虑是否把有限的资源是用于创造或多或少地想要的结果。另一方面，也如上面指出的那样，一个试图明智地利用手段和目的的社会，要有和平的生活，它就无法远离民主的真正主旨，即公共问题的处理符合大众意志和舆论，如果这样的东西存在的话。考虑到这两个事实，这一领域中的客观知识与行动之间的关系问题呈现一个特殊特征。这个特征无法在这里进一步讨论。[1]

　　如果这就是教育的一般特征，这种特征将妨碍人们根本的、起着指引作用的兴趣与信念，那么，这也就是"控制"的特征。一般来说，大规模教育显示出的智慧足以超越该领域。我们的公办学校被法律正式禁止进入宗教领域，并在实际上非正式地被阻止进入道德和政治领域。（"哲学"研究是一个小小的例外，这也很好地表明了"客观"研究意味着什么。）

190

　　有关社会控制的愚蠢想法不断涌现，主要根源在于一个简

---

[1]　"教（teaching）"的最有趣方面之一是对它收费竟然是可能的，因为每个人都想教别人，最不想让别人教自己（尽管这种"想要让别人去尝试"的态度很常见）。答案是这样吗？当然不是。事实上，学生花钱让"教师"做的事情只不过是肤浅的转变，真正存在的主要是更多相同的事情。基于同一个原理的另一个推论是，略微深入一些的教，更有可能是由死人完成，而不是由活着的人完成，因为这一情形极大地减少了对自尊心的打击。以相同方式，书本可能比面对面的教更有效。现代人越来越熟悉书本，并知晓它们是由人写成的，而不是在神的指示下写成的。

单的混淆。因为人的"行为"、"组织"和"人性"存在于具体的"自愿"行动中，还因为在历史进程中事情的确有了改变，这使人以为它可以改变，或者它可以改变的说法是有意义的。紧跟着的是，"如果"人民在一定程度上同意改变他们的有组织行为，那么，他们就将会这么做。这个命题的整个意思在"如果"一词之中，而且该词的意思是最为困难的问题之一。法国哲学家伯朗（Paulhan）曾经评论说，当我们说任何事情可以不同时，我们能够把词语按照语法组合起来，原因是语言是来自未知祖先的遗产。今天，如果"事实"意味着人类行为中的努力、失误、强迫和劝说等基本事实，在自然过程中没有任何意义的事实，那么，这位哲学家就是错误的。在道德领域里，人能够并且确实表演把自己举起来的机械学奇迹，而且还同时相互举起。

但是，这并不意味着，"改变"人性的概念或想法有意义。如果人是"自由的"，那么，他们不服从他人"控制"；而且，如果没有自由，我们都同样处于物质因果关系的绝对"控制"之下，那么，关于社会控制的谈论就毫无意义。照字面意思，"控制"意味着某些人是"自由的"，可以"控制"他人，并意味着他们有权力这么做。我们遇到一个或多个古老的问题，即个人在历史中的作用的问题。一个人能够多大程度上改变事情的进展，这种改变有多快？有多大的可能性，他使事情进展变好？哪怕是在事后，我们都无法准确回答这些问题。在数百万人的相互争斗中，任何一个人给其余的人产生的影响鲜少是可以感到的，这种相互争斗的特征，取决于那些取得某种影响力或权力的人的善意，以及他们对于遥远的将来的远见。历史学者们同意，大多数"领导人"在很大程度上只不过是运动的追随者或具有偶然性的象征。

这个谬论的很大部分的基础是一个语法错误，斯利克特（Slichter）教授著作中使用了没有先行词的代词，这点就值得注意。书中说，"你"能或不能改变人性时，言下之意是"我"能改变它，想来是要他人帮助做到这一点。这个论点忽略了两个事实：一是无数他人也正在从各方面努力改变事情的进展；二是绝大多数人同时也正在抵制改变，其理由与试图改变他人的人一样清楚和充分。

任何一位研究社会现象，且想成为"科学家"的人，应当假借这些事情的"客观"讨论，把自己的思想强加给公众吗？肯定不应该。在那条思想史上著名的历史之河中，有些人即便不能成为一个新时代的孕育者，也试图成为新时代的助产士；然而，大多数认为，旧时代实质上是神圣遗产，是以往时代缓慢而艰辛的积累成果。如果少数异常热爱真理的人想证明上述两种态度都是幻想，那么他们不得不偷偷地这么做，识时务地躲开那些被他们破坏了神圣形象的人。（从"真正客观的"角度看，有多少人努力同时扮演这三个角色，而又不会因为内心的不和谐而痛苦呢？这是一个有意思的问题。）

III

充分解释了判断的基础，我们就可以对《现代经济社会》的一个一般特征进行简要讨论了。我们已经充分说明，它是一本没有原创性东西的伟大教科书，而且没有论及它的表面主题——社会控制角度的经济学。事实上，按照我们在这里如此费力地建立的标准，它无疑是一项十分卓越的成就，其构思令人赞叹，并完成了这样一部著作的真实目的。正如它应该有的那样，它要直接吸引的是对控制的热情，而不是具有批判性的智力。作者的原创精神以正确的方式发挥了作用，不为有意识的客观目标所束缚。像所有领域的艺术家和创造性工作者那样，他全神贯注于作品，相信自己雄健的手法可以熟练地完成任务，丝毫不受是什么、如何和为什么之类不相干问题干扰。所以，该书极具可读性和趣味性，且包括了极适合大学教材的道德严肃性，还

沉着、有把握地揭示了新的重要真理。它的一般语调是一次改革运动的宣讲者的语调，却因最有趣的事实而十分生动。[1] 对于

---

[1] 为避免误解，有必要就教育的个人和政治功能补充几点一般说明。日常人类关系问题不是靠科学解决的，也是科学无法解决的。对他们来说，科学思维习惯的认真训练只不过让他们感到徒劳和不幸福。社会需要的是对自己的立场毫无怀疑的人，是有可靠的忠诚、情操和观点的人。这些素质与态度的客观性的关系无须在这里详细阐述。必不可少的是正确的价值感。无论如何，价值并非固有地存在于客观的外形，而是实际存在于宣传口号和政党之类的东西。这些部分是相同现象的不同方面，但不是在相同层面。一个政党，最终是一个人，是更为"基本的东西"。当一个抱怀疑态度的信徒抗议说，他不知道前进方向时，答案是"我就是方向、真理和指路明灯"。所以，如果一个人问一个党代表什么，回答兴许是，"它代表我们"。这是著名的库利和沃拉斯（Wallas）已经证明的可靠政治哲学。民主的真正程序和希望在于有争议问题的支持者和反对者的个人判断，而不是相反。当然，这两个过程是相互影响，主次顺序已在上面指出。

　　毫无疑问，如果理想主义者和理性理论家没有太多可说的，且让这一体系无意识地自己适应条件，那么，这一可靠的价值观——社会关系中真正的教育，会得到更有效的传授。一般来说，责任会趋于落在实干型或公众认可杰出人物身上。年轻人得到的最好教育来自非正式的耳濡目染，而不是明确的技术。如果保持合理的自由竞争，"严肃的"学生，尽管是少数，将会以不成比例的影响，同时会有合理比例的"严肃的"教师有机会生存下来。

　　有关教育的一个最基本事实是"间接原理（principle of indirection）"的意义。这一原理在所有人类事物中发挥作用。（而且，不仅是詹姆斯·斯图亚特·穆勒指出和打扰他的那种情形——对快乐的追求。）最糟糕的事情莫过于用教育名义上要实现的目的来衡量教育的成果。因此，"客观性"的一个尤其危险的形式是试图测量教学效果。读者都熟悉它们的一般特征。我本人曾经在基础经济学领域进行过这样一次研究。课程开始的时候，我用一些问题检验学生关于最简单的实际经济问题的推理能力。我发现，两年之后，六位老师所教的250名学生的能力并没有显著改善。许多学生的成绩还不如入学的时候。如果有可能扣除学生们在这期间学到的新的词语和变得成熟，结果更糟。自然地，实验在它走远之前就停止了。

　　使我更感兴趣是一位担任化学老师的朋友所做的类似实验，其中的问题自然更加简单和明确。他的直接目的是研究大学老师抱怨的一件事情，即中学开设化学课程还不如不开。他发现，在关于一般化学知识的一次测试中，高中生比在三所大学学过一年化学的大学生成绩还好。答案是显然的：特定年龄阶段适合学习特定种类的知识。

　　不过，这并不在实际意义上证明任何事情，并且到目前为止，这样 （接下页）

要达到的目的来说，这些事实还因如下细节而更加有效，它们要力证的是一个否定的陈述，而这一陈述的肯定形式不是一个断言。该书很像一部进行曲，就像歌曲"前进吧，基督教战士（Onward Christian Soldiers）"那样，很少宣布前进的方向、前进道路的性质、适当的运输工具或动力。显然，就像那首歌那样，哪怕是提一下此类问题，哪怕是不能做到不让人们想到这些问题，都会损害这一进行曲的效果。这部书从一本基础教科书的角度正确地告诉人们"关于控制的全部事情"。从这个角度看，没有必要知道要控制的是什么，由谁控制，为什么控制，要达到什么目标，用什么手段或方法。简言之，正如一位资深评论者所说，它是"迄今为止最适合"明智的一般读者的经济学教科书或论著。由于无法做到既经得起批判性研究，又使主题有趣和显得重要，作者全神贯注于后一个目标，避免混入不协调的内容。为了使大量读者对经济学感兴趣，灌输"应该有一个规律"的进步精神，它肯定接近于这一最终理想。

　　从一般赞美转向具体细节，必定让人觉得虎头蛇尾。不过，有必要给出几点较为明确的说明，既是为了证明该书的一般特征，也是为了顺便发展关于控制问题的一个客观观点，一个更为严肃的目的。我们在前面提到的关于"控制"的问题之一是谁来控制以及要控制的是谁或什么。作者成功排除任何有形的可疑的问题。比如，第1章第一节的标题就是证明："我们的不完美工业控制"。代词的使用没有先行词，或者说是人格化的抽象，好像它们是活的怪物，等着特修斯或齐格弗里德嗜血之剑。这是作者有效的写作技巧的一个方面。如果这种情形下的代词

　　（接上页）做可能是危险的。如果你简单观察毕业生和刚入学的学生，而不是仅仅看他们的考卷，无可争议的是，学校教育的确使学生有所改变。高年级学生变得不那么理想主义了，更加理智，但他比不上学直接参加工作的人要更加理想主义和更加理智。当然，这一特征并不全是学校教育的结果，部分是入学选择的结果。

有一个先行词，"我们（we）"照理是指普通人民，或讨论的问题的当事各方，或全体有理性的人。一个明确的陈述是，"每个人"都有一个共同的、全体一致的愿望，以任何具体方式"控制工业"，并且无法"完美地"做到。这一陈述的荒谬是十分明显的，甚至是大学社会科学教科书方面的实用主义教育家也不会给出这种形式的陈述。关于这类陈述"意味着"什么的研究，

193　如果有意义的话，正如新经济学中那样，意义似乎在于，一群年轻的美国教授和作家突然发现了改善社会经济组织的崭新思想，而且这一问题在理论和实践中都十分容易解决，以至于不可能存在方法上的不同观点，从而需要做的的事情只是唤醒公众注意这一计划。一本教科书的目的可以是激起人们的兴趣，而不是告知全部实情。这是无可挑剔的。不过，相同论调也充斥该学派的文章和小册子，其中有某些不仅仅是政治宣传的东西。

越是更多地读下去，越是被作者的文学成功打动，越是习惯于作者说的事情都是重要的事情，而事实上，一句话中所说的或者所意味的东西总是在下一句或者继续下去之前就给收回来了。这种旁敲侧击的巧妙运用十分成功，增强了效果。例如，在第二节的开始（第11页），我们发现，与第一节中号召采取行动形成鲜明对照的是，他承认成功行动的可能性取决于预见行动结果的能力，而一般来说，这是"我们（we）"无法做到的。然而，"这并不证明有理由不行动"。如果"现代经济社会"有对于"我们"来说看似不理想的事情，那么，"我们"就必须立即加以医治。然而，没有现成的研究成果，说明这位病人是否真的病了，也许那些不理想的事情仅仅反映了事物的固有性质和整个宇宙的性质；也没有人说明"我们的"理想到底是什么；即便它真的有病，也没有人问，"我们"是否真的有有效的解决办法；即便有有效的解决办法，其是否有可能利大于害呢。

贯穿整部著作，作者经常运用这一旁敲侧击式双重否定的文学伎俩，比如"不证明有理由不行动（*not* justify *in*action）"。

这是用于反对假设的反"控制"论点，而不是支持任何事情。于此前经济学家提出的关于作者训练其具有毁灭性武器这一"反对论（argument against）"假设，也是采用暗讽，而不是直接陈述的手法。第二节的前半部分是十分典型的新经济学，即完全反对针对社会改革问题进行任何切实讨论，其中逻辑值得详细讨论。论及"有目的控制经济现象是否能够带来任何好处"的"激烈的争论"，本文将继续讨论：19世纪，一种奇特的经济宿命论哲学产生了巨大影响……它的一个形式建立在如下思想之上……经济现象受自然规律支配，试图控制经济现象，就是试图干涉不以人的意志而改变的自然进程；此类努力至多是徒劳，最糟糕的情况下，它们会造成巨大破坏。更多敏锐的反思就会证明这一推理是错误的。只要人能够改变条件，他就能够"干涉"自然——比如，当他建造升降机和饮用泉水时，他就是在"干涉"自由落体定律。唯有在社会关系领域，我们必须被动地接受自然给我们的命运，这点非常奇特。在此不是通过使用没有先行词的代词，而是通过人格化的抽象来达到预期目的的。它看似合理，但我们要问，"在社会现象领域"里，"人"要干涉"自然（nature）"具体指的是什么？从事干涉活动的"人"指的是谁或什么？当然，这两者是相同的，而且两者之间的对比毫无意义。如果我们为了使命题变得有某种意思，把"人"和"自然"换成所有的人或任何具体的人或团体，其荒谬就是显见的。如果所有的人遵循同一个行动计划，那么，"控制"就会自动完成，就不会有真正控制的问题。另一方面，把具体某些人置于"干涉"的位置，影响他人的行动环境，并赋予他们"控制权"，很难说是作者本来的想说的事情。提倡共产主义和法西斯主义的人，尽管他们有时直率到令人惊诧，也会小心地把这个实质性意思隐藏起来。

　　然而，从心理上说，关于此类推理貌似合理的解释是，真正控制的假设是在新一代经济学家在头脑中酝酿的，这些经济

194

学家将自己置于控制者的地位或成为控制者的大维齐尔（grand vizier，伊斯兰教国家的首相，尤指从前奥斯曼帝国的首相）。相当正常的是，人们认为自己拥有巨大能力，并毫无疑问地假定，这样的安排会产生巨大利好。然而，这一假设不足以使得广大民众必然渴望接受"控制"。这是因为，这些经济学家们显然既没有考虑他们将如何使用权力，也没有考虑什么形式和多大程度的权力实际上是可以想象的。即便一个独裁者能够创造奇迹，他也难以重新安排这个世界，使人们能够在同一时刻处于多个地方，或每个人都能够是主宰其余所有人的皇帝。在人的知识和能力范围内，通过"改变人类行为的条件"，"干涉"到底能够做些什么？或者，任何一个头脑正常的人是否会提倡把现实中的人置于这样的干涉位置？提出这样的问题，对于《现代经济社会》中的"论点"的影响，大约等于坚持术语的定义会对祝福的赞美诗（Blessed Hymn）的"论点"的影响。当然，提到这一"论点"的含义，其效果只不过是给自己贴上反动分子、宿命论者、愤世嫉俗者或人文进步的敌人的标签。（我不是在猜想：我个人曾经在个人、课堂和新经济学社会哲学代表组成的听众面前的演讲尝试过。）给富有想象力的经济学教授们的一点警告是，如果他们留意，有可靠的证据（他们可以在业余时间进行调查）表明，当决定对社会进行"控制"时，受控制的是人民，而不是由人民来控制。

如果说反驳经济宿命论的论点有什么意义，如果说有意义的并非（为了使行动基本明智而）分析行动的条件和可能性（即便只是一时冲动，想要采取更多行动），那么作者本来可以指出一个明显的矛盾，即指出"不可能干涉自然"的说法与"试图干涉自然是有危险的"的说法之间存在矛盾。

即从取更多行动的专制兴趣的相关性来看，中肯的事情也不是行动的条件和可能结果分析，使得要采取的行动是半明智的（semi-intelligent），作者本来可以指出一个明显的矛盾，不可能干涉自然的说法与试图干涉自然危险的说法之间的矛盾。当然，可以解释一切事情的关键事实是，它纯属虚构的敌人。斯利克特十分勇猛地抨击了那些反对行动的论点，但不曾有一位有影响的经济学家提出过这样的论点。在这一过程中，他犯下的一些错误，远比他指责的那些人的错误糟糕。在上面引用的段落中，他也承认，这一学说"在经济学家中很少得到信任"。然而，在第49页，我们发现了如下段落："自由企业理论的一个最令人震惊的方面是，它断言政府没有必要干涉经济活动。"只有中性代词"它"（又是一个没有先行词的代词！）使之不能免于含沙射影，而且这一含沙射影也是明显的装腔作势时。不过，这样说不是神秘的事情。胜利全歼本来不存在的反对者，本来是人们在就人类利益进行辩论时善用的"古老和可靠的"手段。[1]

　　逻辑和自然技术方法在社会问题的解决中的实用性的这一"奇特哲学"在 T. V. 史密斯（T. V. Smith）教授手中发挥到了其逻辑极限或者说达到了天真的程度。史密斯是实用主义哲学的学术带头人，实用主义哲学为新经济学所热衷。他的"共产主义和社会智力（Communism and Social Intelligence）"（*International Journal of Ethics*, January 1932）一文的第一句是："共产主义心理与资本主义心理之间最显著的不同是，前者对社会指挥所需要的智力更有信心。"这整个伪含义（pseudo-meaning）再次使用了"智力"这一抽象名词。用具体术语重新陈述，共产主义中显示的"社会指挥所需智力"是对一个党或按照相同逻辑自我任命的集团手中的军事力量的尊敬。借助这

196

---

[1]　例如，据估计，伦敦的烟雾每年造成的损失高达21000000美元，这还不包括它所代表的燃料浪费（第90页）：一个肥皂制造商用从棉籽回收的纤维生产价值100万美元的纸浆（第126页注释）；广告增加了葡萄干消费，人均年消费在5年里从1.16磅增加到了3.41磅（第57页和注释）。

一手段，引导或迫使民众相信执政党的智慧。对于没有实用主义哲学这一特殊见解的人来说，谈到对智力的信心，更多的是取决于谁的信心，谁的智力。与美国的坦慕尼大厅（Tammany Hall）的政治家或共和党全国委员会（Republican National Committee）的政治家相比，共产主义统治下的单个共产主义者或公民是更相信自己的智力还是他人的智力？我无法断定。可以肯定的是，对于一位实用主义者来说，把对智力的信心定义为眼中钉式的厌恶，并非"逻辑上的不一致"。如果智力被机械的定义，且"钉"是达到给定结果更有效的一个手段，那么其差异仅仅是数量而已。对于受影响的、不通晓哲学的一般公众来说，这种差异是否是这种形式的差异？这是他们要"预先"沉思的一个问题。

兴许少数读者会把"社会控制"当作一个有趣的具体实践问题。有些经济学家不同于新经济学家，也不用于同于试图从条件推导出结论而不是直接向读者陈述"正确观点"的经济学家，而是怀着其他正确或错误的写作目的，对于前述读者来说，不难明白为什么这些经济学家在论述控制问题时比较谨慎。当然，这完全是写作的目的。我已经用充分的篇幅证明，那些热心于传播宣传口号的人对社会有更强的兴趣。然而，需要警告那些对事实和可靠的逻辑有着反社会求知偏见的读者，在阅读197 新经济学著作的时候需保持警惕。如果带着自己的偏见看新经济学，忘记了它是出于美好的理想而完成的著作，他们会自寻遭受烦恼。这是因为，它不是靠诗意或幽默赢得高度好评的纯粹文学著作。事实上，倘若"控制"的逻辑被应用于气候而不是应用于"经济社会"，其中推理兴许更容易让人接受，只需改变其中关键词语，主要观点就完全适用。而且，将控制应用于大气现象有诸多优越性。毫无疑问，"我们"对气候的控制，同样是"不完美的"，它们"控制的必要性"一样大。尤其是，气候的周期性变化和其他波动，常常给广大人民群众带来极大不便和灾难，甚至给少数人造成致命灾难。毫无疑问，要找到方法达到精确性结果，要确定谁应该担当此项任务，以及对这样的角色应当给予什么薪水和社会奖赏，"我们"应该容易达成一致。最后，最重要的是，缺乏有效行动的知识"并不能表明有理由不行动"。积极的一面是，从这项计划推动者的角度看，控制气候和控制社会相比，其优点尤为显著。当然，最主要的事情是，控制气候不涉及麻烦的"权力"问题，但在控制社会时，必须考虑或希望考虑"权利"问题。

在上面指出的控制问题的一般概念中，这些方面都应当进行切实具体的分析。不过，表面上以控制为主题的《现代经济社会》一书并没有讨论这些，新经济学总的来说也是如此。这是一个社会组织问题，是一个改变社会组织方式的建议。实际研究的主要内容是研究社会组织的本质、功能和问题。在这些研究结果的基础上，首先详细研究现有体系的目的和运行条件，然后将其与其他可能的体系或打算用之替代现有体系的某个具体体系进行批判性的比较。最容易的是"设想"一个可以让人想象的体系，让其以任何可能的方式发挥作用，而不违背任何已知自然规律。理论上，无论一个人如何列举现有秩序的缺陷，或列举一个抽象的社会秩序的理想品质，倘若人民在现有秩序下按照要求的方式行动，这种秩序都有可能理想地发挥作用。同样可能的是，在任何给定的方面，任何其他体系与现有体系同样糟糕，甚或更加糟糕。于是，第一个问题是树立这样一个观念，个人和社会生活的质量取决于组织体系的特征和以及以什么方式依赖于这些特征。实践问题自然地分为两个部分或阶段：一是使一个体系按照现有材料和条件更好地发挥作用；二是使它产生材料和条件的逐步改善，使现有体系更好地发挥作用或使一个更好的体系切实可行。《现代经济社会》很少提到这些，好像一般教科书就不该面对条件改善中明显存在明显的困难。然而，如果"客观性"是被允许的，可以说，任何其他

198

事情都可以像关于经济学的诗歌和文学那样美妙，但确切地说，那不是经济学。有用的批判必须包括如下的结论证明：它与某种特性有关；社会秩序的某种"不幸"，除非能够通过改变社会秩序来消除它，不然就不是不幸；此外，还必须能在不引入更大的不幸的情况下做到这一点。

如上所述，本书第一节列举了六个"问题"。没有最起码的论点，更没有证明它们中的任何一个源于这样一个组织体系，或者它们不会在任何别的体系下同等程度地出现。事实上，它们中的大多数都经不起细究。例如：工业生产的"能力"并不等同于统计数据中所统计的能力；企业把巨大的权力集中于特定职能部门（好像其他"控制"体系可以避免这一点一样）；工人并没有足够分量的"声音"去影响他们的工作条件。书中常常提到竞争趋于导致"控制"，但一般来说给出的论述是为什么竞争发挥的作用"不完美"。然而，在第 63 页、第 70 页和其他地方，书中结论是，即便从工人的（假定的）特殊利益角度看，工人直接控制（假定可行）要比雇主竞争更加糟糕。正如我们已经指出的那样，不存在不符合逻辑的改革要求，但对"措施"的期盼总是令人失望。互相矛盾的语句是一种暗示，伟大和紧迫的任务要求读者不再无动于衷，而是迅速行动起来。

所有这些在价值、价格和分配研究中得到了应用。该书没把价格体系当作一个协调经济活动的机制加以认真研究，没有穷追其缺陷，我们看到的却是没完没了的含沙射影，而不是公开断言价格体系的方方面面都令人很不满。总是说"工业"这个抽象的人，这个妖怪是罪魁祸首。在第 4 章，不幸的是，价格"准确地反映出现有经济制度下指挥和控制生产的阶级——即有产者或资本家阶级——的利益"（第 62 页，原文为斜体）。然而，在第 17 章，作者说，利润"正在变成一种陈旧的制度——即不再履行社会功能，原因是它们流向了股东，而股东很少或根本不控制经营效率"（第 706 页）。关于财产平等的类型及其与控制之间关系的全然混淆不必在这里详细评论。因为书中的关键语句往往是设问句（rhetorical question），我们在这里不能连续引用。使用设问句是作者最喜欢的方法之一，显然十分适合他的文学目的。在价格体系的研究开始，几乎有满满一页都是这样的设问句（第265页），"暗示"把工业和工资体系交给消费者控制是不现实或不理想的。作者强调了穷人受操纵和无助的消费者遭受不道德的促销，但他没有提到，事实上，在绝大多数情况下，此类操纵是同时实施的，也没有提出关于消费者的"真实需求"的特征或他们是否得到了满足。全书最长的这一章（从第53页开始）用于讨论第一节（第8页）提到的这个题目。十分有意思的是，关于广告功效的例子大多来自广告业的广告文献。

当然，我们不可能在这里一一讨论全书主题，也没有必要这样做。总的来说，价格问题的处理符合传统。它宣称的不同于传统经济学的思想是：把高度抽象的理论原理陈述得越是笼统和不确定，那么，它们就越符合现实。给出抽象原理最安全方式是把它们表述得尽可能严格，把重点放在理想化的条件上，而这些是得出一般原理的必要条件。这种方式显然不符合这类著作的目的和风格。不过，这里没有暗示"可靠经济学说"没有得到出色的阐述。有些令人吃惊的是，"工资决定"这一章（第14章）倒是迈向可靠研究理论问题的最好出发点之一。不过，在这一章的后半部分，以及关于资本和利润的两章（第16章和第17章），与纯粹的一致性和严格性相比，其他方面的考虑因素占据了优势。限于篇幅，我们不能在这里详细引用，但可以给出关于经济学分析风格的一两个例子。在第119页，作者辩称，随着熟练工人与不熟练工人之间的专业化，专业化趋于提高素质较好的工人的工资，却降低素质较差的工人的工资。然而，在第192页和第193页，工会面临的主要困难是，除非不熟练工人也加入工会，不然不熟练工人的"竞争"会降低熟

200

练工人的工资。在第 175 页、第 356 页和第 721 页,有一个常见但完全谬误的论点:置换旧的(用于生产其他产品的)资本货物资本品(capital goods)将扰乱投资,从而不能实现总产量最大化。在刚刚提到的论工资一章(第 645 页),我们很想更详细了解提高工资的压力如何提高储蓄率。正如本来期望的那样,我们发现,劳动不具有流动性这一点证明了劳动的有效竞争是不可能存在的。这本书增加了一个有意思的细节(第 71 页):关于流动性的统计事实证明了劳动的有效竞争的确不存在。

任何一本研究经济控制的著作都应当特别关注的一个主题是经济周期,因为这个现象是人们在"科学讨论"、新闻评论和日常言谈中谈到控制和计划时谈论最多的。在对经济周期现象及其危害(丝毫没有提到事情的另一面)进行一番轻描淡写之后,我们来到了这一章(第 20 章)的主要一节,"经济周期是如何产生的"。其中的关键语句是(第 458 页):

信贷体系和现代工业成本的性质极大地加重了商业周期的严重程度。然而,有可能商业周期主要是有两个相当简单的原因的复杂表现,这两个原因导致了有节奏的价格波动……:(1)生产者倾向于受当前价格和利润引导,缺乏对未来价格和利润的预见,且无力及时调整供给以适应需求变动;(2)倾向于从事投机性买卖。

201　　第一句是本章唯一提到关于信贷或成本特性的一句,但第 11 章和第 16 章(尤其是第 695—696 页)的结果给人的印象有些不同。这一立场的另两个特征十分突出。第一,上面提到的两个趋势,在不同行业趋于表现出不同的周期性和阶段,以至于确切地说商业周期问题始于如下问题:什么东西把那些明显但不同的波动趋势合成起来,产生了整个系统中可见的净周期。对于这个形式的问题,除了货币和信贷的变化,很难找出别的答案。与第一个特征联系着的第二个特征必定与控制直接有关。至于能做什么来进行控制,有些令人吃惊的是,甚至此在这样一本教科书中，我们可以发现后面有三节（这一章末）标题相继为：“商业周期的控制——繁荣时期应采取的步骤”；“商业周期的控制——危机来临时应采取的步骤”；“商业周期的控制——萧条时期应采取的步骤。”在第一个标题下，基本建议是，“应当抑制商人把商品价格提高到脱离有效需求水平的行为，或者应该抑制产量，保证价格在盈利水平”（第471页）。这样问可能有些不太友善，但是问题是，“我们（we）”如何知道，在任何时刻，“我们”正处于周期的什么阶段？未来价格走势是什么？如果不采取任何措施，周期会怎么发展？最后一点贡献是一个警告（第490页），“要在萧条时期支持市场，得依靠对萧条持续长度进行精确估计……。”我们只能指望，对于不能通过解决经济周期的问题而获助的学生而言，这些能有一些启发的价值。

我们这里可能提及的最后一个话题，是控制的机构，我们从《现代经济社会》或《新经济学》中几乎找不到这方面的见解。这个问题在相当早的时候就提出来了（第13页——注意代词和拟人的用法）：我们有希望适应工业的迅速进步的需要，发明出工业控制所需要的方法并将其投入应用吗？这样危险很大，因而我们不能这样做。首先，所谓自然科学和以它们为基础并决定工业进步速度的科技，比经济学进步更快，原因是它们采用的是控制条件的实验方法，而经济学和其他社会科学没有可与之匹敌的研究方法。第二，技术研究受到工业自身大量补贴，如何控制工业的研究却没有……第三，工业技术变化不需要得到公众赞成……很多控制工业的方法却需要政府行动。但是，民主政治下的政府，通常要等到舆论支持才会采取行动。[指的是非政府措施和制订出更迅速的政府过程的可能性。]没有理由假设，在18世纪就已经有的政治发明的基础上进行改善，其可能性就会小于在机械发明的基础上进行改善。

疑问暗示得十分明显，以至于我们犹豫是否给予评论。用于支持政治、社会和经济科学研究的钱大多来自哪里呢？正如作者暗示的那样，民主政府等待舆论，难道这是一件"坏事"吗？真的是这样吗？如果政治进步与机械发明一样容易，为什么一个领域的进步超过另一个，反而会产生问题？这大概是因为，在新经济学受到启示之前，不曾有人想到进行政府改革。我在全书中找不出政治过程的原理和可能的作用与经济竞争之间在社会生活的任何理想或邪恶方面的对比。我们得到的都是含糊但强烈的情感，即有极为严重弊病有待纠正。当然，关于这一点，没有异议。这个事实是适合更高等教育的内容。

该书为控制问题的解决作出的最后一个重大贡献是一首长达两页的散文诗，描述的是，"假如"商业经理们保持中立而没有党派偏见，他们"可以"作出的贡献（在论利润一章的末尾，第727页，也提到这一点）。作者没有讨论在其他体系的职能部门之间和"公众"中是否会有较少利益冲突或更多中性的问题。他仅仅暗示，"劳动"与"消费者"应该在工业管理中有发言权。"我们必须通过试验发现能够有效代表各方利益的组织形式"（第887页）。他忘记了上面第13页引用过的关于试验说过的话。关于一个社会就其自身生活进行的试验的含义和可能性，这样一个问题大概会被戏称为一个"哲学问题"。如果说历史不是关于组织形式的一个连续试验，还能是什么呢？除了历史还有别的有意义和可能的试验吗？结果是什么，为什么是这样的结果？如果消费者和劳动者不想要别人给他们的、付出一定代价才有的那种"代表权"，如果他们的利益可以由生产者之间的竞争更好地保护，代表权应当强加在他们身上吗？而且，如果是这样，由谁以什么样的方式给予他们？

在阅读本书时，我们假定，国家是控制的最大依靠，与其说这是因为作者之前实际上说了什么让我们这样假定，不如说对于一再出现的代词"我们"，"国家"是唯一看似合理的具体先行词。我们不知道作者的国家概念，它的性质、作用、优点和弱点。全书有四章涉及国家，三章论述其在决定价格中的活动，一章论税收问题，但没有给出有启发性的见解。在这一困惑窘境中，我们兴许可以转而求助于塔格韦尔（R. G. Tugwell），他是新经济学的另一位领军人物，也是美国经济协会讲坛的权威所在。在一篇标题为"计划和自由放任原理"雄辩论文中，塔格韦尔称赞了斯利克特的著作。他明确指出，国家是人们设想用于取代竞争组织的东西。塔格韦尔他还解释了为什么人们怀疑国家治愈社会失调和不公的能力。[1]

　　商业腐蚀政府；倘若"消灭"商业，政府就会变成一个理想的工具；在政府领导下，人类就会像生活在一个幸福大家庭里一样生活在一起。该理论远远不是新经济学的发明。众所周知，自从人们开始做梦和批判以来，它就是乌托邦演说家和小册子作家一贯兜售的东西。本质上，它是古老的，是严格意义的现代"商业"诞生之前就有的。甚至经济学的"正统"传统也产生了相同"思路"。正如詹姆斯·斯图亚特·穆勒的（与塔格韦尔的信仰一样庄严的）信仰宣言和其他地方表述的那样，如果人们在战争时期出于爱国之心愿意挖战壕，和平时期他们也愿意做相同的事情。因为"控制"实质上是用政治取代商业，追求事实和真理的研究（尽管不是一本大学经济学教科书或一位

---

[1]　与新经济学的某些代表相比，值得赞扬的是，斯利克特教授至少使用中性代词，没有误传具体某些经济学家的立场。后者的一个例子见科普兰（M. A. Copeland）在 1930 年 12 月美国经济协会上的演讲（*Proceeding*, March 1931）。也就是说，斯利克特的方式优于科普兰的方式。不过，如果讨论的问题类型不同，对"真理"造成的破坏会更大。略读经济学家科普兰教授们的著作就会发现，他们所提出的学说，一般来说并非他们持有的观点，而且在很多情况下恰恰相反。

新经济学家在美国经济协会上的一场演讲）[1] 应该深入研究这两种机制的已知和显然稳定的特征。这自然是无法在这里做到的。不过，我们可以用结语给出一两点观察。

204 正如商业与政治之间那样，我把民主与军事组织对比，实质大致相同。人们各有不同程度的影响力，不同影响力带来不

---

[1] 见 *American Economic Review Supplement*, March 1932: "多年来，我深感困惑的是，为什么很多人反对扩大政府的职能。经过慢慢的和耐心的研究，我找到了让自己满意的答案。理由是，每当政府染指商业时，商业都会使政府腐败。这似乎是商业体系的一部分，不再被商人看作错误的事情，成了普通买卖。而且，看到这一现象盛行的聪明观察者，总是得出结论说，腐败和低效率是政府的本质，因此，把重要的事情，比如经济职能，交给政府总是不可信的。需要更长时间的研究才能得出如下结论：这些聪明人都是错误的。而且，因为他们是错误的，他们的全部思想也是不正确的。麻烦在于商业的本质，而且只要商业动机和方法保持不变，它就会继续腐蚀与它接触的每个政府部门或官员。但是，我们不能推论说，因为商业已经麻痹了政府组织，政府的内在就是坏的，永远不应当受到信任。改变商业，把事情安排得使得人用于腐败公共部门的能力得到严格限制或被消除，这时，也只有这时，我们才有机会看到公共利益也能够有效和诚实的服务。就我对人性的了解，我相信，这个世界正在等待着一个巨大能量喷发，只要我们消除竞争企业制度不利于公共服务的弊端，并为人们的不那么有效率和不那么有益的动力找到用途。当工业是政府且政府是工业的时候，我们的现代制度中最深层的双重冲突将会减少。

"这是我对计划经济的前景如此有信心的基本理由之一。在计划经济中，我看到了每个人的诚实都终将得到报答。为此，我们必须使商品的制造和销售摆脱一些有害的活动，这些活动是那些被当作游戏和诈骗的活动，很少有规则，无道德，对使用的手段毫无限制，只按照结果进行奖励，而这些结果就其本质来说是有害的（第85—86页，注20）。经济学家应当研究查尔斯·霍顿·库利的《社会学理论和社会研究》(*Sociological Theory and Social Research*)。他有一篇早期文章研究'个人竞争'，其中包括对动机的赞美评论。他证明了，我们的成功标准已经是扭曲的，一些不同的活动需要得到更多社会认可。最后一段总结：'我认为，事情十分明显，关于成功的本质的这一观点肯定是一种有希望的观点，只要我们关心的是进步的可能性，并完全与悲观主义态度对立，而悲观主义态度的基础是假定人性的"自私"和经济动机必然占支配地位。无论古今，真正占支配地位的动机基本上都是社会和道德动机，是成为他人心目的某种人物的动机，是赢得尊敬、荣誉、某种社会影响力的愿望。因此，人的努力是可以塑造的，是受时代精神支配的。成功的标准，以及与之相伴的竞争的整个特征和趋势，是人类最容易实现的一种社会或道德现象。'"（第80—81页，注13）

同报酬。人们总是努力保住已有的，并争取更多。两种情形下的方法都是"竞争劝说"。政治的内在纯粹性和慈善是令人怀疑的，除了它如此容易被腐蚀，还有更为基本的理由。"弄权（playing politics）"是常用的一个术语。而且，通常意义上的弄权不是指为了苦修美德而玩弄权术。有意思的是，将其用于与"竞争的商业活动的流毒（the dead hand of competitive business）"没有明显联系的政府之外的活动，其内涵并不发生显著变化。对人类的一般观察已经注意到，这一现象总是伴随着大规模集体和参与者的兴趣多种多样——工作、娱乐或交际、探索真理或心灵拯救。塔格韦尔教授可曾发现大学班级政治学、兄弟会政治学、教员政治学在范畴上不同于"政治"政治学？在没有暴力直接支配或以暴力为基础的宣传垄断的情况下，除了上面提到的"竞争劝说"，很难想象团体的形成和维持的任何其他原理。在现代术语中，它是"推销"，无论具体出售的是商品，还是宣传一项政治政策或候选人、年轻人教育或宗教传教。只要人们发现一种销售方法有效，它就会很快得到应用。如果一种有效的方法不是理想主义者加以理想化的方法，他们就会耐心地设法"销售"更高的销售标准，或者在发现暴力更加理想的时候，转而求助于暴力。

在商业与政治之间，人们容易提出这样的主张：腐败发生的方式相同，这样主张也是合理的。可以说，二者明显的差异在于开诚布公的程度。二者都尽力让人们产生对卖者提供东西的需要，从而最终实现"给人民他们想要的东西"。政治家，首先尽其所能，或者使出最恶劣的手段，教会人民政治家自己的声音，然后再服从人民的呼声，并称之为上帝之声；商人骄傲地用以装饰他们盾牌的两个图案是，"广告是值得的，""每一分钟都有一个傻子出生。"商人免费资助广告和促销学校，向全世界的人传授经商之道——结果应当是使它们完全失效。可曾有人听说政治家资助的工程和机械操作学校？如果新的经济演说说服

205　世界，只要"消灭"商业，就可以使政府保持纯净，成为建设美满人类社会的合适工具。那么，这的确将开启一次伟大"实验"，其一般特征是，为了确认一种东西是美食还是毒药，用这种东西替换现在吃的某种食物。

9 资本主义生产、时间和
   收益率

*最初发表在纪念古斯塔夫·卡塞尔（Gustav Cassel）的
经济论文集中（伦敦：George Allen 出版社，1933 年）：第
327—342 页。*

I. 导论

有一种理论认为，资本反映并且在数量上对应着工作时间
的长度。在这一时间内，特定的"生产要素"（所谓"原始或初
级生产要素"）被用于最终用途——即被用于生产资本工具（也
叫作"二级"生产要素）。达到这一理论源于英国经济学家杰
文斯（Jevons）；庞巴维克广泛传播了其原始形式；维克赛尔
（Wicksell）对其进行了进一步的提炼。它是得到广泛拥护的一
种理论。尤其是，它是哈耶克教授和其他理论家传播的经济周
期理论的基础。然而，认真研究可以发现，这一理论中有若干
严重的混淆。至少，它的成立所需要的条件十分不符合现代经
济生活的基本事实，以至于许多人强烈反对将其作为行之有效
的分析工具。

历史上，这样一个理论自然来源于"经典"的生产理论和
资本在生产中的扮演的角色。这一理论可概述为：生产是由劳动

完成的，而劳动在资本的支持下应用于土地。一定数量的资本支持着一定数量的劳动。[1] 每一年中，劳动消耗了上一年生产出来的资本，以支持当年的再生产资本。这里的资本被看作是源于农业的食物，或是食物和原材料。对于只进行消费而不进行再生产的劳动，被认为是"非生产性劳动"。这一理论中含有工资基金学说。最简单的工资基金学说假定整个社会每年的收入减去租金后被用于支付劳动，因此当资本收益占收入的比例可以忽略不计的时候，资本、年收入（减去租金）和工资基金事实上是完全相等的。同虽然在"工资的最低生存理论"和"剩余资本有着密切联系说"的基础上也发展出了相应的工资基金概念，但我们在这里不作详细讨论。

212

资本反映生产过程的时间长度的理论，就其起源而言，在杰文斯的著作中并不那么明显，但在庞巴维克的著作中十分清楚。有人指责庞巴维克是一位工资基金论者，他在为自己辩护时明确采用了上述理论。[2] 对于李嘉图－穆勒收入分配理论和资本理论，杰文斯和庞巴维克所做的事情基本上是放弃了用自然年作为生产周期以及劳动与资本之间的比例保持不变的假设，从而（对于给定的劳动数量和土地数量）将资本的数量成了可变生产周期的一个线性函数。在最初的生产过程概念中，这是符合逻辑的。倘若真的是劳动生产资本，资本反过来支持或帮助劳动，那么，一个两年期的生产过程所需资本就会是一个一年期的生产过程所需资本的两倍（假定劳动力数量保持不变）。但是如果按照一般的技术原则，生产周期越长，产量越高，与此函数关系相一致的资本回报率就可以从这个关系中推导出来。

由于事实上，关于劳动与资本之间存在属于合作性质的观

[1] 最早刊发在 *Economic Essays in Honour of Gustav Cassel* (London: George Allen& Unwin, 1933), 327-342。

[2] 《资本实证论》，最后一章。

点是错误的，从而由其推导出的资本和资本回报率的理论也是错误的。本文的主要任务是详细解释其中的错误。我们的主题有两个：第一，严格地说，生产过程中资本（由非人力生产要素组成）与劳动之间的关系是一种相互、协同和联立的关系，其中任何一个"要素"都不以任何方式优先于另一个。第二，生产周期的长度和意义都是不确定的。从"静态稳态"角度看，社会的物质和人力生产设施生产出满足人的需要的服务，这些服务在生产出来时就被消费掉了。从历史的角度看，由劳动者和资本工具（包括"土地"）组成的生产系统本身的建立和完善是一个连续的累积过程，就像鸡生蛋，蛋生鸡那样，其源头无限遥远。在这个过程中，所有的生产性工具，包括劳动力在内，都是在共同合作的基础上参与生产的。

II. 基本经济学概念中的时间维度

　　用日常用语表述经济学理论，难免存在含糊的情况，所以我们的主要论述必须从定义开始。尤其重要的是，在经济推理过程的主要阶段，词语必须明确和恰当，要尽量避免有关这些词语的时间维度方面的一些混淆。（1）首先，经济行为的概念包括两个阶段：第一个是在给定环境下的效用最大化；第二个是改善环境本身的行为。我们用"静稳态经济（stationary economy）"来指前者。第二个包括广义的报酬最大化行为，即在竞争性的用途中对给定的资源采取合理的分配以最大化收入，而非从历史的角度进行研究的变化。（经济学在这里即是指改正技术、操纵资源，以排除错误和不确定性的行为。）（2）全部经济活动的目的，类似于机械理论意义上的动机，是对需求的满足，这些行为导致了一个经济物品在状态上的改变，包括生产和一段时间的维护。（3）上述变化是由一些直接经济要素——人或物——引起并在一段时期内保持。（4）从过程的角度看，直接要素的利用称作消费。（5）当一个物被消费时，我们说该物提供服务。

（6，7，8）财富、价值和收入。消费和服务具有时间维度，即"率"的概念。在任何时刻，通过消费者的支出选择，不同种类的服务可以被简化为一个共同的与价格相关的特征。不过，通过交换和竞争过程，个人主观价值比较变成了客观的价格，因此才有了用市场价值衡量某种东西的价值的说法。买和卖从来都不是连续的，而是作为"一系列事件"发生的。市场上交换和衡量的不是一个流量，而是一个绝对量，是一定时期内一定大小的服务流的权利的"价值或数值"。因此，有了财富的概念，其特有的属性是价值，最基本的经济学上的事实是消费和收入。不过，由于财富是最常被衡量的，我们需要通过反推，对以财富定义的一系列服务进行命名。由此带来的一个概念是消费－收入（consumption-income），表现为一系列的交易价值，因此，它必须被定义为财富除以时间，确切地说是财富量对时间的导数。（我们将在稍后提到一个更为宽泛的收入概念。）经济理论的基本量之间的关系类似于电学或光学理论中的概念。基本的量是流量或强度，具有时间维度。数量是派生的概念。电学中的数量大小只有在电流乘以时间的情况下有含义，或是一个时间区间上的积分（求和），即安培时。光的数量或亮度只能设想为特定时间内保持的强度，用烛光小时（candle-power-hours）来表达。无论水是否流动，我们都可以说，在某个时刻，存在一定数量的水，但我们不能说某个时刻存在一定量的电或亮度。所以在经济学中，财富内在地有两个维度：收入和时间。"逻辑上"，这一关系是否以这种方式陈述，以及收入是否被赋予数量维度即等于一定时间内的财富数量变动并不重要，至关重要的是理解它们之间的"真实"关系。"本来"，财富等于收入乘以时间或时间区间上的积分。但是，在经济学中，这一关系要复杂很多，原因是时间以另一种方式体现的，求和是相对于一个时点进行的，或者说是从某个时刻来看的。在任何时刻，只有未来收入有价值，而价值总量取决于未来每一个分散时刻的收入流如何根据距离现在时间的长短来计算的价值。因此，求和的过程包括通常所说的贴现（discounting）或"资本化"这一较复杂关系。接下来（本文第三部分），我们将讨论这一运算的本质和其中的潜在因果关系。

关于财富和收入的几点注释:（a）按照人们熟悉的形式，财富表现为能够以某种形式提供某种服务的主体，但它也可以由纯粹抽象的权利组成。（b）兴许有人认为，对财富的追求只不过是为了占有，而不是为了获得"收入"。不过，即便财富没有其他用途，占有本身也是收入的一种形式。财富是"保有的（kept）"，而不仅仅是"获取的（obtained）"。理论上的真正困难是，保有财富是为了某个已知理由，而不是为了应对意外事件，或作为投机性游戏的必要假设。（c）一件物品产生消费收入的时期未必是它自身作为一件物品的时期。很多困惑无疑来自于将消费食物认为是这种类型的消费的代表。即便把吃当作即刻完成的事情，但其产生的愉悦显然不是瞬间结束的。理论上，我们断断续续地吃，而不是连续地吃，这是一个机理上的偶然（mechanical accident）。大多数直接使用的经济物品都相当耐用的，并在较长的时期内提供服务。（d）至于"间接"要素，即制造业中消耗或用于制成其他物品的要素，使其有价值的整个消费服务或收入流会在或长或短的时期内累积起来，远不同于生产要素本身寿命的长短。（e）每一个直接或间接要素都与无数其他要素共同使用，它们之间有或多或少的重要合作关系。所以，任何一个要素的服务必须通过"归因（imputation）"与其他要素分开。（f）有一个价值单位，会带来方便，我们可以称之为元。我们仅仅把它看作一个价值单位，它不具有一个交易媒介的其他性质。作为一个交易媒介，或作为一个价值贮藏手段，它的使用会产生理论干扰。在没有不确

215

定性的情况下，人们基本上可以避免因持有货币而支付利息，而且货币的流通速度会变成无穷大。

关于数量化的几点注释：（a）不同需要与满足需要的不同种类的服务形成两个完全相同的列表；经济上的需要是通过购买服务而得到满足的需要，只能通过后者（服务）为人们所知并得到衡量。（b）我们将会看到，有两个量化体系，个人比较使得每个人对商品和服务在价格上有一个估计，并在市场中进行交易。按照假定，竞争决定的价格使得这个体系的全体参与者最大程度地互利。在均衡状态，对于每个人来说，相等的（每一元货币）交换价值代表相等的"满足需要的能力"，但这并不意味着不同个体间在其他任何方面存在平等。（c）"生产成本"的量化，包括货币成本与其他量之间的关系，在这里不作讨论。

（9）在经济概念的处理中，尤其是关于时间维度，混淆的主要来源是生产的概念。困难的根源在于静态经济（stationary economy）与历史发展间的区别。这似乎是生产的两个含义之间的混淆：一个是提供消费服务的生产，另一个是提供消费服务的要素的创造。（在英国文献中）生产的传统研究来自古典学派，经由穆勒，多少有些修改。穆勒一开始把生产看作劳动的效果，然后坚持生产的是"效用"，并区别了三类效用。第一类效用包含于（非人的）物品之中；第二类是在具体的人类中；第三类效用不表现为具体的物体，而是存在于（一个人）提供的服务之中。具体为物品的效用是人们熟悉的三类效用："形式"、"地点"和"时间"效用。穆勒的结论是把生产定义为令财富增加的创造活动。[1] 这里，有许多错综复杂的混淆。首先，要保持生产与消费之间的一致关系是不可能的，但这一点只能暂且不论。（穆勒仅仅在讨论"生产性"消费与"非生产性"消费之间的区别时讨论过消费，而且是按照他给生产的定义讨论的。）

[1] Bk.1, chap.iii, sec.4.

从更根本上说，区别生产的种类或概念的三个基础存在混淆。这三个基础是：（a）生产的是什么；（b）生产要素；（c）生产过程。关于最后一个，只需指出的是，形式、地点和时间效用之间的区别仅仅与生产方式有关，与生产的是什么无关。关于（a），我们遇到了核心谬误，与时间维度有密切联系。作为提供服务（"效用"）的活动，一定不能与维护、置换或财富的增长混淆，生产是由提供未来服务的要素组成的。作为"生产"生产要素的生产的概念遇到了混淆的第二个基础，而且这方面的讨论有必要提到"生产要素"的传统分类。（然而，需要牢记的是，在文献中，这些不是提供消费服务的要素，而是生产"财富"的要素。）

"要素"的"三分法"源于把人与其他要素分开，从而把非人要素分为两类，即自然恩赐的要素和人造的要素。这里，实体的种类与要素或性质混淆了。事实上，一个具体的物，无论是人还是非人的物，笼统地说，使其有价值的有些属性是"自然的"，另一些属性是"人造的"。这一区别有必要在后面作进一步详细讨论。再者，人类自身也肯定是经济过程的产物，也是有成本的。但是，基于人和制度上的理由，把人与非人的要素一般地区别开来还是可取的。在一个自由社会中，人是不可买卖的，从而没有确定的价值。而且，部分因为这个事实，人不是在"经济的"条件下生产出来的。无论如何，古典的生产概念不适用于自然恩赐的东西或人。

在作为提供消费－服务的生产（以某个速率）和制造部分（绝对数量）的新的生产能力以提供此类服务之间，存在根本性的混淆。有些现代学者，采用穆勒的生产概念，把消费定义为（财富的）"效用的破坏"。有些学者把提供个人服务看作生产的一种形式或生产出来的效用的一种形式，从而混淆了不同维度的数量。避开此类错误的最好办法是严格遵循消费是服务的享受，而生产是消费服务的提供，无论在这两种情况下使用了什

217

么生产要素。

不过，一个既包括当期消费服务（消费收入）的生产又包括新财富的生产的概念也是必要的。（维持现有财富包括在消费收入的生产之中，因为在本文中我们不关心社会倒退的问题。）这一必要性源于如下事实：财富基本上意味着或"是"由未来的消费－服务的折现，这一服务的实现却不是自动发生的，而是一个经济问题。创造财富并使其产生收入的两类活动通常是由不同的人或团体通过金钱关系合作完成的。所以，在会计核算中，两类活动或过程必须区别对待。财富的增加是相应时期内会计意义上的"收入"，尽管没有实现最终价值的增加。"收入"一词在这个意义上的使用是牢固地建立起来的，要避免错误，只能通过一些修饰语或上下文把意思弄清楚。它可以被用于指货币收入，其代表了消费能力，这种能力可以现在行使，或用于创造财富，即"投资"。当"收入"用于表示其来源而非其用途时，就与其他术语，如"收入"、"收益"和"租金"等同义，从而产生了更多混淆。所以，在使用这些词语时，有必要弄清楚其包括的内容，比如完全扣除了维护和置换以及各种运营费用之后，在净的永久收入之外，还剩下什么。

关于消费的几点注释：（a）可以肯定的是，把消费当作财富的消费是清晰的。这样的用法并没有给处理个人提供的服务留下空间——除非把人也看作财富和用于消费这两类，并且因为他们所提供的服务被消费掉。更为重要的是，财富的使用不同于财富自身被消耗。仅仅在一个物品生产出来那一刻就被"消费掉"的情况下，两者之间才能区分开来。大多数要素都有提供服务的寿命，其长度或多或少地与使用速率相关，而且在最经济的使用速率下，使用寿命的长度可以是从零到无穷大。在后一种极端情况下，消费服务与消费掉整个要素丝毫无关。一般来说，这个关系是我们马上要讨论的核心问题——财富与消费收入之间的数量关系——的一个方面。（b）从理论上说，用

218

于满足需求的消费与用于维护或增加消费者的生产能力的消费之间存在重要区别。但是，两者之间数量上的区别显然是不可能的，这迫使我们把用于人的全部服务的支出都包括在消费之中。基于类似的理由，我们在讨论生产问题时，有时必须将投资也包括在消费之中。

III. 资本和收益率

资本（我们所列第十项）可以简单地定义为财富，但想到它产生的消费流所具有的资本化价值，就不能简单地将其看作交换价值。"资本化"的第一个原则是，在竞争条件下，每一项财富的收入速率都是相同的。如果一项财富的收益率低于价值相同的其他财富的收益率，那么，它会被用于交换其他财富，收益率的差异就会被消除。

第二个基本事实是，投资（短期的目标是金钱，最终目标是生产性的服务）机会是开放的。此外，从我们具有的历史知识来看，一个竞争经济中，总是有大量的净投资（本文仅仅讨论这样一种情况）。在世界上，产生消费服务的相同要素（大部分）能够被用于，并且在很大程度上会不停地被用于创造此类服务的生产能力，使这类服务的未来数量越来越大（比率乘以时间或时间区间上的积分）。货币收入的投资意味着牺牲了某个时期一定数量的消费收入，获得了"财富"。由此产生了两个问题：（a）一定的货币收入投资（牺牲的消费收入）获得了多少财富？（b）多少财富代表一定的未来（货币）收入？不过，回答了第一问题，也就等于回答了第二个问题。

第三个事实是，在这样的条件下，从决定把一个时间段的收入转换为另一个时间段的收入那一刻起，未来每一个时间段上的（货币）收入都在经济上等价于一个均匀和永恒的收入。这样一个未来收入的拥有者，可以通过从整个系统的净储蓄流

219　借款，将其未来收入转换为现在收入，也可以通过投资将其向后推迟。此外，在投资使财富净增长的国家里，从本质上说，财富带来的收入是永恒的。如果一个曾经进行了投资的人决定将其全部消费掉，那么事实上并没有发生财富的消减，而只是收入向财富转换的净速率发生改变，因为其他人也进行了投资行为。

　　借助这个固定的、持续收入的概念，我们可以轻而易举地得出收益率，即货币贷款的"利率"。假定一个人拥有这样的收入，其每年得到 n 单位收入。在某个时刻，他决定将其中的一部分不用于消费，并用于长度正好为一年的投资。在这一年结束后，他重新开始消费，他的收入因为上一年的投资而以一定的比率增加。这个比率是年利率。对于一个持续性的收入来说，它所代表的财富数量就与年收益率有关。因此，在现有技术条件下，通过把消费转为投资而实现的收入增长率就是能够通过积累来实现的财富增长率。而且，这也正是利息的普通定义。在对数或比率刻度坐标图中，我们可以用一条曲线描述消费转换为投资所带来的增长，增长率是曲线的斜率。在收入可以并且真的用于投资的社会中，收入的未来贴现率，等于当前投资的技术条件下能够得到的积累速率。

　　关于利率的注释：（a）贴现率与积累率相等，这一特点可以通过另一种方式推导得出。在任何时期，任何货币收入（一个不随时间变动的均匀比率）都按照代数级数的方式，以某个未知比率积累，而积累起来的资本工具所产生的未来收入也以同一个未知比率贴现到原来的时点。把这两个表达式等起来，得到一个方程式，就可求解未知比率。收入流的形式可以是有限时期内的预期收入流，也可以是均匀的持续收入流。这两个表达式可以通过简单的代数运算相互转换。不过，如上所述，在一个有增长和整个体系永远不会清算的社会中，持续收入更加符合现实。

（b）在这里，投资者个人对其收入的预期是无关紧要的，无论其投资是永久的或延续一千年或一天并不重要，只要他能够通过出售来变现，只要社会有资本市场，把新的储蓄转换成收入，所有的投资将把有限期收入转换为永久收入。

（c）利息当然等于资本品的租金减去永久维护费用；整个比率问题就是资本品的估值问题。

（d）我们只能在成本决定价格，即存在机会成本的前提下说利率基本是由"生产成本""决定的"。本来可用于产生一定的消费收入的资源，在一定时间区间内用于生产财富，而由此生产的财富将会产生并代表着一定的持续收入。资本品的出售价值是由这一生产成本决定的，而生产成本本身也包括利息。所以，要使这些关系得到正确表达，需要一个方程，其中所有项目都带有这个比率，并将其作为一个未知数来求解。这并不是说，一件已经存在的资本品的价值，在条件发生了变化或当初投资错误的情况下，也等于生产等价项目的成本，即产生相同净永久收入的项目的最低成本。两个项目的物质形式并不重要。假定一个投资市场上存在着竞争利率，在这个市场上，同时做出的投资都是按照相同比率做出的，是现有技术条件下的最高利率。同样清楚的是，现有项目的当初成本是否等于其价值并不重要。不过，同样显然的是，在竞争经济行为条件下，除非付出与价值相等的成本，一件物品才会成为一个人的占有物。（这与这件物品的自然历史无关，也与社会对它的需要无关，也与发生的成本的社会必要性无关。）

成本只有在如下条件下才决定价格，即与需求相比，供给完全富有弹性。这一点对于资本来说也是成立的，不过，正确的陈述必须避免某些陷阱。问题在于资本品的估价，即未来持续收入的估价。资本品的供给对应了储蓄的需求，是完全富有弹性的，因为资本品可以按照基本上不变的成本无限地生产出来。类似于对资本品的需求，储蓄的数量取决于个人在储蓄与支出之间的选择。唯一正确的方式是将储蓄的提供设想为流入资本市场的一个流量，其大小随利率变化而变化，由于缺乏弹性，在有些条件下甚至有可能随利率上升而减少。显然，储蓄率随利率变动的范围是很有限的，而且与利率相比，储蓄量（速度）更多地取决于社会和制度因素。

221　　某一时刻的资本供给线是富有弹性的。这个概念包括着本文始终强调的数量与速率的混淆。储蓄只能被看作一个速率。如果储蓄依赖于利率，并且随利率上升而增加，那么，转换为投资的新储蓄流的积累率是价格的一个函数。市场上某个时刻的实际供给，如果说它有什么含义的话，也只能是一个固定的数量，而且这一时刻的弹性等于零。如果要把这一情形正确地描述为两个流量之间的一个均衡状态的话，某个时刻的资本供给本身的变动是零。也可以说，市场上的资本供给被看作是存在着的全部社会财富。这只不过是任何时刻实际发生的事情。利率使资本供给（指实际财富，不考虑取决于价值单位和资本化比率的数字表达）增加或减少是需要时间的。无论从那个角度看，对储蓄的需求（未来收入的供给）的弹性相比来说都远远大于储蓄的供给（对未来收入的需求）的弹性——假定储蓄的流动即生产能力变成投资或资本品的建造没有任何障碍。

倘若积累是以一个较高的而不是较低的速率进行，并且无数"其他事情"不发生（事实上它们肯定发生并使对资本的需求曲线向上移动），那么，利率会随时间推移而下降得更快。在任何时刻，利率完全取决于存在着的投资机会的好坏。这只不过是说，投资者以最高的利率"明智地"进行投资。流入市场的资本流的速率的改变无法立即或十分迅速地影响投资机会。现有的原始数据表明，即便是在需求曲线保持不变这一不可能的假设条件下，高储蓄率也必然导致收益率在30年内下降一半。然而，无论如何，收益率永远不可能下降到零。零收益率意味着转换为资本的所有商品都是自由物品。此外，没有理由认为，收益率曾经或将会达到均衡状态，以至于不再有资本的净增加。

（e）资本的净增加并不意味着总量的变动，因为价值单位和利率会变动。

关于消费品的注释：每一件财富都是生产性的，意思是它包括一个与财富的数量相对应的、固定的持续收入流。消费品的概念反映了三个属性的混淆，理论上，它们并不同时出现。不过，如果这个术语所指的东西是使用者拥有、直接使用和使用寿命很短的东西，倒也不会引起误解。第一个属性在经济分析中引起了一个主要困难，即有多少自助服务包括在了以经济收入为结果的经济生产和消费活动之中的问题。在理想情况下，分界线应该在消费者用金钱衡量的东西与不是出于金钱动机生产和消费的东西之间。当然，自助服务包括自己拥有的东西的使用以及个人的自助服务和家庭成员或团体成员之间不支付报酬的服务。

IV. 生产过程的时间长度

接下来，让我们研究具体生产过程的长度问题。假设一个人正在考虑生产 100 万单位某种新产品的合同。这些产品全部在未来某一天交货。我们假定，（有意义的范围之内）确定的未来交货日越远，履行合同的成本越低（不考虑仓储成本），而且一个较长的时期的一部分会被用于制造"中间产品"。但是，在我们要批判的理论中，这些事实的一个错误是将其看作该商品的生产过程的延长。两个事实推翻了生产过程长度的计算或其程度增加的计算。第一，为了这个任务专门建造的新设施在很大程度上（如果不是全部）由资本财富和劳动力成本共同制造，并且这两者在企业成立时就已存在。

第二，即便极端地假设这个项目是唯一的，在履行这项合同之后，相应设施的清算（liquidation）也会使其中一大部分财富价值重新回到整个社会的生产循环之中，而且清算日期越是预先可知，这个比例越大。如上所述，生产周期没有始点和终点，除非从一开始就知道世界末日，而且整个社会经济从一开始就做好了清算的准备，在这种条件下，收益率会有很大改变。

一个正确的资本报酬理论使我们弄清楚了的是，"资本品的耐用性"是不相关产生影响的。在一个增长社会中，所有的资本都是固有地不朽的，而且我们无须担心当整个社会"清算"时会发生什么事情。任何一个物或其他财富项目中包含的财富数量总是一个持续收入——通常等于估算收入减去永久维护和置换费用的余额——的资本化。如果一个资本项目比另一个更为耐久，折旧费用将会较少，但这只是资本数量的一个维度，仅这一点无法告诉我们任何事情。如果新设施较旧设施租赁价值增长的比率比年度置换费用更大，投资净增加，兴许相当充分地包括用不那么耐用的资本品替代较为耐用的资本品。事实上，不存在资本品的平均耐用性这类事情。单个无限耐用的项目的出现就会使平均项目无限耐用（尽管寿命短的项目兴许仍然被用于替换寿命长的资本品）；不过，即便把严格意义上的无限耐用项目去掉，一般寿命的项目与资本的总量也没有必然关系，从而与总资本除以每年的置换额得出的平均周转率没有关系。总资本是用利率定义的，从而无法用作解释利率基准。

这种情形显得有些荒谬。一方面，显而易见，资本主义生产中使用"更多时间"，与之关联着的是更多中间产品的使用；另一方面，对于或多或少的资本主义生产过程，又无法找出从生产活动开始到成果的享受之间的实际生产周期。然而，从理论上说，这样一个悖论并不是一个十分彻底的悖论。有可能，说是可以增加一个长度为零或者无穷大的生产周期，再回过头看，会发现恰恰是这两个概念作为生产过程的时间长度有意义。困难的根源在于本文自始至终强调的稳静态经济与经济增长之间的差异，以及生产能力的利用与生产能力的建造之间的差异。

在一个静稳态经济中，生产与消费之间不存在时间距离。服务的提供和提供的服务的享受是同时和相等的。不论经济生活中使用的"要素"的数量和耐用性如何，直接或间接，现有生产体系作为发挥作用的有机体，在任何短的时间区间内提供人们在那个区间内享受的消费服务，并在同时保持自身没有增加或减少，并使得所有有限寿命的设施不间断地得到维护和置换。人的机体，作为经济活动的工具能力，是现有的提供服务的能力的一个不可分的组成部分，关于它们的说法也同样适用于非人的物，"动物、植物或矿物。"（注：对于一个稳静态经济，"工资是用资本支付的"说法是错误的，对于其他所有的服务也是如此。）

如上所述，当通过投资实现增长时，有两种可能的方式来理解如下事实的时间关系，即在特定的时间区间内，一定数量的生产能力已经被用于创造更多生产能力而不是被用于生产当期消费的收入。第一个观点是：在增长区间的开始，现有生产能力的一部分，不加区别地包括各种要素，可以被看作杰文斯－庞巴维克－维克塞尔理论中的"初级要素"，并可以被说成用于"二级"工具的生产，它们在这个时间区间末开始产生永久收入流的某个增加。一旦这个过程完成，新的资本与旧的资本就没有了区别，而且初级要素与二级要素之间的区别也变得毫无意义。在增长中，生产能力的建造期本身包括"等待"，而且新的资本需要一定的时期才能产生它的创造中所牺牲的总消费量——如果利率是 5% 的话，这个时期大约是 20 年。不过，从资本增量的创造到享受其产品的时间距离是不确定的，这个时间是无穷远。而且，以增长区间前后的条件为参照，生产过程的长度等于零。

第二个观点：在假设的增长区间内，现有生产能力可以不被看作是给定的（"过去的永远过去了"），但可以被看作之前的经济活动的中间"产品"，通过过去的历史时间，通过把生产能力

224

从当期消费的生产转向生产能力的生产，形成不断扩张的生产能力基金。在这种情况下，先前的生产过程是无限长的，除非假定这一过程奇迹般地始于一个有限的数量或者以某种不连续的方式或从一个原先的非经济状态转变过来。类似地，在任何时刻投入使用的任何新财富增量都将永久地生产。

简言之，如果从生产到消费有中间要素的创造，我们不可能以消费的形式，在具体的时间区间里，把一单位产品归因于生产活动的某个区间。能够归因于一个生产活动增量的只能是持续收入流的增量。相反，如果生产能力的创造被包括在生产过程之中的话，消费的增量只能归因于无穷遥远的过去活动。

225   从静态经济的角度看，为消费和生产正确地下定义，就应该分别是服务的享受和服务的提供，那么，这两者是相等和同时发生的。在一个增长经济中，新的生产能力的创造，自然会在给定的时间区间内给参与者产生一个货币收入，这个货币收入与当期消费服务的生产所产生的收入无法区别。不过，这个收入在生产出来时就被他或另一个人投资了，即转换成了一个固有地持续的收入，除非整个社会进行完全或部分清算。新的持续收入的人力成本是"节制（abstinence）"而不是"等待"。它是过去一段时期内减少消费的结果，这段时间段从无限的未来加入到了无限的过去中。除非贴现，在任何时间区间内发生的增长中，投入的生产活动与之后任何一个有限的时间区间内发生的事情之间没有任何关系。

生产中使用的资本越多意味着生产过程或时间越长的说法是没有意义的，除非资本品的创造不是立即发生的。实际上进行一定数量投资——把消费转换为资本——实际需要的时间仅仅取决于储蓄率。它不受投资的物质环境条件影响。投资的形式兴许会被技术事实影响，比如不同产品间制造速度和制造成本之间的关系影响。而且，可以设想，此类事实兴许影响一般储蓄率。不过，除了此类偶然的事情，资本量与建造它所需时间毫无关系。任何数量的资本都可以在任何时期内创造出来，正如任何数量的资本都可以表现为有任何耐用性的形式或有任何周转周期。

这里，并不是要将所得的理论结果进行应用，也不便纠正以上面批判的错误学说为基础的周期理论。不过，在本文的结束，我们可以提一下实际发生或有可能出现的混淆的源头。（1）经验表明，资本增长的确伴随着更耐用的资本品以及生产过程分为更多"阶段"。（2）此类变化可以伴随着整个资本的越来越专业化和难以改变用途，从而使得生产的调整越来越缓慢，不过这更多地是因为技术进步而不是因为资本积累。（3）增长兴许联系着建设周期（"孵化"期）的延长，所以更迅速的投资，吸收更多储蓄，将会导致多条相同的生产同时进行。（4）这些条件的混合，也许意味着，伴随资本增长，投资变得更具有投机性，结果是严重的失调更有可能发生和不容易改正。不过，与资本的数量和形式变化相比，生产的特征的另一些变化是导致投资更具有投机性的更重要因素。（5）对于本文作者来说，关于资本的本质的理论，并未涉及下列问题，或是给下列问题以启发：储蓄流进入投资导致经济的扩张和收缩，而投资的扩张和收缩是繁荣和萧条的一个主要方面。当然，调整过程中的时滞是普遍存在的机制上的波动原因，而这个事实尤其适用于投资。它适用于总投资，是因为多变的波动趋势的同步。这一同步兴许是影响工业周期的基本现象，其解释只能在货币领域中寻找。

226

10 现代思潮：它是反智主义的吗？上帝、阿德勒教授和逻辑

《现代思潮：它是反智主义的吗？》转载于《芝加哥大学杂志》第27卷（1934年11月）:第20—21页，第23页；《上帝、阿德勒教授和逻辑》转载于《栗色日报》（芝加哥大学），1940年11月14日第5版。

现代思潮是反智主义的吗？

最近，大学里出现了一些有现代思潮的反智主义（anti-intellectualism）演讲。与中世纪相比，这些活动并不会被认为是违法项目而进行询问被调查。[1] 即便从消极的方面进行考量，自

---

[1] 作者注：我有些犹豫地答应了公开发表这篇文章。本文根本不是一篇哲学论文，而是一篇杂文，是作者对发生在大学里的一场争论的看法。这首先是一场非常有意义的争论，深深影响了大学团体的发展历程，也在过去的学术岁月里发展成为一股令人惊异的力量。一些读者兴许不怎么了解那些发生在《栗色日报》（*Daily Maroon*）上、一些课堂上、有一定影响的各种公共演说中、日常交谈中，以及大学里的这场争论。对于这些读者来说，本文讨论的题目兴许（接下页）

文艺复兴以来的此类思潮特征包含了两到三层含义，并且比经院学派以及任何更早的时期更加唯智主义和理性主义，最大程度地吸收了各个时期的思想。

首先，它是一个独特、现代的产物，被用来解释自然现象的因果顺序和和定量规律，并最终理想化地成了理论力学中的命题。的确，在物理学最近的发展中，力学趋于成为一门越来越强调实证、越来越弱化推理的科学；但是，牛顿力学实际上处于几何学的层次上。思想文化史（intellectual history）中有一个奇怪的现象，具有几何天才的希腊人实际上并没有认识到质量和力的概念，而这些在牛顿世界观里实质上是几何学概念。中世纪经院学派对于这些的认知和关注是非常初步的。

第二，现代思潮与中世纪相比的另一个显著不同是把人作

（接上页）意思模糊。一个得到强烈支持的宣传口号主张把我们的教育中世纪化（medievalizing），这最终会把那些严肃对待教育的教员或学生引导到一个危险的境地，这个问题兴许会伴随着那些不思考，但在任何社会中都占多数的群体而爆发。似乎，不应该允许这样的事情发生，而且应该明确地做一些事使得人们关注这些事情，尽管这些都已是老生常谈。

作者"匆匆拼凑"了这里的评论。这篇评论首先与一个讲座有关。这个讲座是科学史系列讲座中关于社会科学的一讲，属于芝加哥大学为期一年的讲座。听过讲座的一些人，或看过讲座笔记的人，考虑到当前的争论，强烈要求这些资料得到更广泛传播。允许本文在这里发表一个主要原因是，*Daily Maron* 拒绝了本来适合在它上面发表的这篇文章，原因是它要保持 1933-34 年编辑政策的一致性。编辑给出的两个理由是：一是它篇幅过大；二是有些观点"有争议"。这篇评论兴许篇幅过大，要占用三个专栏，但 3 月 8 日发行的 *Daily Maron* 发表了超过 8 篇文章表达它自己在这个问题上的立场，并附有编辑的一个专栏。在这个学年的最后一周，发表在这里的材料有了油印版，并受到了相当广泛欢迎。

即便是作为一场辩论中的观点，这些段落也有明显的不足。作者意识到最强烈的一点是不全面。不过，读者兴许也已经意识到，我没有在这里要改正这一缺陷的想法。然而，可以提出的是，关于中世纪文化的智力（intellectual）缺陷的讨论中，至少应当指出，托马斯·阿奎那和其他经院哲学家对历史真实性或文学和艺术的批判性判断的认识和关心，并不如他们对现代科学——比如物理学中的能量理论或生物学中的遗传理论——那样的熟悉和关心。

228 为一个理性的生命看待，认为人的行为可以用"理由或原因（reasons）"来解释，这些理由或原因是准机械的，最终可以用数学公式表示；当今时代是功利主义时代，发展出了理论经济学。第三，现代政治思想或多或少在其理性主义规范或概念的组织上有独特之处，例如自然法则、自然权利、主权等。不过，这一条并不如另外两条显著，一方面因为现代思潮与中世纪或古希腊相比在这方面的差别相对较小，另一方面因为社会运动有时会偏离这一理性主义政治思想。

从正面的角度来看，我们可以取出"反智（anti-intellectrual）"一词的前半部分，思考现代思潮真正是在"反对"什么。这里同样有三个主要的点需要注意，实际上这三点也是一个基本观点的不同方面。首先，它一直反对绝对的言语主义（verbalism），认为有争议的问题，特别是社会问题可以通过采用色彩适合或委婉、含糊（question-begging，即以尚在争论的问题为依据，用未经证明的假定进行辩论）的词语进行解决。第二，它反对用"妄想（wish thinking）"代替真理。这一点与第一点之间的密切联系无须更详细说明，因为言语主义方法就是尽可能劝说他人接受自己的立场，它所基于的理由对于他人来说兴许是含糊的，也兴许是清楚的，但对推销者本人来说是清楚的。第三，现代思想尤其反对思想独裁。它支持探索和研究的自由，尤其是讨论和批判的自由，反对任何教会僧侣、政府、研究机构或其他学术权威组织对思想生活的严格控制。因此第一点和第二点是从不同角度对同一个观点的重复。实际上，权威的制度的确切意思或在实践中唯一可能的含义是，任何道德和政治问题都能够通过从词语的定义出发进行逻辑演绎推理来解决。

这并不意味着要降低术语定义的重要性。恰恰相反，在社会领域里，每一个重要术语都是一个问题！所以，一个词的定义就体现了一个问题的内容，作为这个问题的答案将在讨论结束时获得，而不会在讨论开始时就有。这解释了上述第二点观察结论，现代思潮和所有诚实的真理探索都存在这样的一种自然趋势，他们反对用委婉、含糊的术语或名称预先确定了结论。在任何具有核心利益的领域里，实际上包括了纯数学之外的任何领域，一个重要词语的预先定义总是模糊、有争议的，除非这个词语仅仅是一个文学妙语。即便是尽最大努力追求客观性，这种情况也是不可避免的。如果有人对此有怀疑，那么，请他试着给正义、自由、民主或犯罪等下一个定义！在 20 世纪 30 年代，对于理性犯罪学（rational criminology）的辩论能够写成一本厚厚的书，并且能受到所有人的重视，这证明了在当时的社会出现了显著的知识分化。

　　不过，那些从概念出发进行推理的人，并非都在努力追求客观性。将形式化的逻辑表示应用于社会问题或那些有严重争议的问题时，这是一种含有强制性的技术方法，是一种高压游说术，是为了恫吓那些胆小者、混淆那些无知者而设计出来的。它是宣讲者的方法而不是真理探索者的方法，这两者之间存在不可逾越的鸿沟。同样，如果有人对此存在怀疑，那么请怀疑者走进任何一个法庭，看看那里的人们是如何使用概念、定义和"逻辑"的。"anti-intellectuall"一词自身就是把名称用于论述的一个宝贵例子。（古希腊人对这一做法有一个称呼。）不过，技术和方法从来都不会止于推销，也不会有这样的发展趋势。自证或通过逻辑上证明正确，本质上是强制别人接受的一个理由。提倡理性主义伦理学、社会学或法学，就是提倡它的推销领导者的独裁。对于善于思考的人或了解历史的人来说，所有这些都是显而易见的，无须进一步阐述。凡是有讨论或有异议的命题，都不是可以自证的或尚且没有得到证明的命题。如果要断言它们已经得到证明，唯一的方法是强制行压制那些分歧意见。

　　如果把现代思潮放在这样的背景下加以批判，它仍然是，或者说直到最近一直是，过于理性主义，对"理论化

229

（theorzing）"过于宽容和敬重，缺乏事实批判和事实根据。在整个人类历史上，最伟大的思想进步是最近才有的，即人们认识到了言语联想（verbal association）作为知识的一个来源存在根本的局限性，这些人类智力的局限性通常表现在批判力方面。凡是受过教育的人都应该认识到，那些重要的真理都有基本的相对性和暂时性，包括他本人在内所有人的信仰、心理因素等背景。宗教史、医学史或实验时代以前的任何一门科学的历史都告诉我们，即便是最优秀头脑，在缺乏确定和严格控制的情况下，对任何主题的思考其结果都是增加一些异想天开的想法，而从真理的角度看，这些想法毫无意义，仅是像诗歌一样表达浪漫色彩，通常只有心理试验才对这些奇特想法感兴趣。仅仅鼓励人们思考但不相应地强调结果的筛选，并确保真的进行了筛选，这是一种错误的做法。这是因为，人们没有能力判断他们自己的思想或措辞！他们对待自己的思想，就像对待自己的孩子，孩子越怪异和可怜，父母对孩子越是疼爱。

230

　　在这个方面，逻辑绝对主义的支持者就是一个最好的例子和理想的研究素材。理解正确的话，这一立场自身的实质正是反智主义的。它代表着人类内心的浪漫要求，从提出一些针对困难问题但是易于回答的词语开始，接着向那些缺乏批判力、没有足够智力或能力来满足自身在这方面需求的大众，"推销"得出的那些言语妙方（verbal nostrums）。编造词语是逃避和偷换真正脑力劳动的一个方法。对于人们相信什么和为什么相信的问题，可以与他们的职业性质进行对照，这些词汇的生产者和兜售者对所有可能问题的回答，为心理学的一些新分支学科提供了最好的实验材料。事实上，这种方法的一个特殊优点是，对于掌握了基本辩论方法的学者来说实现实线起来没有太大困难。

　　这一切对教育的意义是显而易见的。并没有绝对意义上的"真理"，应当支持对可辩护与不可辩护的命题之间进行区分，这是一切思想活动的前提，任何探寻真理的教育都必须强调在所有字面上的确实可以尽一切可能地可能对个人思想进行批判和检验。这一点在没有明显可定义的实验性检验标准或此类检验并没有意义的领域里尤为重要。这也不是"反对（against）"思考的一个论据。毫无疑问，思考是知识或启蒙的唯一源泉。但是，一个不可回避的事实是，思考的直接产物几乎总是错误的，而且常常看起来是愚蠢的。人是有信仰的，而且信仰是令人陶醉的，它不仅使信仰者本人陶醉，还使他热心于用这一习惯感染他人。人们的信仰并非仅仅受他们的兴趣影响。真正严重的困难是，人们的信仰以无数不同的方式曲折迂回地构成了多重兴趣。

231

　　此外，在社会领域，这两类兴趣融合在一起了。一个人使自己的特殊信仰被他人接受，既提高了自己的社会地位，又使他本人内心的渴望得到满足 。然而，我们看到数量巨大的人容易轻信一些宣传，这些宣传佯装为了促进人类福利，但显而易见这些宣传的目的是想让宣传的发起者成了社会的统治者。这不仅适用于任何单个小团体。它实际也是一切社会改革宣传的本质。马克思主义是最耀眼的案例，但托马斯主义和其他"主义"也都属于这一类。社会和社会中的任何团体或阶层，要成为一个知识团体（intellectual community），必须从一开始就全面假定任何说教都是不可靠的，不能将自己的兴趣置于对真理和正义的追求上。在宣传与真理寻求——即问题正确答案的寻求——之间存在一条几乎不可逾越的鸿沟。

上帝、阿德勒教授和逻辑

　　莫蒂默·阿德勒（Mortimer Adler）教授的题为"上帝与教授"的演讲已经公开发表，并在芝加哥大学产生了相当广泛的讨论，因此，正好可以由此引出一些问题。阿德勒先生的文章从字面上来看主要的内容是展示他对他所谴责的其他教授在的自我宣传和固执己见上的谴责。可以看出，这一谴责还提出一个值得注意的问题。这篇文章中有很大的真理成分，并且事实上对于教育和文明来说非常重要。阿德勒先生确切地指出了这一类职业病和罪恶。教授们都应该认识到他们人生旅途中独特的风险和诱惑，尽可能保持警惕。诚然，上述所讨论的恶疾是无法完全避免的，除非这个职业自身和所有观点的表达方式都停止。每当一个人站在讲台上开口说话或写作时，在一定程度上，他就是在犯罪，本文作者也不例外。不过，我们可以努力将其减到最小，所有的教授、教师、演讲者和作家都应该牢记这个建议。

232　　但是从本质来看，在哲学和真理的逻辑论证中，有一个更深层次和更重要的问题。阿德勒先生写上述文章的主要目的是攻击哲学的一个特殊流派，即实证主义。他没有夸大实证主义（Positivism）的"错误"。不过，他没有说清楚实证主义的错误到底是什么。而且，在今天的文化中，还有两个与之争夺公众的思想流派也适用于这一批判，而其中之一正是阿德勒先生本人所属的流派。这两个流派分别是实用主义（Pragmatism）和经院哲学或理性主义绝对论（Scholasticism）。事实上它们的相似之处在于：这三种观点都在很大程度上建立在同一个逻辑错误之上。

通俗地说，实证主义的核心原则是"我们坚持事实"。这一信条是一个清楚和相当有效的循环论证（一种逻辑错误，把未经证明的判断作为证明论题的论据），几乎足以驳回所有对它的反对。这是因为，一个人很难反对事实。而且，当一个反对者提出什么是事实的问题以及是否每个问题都能够简化为事实的问题时，他都会被立即振振有词地指责为是在找借口——正如阿德勒先生指责实证主义者那样。这一问题的表述方式已经把潜在持有反对立场的人置于十分不利的地位，这种情况下反对者几乎毫无希望；而且，这百分之九十九是"逻辑"，即争论技巧。

实用主义的情形也十分相似。它的信条是，"我们坚持结果，"对于任何情形下的此类解释或处理方式，将最有利于达到其目的。为破坏性或无益的事的价值辩护，与为谬误辩护一样是不可救药的，而且就像提出如下问题一样毫无作用：什么是"真实"目的？是否智力的唯一功能是寻找实现具体目的的正确方法？这样一个答案也是很容易被驳倒的，就像逃避和诡辩一样；而且实用主义的"逻辑"也是出色的——从"实用主义"观点看，这一逻辑是三个学派共有的。

最后，阿德勒先生有自己的哲学，可以简称为"经院哲学（Scholasticism）"。它的信条是，"我们相信上帝，"而且，与我们存在不一致就是否认上帝。阿德勒先生用他那富有挑战性的断言把他的这一立场表达得尤其清楚和有力：他能够证明上帝的存在。毫无疑问，按照他自己给（a）上帝、（b）存在和（c）证明下的定义，他是能够做到的。而且，按照同样的附带条件，他还能够轻易地证明他的立场的另一半，即在任何问题上与他不一致都是否认上帝的存在。（他也许还能够做得更好；巧妙地利用辩证法，同意反对者在这些定义中的一或两个，仍然能够彻底挫败他。）这第三种"逻辑"或辩术无疑是至今最优的一个。这是因为，它不仅是一个以华丽而庄重的，以待决的问题作为论据（*petitio principii*），而且最终是仅从个人偏见出发的论证（*argumentum ad hominem*）。任何人胆敢提出"上帝"的意义、与上帝有关的"存在"或与上帝的存在性有关的"证明"是什么这类问题时，实际上他已经自我宣布有罪，不仅是众多类型中的智力逃避和诡辩，而且是令人憎恶的异端邪说。而且，对待异教徒的方式是肯定的；对它提出疑问，就等于宣布自己犯下异教之罪。异教徒得到的回应是行动（deed），而不是言辞（words）。（经院哲学事实上是真的实用主义，有

233

效行动的逻辑，兴许可以称作"高级实用主义。"）阿德勒先生十分崇拜的圣托马斯·阿奎那（Holy Thomas of Aquino）说，"相较于制造假币这种救助世俗生活的行为，它是足够摧毁使灵魂生命得以延续的信仰的深重罪恶。因此，如果将伪造货币者或其他犯罪分子（他们大多数是异教徒）移交给世俗世界的君主，他们可能被判以公正的死刑。一旦被判为异教徒，他们面临的将不仅仅是被逐出教会，还将被理直气壮地被处死。（For it is a much heavier offense to corrupt the faith, whereby the life of the soul is sustained, than to tamper with the coinage, which is an aid to the temporal life. Hence if coiners or other malefactors are at once handed over by secular princes to a just death, much more may heretics, immediately they are convicted of heresy, be not only excommunicated, but also justly done to die.)"（翻译自 J. Richaby, S.J., 2a, 2ae, qu. 11, art.3; 这里的文字引自 D. G. Ritchie, *Natural Rights*, p.161.）正如人人都知道的那样，在"基督教"支持下的正确的形式，要求死刑的执行"没有血溅出"，这意味着要采用火刑。这肯定不曾有，将来也不大可能有更令人信服的"论据（argument）"被发明出来。

真正重要的是，尤其对于教育来说，这三个思想流派都以相同的方式，用相同类型的谬误，来形成自己的主张。越过逻辑教科书的分类，真正的谬误（一般存在于哲学体系的底部）是过于简化或片面化的。这是虚伪的假装，从自我欺骗开始，佯装发现了某个词语或公式可以"自动地"解决生活的重大问题，包括认识、理解、欣赏和行动。如果教育——甚至不是很"高等的"教育——中有一件事情应尽力去完成的话，那就是，尽早告诉学生，没有这样的词语或公式。对这样的词语或公式的浪漫渴求，以及所有对此类渴求的迎合，必须受到抵制并从思想中赶走，这是健康的思想和道德生活的首要前提条件。从根本上说，上述三种哲学是以真正理性为基础的生活的

三种可能，或至少是最重要的对立面。它们的支持者才是它们 234
的三个主要的敌人群体，是"反智者"。而且，那是它们主要的
实际意义。今天人们遵守的有实证主义、实用主义和经院哲学。
这三者中最有害的是经院哲学。就纯真的哲学而言，它与其他
立场或方法类似；但就其行动的恶意影响而言，它超过其他两
个。（如上所述，真正一致的实用主义兴许等同于经院哲学，是
最为"有效的"；除了口头争论，人们不大可能真正采取实证主
义，因为它的核心原则与任何行动之间都存在矛盾，包括争论
自身。）

　　我们尤其应当让年轻人警惕如下想法：单靠"形式逻辑"，
从某个看似合理的、前提性的一般命题——如阿德勒先生赞成
的"人是理性的生命"的命题——出发，能够推论出实际问题
的解决方法。此类前提是"真的（true）"，但不足以排除相异
的不同的、甚至支持其他结论的形式上矛盾的真理支持。例
如，倘若一个人在他的很多思想和行动中表现出非理性（non-
rational）和无理性（irrational），那么他是理性的这个说法就毫
无意义。（事实上，完美理性会简化为机械论和自我否定。）而
且，类似地，关于人的社会和道德性质，他与呆滞的自然物的
不同在于他的反社会和不道德。再一次，把一般原则当作公
理的程度粗略地与它们的抽象度和内容的缺乏度成比例。我们
（甚至包括实证主义者，在不是为了证明一个理论有矛盾的时
候）都相信真理、美和善；而且，（因为我们生活在犹太教与基
督教的文明之中，）我们都接受有有高度类似含义的基督教或犹
太教原则。此类一般原则对于真诚的人自身来说几乎不具有指
导意义，实际上也不会告诉他应该期待别人些什么。它是圣托
马斯（St. Thomas）教堂的地位的实质，即真理的揭示要求一位
有灵感的权威不停地解释；我们都知道，没有任何法律在应用
于具体案例时不会出现含糊的情况；法律要发挥作用，需要权
威解释。

那么，什么是真的（true）哲学呢？这是一个自然的问题，尤其对于那些热心的年轻人来说。唯一的一般答案是，真的哲学是良好的判断力（good sense）。可是，良好的判断力的标志和检验标准又是什么呢？没有。倒是有很多证伪的标准。如果聪明地加以应用，例如借助良好的判断力，而非机械地加以应用，它们将很有价值。不过，真理并无法自我验证或自应用测试。真理是关于判断力的，最终和确切地说，是关于辨赏力的。也就是说，它是关于良好的辨赏力的。当然，没有人，更不会有任何学派的哲学家，会愚蠢到认为这意味着一个观点实际上等于另一个观点。至于如何识别或发现真理或良好的判断力，有两个肯定的答案。第一，每个有思考能力的人，只要是精神自由的，是且必定有他自己的判断力。应用此类检验标准和准则作为自己的判断指引，他必须对自己的判断自己承担责任和风险。另一个答案是，真理是由法律和掌权者的专制权威所决定。所有社会生活，事实上任何可能的人类生活，都是这两种决定什么是真理的方法相互组合或妥协的具体化表现。今天，这个世界的最大问题，尤其我们这个国家的最大问题是，集中于一个趋势、一种运动和一场斗争，使上述妥协点远离个人自由和责任，朝向权威和暴力。在这种情况下，经院哲学的重要性是显而易见的。这就是为什么它是一个重要的问题。

11 李嘉图生产和分配理论

本文原载于《加拿大经济学和政治科学杂志》第1卷（1935年2月、5月）：第3—25页和第171—196页。

I. 导论：基本的误解

在经济学这样的研究领域中，研究"古人"是为了从他们的错误中学习。基于这一假设，本文主题是"古典"体系与"正确"观点之间的对比。正如本文标题所指明的，这里所说的古典体系主要是李嘉图和他的两个最有能力和最接近其思想的继承者西尼尔（Senior）和穆勒的体系。尽管我们对分配理论特别感兴趣，但是弄清楚这些学者的基本学说或他们的价值论也是有益的，因为这些常常与其他领域中的谬误密切相关。我们首先概要地列举这整个体系中的主要缺陷和错误根源。十分严重的"错误"至少有如下七个：

第一个是价值这一概念，在负面意义上解释为"痛苦"成本，而在正面意义上解释为欲望或效用。这个错误明确出现在下面将要提到的著作——关于价值的"哲学"解释的论述之中。对于价值（价格）决定的量化，正确的方式是通过合理配置资源，使得不同领域中生产性支出的收益均等化。不过，在很多地方，关于价值的最终性质和原因的负面观点（negative view）

238　是混淆的根源。当然，这是完全错误的。从哲学上说，人类生
命的价值基础在于根据个人偏好来做出选择这一必要性。而且，
凡是有经济问题的地方，比例可变的组合总是符合价值效益递
减（principle of diminishing value-effectiveness）原理。对
于个人来说，基于他随意选定的原点，在边际上，所有替代选
择理论上等同于"幸福"或"痛苦"；但是，对于经济学的分
析来说，它们只不过是一个偏好刻度上的一个点。因此，任何
价值的成本，总是等价于选择这一价值时放弃的其他机会的价
值。[1] 一般来说，选择的必要性（或者说经济价值）是基于某种
资源的有限性。一种资源有限，使得人们通过合理分配多个可
替代的选择从而达到节约的目的（economize）。所有经济推理
的基础都是如下公理：一种资源的报酬最大化的条件是，相等
微小增量的这种资源在各个用途中得到的边际报酬相同。这个
公理可称作经济原理。[2]

---

[1] 古典成本理论是一些理论奇怪而有趣的混合，这些理论的基础是关于经济生
活特征的两个不同假设。在痛苦成本理论适用的社会中，生产资源是完全不流
动的，如同它们在产生货币收入的不同用途之间完全不流动，或者说它们是完
全专用的。不过，其中每一种资源在用于产生收入的用途时，其"成本"是牺
牲的"非金钱"用途。最为熟悉和古典经济学家明确承认的情形是劳动的成本
和"令人厌烦"。令人厌烦反映了劳动者的个人能力用于创造交换价值之外的
用途的可能性。同样的原理也适用于其他资源。（关于把资本的利用中包括的
节制看作一种痛苦成本的古典学说，见下，第 253 页。）另一方面，有大量关
于资源在生产不同商品的不同产业之间的流动性和价值评估，以及通过资源报
酬均等化来决定价值的讨论。这两种观点都不自觉地假定，价值是由效用决定
的，并与供给变动方向相反。但是，一般来说，这一论点的依据是相等牺牲获
得相同报酬，而不是相同资源得到相同报酬。因为两种情况下的"牺牲"一般
来说总是由不同的人付出的，这个学说有很大局限性。穆勒甚至指出（第 388
页），事实上，在不同的工资水平上，劳动者生产的价值与假定的牺牲一般来
说呈现出相反关系（见下一个注）。

[2] 实际上，个人对自己的生产资源作出双重的分配：一是在挣钱的用途与直接
利用之间的分配；二是用于挣钱那部分资源在不同行业或职业中间的分配。由于
专业化，尤其因为分工，个人很少作出第二类分配。而且，事实上，（接下页）

第二个主要错误是错误的生产概念。这个错误的另一面是关于财富或资本的本质的错误观点。生产被定义为财富的生产。但事实上，生产主要为了提供服务。财富是提供服务的要素。从基本意义上说，财富不是产品。（作为一个数量，财富是提供服务的能力，而不是一堆具体的东西。）当然，财富是"生产出来的"，用于置换提供服务的过程中消耗掉的东西，或者添加到提供服务的要素总量之中。确切地说，财富置换是维护的一个细节，而且（同时）维护也构成任何时间区间内消费掉的财富服务生产。任何时期内都不存在与额外财富的生产相应的消费，除非财富自身通过"减少投资"被消费掉。在一个自由市场经济中，这意味着总社会财富或资本因维护不足而净减少。新增财富的（未来）使用构成当前提供的服务的生产，而且相同的服务无法重复生产。

这两个错误在如下观点中结合起来了："劳动生产全部财富"（这里的财富是指"满足需求"）。显然，个人通过个人自身的活动或通过其"财产"（通常是两者结合起来）的使用，向他人提供可供享受的服务。[1] 社会经济生活基本上是个人之间的服务交换。在"静态"条件下，只是在偶然的情况下，交换和提供服务的东西的评价或它们的生产才在技术经济意义上进入经济

239

（接上页）第一种分配往往是由环境严格决定的。这些事实和相关事实使得我们不可能清楚和准确地阐述成本理论，尤其因为经济原理和经济动机在不同程度上适用于不同行为，没有确定的界限。这一论点是本文作者在"The Common-Sense of Political Economy: Wicksteed Reprinted"（*Journal of Political Economy*, October 1934）的书评中简要提出的，更为充分的讨论见我的发表在 *Zeitschrift fur Nationalokonomie* 上的两篇文章，其中第一篇发表于 1935 年 1 月。

[1] 兴许我们可以在古典体系中，在"亚当的诅咒（curse of Adam）"中，找出这两个基本错误概念的基本来源和描述："有辛苦的劳动，才有面包（In the sweat of thy face shalt thou eat bread）"（Genesis3:19）。这暗示着，成本是痛苦而不是放弃的机会，而面包使人误解经济价值或生产的本质。因为面包实际上不具有耐用性，它使人混淆服务的消费和提供服务的物的消费。

过程。

关于满足需求方式的改进的经济理论是相当独立的一门学科。而且，满足当前需求的活动与导致增长的活动，以一种十分复杂的方式相互影响。未能清楚区分这两个学科，后果十分严重，堪称古典体系的第三个主要错误。[1]

值得指出的第四个缺陷或错误是一个方法错误。古典经济学家没有机械论（mechanistic）中因果关系的概念。机械论因果关系，也可表述为函数关系，通俗地说是连续变化的原因与后果的数量变动之间的关系。这个缺陷密切联系着若干更为具体的错误，其中最为直接的缺陷是未能应用"效用递减规律"。（确切地说，他们看到了这点，尤其是西尼尔。）[2]效用递减规律，与市场价格一致理论和等价交换原理一样重要，是包括成本在内的价值分析的基础（正如西尼尔看到的那样，成本通过限制供给而起作用）。[3]要理解效用递减规律，即便不理解变化率，至少要基本理解增量的概念。

第五个错误是对分析原理的无知。这密切联系着第四个错误中暗含着的基本数学或逻辑概念。在亚当·斯密出生之前，自然科学家就已经理解，原因与结果之间关系的建立必须通过微小增量或变化率原理的应用。在自然界中，所有原因和结果都是复合的。要衡量一个原因的结果，必须保持其他因素不变，观察与这个原因的微小变化伴随着的总结果变化。而且，上述原理适用于任何因果分析。只是在旧的古典经济学消失和"主观价值"学派兴起之后，归因（imputation）理论（偏导数）才

---

[1] 关于财富及其增加的含义，以及与第二个和第三个错误相关的其他问题，见本文第 II 部分。

[2] *Political Economy* (octavo ed.), p.12.

[3] Op. cit., p. 24.

逐渐连同生产和分配理论得到或多或少的理解。[1] 这时，人们才 240
真正开始理解，所有价值评估，包括直接效用，都是同样的一
个过程。

第六个错误是对数学概念的无知。古典经济学家没有把经济
的概念清晰地界定为追求给定的有限资源的价值报酬最大化的过程。

对于我们这里的主题来说，具有尤为重要和有重要吸引力
的是第七个错误。收入分配问题，即联合产品在众多有贡献的
生产要素（所有者）中间的分配问题，不仅没有被看作归因问
题，而且根本就没有被当作一个价值问题来解决。[2] 这实在不可
思议，因为一个不可回避的事实是，一个人的收入是他提供的
服务的货币报酬；更加不可思议的是，关于价值问题的讨论中，
除斯密之外，所有的经济学家都开始正确认识到整个社会通过
价格竞争来组织生产和分配的正确概念。

这一结论（和第六个错误）的一个推论是，古典经济学家
没有可称作"企业经济"的经济组织或秩序的概念，仅仅在这
样的经济组织方式中，才有金钱分配问题。在一个"交换"经
济中，个人（家庭）靠产品和产品（服务或直接提供服务的商
品）的交换来维持生计，可以没有租金、工资、利息和利润的
概念。在一个企业经济中，个人谋生靠的是向一个或多个企业，
向个人或公司，出售生产服务，换取货币，并用货币从企业那
里购买消费品。这整个组织通过两个相互影响的市场和价格体
系运行。一个是产品市场，其中个人是买者，企业是卖者；另
一个是服务市场，其中个人是卖者，企业是买者。古典经济学

---

[1] 这一陈述有一个著名的例外，即李嘉图地租理论中包括对增量和归因概念的
"粗糙"认识。见本文第 III 部分。

[2] 关于这一点，见李嘉图给马克库罗克（McCulloch）一封信中的著名说
法："无论如何，地租、工资和利润问题必须用总产品在地主、资本家和工
人中间的分配来解释，与价值学说没有根本的联系。"（Hollaner ed., letter
XV, p.72）

家没有描述价格体系，实际上没有指明价格如何在经济组织中发挥作用。[1] 正如我们在讨论前两个错误时指出的那样，他们未能看到所有价值和成本的相对性。他们更没有看到，成本与分配中的报酬相等，以及这两组价格相互影响的作用机制。

II. 生产：产品和生产组织

要讨论古典体系，我们最好从上一节指出的最后一个错误开始，即古典经济学家未能从生产的组织的角度描述整个社会经济过程。经济理论的意义，在于证明，在一个价格经济中，价格体系如何解决如下问题：（a）整个社会中，生产能力在不同用途或"产业"中间的分配；（b）在每个产业内部，生产组织的技术架构；（c）在参与合作的有生产能力的个体中间，共同产品的分配。所谓"收入分配理论"必须研究生产服务的定价。这些价格在产品分配中十分重要，但它们更重要和更基本的功能是如下二重功能：各种形式的生产能力在不同产业之间和每个

241

[1] 这里，让我们一劳永逸地指出，我们将要采取的一般否定性说法是有待解释的。它们意味着，古典经济学家阐述的"体系"没有把相关事实考虑进去。要说他们丝毫未能看到可靠理论的任何基本事情，显得过于勉强。经济理论的一个神秘之处在于，在交换关系得到发展的经济中，大多数基本的事情是正常智力的成年人都不大可能忽视的。问题是用这些不可回避的事实建立一个具有一致性的关系体系。此类否定性说法绝不因为引用的个别段落中承认或看似承认了相关事实或原理而被证明有误。不过，有的时候，关键在于相关事实或原理是否在必要的地方被考虑进去了。一般来说，我们主要关注对问题进行系统地论述的章节，来自其他章节的段落并不重要。

除非特别说明，按照页码顺序，我们参考著作的有：Smith, *Wealth of Nation* 国富论 (Cannan ed.) 2 vols., vol. 1 unless specified; *Ricard, Principles of Political Economy and Taxation* 政治经济和税收原则 (Gonner ed.) Senior, *Political Economy* 政治经济学（octavo ed.); *Mill Principles of Political Economy* 政治经济学原理 (Ashley ed.)。在少数情况下，需要的时候，我用十进制数字页码标明相关陈述的大致页码。

产业内部不同财务和技术的生产个体之间的分配。同一产业中生产者之间的竞争，促使技术效率的提升，并使价格下降到成本水平。

在讨论分配理论功能之前，我们首先要用相当长的篇幅讨论生产自身的含义，尤其是产品的含义以及创造产品的生产要素的概念。古典经济学家把生产看作劳动创造财富，而其他要素（资本和土地）则认为是辅助性的，而不是同等重要的。另一方面，古典经济学家明确强调，不生产资本的劳动属于"非生产性劳动"。本文第三部分将研究生产组织和收入分配。在这一部分里，我们研究产品的含义，尤其研究"把生产看作财富的生产"这一看法中所包含的混淆。

事实上，经济生活中消费的只有服务[1]，因此生产的最初含义是提供服务。一项服务本质上是一个具有强度属性的量。它固有地包括时间，并且在赋予它时间维度时必须格外小心。这里，数量与流速之间的关系类似于光，不同于水流。水流是真实存在的，除了单位时间内的流量，还可以测量一个时刻的存量。但是，光和服务就不是这样。服务或光的数量是从流量中得出的，是通过对一个时间区间上的流速进行加总得到的。不过，服务还有另外一个复杂特性。在实践中，我们很少在乎服务的数量，更在乎某个时间区间内的一项具体的服务的（交换）价值。在市场上被赋予价值和交换的是一定时间区间内的一个不变或可变强度的服务流。任何服务流的价值，如果预先　　242

---

[1]　古典经济学家没有消费理论。穆勒甚至干脆把消费从经济学家的研究范围中驱逐出去了。见 *Essays on Some Unsettled Questions*, essay V, "On the Definition of Political Economy, etc.," p.132, foot note. 在古典经济学家看来，理所当然的是，被消费和生产的是财富，而工资是用过去而不是当期的产品支付的。

　　在现代分析中，我们有"效用递减理论"。实际上，这一理论是古典经济学家的讨论中暗含着的，而且是西尼尔明确指出过的，尽管他没有明确地把它纳入他的版本的古典体系。

支付的话，都会受到贴现的影响；如果在接受并消费之后支付，则会受到利息积累的影响。（我们将在后面讨论贴现率和利率问题。）

经济意义上的一项服务的定义是与提供该服务的主体相关的（有时会进一步与具体的物质用途或主体的行为相关）。不过，与其他服务相比，物质服务的价值首先取决于对消费者的相对主观吸引力或"效用"。更确切地说，由于全部类似单位被赋予相同价值，一单位服务的价值取决于一单位或（服务流的）一个增量的吸引力。根据熟知的"效用递减规律"，服务（流）的任何增量的相对效用随着相对供给增加而递减。因此，效用和价值变成了服务的"稀缺性"，相应地也包括提供它们的经济要素的稀缺性。进一步，这与提供价值不确定的服务的经济主体的供给（有限）有关。不过，从经济学的角度看，这一稀缺性总是其他用途竞争的结果。不然，就不会有"经济问题"，尽管会有技术问题。在一个"自由"社会中，经济要素或"资源"，包括人和人"拥有的"身外之物。此刻，我们关心的是拥有的东西或通常用财富所指的东西，暂且不考虑这两类资源之间的关系。

在任何时刻，使用的很多（但不是全部）自有经济要素，在一定程度上都是寿命有限。所以，要保持它们提供的服务不间断，就要在要素寿命结束时加以置换。事实上，如果在任何长度的时间区间上任何产品（服务）的消费没有伴随着对提供（生产）服务的稀缺要素进行充分的维护，就不能说这些服务是在这个时期内生产出来的，它整体或部分地代表的是现有"供给（supply）"的消费。还应该清楚的是，从原理上说，不存在普通意义上的维护——比如给机器上润滑油和看护机器——与部分或整体置换之间的区别。事实上，无法准确定义一个"完整的"要素，使其有别于一个部件，所以部件的置换自然地包括在普通的维护之中。[1]

自有寿命有限，并且直接提供消费服务的要素一般来说也都是运用其他"间接"拥有的要素制造出来的。当然，这些要素也必须被置换，因为它们会因为某种理由失去有效发挥作用的能力，或者当期消费的最终服务不是当期生产出来的。因此，从提供消费服务的基本意义以及从物质过程的角度看，现实中的生产活动相当大一部分都是间接的。它采取了制造东西的直接形式，这些制造出来的东西被用于提供服务或制造其他东西，其中的一系列事情和相互关系非常复杂。换句话说，很大一部分生产活动事实上是采取生产物质"财富"的形式。不过，现有财富的维护（包括必要的置换）并不代表除了同时消费掉的服务的价值之外又创造了任何经济价值，只不过出现在其价值之中，因此从经济意义上说，置换不是"产品"。

自企业经济盛行以来，除了维护（包括置换），自有的经济要素或"工厂"一直在很有规律和大规模地增加，而且这必须被看作这样一个体系发挥作用的一个"正常"特征。此外，社会工厂的增加，通常伴随着要素的形式和种类的变化，通过用

---

[1] 在计算作为产品的资本品的使用结果之前，资本维护的必要性是古典经济学家看到的，即便他们没有理解（见注 9）。在斯密的著作中，第二卷第 iii 章关于"资本"和"收益"（也见第一卷第 viii 章，论收益和资本，第 71 页）有混淆的讨论。李嘉图多次明确提到它，而且在他的第一版著作中（op.cit., pp.32-33），他甚至建立了一个年金用于资本置换。至于西尼尔，在所有文献中，与他关于如何给置换基金分类的论述相比，有几个较为令人迷惑的段落（见 pp. 94-95）。穆勒很少直接提到这一点，尽管他提到资本是一笔永久基金（p.72），并讨论了它的"永久消费和再生产"（pp.74-75），而且他给生产（生产性劳动）的定义把这限于总财富的增加（p.49）。

社会资本的维护是所有经济学家最关心的，而且这一兴趣是生产性劳动和非生产性劳动学说的基础。然而，这其中有未能把产品进行归因的错误。不直接生产资本的劳动者毕竟生产了他生产的东西，对于购买其产品的人来说物有所值，而且至少与其他可能的产品一样有价值。未能维护资本，意味着资本而不是劳动的无生产力（non-productivity）。未能把劳动的维护从总产品中扣除的理由是我们接下来要考虑的事情。

一种置换另一种，带来了相同"生产能力"的更有效利用。这个事实导致几乎不可能严格区分维持和工厂的整体扩张，尽管从分析上这样的区别是必要的。混淆的另一个来源是，通过制造物质要素或"设备"来取得收入的专业化生产者无法知道，而且就个人而言也没有理由想知道，这些物质或"设备"是否用于置换或者用于扩大生产规模。

　　出于实际原因，社会工厂的扩张被包括在给定时间区间内的经济生产之中。不过，有必要明白，仅从会计意义上说这是生产。在这样的生产中，在生产的发生期或者在其他时间，都没有相应的消费。专业化生产者消费的东西来自某个储蓄者的节制。增加的工厂将在未来用于基本意义上的生产（即提供消费服务）。不过，除非社会增长的过程发生了逆转，工厂自身永远不会被消费掉，后来用于提供服务，组成那些服务的生产，同时伴随着它们的消耗，而且相同服务无法被生产两次。[1]另外，即便社会增长过程在未来某个时候发生了逆转，我们也不能说，在什么时候，或按照什么关系，用时间和财富的创造过程描述的任何具体财富增量"减资（disinvested）"，并且工厂的消耗与它的"生产"之间不存在明确的对应关系。

　　除非有可能衡量工厂，否则一个工厂的"增加"的概念毫无意义，尤其如果伴随着任何形式的变化。现在，我们必须考虑这个问题，而且我们必须在这里处理另一个谬误，这个谬误

244

---

[1]　把资本增长看作收入的观点含有一个严重的理论混淆，因为（正如费雪教授特别强调和我们已经指出的那样）这意味着重复计算。财富的数量是一个资本化的服务价值，即一个未来收入流的"现值"。逻辑上，财富的生产是这一收入流的生产。然而在实际中，毫无疑问，有必要把任何时间区间内增加的财富当作产品并把相应活动看作那个时期的生产，并且把财富的使用或财富用于生产消费者的服务看作后来的生产。尤其因为，在一个有组织的经济中，财富极少自动地产生其报酬或维护自己，而是需要不断管理。学者们必须牢记的是，此类产品和收入并不代表消费，反映的是会计核算的权宜之计，而不是经济现实。

与把生产看作财富的生产一样恶劣和顽固。财富必定是一个数量概念。事实上，它也总是被如此对待的，但通常人们没有认识到，不同于财富作为一堆具体事物集合的概念，财富的数量化有一定的前提基础。显然，（就像大多数一般经济原理那样），一个总量只是用某个共同属性来衡量的。同样不证自明的是，一个经济量的基础也总是一种属性，这个属性是有助于实现某个目的——即（向某个"主体"，个人和一群人）提供某种服务的能力。服务数量的概念已经提到过了。通过"相对边际效用"，一项服务得到衡量，并因此简化为与其他服务相同的标准。这并不是说，消费的服务可以采取各种各样的形式，甚至包括占有的"效用"。不过，使一件物成为"财富"的价值只能是某个预期的用途的价值。对于财富使用者来说，这个用途至少与相同市场价值的其他服务同样重要，不然财富所有者就会交换。[1]

　　由于任何要素的产品在任何时间区间内仅在该要素得到充分维护之后计算，包括最终的置换（这可能意味着用物质上相似或不相似的要素来置换），因此生产性的工厂是用它预计能够产生的永久服务收入来衡量的。换句话说，工厂自身，就其数量方面而言，是永久的（无论物质形式是否变化），除非整个社会出现净的减资。在经济分析中，永久的服务收入是基本量。（如果"收入"这个词的使用是因为财富或"资产"的增加通常被当作收入，那么，有必要具体指定"服务"收入。）从数量上说，任何两项财富的比较都是用货币单位（比如每年多少美元）衡量的永久收入的比较。不过，在这里，两点观察是必要的。

245

---

[1] 从理论上说，服务收入的测量有严重局限性。而且，精确测量实际上是不可能的。事实上，无论是关于服务流还是提供服务的能力，总价值的概念都有着严重局限性，即价值是相对的。不过，我们无法在这里深入讨论这些困难。在分析中，我们有必要区别较大和较小的（永久）服务流，无论客观上这样做的误差有多大。这个问题兴许与不变购买力的货币的定义有关。（这未必意味着伦理或实践意义样"理想的"货币。）

首先，相对不那么重要的一点观察是，以这种方式对待短暂的服务流或不耐用的物质财富是不现实和不可行的。只有相对耐用的东西或契约收入流，通过实际或想象把服务流的来源与服务流自身分开，才被当作财富。当古典经济学家把"食物"和类似形式的财富看作产品时，他们实际上是正确的；他们的错误在于通常把此类产品当作财富或资本。不耐用的"消费品"最好被看作代表生产它们的（人和）较耐用的物质要素的服务。

第二点观察是根本性的。如上所述，只有相对少数具体财富项目直接给所有者带来永久服务收入或货币收入。一件东西要么在预先知道的某个时期之内在某种意义上"磨损掉"，要么因需求变动或技术进步而容易被废弃。无论何种情况，要保证收益的永久性，必须设置规定，要求另一个人提供物质财富的置换，用于置换的东西可以是（物质上）同类或不同类的东西。按照会计上的说法，该项目必须从其总收益中提取折旧或注销。不过，折旧的过程或计算包括资本的一个收益率。因此，这个比率以两种方式出现在资本数量（价值）的问题中：永久收入的确定及其资本化。

在不能生产或交换耐用财富的世界上，这个比率意味着什么？如何决定？这类问题不是我们在这里要研究的问题。在我们的现实世界中，产生收入的物品是用大量本来可以用于产生当期服务收入的资源自由地、竞争性地生产出来的。同时，它们是可以自由交换的。于是，永久收入的成本，即牺牲的当期服务价值，是经过认真计算的，以在给定的时间，给定市场上，比其他经济量更精确而著称。在这样的条件下，产生收入的物品的价值必定"等于"其成本。依照"经济原理"，相同资源在不同用途中带来相同价值。[1]

不过，要完成这一分析，有一个技术上的困难。这个困难

246

---

[1] 见上，本书边码第 238 页。

源于如下事实：耐用要素的生产需要时间，从而必须包括一个"利息"成分，涉及积累和贴现。然而，这个困难并不严重。经济原理的另一个推论是，利率和贴现率必定相等。于是，我们只需建立一个方程来表达任何财富项目的这两个价值相等，一个是贴现价值或它将产生的服务流的现值——如果最初不是永久收入，就将其简化为一个永久收入；另一个是产生相同永久货币收入流的新项目的生产成本。方程的两边都包括这个比率。然后，求解以这个比率作为未知数的方程。知道了利率，已知货币价值来源所代表的财富数量就可以通过"资本化"的运算来得出。（"资本"是测量的财富，联系着一个测量的收入。）

当"资本品"直接产生一个永久收入时，资本化运算十分简单（收益除以贴现率）。通常情况下，资本品的寿命是有限的，资本化的运算就不这么简单了。在这种情况下，永久收入可以通过"折旧"该项目来计算：用寿命期内分配的收入减去一个数量，这个数量足以积累起一个等于其成本的总和，从而为其置换或重置做好准备。幸运的是，无论是资本化运算还是在确定贴现率的较为复杂的计算中，代数上简单的做法是不进行这一正式的转换，而是直接表达有限时间收入流的现值。这两个运算是完全等价的，其中任何一个代数表达式都可以通过一些简单的运算来转换成另一个。[1]

由于在更简单的直接计算形式中，收入持续时期有限，把

---

[1] （1）贴现方法（*Discounting Method*）：总成本＝收益的现值。

假设资本品的成本是 c 年内每年 S 元，其收益是 l 年内每年 R 元。

按照 $i\%$，每年 1 元，n 年的积累 ＝ $[(1+i)^n - 1] / i$

按照 $i\%$，每年 1 元，n 年的现值 ＝ $[(1+i)^n - 1] / [i(1+i)^n]$

令 $(1+i) = A$

那么，总成本

$$= \frac{S(A^c - 1)}{i} ; （接下页）$$

247 资本定义为永久收入更有可能招致反对。不过，一些事实充分论证了这一观点。第一个事实是，在人们普遍理解的日常用语中，利率是指保持本金完整后的净收益率。第二是事实上的永久性。除非整个社会颓废，资本存量减少，不然就不会有被视为减资的资本存量变动。物质项目的损耗或被淘汰总是被一个"相同的"项目或相同数量的某类项目替换。如果拥有资本品的个人希望"清算"，他可以通过将资本品出售给另一人来实现。此外，即便一个具体项目的个人所有者计划将其完全消费掉，但不进行置换，他只能通过把估算收入中利息与摊销（amortization）分开，才能知道自己正在做的事情，其中包括计

（接上页）收益的现值

$$= \frac{R(A^t - 1)}{iA^t}$$

$$\frac{S(A^c - 1)}{i} = \frac{R(A^t - 1)}{iA^t} \ or \ SA^t(A^c - 1) = R(A^t - 1) \qquad (1)$$

(2) 偿债基金法（*Sinking Fund Method*）：利息 ＝ 永久收入 ÷ 成本

$$i = \left\{ R - \left[\frac{S(A^c - 1)}{i} = \frac{i}{A^t - 1} \right] \right\} \div \frac{S(A^c - 1)}{i}$$

$$= \frac{R(A^t - 1) - S(A^c - 1)}{A^t - 1} \div \frac{S(A^c - 1)}{i}$$

$$= \frac{iR(A^t - 1) - iS(A^c - 1)}{S(A^t - 1)(A^c - 1)}$$

or

$$S(A^t - 1)(A^c - 1) = R(A^t - 1) - S(A^c - 1)$$

$$SA^t(A^c - 1) - S(A^c - 1) = R(A^t - 1) - S(A^c - 1)$$

$$SA^t(A^c - 1) = R(A^t - 1) \qquad \text{(2) same as (1)}$$

对于连续的复利率，

按照 $i\%, n$ 年，1 元的数额 ＝ e^{in}

然后，用 e^{in} 替换 $(1 + i)^n$

上述公式变成：$Se^{it}(e^{ic} - 1) = R(e^{it} - 1)$

算折旧。[1]而且，如果个人减资，社会将没有资本，或者说基本上没有。

总结：对于学说史来说，关于物体与生产概念的关系的长篇讨论的意义在于，一般来说，它们不是产品，只不过是生产手段。不过，允许两个例外，而且要认真理解。当一件物体寿命十分短暂，以至于必须将其当作一定数量的不受时间分布影响的服务同时，应该将其看作产品。在这种情况下，服务的源泉是生产这一"易损耗的"东西的更为永久的生产要素，它们的服务被当作这些要素的服务。第二个例外是，财富或"工厂"

---

[1] 这里，我们不便于更全面地讨论利息理论。不过，值得指出的是，确切地说，利息理论并非分配（distribution）理论的一部分。关于利息的特殊问题是比率问题，这完全是财富项目的价值评估或数量化问题。作为一个永久或已知期限的收入流，收益是一个基准。换句话说，分配问题必须先于利率问题解决。我们将在后面提到古典理论在这方面的错误，即租金和利息是源于不同资源或与不同经济功能有关的收入"份额"。这个错误在今天仍然普遍存在。

  上面提到的两个表达式的相等给某一时刻资本市场条件下的利率（和资本的数量）提供了一个解释，假定投资自由、完全竞争以及所有参与资本交易的人都充分了解影响投资收益前景的所有情况和条件。在这样一个市场上，利率只不过是资本的需求价格，是由将要增加的投资的生产力决定的。此外，关于利息问题的讨论要研究继续增加投资的需求和供给条件的可能变动。然而，这样的分析不能采取普通意义上的需求和供给曲线或函数的形式，因为其中的变化具有的时间维度是一种商品的需求和供给曲线所没有的。一个时刻的情形可以用供求曲线描述，但这样的描述实际上是没有意义的。这是因为，正如我们将要指出的那样，（某一时刻）对资本的需求实际上是完全富有弹性的，但是，即便储蓄与利率之间有任何（值得怀疑的）函数关系，一段时期内的供给也完全缺乏弹性。关于这一问题的概要性讨论，见 "Interest 利息"，in *The Encyclopedia of the Social Sciences* 和 "Capital, Time, and the Interest Rate," in *Economica*, August 1934. 关于作为主观成本或痛苦成本的"节制（abstinence）"与利息的关系，见下，第 253—254 页。

  当我们把利息看作资本的边际生产力时，我们必须认识到，资本数量自身包括着利率。不过，利率可以在不提及资本数量的情况下用永久收入简单得到。无论收入是连续支付（如果这是可能的）还是分期支付，年利率都等于一定的永久收入的一年期投资能够创造的额外永久收入除以这一永久收入。当然，两个收入必须从同一收益计划中获得且即时投资（假设可用的投资机会能提供最高的比率）。

总量的净增加，就会计和管理的目的而言，必须将其当作生产，并且把财富增加本身当作相应会计时间区间内的产品。不过，这样的生产从逻辑上说是重复计算的，因为没有相应的消费。

在进一步分析产品概念时会遇到其他生产工具的问题，即拥有的非"人造"的东西。最大的困难来自人类的理论地位。有必要从三个方面思考经济社会的每个成员（非生产者不是成员）：（a）一组需要；（b）一组能力，个人拥有的技术知识和技能是用于满足需要的，如同他用其他物质要素那样；（c）他的传统意义上的（生产性）"财产"，即他拥有的外部东西。这里，我们关心的是"能力"。从因果关系的角度看，一般来说，一个人的生产能力或多或少是他自己活动的结果，这些活动在一定程度上具有投资的特征，此外，每个人最初也都是利用另一个人所拥有的"资源""创造"出来的，这些资源大多可以用于其他用途，它们以这种方式使用，代表着一项经济选择。

但是，所有这一切并不意味着我们能够在理论上把人——作为经济服务的源泉——当作财富或资本；站在物质财富的角度，人类生产能力的增加不能被视为产品，提高人的生产能力的活动也不能被当作生产。一个根本的差异是，个人对自身的所有权是有限的，这看似有些自相矛盾。在自由社会中得到承认的"不能剥夺的权利"不仅意味着一个人不能完全地出卖自己，他也无法与他人签订有强制力的合同来保证在相当遥远的未来提供劳动服务。换句话说，他无法把他挣取收入的能力"资本化"。对于他自己之外的任何人来说，他没有任何经济价值，他事实上一无所有。他无法保持一个准确的资本账户；他也没有动机这么做；即使他能，这样做也毫无意义。父母与孩子的关系也是如此。由于这些事实，作为一个生产者，人的地位不同于财产或资本，他自己或他人施加在他身上的活动（只要进入经济计算）就只能被当作即刻最终消费掉的服务。我们知道，这与事实部分不符。一个人通过自身甚至通过他人付出很多努力和支出，就动机而言，显然是追求未来收益的投资，相当于建造产生收入的物质与设备。职业教育——通常是用借来的钱完成的——就是典型的例子。不过，体现管理原理的会计准则排除了这些项目的分析处理。[1]

在古典经济学家关于生产的著作中得到承认的第三类生产要素是土地，它被定义为"不是生产出来的要素"——"土壤的原始和不可破坏的生产力"[2]。这是土地与资本品的区别。尽管这个观点今天仍然盛行，并且得到最优秀经济学家的追随，但它却是一个谬误。首先，从严格意义上说，历史问题与经济理论无关，因为经济观点是前瞻性的："过去的永远过去了。"而且，所谓的"自然要素"（从物质要素的生产意义上说）不是生产出来的概念是错误的，它反映的是一种错误的生产概念。人　　249

---

[1] 我们发现，古典经济学家（更不用说其现代诠释者）的著作中的确或明或暗地提到劳动供给函数和生产成本。此外，近期也有经济学家（见费雪、休伯纳等）曾经努力界定和测量人力资本的价值。我们无法在这里认真研究这些概念。我们的肯定结论是，我们"不可能"区别人身上的支出中的以下三个成分：(a) 严格意义上的满足或消费；(b) 维护；(c) 生产能力增长。所以，我们不得不把所有此类支出都看作当期最终消费。

　　在我们考虑的四位古典经济学家中，只有穆勒明确讨论了人力生产能力的创造是否被当作"生产"的问题。而且，两种观点他都采用（见第 46 页，第 48 页，第 51—52 页）。斯密在多处提到劳动能力与资本的相似性（如，第一卷，第 103 页和第 123 页）。在关于资本的一般分析中（第二卷，第 264—65 页），斯密明确地把"全体居民或社会成员的培养的有用能力"包括在固定资本之中。但是，这些"能力"肯定没有被包括在"价值"产品之中，因为在第 2 卷第 iii 章的开始给"价值"产品的定义中使其有别于生产劳动。西尼尔对此有较多研究，把名义工资（nominal wage）分为三类报酬：严格意义上的工资（给直接牺牲的报酬）、利润（以一定培训成本获得训练的报酬）和租金（无成本剩余）（见第 128 页及其后，另见第 61 页和第 69 页）。李嘉图没有在古典的生产性劳动和非生产性劳动意义上讨论生产，不过他对这个题目的暗示表明他接受斯密的立场（尤其见第 vii 章第 xx 章）。

[2] 关于土地是否生产的问题，古典经济学家的立场是矛盾的。关键是他们缺少生产或生产要素之间的（对称）关系，原因是他们没有机械因果关系的概念。见本文第 I 部分关于第五个错误的讨论和第 III 部分的论述。

们知道他们正在做什么，并且存在着有效的竞争，那么，劳动和财产用于开垦土地、发现和开发所带来的收益就会正好等于其他用途带来的收益。也就是说，结果必定是在价值上等于其成本。即便财产占有是通过竞赛或战斗取得的，这一点也一样成立，不会因为此类活动不具备社会必要性或者无益而不成立。

至于事实，在今日美国那样的国家中，经济条件达到了与其他领域一样的高度，而且经济活动的社会效用足以与其他活动的社会效用相比。毫无疑问，与许多其他类型的资本创造相比，用于整个自然资源领域的生产能力支出，结果不那么容易准确预见，而且结果会大大偏离竞争的均等状态。只要这种偏差服从正态分布规律，它就会在两个方向上相等。不过，事实上，由于众所周知的赌博心理原理，整个分布预计会偏向不利的方向。在更具偶然性的领域，比如寻找贵金属，这个结果是人们熟悉并且没有争议的一个事实，就这整个领域而言，这个事实更是无疑的。不过，某些其他类型的资本创造也具有高度不确定性，并且无法找出"自然资源"与其他类型的资本品之间一般性的差异。"土地"也只不过是资本。以符合现实的方式定义，在维护和置换需求以及供给增加的可能性方面，与其他一般资本工具一样，土地也表现出无限多样的条件。[1]

除了物质要素，还有许多其他类型的"资本"或资本的具体表现形式，比如生产中的各种"发明"和各种各样的"特殊优势"。事实上，绝大多数这些事情与垄断的关系是显而易见的，不过我们无法一般地阐述其准确特征。关于它们的创造是否是"生产活动"的问题，我们只能一带而过。关于生产的含

---

[1] 正如我们已经看到的那样，在物质分析中，劳动能力也是以一定的成本生产出来的，而且它在相当大程度上也具有资本的其他性质。生产要素和生产能力（设施）的分类既是一个技术问题，又是一个社会学问题。不过，经济理论仅仅关心如下事实：有不同类型的要素，它们在生产中合作，而且有一些一般特征，但没有描述性分类。见 252—254 页。

义和范围的其他一些重要而困难的问题也如此处理。一个合理的做法是把所有的经济生产局限在"经济条件"下可出售价值的创造，意思是相应的活动是经过深思熟虑的，并能正确预见到结果，而这些结果全部用一个完全竞争市场中的交换价值来度量。在现实中，绝大多数经济资源的"能力"是以某种含糊 250 的方式在交换价值的生产和其他（非金钱）用途之间配置的，形式无限复杂，其中典型的一种是个人能力的"闲暇"用途（劳动的"痛苦"成本的基础）。通过价格体系组织的活动没有明确的边界；用经济学的术语说，其中包括的合理配置资源的个人活动也没有边界。政府的活动也造成一个特殊问题。一般来说，关于生产和产品的困难问题主要来自经济增长领域——生产能力的"生产"（这个称呼仅仅因为会计核算的必要性）。[1]在古典经济学家的著作中，这些都很少出现。就我所知，后来的经济学著作中这方面的论述也不多见！

让我们转向生产要素的概念和分类问题。这个问题与产品的含义问题有诸多重复，已有论述相对来说需要补充的很少。"要素（factor）"[2]的三分法不可辩护，却挥之不去。一个历史问题是，如何解释其起源。作为要素的一种分类，该理论兴许源于首先区别人与非人的东西，然后把非人的东西分为两个子类：非生产的或自然的东西和生产出来的或人造的东西。我们已经在讨论所有权关系的差异以及从这些差异得出的事实时给出

---

[1] 在经济学的常用语中，增长现象或静止经济的一般条件的变化称作"动态的"变化。这个研究领域称作"动态经济学或经济动力学"，与"静态经济学或经济静力学"形成对照。这是误解，原因是它们是从力学中借用过来的，但在意思上完全不同于理论力学中的"静力学"和"动力学"。动力学研究运动，而一个静止经济体系（*stationary* economic system）的运行包括运动的类比。在静态条件下，一个移动的均衡状态的建立过程的一个更合理称呼兴许是经济动力学。这些给定的条件（需求、资源和技术）的变化是类比，但力学中没有对应的东西，应该用其他术语命名，比如"历史"或"进化"经济学。

[2] 英国古典经济学家没有用这个词。据说这个词来自法国经济学家萨伊。

了第一个二分法的理由。[1] 可能需要补充的是，人不是资本意义上的财产，所以在人身上的投资不是在近似经济条件下做出的，此类投资的收益率并不趋同于一般市场上的收益率，即价值等于成本。不过，劳动与其他要素之间的基本区别是制度上的区别，而不是理论经济方面的区别。在全部劳动都由奴隶完成的社会中，这种区别显然毫无意义。

此外，劳动和资本，作为物的类，都不是"生产要素"。这个词暗示了内部的同质性（该特性与其他类似"要素"有实际区别）和流动性（该特性要求高度可分性）。这一描述也在一定程度上适用于作为一个独立群体的非技术劳动者，并在较低程度上适用于其他特殊群体。专业工人或技术工人倾向于或多或少地依附于当地，并且适应于某个特定企业。在长期内，劳动者的流动性是社会阶层化问题——凯尔恩斯（Cairnes）的"非竞争群体"，尽管在更近的时代和新的地区，群体和阶层趋于融入一个连续统一体（continuum）。关于社会阶层化在多大程度上依赖于生物差异，多大程度上依赖于社会制度和传统的讨论，自斯密提出 18 世纪的观点并为各界所接受后，已经延续了几个周期，并涌现了许多观点。从因果意义上说，所有人类能力都是社会和人为地创造出来。只要它的创造受到控制，并且受到经济动机控制，劳动及其流动性就形成资本问题的一部分。劳动的数量只能是价值意义上的数量，是归因于劳动的产品价值。

在这个分类的"资本"或"财产"一方，一个突出事实是短期与长期条件之间的不同。对于资本品，正如任何时刻存在着的那样，它的同质性、特殊性和其他属性是摆在面前的现实问题，而且最主要的事实是近乎无穷多样的专业化、互补性和不可流动性。在长期内，问题是资本在不同投资形式之间的流动性问题。在资本流出的一端，资本品越是耐久，资本的流动

251

---

[1]　pp.247-248.

性越小；在资本流入的一端，资本品建造期越长，流动性越小。不过，与抽象的流动性相比，更为重要的是预先知道什么条件下要求资本流动，从而有可能充分提前做好准备。另外，流动性并不是针对无关紧要的单个要素或项目，而是关于一个在空间和时间上相互联系着的复合体。一些专用物品是另一些专用物品和专业化劳动者的补充品，而且是用其他专用物品和劳动者生产出来的。此外，流动性是多重要素——时间、转换速度和成本——的合成，而成本包括很多类型的直接支出和效率损失。投资于任何项目的资本，其流动性具有无限复杂性。其中任何一种要素都无法准确衡量，因为根本没有可供用作标准的不受经济组织变化影响的经济量。然而，分析必须识别此类差异，而生产管理者必须尽量准确估计它们。

"资本"是理想中的"生产要素"，而且从"理论上"讲（是指在一个完全经济社会中的含义），它无所不包。一组组具体的东西，在某种程度上近似于其经验特征。显然，资本十分不同于一组东西的一类名称。整个生产要素理论受害于物的分类与生产能力的类型或源泉分析之间的混淆。在"自然要素"与"人造要素"之间的区别中，这一点尤其显著。任何具体要素的生产能力都可以在一定程度上分解为前人的活动和自然恩赐的东西的属性，前人的活动，就意图和结果而言，是指程度不等的"经济活动"。不过，在一般人类活动是"经济活动"的范围内，任何要素所代表的全部交换价值都是人类活动的结果，"自然"属性不贡献任何东西。我们也可以这样分析人类，或者说，也可以像物的分类那样，按照他们生产能力的源泉所起的主导作用进行分类。[1]

252

———————

[1] 关于"自然资源"，政治利益是造成混淆的另一个根源。在任何一国之内，此类资源的价值与经济成本之间的完全相等。不同国家之间的巨大差异源于现有生产能力能够被用于"生产"这些类型的"资本品"。

要解释三要素理论的起源，我们应该回到我们的经济学概念形成时的历史条件。日常使用中早已承认三类收入——工资、地租和资本收益（最初包括利润[1]和利息）。在后封建社会的欧洲，当经济学术语正在成型时，这三类收入对应的获得者是清楚可见的三个不同社会阶层——劳动者、地主和中间阶层。收入分配，作为总产品在这些阶层中间切分的思想，无疑是古典经济学家"误入歧途"的关键。[2]不过，这个题目的讨论属于生产组织研究（见本文第 III 部分）。今天，这三个社会阶级找不到可比的现实，尤其在世界上的新兴地区。而且，无论如何，如果收入分配是竞争价值评估的现象，那么，它与阶级无关。

毫无疑问，三要素观产生和持续存在的另一个重要原因是，用痛苦成本来解释产品价格学说所产生的影响。产品分配可以用这些术语系统阐述。假设在生产和使用中，土地可以定义为没有痛苦。我们已经指出，劳动痛苦的意思是，非金钱用途的竞争，这显然也适用于土地，因此与使用有关的谬误也就清楚了。同样的推理也适用于土地的"生产"，只要土地被看作是生产出来的，那么痛苦与生产的一般关系也得到了理解。

253　　　劳动当然地被定义为痛苦，是为了生产而从事的，被作为价值的一般基础。这个观点已经在上面批判过。

至于资本，古典学派的最伟大发明是西尼尔的节制学说。节制，作为一种成本，对应着产品价值中的利息成分，类似于

---

[1] 企业家功能和与之相应的收入类型的古典研究将在本文第 III 部分中讨论。

[2] 见李嘉图，前言第一段；西尼尔，p.88, 标题；穆勒偶尔提到阶级且意思不确定（见 pp.353,417）。斯密在他的第一卷的标题中提到不同"等级"的人民，并在概要性的"导论和计划"（pp.4，2）中说道"人的等级和状况"。这些作者都没有社会学家科学定义的阶级概念。

劳动痛苦与工资成分的关系。[1] 不过，这里有很多混淆，而且这些混淆今天仍然存在。西尼尔强调，"节制"是创造资本时作出的牺牲。在资本"通过馈赠或继承变成另一个没有为资本的创造付出节制和努力的人的财产之后，"利润与租金的区别消失了（第129页）。然而，对于穆勒来说，"就像劳动者的工资是劳动的报酬……资本家的利润是……节制的报酬……他因克制消费资本而获得的收益……"（第405页）。他们都没有清楚看到两种意义上的资本成本之间的关系。一个是节制消费意义上的资本成本；另一个是把现有资本用于一个用途而同时放弃的非金钱用途意义上的主观成本。后者是劳动中"痛苦"的意义，是唯一可以用于说明当期货币利息支付的主观牺牲。

在结合有关现有资本的延期消费来看，上述观点可以很容易解释。假定年利率是5%，如果一个人在大约15年里消费掉他的资本，那么他享有的净收益将加倍。不过，把每年支付（给100美元）的5美元利息看作放弃10美元得到的报酬显然是荒谬的。他没有吃掉本钱的唯一金钱动机是预期净收益流的寿命会超过15年。但是，当这个时间到来时，就像"现在"，在边际上，利息将严格等于日复一日地放弃把（视为永久的）资本用于（非金钱的）直接满足的主观成本。也就是说，资本家从未因为不消费而得到金钱报酬，而且类似的推理将证明，

---

[1] 见西尼尔，第59,89页。注意节制的定义的不一致，一个定义将其称作一种要素，另一个定义将其称作一种行为。当李嘉图一再提到把产品拿到市场上所需要的时间并提到资本的耐用性对产品价值的影响时，可以看到节制思想的雏形。维克托·埃德伯格（Victor Edelberg）先生在 *Economica* 1933年2月号的一篇文章指出，李嘉图以庞巴维克的方式阐述了一种"可靠的"资本理论。本文作者未能在李嘉图的论述中发现什么十分不同的事情，既没有发现很多庞巴维克那样的分析，也没有发现所谓可靠的分析（见注28）。

储蓄者从未因为在积累时期放弃当时的消费而获得报酬。[1]

储蓄包括节制，而不是"等待"。后来的经济学家追随马歇尔，错误地将其称作"等待"，而这个词是马歇尔是从麦克文（Macvane）那里拿来的。穆勒本人隐约看到了如下事实（第405 页）：即使不考虑上面的理由，资本家也"常常"能够通过把资本安排到一生中消费来增加他的消费。事实上，他总是能够这么做，平均来说，不止使其消费加倍。而且，在多数情况下，储蓄者因为储蓄行为而减少了他的绝对总消费。

西尼尔从未试图把资本的数量与节制的数量联系起来，甚至从未给资本的数量下定义。这有待庞巴维克和他的继承者沿着这个方向发展西尼尔清楚提到的生产周期，即从劳动的使用或劳动和自然要素的共同使用（第 111, 93 页）到销售或生产完成之间的时期。[2]

---

[1] 这个悖论与马歇尔在回应尼克尔松（Nicholson）对消费者剩余的质疑时提出并分析的一个悖论（《原理》，第 127 页注）相同。在马歇尔的例子中，储蓄包括的选择类似于从非洲移居英格兰的选择。如果一个人生活在非洲，年收入1000 英镑，合理安排支出，他的总效用和主观成本是每年 1000 英镑；在英格兰，情况也是这样。然而，付出一定代价，移居还是可以有利的，因为相同数量的货币能够购买的效用流的构成不同。类似，可以有充分的动机储蓄，从而能够以递增的成本在将来获得更大的收益流（尽管这不是储蓄的重要动机）。

　　"总效用"最大化的概念（人们在理性行为中最大化的东西）将有助于解释给定的收入在给定的可供选择的用途上的支出。不过，试图用它解释从一种经济情况向另一种情况的移动，必定陷入"重复计算"的矛盾。这是因为，现在的行为只能用现在的动机来解释；而且，从心理学上说，实际账目每时每刻都是平衡的，不仅仅是"在边际上"平衡。如果我们放弃用效用量来解释随时间发生的变化，我们就可以不再假设消费者剩余是"真实的"，我们的推理就与如下事实和谐了：没有人在日常情况下体验到消费者剩余理论所描述的免费满足。

[2] 这一部分的主要论述需充分弄清的是，一个社会中使用的资本数量与"生产周期"——生产与消费之间的时期——的长度没有任何关系。真正的生产是与消费同时发生的，而建造社会资本所占用的时间是社会的整个历史增长时期。生产周期和具体的物的服务寿命未必与资本的数量有关系。另见本文作者在 *Economic Essays in Honour of Gustav Cassel* 和 *Economica* 1934 年 8 月上的文章，以及计划发表于 *Economic Journal* 1935 年 3 月号上的文章和本文第三部分。

除了痛苦，还可以基于纯粹一般理由进行论述：劳动和资本的持续存在有赖于它们取得报酬，而土地却不是这样。这一观点在古典经济学的著作中是有迹可寻的。报酬数量与要素的存在所必需的东西之间的精确关系没有得到讨论，这一点在痛苦学说中也一样没有讨论。而要明智地讨论数量关系，必须先引入"边际"原理。

关于土地，我们在如下假设中发现了另一个区别的清楚证据：土地只能用于一个用途，即只能生产一种产品，而劳动和资本则面临来自多个用途的竞争。事实上，专业化要素与非专业化要素之间有一个基本差异，但这个差异并不符合"自然资源"和"资本品"或劳动之间的差异。（而且，农业代表的不止是生产中的一个阶段。）以专业化为基础对生产要素进行的分类只能是武断的，纯粹是程度上的事情。要讨论这些观点中的错误，需要分别详细说明生产要素的供给曲线问题，即现有要素用于牟利时的服务供给线，具体商业用途中要素或要素服务的供给线。

III. 生产组织和收入分配

概述：自然价格学说（Natural Price Doctrine）的含义

在经济学中，通向收入分配理论的"正确"途径是生产组织理论。事实上，一个可靠的收入分配理论只不过是资源配置理论的推论或脚注，而资源配置理论的任务是说明在价格竞争力量作用下资源被分配到不同用途的机制。[1]经济学产生于通过   255

---

[1] 这里，我为此前未注明引用的作者而表示歉意。对原有的批判进行批判是等同于研究的另一项工作，而我无意从事这样的工作。我也无法在这里一一致谢。我从比较著名的经济思想史学家那里学习，但我记不起出现在这里的主要思想具体是从哪一位大师那里学来的。在准备这篇文章时，除了匆匆查阅了坎南的生产和收入分配理论史的几章，我没有直接使用此前出版的其他文献。本文是多年教学的成果，只想努力弄清楚"事实真相"，本来没有打算写一篇学术文章。我要感谢写出了建议性"文章"的学生们。我还要感谢很有能力的研究生助教罗斯（Rose），她后来一直从事与更加专业的资本理论史料有关的工作。

个人相互提供服务来提高行动效率的想法（即"资源的节约利用"）。历史上，这门科学的发展可以归功于如下认识：买和卖使得服务交易得以实现。[1]在18世纪以前，除了极少数例外，人们似乎从未有这种认识。相反，人们普遍认为，在金钱交易中，一个人的得必定是另一人的失。基于这种分析，通过交易关系获利的社会上普通活动可以看作是一个趋于效用最大化的过程（看作整个社会的一个均衡状态）。实现这一状态的途径是把增加的每一单位服务吸引到对于交易双方——服务能力的所有者和服务的消费者（用他拥有的某种能力的服务交换这种服务）——利益"最大化的"用途。如果人们认识到，服务能力所有者的这一迫切要求是所有价格关系和价格反映的经济生活的组织力量，那么，产品在所有服务能力中间的分配所依据是产量增加。[2]

收入分配实际上并不提出特殊的问题，除非把间接需求看作特殊问题。在教科书中，分配理论只不过是联合需求（joint

---

[1] 服务可有由个人亲自提供，也可以授权另一个人用自己拥有的外部物品来提供。这两类服务方式之间既没有分析上的重要不同，也没有经济学理论上、社会心理学上或伦理上的不同。

[2] 所有这些陈述都应该附上一些说明，仔细思考这些说明将避免无意义的研究：（1）个人被当作绝对的基准，包括人身和财产的生产能力和作为消费者的知识、偏好和判断力。（这一方法的严重局限性无法在这里展开讨论。）（2）作为一个基准的个人还包括他对现在和未来的比较。（3）作为一个基准的个人还包括他对不确定性（安全与冒险）的态度。这些无法精确阐述，不然我们将被迫做出不可能的假设：对未来无所不知。（4）假定个人按照纯粹个人主义的方式做事，既没有合谋，也没有敌对。这个假设也是高度不现实的。尤其是，从理论上说，一个体系中两个人不可能同时以一种将该体系当作一组给定的行动条件，并以任何途径修改它的方式明智地采取行动，除非他们的行动充分地预先协调好了，这当然意味着合谋。还应该注意到的是，实际上，在一个经济体系之内，个人总是能够通过合谋来获利。唯一的问题是收益是否大于组织成本，而组织成本是一个十分微妙的概念，以至于很难进行一般的分析。（5）最后，兴许也是最糟糕的事情是，下面的说法是不正确的：人真正和最终需要的东西一般来说是或在很大程度上是可进行物理量化的，或者说价值体验是一个物理量化数学函数的起因或源泉。在社会环境（而非物质世界）中，对于过程（而非结果）的固有价值来说，经济价值实际上是工具性的。

demand）理论，但事实上，对最终产品的需求本质上也是联合需求。间接需求概念本身纯粹是程度上的事情，同样，某种产品被认为是最终产品的说法也多少有些武断，出于讨论的目的而必须将其当作最终产品，而技术上不同程度地远离最终结果，即"心理补偿"（或别的名称）。此外，离开一般均衡理论，分配理论几乎没有意义。这显然是因为，对任何资源服务的有效需求取决于收入分配自身。而且，对要素的有效需求当然是产品价格的反映，而服务价格或多或少地是产品成本中的价格决定因素。所有这些关系都是既定条件下的相互决定关系。

我们还应该牢记，一个可靠的分配理论必须以清楚的概念为基础：（a）要定价的资源服务数量；（b）变量——小的增量和可变比例——之间具有数学逻辑原理的函数关系。关于所有这些事情，古典经济学家要么毫不怀疑，要么极度困惑。

没有组织理论，古典经济学家关于分配的论述更加难以解释。然而，我们发现，关于自然价格，古典经济学家关于价值理论的讨论充分指明了价格竞争下的组织机制和过程的一般性质。不过，他们关于分配的讨论却忽视了这种推理，并从完全不同的角度研究这一问题。换句话说，生产成本与价格关系的讨论总的来说是切实的，尽管很不完整。但是，古典经济学家很少或丝毫不理解的一个事实是，生产成本总是等于分配中的支付，即两者只不过是生产服务价格的不同名称。在研究收入分配——即不同"份额"——的章节中，他们没有采用竞争定价或供求分析的方法。还有，他们很少有明确的组织理论，虽然如上所述，此类组织理论在类型上不同于资源配置和资源通过价格竞争得到协调的分析。

正是在斯密的著作中，我们发现了很多关于组织过程的最清楚观点。这些观点是在自然价格理论中提出的。[1] 斯密明确地

256

---

[1]　见《国富论》，第1卷，第7章，"论商品的市场价格的本质"。

把三类生产要素——"土地、劳动和资本"——放在经济调整过程中同样重要的地位,并把它们都当作生产能力,而不是"痛苦"。[1]斯密清晰地指明,调整过程是三类资源的任何一类从报酬较低的用途转移到报酬较高的用途的过程,直至所有竞争领域中的报酬均等。在李嘉图及其追随者那里,基本的现象是资本的报酬均等。按照假设,这一过程同时也使劳动报酬均等。[2]在所有李嘉图著作中,土地在有关成本中扮演着特殊角色。(斯

---

[1] 在整个古典文献中,生产成本的本质,尤其是它与痛苦或牺牲的关系,是争议和混淆的主要根源之一。真正涉及的问题有两个:(1)生产者支付货币购买的到底是什么;(2)牺牲的含义。在这两个问题上,古典经济学家总的来说都是错的。对于支出的人来说,支出是为了购买服务,而不是为了痛苦;对于提供服务的人来说是一项自愿的或可选择的牺牲,从理性角度看,这一"牺牲"只不过是选择一个选项同时放弃了其他选项,作出这一选项的收获必然大于或等于其他选项,否则他们不会作出这一选择。

　　关于把痛苦当作生产和价值的基础,有意思的是,甚至李嘉图也清楚认识到(第1章,第2节),工资支付本身根本不对应于劳动的痛苦。穆勒则强调(第388页),在有不同工资群体的情况下,工资与痛苦呈现出逆向关系。在不可忽视的事实面前,如下相关教条把经济学家做出了荒唐的事情:"劳动"是一种同质的要素,而不是具有无穷的种类;价格必定符合一个毫无意义的痛苦成本。凯尔恩斯的"非竞争团体"价值理论是与劳动有关的理论的顶峰。如上所述,西尼尔的伟大"贡献"是把资本解释为节制形式的痛苦。这一概念中维度的混淆在上面已经被指出(见第二部分,pp.253-254)。

[2] 李嘉图的《政治经济学及赋税原理》第4章给出了与斯密的《国富论》第1卷第7章对应的论述,而且题目相同:"自然价格和市场价格"。在西尼尔的著作中,我们没有找到关于这个题目的独立章节,但看到了他的重点陈述,尤其见于第97页和第101页及其后。(这里,他用了"劳动和资本"的表述,但整个论述将表明,其意思不同于李嘉图的意思;问题的关键在于,固定数量的资本总是"维持"一个固定数量的劳动。)在穆勒的著作中,在讨论价值时,相对来说较少注意均等化过程,但在分别讨论劳动和资本(工资和利润)时对均等化过程进行了长篇论述(见下)。

　　穆勒在生产成本一章的第1节里(pp.451-452)关于成本的含义的讨论简直是乱七八糟。他说(p.452.6):"作为一般准则,物品趋于以如下价值相互交换,这些价值将使每个生产者能够偿付生产成本并取得正常利润。换句话说,所有的生产者的支出都将取得相同的利润率。不过,在生产成本相同的情况下,为了使利润均等,平均来说,物品交换必须按照它们的生产成本进行:生产成本相同的东西必定具有相同的价值。"这似乎是李嘉图的陈述(p.50)的重述:(接下页)

密也一样，在一定程度，在有关地租的章节的说法与自然价格的章节相反）理论的细节将在不久后讨论。

除了他的三类同质要素的概念，斯密的分配理论还有两方面不足。第一，也是最重要的一点是，没有清楚认识到如下事实：他所谓的"正常或平均"工资率、利润率和地租率自身是由调整过程决定的，它们只不过是当可供利用的每一种要素都得到最优利用且各类要素在所有竞争的用途中报酬均等时对应的报酬率。他似乎认为，任何生产服务进出任何行业都会（通过数量，即其背后隐含的需求曲线）影响那种产品的价格和在那个用途中使用的服务的价格，使两者与支付的生产服务的平均价格（看作给定）一致。第二，没有认识到今天人们普遍认为的收入分配的核心问题，即要素的需求价格通过联合产品或其价值在合作生产它的各种各样的要素中间的"分配（imputation）"而得到（与各生产单位的比例相关）。[1]

当然，斯密在论工资和利润的章节之后和论地租的一章之前，单独讨论了不同职业的工资和利润差异。穆勒继承了这一安排，而西尼尔却用这样的讨论作为他的著作的结尾。李嘉图仅仅在第 4 章（论自然价格）的讨论中附带提到了工资和利润差异的事实。这些处理都有刚刚指出的理论缺陷。他们都未能认识到均等化过程决定一般水平。或者说，他们未能解释要素

257

（接上页）如果某种产品的一个制造商要生存下去，"唯一的条件是，他应该从这种产品得到正常和一般的利润率；要实现这样的条件，他出售商品的价格必须与他的生产中使用的劳动数量成比例。

　　无论李嘉图的学说是多么站不住脚，至少他把他的意思弄得可以理解，很难说穆勒做到了这一点。正如我们一再强调的那样，李嘉图的立场是，固定数量的资本总是雇用固定数量的劳动；资本成本和支付的工资完全相同，并衡量"劳动成本"。

[1]　这一疏忽兴许与斯密早先接受（与痛苦成本学说有关的）劳动生产一切财富的信条有关。总体上，这一章自相矛盾。后来的经济学家的拙劣论述兴许也是这一信条造成的。

经由什么机制在各种用途和各个生产者中间配置（以及如何在各个用途和各个生产单位中结合起来）。的确，劳动和资本可以单独移动的概念与通常所说的两者比例固定不变的说法矛盾。当然，所有这些经济学家都错在把相同的均等化原理应用于土地——这迫使人们承认报酬均等化的基础是同质性，而实际中只是在一定程度上有意义。

一般观点

当古典经济学家在他们的收入理论中，与他们的价值（自然价格）理论中切合实际的生产和分配观点相背离时，他们并没有放弃一个分配"体系"甚或一个生产组织体系的概念。他们的理论，作为一种解释，没有价值，原因在于他们忽视了价格竞争的基本现象和通过价格竞争进行经济组织的现象。不过，这并不意味着它不符合事实，更不意味着它无趣。不经意间从三个收入份额的想法开始，对应有三个社会阶层[1]和三个社会功能，以及三种收入来源，他们试图描述一个社会分工过程。最直接的问题是收入被分配给各个阶层的秩序。按照他们方法的本质，实际机制只能是推断出来的，而且该体系的任何系统阐述必定包括多种多样相互矛盾的说法。它必定主要依据李嘉图和后来的经济学家，因为斯密的影响力不在于"体系"，而在于细节上的现实主义（realism），但斯密提供了后来使用的全部材料。[2]

形式上，李嘉图收入分配"体系"是一个双重的二分法。整个社会产品首先在土地与劳动－资本之间分配；然后，劳动－资本的份额在劳动者和资本家之间分配。按照李嘉图的观点，

258

---

[1] 见本文第 II 部分，pp.252-254。
[2] 与资源的增量伴随着的产品增量的概念是个例外。在斯密的思想中找不到这一概念的明显踪迹。

地租的一个奇特性质是它不进入产品的价格。[1] 地租是地主作为第一要求者取得的"剩余"的观点表面上把问题简化成了一个二分法问题。真正需要解释的"收入份额"只有一个。另一个通过减法来确定。工资在一定程度上得到独立解释，还需要解释的是利润。因此分配理论分为或应该分为两部分：地租理论和工资理论，组织机制也必须符合这一计划。

　　与分配有关的生产组织的一般概念是古典经济学家在研究农业时发展起来的，而且仅仅停留于一个粗糙的形式。关于经济生活的其他各个方面，只能给出笼统模糊的推论。关于有些

---

[1]　如果这一学说真的意味着地租"不进入"价格或不是价格的一部分（休谟），那么，产品的总价值就会等于工资和利润的总和，地租的来源就成了一个谜。它的真正意思是，货币地租和土地利用本身不是价格关系中的原因。

　　李嘉图感兴趣的一般问题是一个太大的问题，无法在这里详细讨论，但有两点值得说明。李嘉图对价值理论的最初兴趣是把价值理论弄成"一元论（monistic）"，而且我们可以说是"绝对论"，使之不同于他所看到的斯密的多元和循环推理（相对性）。他给自己规定的任务是双重的：避免用价格解释价格；找到某个东西，其自身不是价格，而产品的价格必定等于它。出于十分简单的理由，他选择了了劳动数量。要以这种方式解释价格，他就必须说明资本和土地（或它们的报酬）不决定价格，并克服一个更大的困难：对于常识来说，企业家支付的劳动价格并不对应于劳动的数量。这里，他的方法仅有一个方面值得注意。他着重断言（第1章，第2节），他要解释的不是商品的"绝对"价值，而是"相对价值的变动"，这种变动不受不同等级的劳动的报酬差异的影响。这是典型的用词不当。他的意思是，他关心的是相对价值的变动，而不是任何时刻的实际相对价值。换句话说，他想说的是，他关心的是历史变化，而不是（很多现代经济学家所注重的）均衡关系或趋势。（正如他的模仿者所遇到的）困难是，他的很多说法只有放在一个均衡理论中才有意义。

　　如果我们从纯粹历史的观点看李嘉图的体系，作为当时的事件的解释，总的来说，它符合他的著作写作之前半个世纪里英格兰的显著变化的事实。一个主要事实是，农产品的价格相对于工业品的价格上升了好几倍。这一现象的一个正确解释，或至少可以从表面上说，是制造业中的"劳动"效率通过发明而提高，而农业中的劳动效率因为耕作边际的不断外移而有所下降。（尤其见李嘉图的《论低粮价对资本利润的影响》。）耕作边际的外移是人口增加和战争导致对外贸易中断的结果。前者是工业革命的一个方面，也是人口增长的原因之一。

行业，我们可以给出一些较为确信的描述，资本可以被看作是"维持"劳动的，而且这两者"被应用于"土地。生产是由"资本家"开动和指挥的，他最先拥有产品。[1] 生产必须被看作是按照一年一个周期进行的。在年末，收获之后，如果使用的是优于耕作边际的土地，资本家雇主首先支付地租。然后，他把剩余产品分成两部分，一部分用于他自己的消费，另一部分用于支持下一年的劳动。第二部分组成他的资本，并置换和维护他的"资本"，是每年"垫支"劳动者的部分。租金或地主的份额（和资本家自己的那一份一样）不被看作垫支或资本的支付。要使这种看法合理，只能假定给劳动者的支付是在年初进行的（或将其拿出来并标明用途），是在劳动服务提供之前支付，而给地主的支付是在年末进行的。（本文作者认为，这些份额都没有被看作对服务的支付，甚至工资也不是，尽管它们，甚至包括地租，偶尔被如此提到，尤其是斯密和西尼尔。但是，今天，人们已经不可能以其他方式来思考分配问题了。）现在，让我们详细讨论古典的分析，从最先分离出来的地租开始。

地租与土地利用

李嘉图关于地租的论述十分简要。尽管他在前言中声明，

---

[1] 尤其见西尼尔，pp.93,94 ；穆勒，pp.417-418 ；在李嘉图和斯密的著作中，这个假设十分清楚。我们发现了对借贷利息的充分认识，不过没有把企业家和资本家的功能分开。卡尔·马克思在很多方面比古典经济学家还古典，在他看来，有充足的证据把现代经济秩序称作（或错误地称作）"资本主义"。李嘉图及其追随者认为这一体系以资本家雇佣和控制劳动力为中心。理论上，这当然是"极端"错误的。企业家雇用和指挥劳动和资本（后者包括土地），而劳动者和资本家都是被动的，与企业家的主动形成鲜明对照。的确，企业家无法完全地与资本家功能分开，但企业家也同样无法完全地与劳动功能分开。肤浅的观察者常常受含糊的所有权概念迷惑。一个企业的"所有者"兴许不拥有其中所雇佣的任何"财产"。进一步的思考将表明，同一项财产可以在不同意义上完全或在不同程度上归很多业主所有。

他的最初兴趣是地租与价值和价格的关系问题，而不是地租与分配份额的关系。从最初兴趣的出发点来看，它有助于消除通向劳动价值论道路上的一个障碍。不过，尽管存在这些事实，正是在有关地租的论述中，我们发现了古典经济学家的著作中最接近于真正收入分配理论的方法，即以最后增量为基础的归因（imputation）过程。在这一理论中，地租有两个方面：从生产的角度看，它是一个剩余（surplus），是资本（意思是资本－劳动）的超额收益，即不付地租情况下的资本收益；从分配的角度看，它是资本－劳动获得的并且由边际生产力决定的联合份额之后的残余（residuum）（第48—49页）。[1]在关于工资、利润和地租的章节里，李嘉图始终在这些意义上发展他的地租理论。资本－劳动，被看作一种同质的要素，逐渐被应用于土地，它们的报酬是由最后增量产品决定的，土地收到剩余产品，如果有剩余产品的话。另一点十分清楚的是，应用的顺序是使得最后一单位增量资本—劳动在各个用途中的产品相等。这一推理显然包含着劳动—资本与土地的可变比例。

尽管显得有些吹毛求疵，对整个原文认真思考，我们不得不提出如下问题：李嘉图是否真的清楚理解增量原理的意义。尽管他（在他的假设下）前后一致地给出了完全正确的陈述，但经过分析我们发现，关于很多基本的事情，他肯定不理解。（1）他没有看到，在他的假设下，所有这些都是总产品最大化的条件。（2）如上所述，把资本—劳动当作一种同质要素来看

260

---

[1] "剩余"和"残余"两个词这个技术意义上的用法是后来出现的，尽管我们的经济学家都把地租当作土地的剩余产品。例如，见斯密，第146，147页；李嘉图，第52页；西尼尔，第90，91页；穆勒，第427，472页。

待是荒谬的，其背后的理论将在下面研究工资和利润时讨论。[1]

（3）同样荒谬的是，除了等级差异，还有把土地当作同质的。倘若李嘉图曾经试图给土地的"质量"（等级）下个定义，他就会看到，用于检验或衡量等级的恰恰是地租（率），从而无法用于解释地租——除非给出一个详尽的生产力理论。

（4）李嘉图没有资本－劳动与土地之间比例的概念，原因是他没有土地数量的概念。他从未把地租与土地的数量联系起来，或总的来说他根本没有将其与土地联系起来。产生地租的是应用于土地的资本－劳动（或"资本"）。[2] 他笼统地提到了一个社会中既定等级的土地总量。不过，在第48页偏下的位置，在清楚论及这一点之后，紧跟着的是一个佃户和"他的"土地的具体例子，而没有提到第二个1000英镑资本应用于这样一块土地的条件。

（5）种种迹象表明，李嘉图并不真正理解可变要素比例的原理。（a）他的"增量"十分巨大，而不是可靠的分析所要求的可忽略的小量。（b）耕种新的土地或把更多资本应用于已经在使用的土地的必要性的概念并不是李嘉图的发明。（这个用法

---

[1] 李嘉图明确说过（第59页），使用更少资本与使用更少劳动是同一回事。只要资本－劳动要素的二元性受到关注，我们就必须承认，如果比例是固定不变的（在讨论地租的时候，一般都这么假设），或者如果在固定劳动力数量的情况下，支付更高的工资使得资本投入增加，但总产品的数量不增加（这是其他地方的假设），那么，两种要素结合成一种要素就没有什么不当。（见下一节）把劳动当作一种要素的谬误会继续存在，而且以同样的方式对待资本的合理性必须借助资本数量的清楚解释来加以证明，而资本数量的清楚说明是古典经济学家的著作中肯定找不到的（只能用复杂和严重局限性来证明）。

[2] 他的整个学说毫无疑问地要求，只有劳动是生产的，尽管在前言和论起地租那一章的第二段中，他谈到"土地的产品"。其他古典经济学家偶尔地更为明确地指出，地租是土地利用的价值或其"产品"。这当然是误人了与一般立场不一致的常识。（见斯密，第344页）西尼尔曾经（第136页）试图给出一个生产力理论（也见第181页），尽管他没有给出分配（imputation）过程的线索。但是，他在第140页说，生产力数量不服从一般法则，既没有最大值，也没有最小值。

在其他经济学家的著作和现代经济学教科书中更为典型。）即使
是在李嘉图真的提到对农产品的"需求增加"时，他的例子也
没有得到改进，因为我们几乎不可能在他的原文中找到这个用
语合乎经济学逻辑的可辩护的解释。（他对"需求"一词的用法
是彻底地混淆和矛盾的。尤其见第 xxx 章。）（c）很难解释关于
两类农业改良的著名论述（第 57—59 页）。其论述方式并不否
认资本与土地的比例可以变动。

（6）另一个重要的地方是，李嘉图（及其学派）丝毫没有
认识到要素搭配比例、报酬递减和剩余所组成的分析体系的可
逆性（reversibility），从而造成了推理循环。要避开这一"险
恶"的循环推理，必须建立一个相互决定理论和给定条件下的
一个系统的均衡状态。当然，在这个方面，我们的批评因为如
下事实有所缓和：此类概念是在李嘉图死后的大半个世纪才被引
入经济科学的，而且自那以后一直在不断地演变。[1] 现代分析认
识到，这整个理论可以被颠倒过来，被看作地租的生产力理论，
把资本—劳动的份额看作剩余。而且，这一处理方式的确更符
合潜在逻辑，因为地租是最先拿出来的份额。

261

要理解这一点，我们只需集中关注穆勒（p.425）所继承的
李嘉图（第 47 页）说法，把地租看作相同资本—劳动应用于有

---

[1] 把一种要素或一组要素的整个供给与总供给量给定的另一种要素的按比例搭
配的概念既不切实，也不必要。甚至要素比例的连续性假设都是多余的。正
确的概念是具体要素或一个单位"要素"增加给一个组织带来的总效果增加。
（实际中有限规模的生产能力增量的后果是无论如何都值得研究的一个问题。）
至于剩余理论，它实际上简化成了如下说法：一组因果关系的任何变化的效果
是它的实际大小与零之间的差额，而且这个事实是一个因果解释。
　　值得注意的是，收入分配分析的双重二分法有地租和利润这两个"剩余"，
这并不包括同一个体系中出现两个剩余的谬误。这个谬误反而出现在稍晚一些
的经济学家的论述中，尤其令人吃惊的是它出现在沃克（F.A.Walker）的论述
中。（在这一点上，我最初几年的教学中也犯了同样的错误。）不过，正如我们
将要看到的那样，多个剩余的谬误并没有出现在古典利润和工资理论之中，它
简化成了如下谬误：每个有权参与分配者得到支付他人之后的剩余。

地租的土地时的收益和应用于没有地租的土地时的收益之间的差额，但没有关于之间比例的陈述。（对于具体的优等地块来说，它必定是"最优"资本－劳动数量，而且要比较的是这块土地的产量与相同资本－劳动应用于最优数量的次边际土地时的产量。这里，"最优"的意思是指符合如下经济原理：通过使最后增量均等来实现总效果最大。）我们将会看到，具体一块优等土地的边际或增量产品等于其总产品减去资本－劳动在边际上能够生产的产品。这是因为，在竞争条件下，如果任何（小）块土地退出使用，原本应用于它的劳动－资本就会被用于边际土地。不过，在边际土地上，劳动和资本的每一微小增量带来的总产量增加都等于优等土地上"最后一单位劳动和资本"带来的产量增加。[1]

（7）一个更技术性但也相当基本的批判是，李嘉图和其他经济学家没有弄清楚或准确理解报酬递减原理，甚至没有弄清楚运用其他要素与土地之间的关系，而且他们忽略了假定的变量所含有的一些没有定义或无法定义的特征。（这也是经济学家们的近期成就，而且这方面的学术研究仍在逐步地推进中。）的确，李嘉图坚持认为资本—劳动的一个增量创造出产品（清楚地意味着产品的增量）。不过，考虑到他与同时代的其他经济学家的争论，更值得怀疑，在那个时代和自那以来的著作中，提到要素比例的变动和产品的比例变动时的常见表述形式是混淆的。一个正确的表述必须区别两个没有任何必然直接联系的不同原理。一个是比例定律，说的是一种可变要素增加一定的比例将导致总产量较小比例的增加。如果要素的搭配是明智的，那么，这个原理像公理一样正确。不过，对于分析来说，它不是很重要，因为它不能提供要素比例选择和应用的标准。为此，

262

---

[1]　见 Allyn A. Young, in Ely's *Outlines of Economics*, 4th ed., p.410（小字体一节的末尾）。

我们必须求助于另一个原理，增量定律，说的是一种可变要素的相继等量增加带来的产量增加越来越小。[1] 正确的分析还必须区别物质产品和价值产品，并把物质产品和价值产品受到的影响联系起来。这里，还要认真区别一个竞争行业与只有一家企业的行业，即垄断的行业。[2]

（8）尽管上面已经提到，我们仍然应该单独指出的是，李嘉图最有能力的追随者们显然也根本不理解增量的重要性，即便在李嘉图本人在狭窄和特殊背景下使用这个概念。的确，西尼尔在某种程度上给出了李嘉图理论的一个正确阐述，尽管在有关地租的处理中将其当作一种垄断现象（见第 115 页，表和页脚的解释文字）。不过，后来（第 126 页）他使用了一个荒谬的假设，即相等面积的不同等级土地以相同"费用"生产出不同产量。而且，他关于收入分配的讨论（第 135 页及其后）没有给出确定的理论，并以已经引用过的陈述（第 140 页）结束：地租的数量不服从任何一般规律。（关于一般垄断价格，他做出了相同断言；第 97, 104, 111 页。）

在穆勒关于地租的表述中，根本没有对增量原理的明确认识。他只不过重复（第 425 页）了李嘉图的表述，即地租是既定数量的资本在产生地租的土地上的产量与在不产生地租的土

---

[1] 在描述来自固定数量的某种（或一组）要素的总产品与一种可变要素的数量的函数关系时，比例规律表现为总产量曲线在一个给定的点处有正的斜率，其斜率小于连接这一点和坐标原点的直线的斜率［平均产量——译者注］，即该点处的切线穿过纵轴或产量数轴。增量规律表现为，总产量线朝着水平线（可变要素数轴）向下弯曲。

[2] 当然，垄断几乎总是程度上的事情。这个事实后来莫名其妙地引人注目。包括李嘉图在内的古典经济学家关于垄断价值或价格的观点是混乱的（而且他们没有结合收入分配来讨论垄断）。我们在这里考虑的经济学家中，只有李嘉图未能明确地把土地当作一种垄断情况对待。

地上的产量之间的差异。不过，他没有明确提到数量或增量[1]，而且没有解释经由什么过程，来决定应用于一定数量和质量的土地上的"资本"数量。对于组织理论和可靠的收入分配理论来说，这是基本的一点。他的确强调了通过竞争实现资本报酬均等化，但没有证据表明他理解了这一均等化的意思，即相同资本增量带来相同的报酬增量。一个自然的推论是，他把它看作总报酬中每单位的均等化。这是一个致命错误。穆勒多处提到的报酬递减都是指这一规律的按比例形式。[2]

恰当地说，斯密关于地租的论述不属于本文的范围，因为他没有给出李嘉图理论那样的东西。不过，他在几个地方的论述值得一提。第一是他论地租的一章，尤其是导论一节，与论自然价格一章中把地租看作一项成本，这两者之间明显是矛盾的。[3] 第

---

[1] 他的确在论地租的那一章（第 429 页）提到了应用于农业"仅仅带来正常利润"的资本"部分（portion）"。而且，在他论"受交易影响的收入分配"一章里，他的说法是"用在较好土地上的资本中生产力最低的那一部分（installment）"。应该如何理解这些原文，是典型的解释问题。可以认为，增量和均等化的过程是被当作理所当然的事情。不过，在这样一个阐述中，它是应该是什么或会是什么？如上所述，困难在于实际上经济分析的全部基础过于明显，是思考这些问题的人不而可能完全忽视。

[2] 第 181 页上有一个显著的偶然例外。这一页的第一句是："其他条件不变，土地的产品随着使用的劳动增加的比率递减……"这确实是增量原理。不过，在结束下一句之前，作者引用了卡里（H.C.Cary）的话来支持自己的观点："产品增加的比率大于劳动增加的比例。"西尼尔也作出了增量原理的类似偶然正确的陈述（第 105—106 页）。

西尼尔和穆勒都把资本 – 劳动当作单一同质的要素，不加区别地用资本、劳动或这两个词的按任意顺序组合来代表它。（我没有看到两人像李嘉图那样在第 59.6 页中明确地说两者总是一起变动。）

[3] 见第 I 卷第 xi 章导论的最后一段。也见第二版的第 vi 章（第 51 页，注 7）中作的改动。阿什利（Ashley）指出，这在休谟（见他的著作的简化版，第 46 页注。）的示意中已经完成了。在论地租的一章中，斯密重新陷入了绝对劳动价值论，就像李嘉图在他的著作中的第 1 章之后假定的那样，其中明确的论述则符合更合理的解释。斯密从未真正就这样一种作为价值的原因和决定因素的劳动理论进行过论述，哪怕是在第 5 章里。此外，他的论地租一章自身在很大程度上是在其他意义上论述的，远比其他经济学家的论述贴近现实。

二，斯密没有给出关于报酬递减原理的任何形式的陈述或明确含义。[1]第三，也是最为重要的是，很多地方表明，斯密对土地的不同用途之间的竞争的作用有所认识，尤其强调了高度专用的土地的特殊意义，与可用于多个普通用途的土地形成了鲜明对照。[2]

劳动和资本：工资和利润

古典工资和利润理论不同于地租理论，这主要在于工资和利润理论仍然是有争议的，而地租学说从一"开始"就得到了肯定。[3]这至少是一个"好的征兆"，因为这一理论没有说明关于收入分配的任何经济学原理，并且令人感到惊讶的是，其前后矛盾且毫无意义。这些推理是有意思的并且是重要的，不仅因为它们展示了处于最重要思想领域之一内的"最杰出思想家"所做的工作，更不用说，且不说这些工作与事实和实际问题有关系，更何况它们有助于警告一些谬误，而对于没有经过针对它们的专

---

[1] 在论利润的一章（第 I 卷，第 ix 章，第 94.7 页）里关于殖民地经济进步的两或三个句子兴许是例外。

[2] 一方面，他提到的专用土地主要是种植葡萄的土地；另一方面，有竞争用途的土地是耕地和牧场。类似的段落出现在关于自然和市场价格的讨论中（第一卷第 iii 章，第 62—63 页）和论地租的一章（第一卷，第 xi 章，第 156 页，葡萄园土地;第 149—150,153,157—159 页，论竞争的用途）。"自然率"（第 63 页）前面论地租支付的段落特别有意义。特殊用途决定所有其他用途的价值的观点当然是混乱的。

还值得注意的是，至少在一个地方（第 II 卷，见第 344 页），斯密采取了地租的生产力观点，说它"可以被看作自然的那些能力的产品，地主把其使用权租给了农民。"

[3] 凯尔恩斯的简要附加说明提到了地租（*Leading Principles*, pp.58-59），这一说明与穆勒的被经常引用的价值理论一样是一个没有什么值得讨论的话题。不过，事实上，"争论"的焦点是"工资基金"的构成，而工资基金并不是工资和资本学说的核心概念。另一方面，如上所示，不同的经济学家说的并非真的是相同的地租理论，尽管他们并没有意识到这一事实。

我们不要忘记，凯尔恩斯的主要著作写于古典学派（在主观价值理论的冲击下）"衰落"之后。还有，他写作的目的是复兴（被穆勒放弃的）工资基金理论，以及古典立场中的另一个"主要谬误"——劳动价值论。

门训练的头脑来说，这些谬误总是"自然的"。现代讨论已经认识到，利润理论尚且停留在残余或剩余这一概念算术上的正确性。我们的研究将会证明，工资理论也不过如此。仅仅在劳动获得它"不得不拥有的东西"的意义上，这整个理论超越了如下狭隘和荒谬的循环推论：每一方都要求得到其他各方没有得到的东西。这不仅是毫无意义的，而且是确凿无误的；此外，这同一原理也适用于利润。

264

从真正的分析角度看，正如上面强调过的那样，根本困难在于未能把收入分配的份额当作竞争决定的价格。不过，它们必须是某种东西的价格，而这种东西必须是可以测量的一种商品。我们已经指出，把土地－利用（land-use）当作一个同质的尺度是荒谬的。关于劳动，这一谬误也已经被打算讨论"工资"问题的经济学家多次指出过。李嘉图的主要兴趣是推动劳动数量价值论。他不可能完全看不到后来的困难，而他逃避困难的办法已经在上面指出。为了当前的讨论，我们可以沿用古典经济学家的如下假设："劳动"是一个同质和具有流动性的基金，普通农业劳动可以作为典型例子。不过，关于资本，整个讨论是用收益率来进行的，而且，要使讨论有意义，同质的资本的数量的概念是必要的。[1]

---

[1] 关于资本，我们首先可以看到的是，这些经济学家只字不提具体"资本品"的产量或收入。当然，这密切联系着地租理论。它符合日常生活中"地租"一词的意思，而且承认这些事实会大大有利于澄清这整个概念体系。（如果经济学家在较为专用意义上使用"租金（rent）"一词，用它代表理论上的一种特殊收入，那么，它应该是"价格决定的"完全专用的生产要素服务的报酬，自然包括工资的一大部分。）不过，虽然古典经济学家对各种各样的资本设施——机器、建筑等——有很多论述，他们从来都既没有谈到这些具体东西的收益，也没有解释它们如何被量化为抽象的资本。关于人和土地，同样的说法也是有效的。每一件东西都是抽象的数量，然而，不存在数量定义的标志。尽管不同的"土地"在不同程度上有"土壤的原始和不可破坏的能力"，地租可归因于这种能力，把地租看作这种能力的一个同质的基金的概念也是不可靠的。

对于收入分配理论来说，资本问题至关重要，原因是很大一部分收入是以利息形式收到的，被算作本金总额的收益率。然而，奇怪的是，不曾有人看到，"资本"总是等价于产生收入的某个具体的东西的价值。而且，作为一个或一类收入来源，资本仅仅包括允许拥有和买卖的东西——"财产"，不包括"自由的"人。资本是此类东西的生产能力，用某个时刻出售的价值来衡量，而资本的产品是一个永久流量或价值流。正如（本文第 II 部分）已经解释的那样，资本的数量必须通过把价值收益流资本化来计算，计算公式中一个主要未知数是"利率"，而决定利率的是现有技术和经济条件下创造额外收入来源的"成本"。（将要创造的一件资本的"成本"也是从某个时期的一定大小的收入流得到的，计算公式中也包括利率，但与资本化方向相反。收益必须被看作一个永久收入流，因为收益的计算必须把全部维护都考虑进去。）

在古典收入分配分析中，这些是找不到的。在古典分析中，资本的概念被简单假定为一定数量的普通消费品，是积累起来的"存货（stock）"。这样，除了产品用于消费的交换价值，古典经济学家们将任何关于资本数量的其他问题都放在了论题之外。[1] 对于他们来说，资本的一个突出特征是产品的特殊用途，特殊背景下的消费以及为了特殊目而生产，即它自己的再生产，以及它的同时带来的额外产品——利润。不过，在古典体系中，只有劳动者是生产的，资本被限制为劳动者消费的产品。然而，并非所有的劳动者都被看作是生产的，只有那些实际参与（他们必然消费的）资本再生产的劳动者才是生产的，并以这种方

265

----

[1] 也就是说，对于他们自己来说，这些问题似乎是次要问题。要做到精确，他们仍然需要一个利率来定义资本的数量。只要资本存在，这一点就是正确的。而且，每当我们谈论资本的增量生产力时，都要将其作为特殊保留条件牢记在心。

式提供生产过程永久连续下去的条件。因此，资本也仅仅限于适合劳动者消费的产品。不过，进一步来看，这里还有两个进一步的限制。第一，按照假设，劳动者的生活仅仅依靠物质产品，所有的"服务"都被排除在外；第二，在严格的理论中，只有那些能够使劳动者工作的产品消费才可称作"生产性消费"，而且只有这部分实际消费才能够算作资本。[1]

但是，在古典理论中，额外与其他产品不同，资本的产生还有两个额外的必要条件。产品被用于生产，（a）因为生产过程需要时间，而生产者（劳动者）在这个时期内要靠此前积累的产品来供应；（b）因为社会的组织方式是劳动者自己不进行这种预先积累，而是必须由另一个人替他来完成，这个人因此而成了资本家。由于资本家是企业家和管理者，再加上储蓄"行为"是如此重要，因此很难有理由说资本家消费的这部分产品不属于生产性消费，也很难说这部分资本与给劳动者垫支的资本的意义有所不同。尽管如此，它却是斯密和李嘉图及其追

---

[1] 当然，使劳动者能够生产"必需的东西"的概念是不确定的。正如我们在一开始评论的那样，古典经济学家不理解有函数关系的变动，从而不能指望他们认识到程度上的差异之类的细节。逻辑上的严格区别是，消费所带动的产品生产的增加超过了消费本身所消耗的产品，从而产生了利润。这样的原则，对于一个完全理性的剥削性的奴隶制经济来说，是有意义的，不过，很难看出它们对于一个自由社会来说有任何意义。不用说，这些经济学家也是人，有人的常识，不会坚持他们的定义。除了对机器和其他形式的资本（它们不是这里所说的产品，并不适用于收益率理论）的广泛非难，他们总是将它们当作资本，包括作为工作（预先）支付给劳动者的任何东西。

在讨论非生产性消费的概念时，西尼尔给出了一个意见（第56页），其中包含着十分切实的经济学见解，对于追求平均主义理想的社会改良者来说，尤其值得注意："我们当然不是说可以据此推论，超过必需品的个人消费都必定不是生产性消费。居于上层社会的人，除非通过摆阔来赢得普通人的尊敬，不然很难很好地完成他们的职责。"西尼尔举的例子是地方官员和大使，但极为矛盾的例子是基督教之类的宗教的牧师。

随者所阐述的体系的一个基本部分。[1]

现在，我们可以明确地参照工资和资本的划分和作为收益率的利润重新表述古典经济学家的一般生产组织和收入分配理论。全部生产活动都发生在一年的周期之内，一切都在年初从零开始。在这一年之内，各个阶级都靠上一年的产品生活。当年的产品在年末流入资本家手中。就像前面解释的那样，资本家首先支付他的地租（如果有地租的话）；然后，他从减去地租之后的剩余产品中拿出一部分作为"资本"，替换上一年的预付款，并以工资的形式在下一年里预付劳动者。最后的"残余"是他的份额或"利润"，按照预付款——资本——的比例或百分比计算。因此，社会资本是一个"工资基金"，而工资率等于这个基金的数额除以劳动人口数。

266

我们将在关于利润的章节里寻求一个关于经济组织和收入分配的一般观点。正如我们将要看到的那样，在明确讨论工资的时候，我们遇到的是完全不同的基本概念。该理论最早是

---

[1] 马尔萨斯抱有完全相反的观点，遭到了西尼尔（第 64 页）的"驳斥"。另见斯密，第 58 页。

把（支付地租后）地主消费的产品排除在资本之外更容易得到合理说明，因为按照假设地主扮演的是完全被动的角色。（事实上，我们的经济学家仅仅在土地边际论中讨论劳动和资本的划分。）从正确的分析角度看，地主也向工业提供生产服务，理论上无法将其与劳动者提供的类似服务区别开，而且也属于放弃一个有价值的选择机会得到另一个有价值的选择机会意义上的"牺牲"。正如上面（第 II 部分）证明的那样，资本家的地位稍有不同，仅仅在于他不仅仅提供资本的使用，而且还"放弃"消费资本本身，而且兴许他本人还是储蓄者。不过，在土地完全是私人财产的情况下，个人土地所有者与其他可出售的生产要素的所有者的地位完全相同（不考虑土地与其他要素的更深层次的相似性）。但是，从真正正确的分析角度看，对生产有贡献者都从当期生产中得到报酬，而不是从"垫支"或"资本"中得到报酬。

有些经济学家，不过不是这里一般地谈到的那些经济学家，把收益率等同于资本家得到的产品比例。当然，地租被忽略了，或者通过思考生产边际上的情况把地租消除了，但这一说法仍然不准确，除非资本家拥有的份额被当作资本。不过，这个说法近似正确，因为可以假定利润份额相对于工资份额来说很小。

由斯密在"论资本积累或论生产性劳动和非生产性劳动"一章
（第 II 篇，第 iii 章）中予以清晰阐述的。有意思的是，李嘉图
没有给出关于生产性劳动和非生产性劳动的论述。然而，他使
用的术语清晰地表明，他接受了已有的论述。在论税收的一章
（第 viii 章）的最初几页里，他多次使用"生产性消费和非生产
性消费"的术语（第 131、132、133 页）；不过，在第 135 页，
出现了"非生产性劳动"的说法。后者也是论价值和财富的第
xx 章里的用法（第 263 页——在第 264 页，它是收入的"再生
产"利用）。在论总收入和净收入的第 xxvi 章（第 336 页）里，
我们也发现了"非生产性劳动"的说法。似乎李嘉图不认为这
些术语有什么不同。[1]

　　若接受这个理论体系的一般方法和一系列假设，则会从在
古典经济学家关于资本、工资和利润的论述中出现两个主要问
题。第一，什么东西实际决定减去地租之后的产品在资本家与
劳动者之间的切分，或者以撇开本身来从形式上叙述这个问题
就事论事地讲，什么东西决定资本家在得到他自己的份额之前
必须支付的工资数额。另一个问题则更为复杂：如何把其他形式
的资本纳入到资本和利润理论，并且就像经常讨论的那样，这
些资本表现为那些不能被看作每年从零开始的一个周期之内重
新生产出来的东西。

　　首先，我们得到了一个充分肯定的答案，如果我们仅仅考
虑工资的决定，那么，也就决定了作为残余的利润。这是一个
令人非常不满意的答案，不过它至少是一个确定的答案。工资

---

[1]　西尼尔（第 51—57 页）和穆勒（第 I 篇，第 iii 章，第 5-6 节）的论述要容
易一些。斯密对材料有不同的安排，不过，他的工资和利润学说就是后来的经
济学家的学说，只不过有一些"提炼"。他关于资本现象的主要讨论被从价格
和收入分配理论中分了出来，组成了较短的第 II 篇（第 II 篇，"论资本的性质、
积累和使用"），在其中的第 iii 章里，他发展了工资和利润学说。第 I 篇中论利
润的一章十分简要，很少论及一般理论。（它的理论要点将在后面提到。）

是由维持劳动者的"必需品"决定的（见李嘉图，第 105 页；
西尼尔，第 191 页；穆勒，第 416 页）。也就是说，我们有一个
"生活费用工资理论"。但这一理论仅停留在口头上，虽然它提
出了若干重要问题，但实际上没有回答任何问题。因为这一理
论声称要解释且必须解释结合在一起的劳动－资本份额的切分，
它必须是短期理论，而不是一个仅仅陈述或解释长期趋势的理
论。显然，劳动者"现在"必须获得生活必需品。（我们即将讨
论十分不同的长期趋势问题。）如果不存在不受个人操纵的市场
竞争机制来决定工资[1]，这种情况下的逻辑就会是：雇主应该向
劳动者支付对于雇主来说与劳动服务价值相符的工资；任何个人
劳动者都应该收到给雇主带来最大产量的工资。也就是说，决
定工资的原则与饲养牛马的原则相同。[2] 因此，生活费用工资理
论的基础是如下更深层假设：资本家雇主武断地作出切分。而这
显然是这一学说的重要内容。最低生活费用规定了工资的下限，
在没有其他力量规定其他下限的情况下，他的私利会使最小值
成为最大值和现实工资。对于那些有意提高工资的人来说，政策
建议显然是：仅仅需要某种形式的强迫，以保证工人得到"他的

267

---

[1] 当然，工资将等于对于企业家来说劳动服务的经济价值，即给定条件下对于
消费者来说服务的价值。不过，如果不从伦理的角度对整个问题进行专门研
究，把一项服务的经济价值作为服务报酬的概念也就没有任何伦理含义。所有
竞争的价值都当然地取决于（人的和非人的）生产能力的所有权的分配、其所
有者的知识和偏好，因为它们影响各种形式的服务供给和对各种产品的需求。
不拥有一些某种形式的生产能力的个人完全处于经济体系之外。另见，上面
注 31。

[2] 有一个有意思的例外，即工人实际上并不是雇主继承下来的奴隶，没有理由
说个人雇主应该为工人提供一个家庭所需要的东西。但是，我们可以用如下假
定来解释为什么雇主要为工人提供这些东西：雇主无法防止工人有一个家庭并
与家庭成员分享他的工资，所以，要得到工人的服务，雇主必须支付足以养活
家庭的工资。从社会伦理的角度看，这个体系的一个有意思的特征是，为工人
及其家庭提供全面保障成了工人个人的责任，而这个责任又是他们无法充分承
担的。但是，所有"个人主义"社会都通过各种各样的救济组织减轻这一不充
分的最坏后果。

劳动的全部产品"。按照古典经济学家的原理，工人的劳动的全部产品就是整个工业的产品。不过，正如我们将要强调的那样，通过向支付工资的人施加压力来提高工资的想法是与古典经济学家最热衷的政策结论对立的。

　　这一理论的更深层面——即资本家通过武断地在他们自己与劳动者之间切分产品——在斯密（第 II 篇，第 iii 章）和穆勒（第 I 篇，第 v 章，第 9 节）的论述中得到了有力证明。他们最担心的可怕事情是雇主不选择自己的"天职"，给生产性劳动足够的支持，以维护社会资本。当斯密强调"每个人都不断地和不受阻碍地努力改善自己的状况"（第 325 页）时，他不仅在分析这些动机，也显然在劝诫（即便不是斥责）这些动机。[1]

　　该理论的另一个方面——即工资取决于最低生活费用——得到了如下事实的支持:激进的经济学流派，尤其是马克思主义者，一直把这一理论作为"工资铁律"来宣讲。今天，工会领导人和很大一部分普通公众仍然热诚地相信它。甚至当它作为"生活标准"理论的形式时，"必要的"生活标准被看作在某个时刻有效的，而不是在几十年或上百年的长期内有效的。[2] 如果说对于马克思和激进分子来说有什么事情是清楚和肯定的，那就是对马尔萨斯主义及其所有著作的否定。于是，该理论成了"（讨价能力）"理论。不过，经济学原理没有任何变化，基本要点是:不存在一般的非个人力量来决定工资，且私人雇主"被迫"

268

----

[1] 西尼尔和穆勒有类似祈求，但李嘉图的祈求一般地联系着税收、保护义务和扶贫法之类的政策，而不是私人行为。在结束这个话题之前，我们还应该提到的是，李嘉图和穆勒也公开声称:利润必须达到让资本家能够活下来的水平！（李嘉图，第 100 页；穆勒，第 450 页）。斯密也把利润称作资本家的生活基金（第 67—68 页）。

[2] 见下面关于以马尔萨斯人口论为基础的古典长期生活费用理论的讨论。这一"马尔萨斯主义"学说是斯密（第 viii 章，尤其是第 81—83 页）相当充分地表述过的，伴随着他对生活水平与一定时期的工资之间因果关系的敏锐观察。（第 77—78 页）

支付的数额与总产品无关。[1]

然而，总的来看，甚至在利润的相关章节中，斯密和李嘉图及其追随者们显然并不真的认为工资通常会等于或近似于最低生活条件，也不认为工资是由雇主随意决定的，尽管他们常常试图尽可能清楚地表述这一原理。他们坚信，工资由非个人力量决定，甚至是由竞争力量决定的，正如（接下来就要考虑的）论工资的章节清楚表明的那样。然而，他们没有给出关于竞争过程的分析，从而没有真正的分配理论。理由很简单，他们正在讨论的问题像其主要原理一样不证自明。他们仅仅看到了这个问题的一半，而且根本不理解。[2]

古典经济学家关于工资的明确讨论给出了工资的两种主要解释，一个是短期的，另一个是长期的；两者都完全不同于利润是残余的理论。短期理论或实际工资理论是用"供给和需求"描述的。劳动供给是劳动人口（与整个人口不分）。劳动需求是"预定用于支付工资的基金"或"工资基金"。正如关于利润的

---

[1] 支持这一空想理论——即要提高工资，必须找到某种办法来强迫支付工资的人——的实践结论证明了人类的一个基本特性。我们似乎在寻找某个"敌人"，可以把任何错误都归罪于他，把攻击他当作改正邪恶的方法。这常常意味着，为了使工资等于竞争情况下（成功的！）雇主收到的收入，唯有消灭（或"清除"）雇主，代之以"工人自己"（意思是宣传者充当他们的代表）负责生产。

[2] 正如我们已经指出的那样，他们弄清楚了的是，竞争迫使全体雇主支付相同的工资，使他们的利润率均等。（一般是单独讨论的，没有关于一般工资和利润水平的研究。不过，西尼尔在第 191 页及其后，以及 李嘉图在第 iv 章里不断谈到资本的不同用途之间的竞争，但仅在第 68 页一处使用了这个词。）这当然直接与雇主和劳动者之间的武断切分的概念冲突——却丝毫没有防止他们断言后一个事实。

   斯密多次谈到更加激烈的竞争降低了利润率。见第 89，129—130，335，335 页。在上面提到的最后一处，他还有竞争导致劳动工资提高的断言（也见穆勒，第 343 页）。在斯密著作包含上面提到的最后两处的一个段落出现在第 II 篇中论利息的一章之中。尤其有意思的是，斯密的著作中有关于对生产服务的需求函数的最充分讨论，却未能指出以可变比例和增量的意义为基础的真实竞争机制。

讨论那样，在工资的讨论中，这个基金等同于社会资本（有时是成比例的）。而且，假定资本有一个年周转次数（没有它，资本没有意义），工资率的简单公式是"资本除以人口"。但是，资本自身只不过是产品减去地租之后实际用于支付工资的部分，而且，在没有短期生活费用工资理论的情况下，我们没有分配原理。然而，这一论点清楚地假定了工资肯定高于最低生活费用，而且工资基金具有一定的客观真实性，尽管它易于变化。显然，这些经济学家试图得出的结论是，增加工资的唯一途径

269　是工资基金增长要快于相对工人人数的增加。不过，有两个重要问题：第一，为什么工资基金应该增加。[1] 第二，如果工资基金的确增加了，那么，结果是工资增加还是劳动者人数增加呢？关于第一个问题，我们几乎一无所知。（这是上面指出的没有回答的主要问题之一。）关于第二个问题，我们有两个可供选择的答案，而且（在斯密的著作中）有第三个和更为可靠的观

---

[1] 古典经济学家的阐述最令人费解的特征之一是，他们没有清楚指出，资本数量增加，甚至用于提高工资这一用途的资本增加，应该在一定范围之内增加既定劳动者的产量。斯密在第 88 页的评论并没有说明这一点无效，因为带来产品增加的是更深入和广泛的分工，而原文中讨论的工资增加只是提出了"为什么"的问题。在第 84 页，斯密提出了更高的实际工资是否会降低效率的问题。这是重商主义者普遍持有的观点。西尼尔的讨论（尤其是第 188 页及其后）采取的形式使他有充分的机会提到这样一种影响，但他显然没有。为了说明从雇主的角度来看提高工资的合理性，似乎有必要假定劳动供给会立即作出反应（见下），或者雇主们至少在一代人的时期里蓄意保持较高的工资率，为的是劳动供给有可能增加（人们总是假定这样的事情趋于发生）。但是，在一个个人主义体制中，此类行为是毫无疑问的。

　　按照古典的资本概念，工资增加等同于资本—劳动比例增加。我们考虑的古典经济学家中只有西尼尔明确提到过资本—劳动比例的变动，并作为一个条件影响两者之间分配（第 140，188，189，190 页）。但是，他也没有在这一讨论中提到报酬递减原理或增量的意义。斯密在关于殖民地和论利润的章节里提到了资本与领地的比例以及人口与资本的比例（第 94 页）。（古典经济学家关于固定资本与流动资本的比例的讨论兴许对这个问题以及一般资本理论有一些意义。不过，这个问题过于复杂，不适合在这里讨论。见下。）

点，即它暂时取决于"资本"和"人口"的相对增长率。不过，已经弄清楚的是，资本增长率无法永久地高于人口增长率，因此最后结果是劳动供给增加。[1]

我们一再提到古典经济学家在工资研究中发展的长期理论。这一理论的基础是马尔萨斯人口论。这里，我们无法对其进行详细研究，只能扼要地强调它完全偏离了已经讨论过的短期生活费用理论。通过仔细分析，我们必须区别古典著作中关于生活费用工资理论的至少三个不同版本。第一（已经讨论过的），实际工资是由工人的最低生活费用决定的。第二个是刚刚提到

---

[1] 一般来说，这些经济学家不知道他们正在谈论是数量还是变化率。当斯密在论利润的一章的开头第二段中说"资本的增加……提高工资"时，他的意思是"充分大的"增长率。上述第三个答案兴许有时被用于解释另外两个（但上下文常常使这一点变得十分困难），肯定意味着总是有更多劳动等着消费更多资本。

为了本文的目的，我们必须压缩有关工资基金的讨论，用一个注释说明其与事实的关系。如上所述，这些经济学家的目的是证明工资不是可以随意增加的。或者说，不管用什么方法（如"发明"）只要不使资本数量相对于劳动人口有所增加，就无法提高工资。不过，令人奇怪的是，他们采用附加说明的口气加以说明。当然，发明的应用一般来说伴随着更多资本利用。在这一限定条件下，古典经济学家们的结论是可靠的，尽管他们的推理是错误的。他们的主要前提是，雇主的份额要么可以忽略不计，要么是固定不变的。近些年，统计研究越来越多地向我们表明，通过减少利息和利润来增加工资的可能性十分有限。减去地租，扣除赋税、慈善捐款、必要的储蓄，资本家企业家手中可用于提高工资总份额不可能大幅度增加，而且在近一两个世纪里这个份额已经变得小多了。当然，如果资本份额的各项扣除仅仅用于提高最低工资，那么，造成的差异会更大。应该提供的储蓄额的确是一个很大的政治问题。关于地租，现代的倾向（一些罗马天主教作家例外）是极度仇视地主。不过，在欧洲，在封建传统下，地租是公共服务和维持全部文化活动的主要财源。

对于收入转移问题来说，西尼尔提出的劳动者的消费品与资本家的消费品在类型上的差异远比他所认识的更有意义。在缺乏弹性的固定生产比例下，由于商品种类减少引起的价格均等化相对变动，会使收入差异会大大缩小。

从经济理论的角度看，资本是生产与消费之间的时期内维持劳动的基金的概念仍然十分重要。这个概念是由庞巴维克重新构建的。他把李嘉图和西尼尔的思想结合起来，使资本数量成了衡量生产过程的时间长度的东西。今天，庞巴维克的资本理论仍然被经济学家广泛接受和教授。关于其中的基本错误，见本文第 II 部分以及本书 265 页脚注［2］。

的，即在长期内，工资是由"生活标准"控制的，因为每当工资高于或低于工人的制约再生产的"心理"要求时，人口就会趋于增加或减少。以这种方式发挥作用的生活标准必须自身保持不变，至少它的变化与人口变化相比来说十分缓慢，从而人口的变动使劳动供给调整到由它定义的均衡状态。第三，斯密和李嘉图清楚认识到了生活标准的历史变化。人口增长超过生活资料供给的趋势常常给生活标准造成压力。这一变动自然会被看作向一个最终均衡状态的变动，而最终均衡状态是由实际最低物质生活条件规定的（如果生理上的最低条件的概念对于人来说能够意味着什么东西的话）。隐含在这三种理论中的三个均衡工资水平都是很不确定的。此外，当期"必要"工资的概念是含糊的，可以被进一步分为各种各样的较短期和较长期概念。

关于古典工资和利润理论中没有回答的第二个主要问题，我们只能十分简要地加以说明。正如将要回忆起来的那样，这270不得不联系到其他形式的资本的处理。这些形式的资本不同于每年预付给劳动的工资，这些形式的资本是相对于食品来说各类耐用"资本品"和可以看作每年都会被用掉和需要更换的东西。这些资本的数量问题尤其复杂，不仅因为这些其他形式的资本重要（或多或少地对应着关于资本的一般讨论和分类中"固定资本（fixed capital）"与"流动资本（circulating capital）"之间的划分），更因为收入分配理论在很大程度上涉及较为耐用的资本品。

古典经济学家或多或少明确采取的立场是，"决定"其他领域中收益率的是农业中边际土地上用于支付工资的资本收益率。[1] 不

---

[1] 见李嘉图，"论低粮价对资本利润等的影响"，《文集》，第 372 页，以及第二个脚注；西尼尔，第 188 页；穆勒把农业和制造业放在一起研究，未能看到他的理论仅仅近似符合前者（第 II 篇，第 xv 章）。

过，首先，任何有关一个部门的价格决定另一个部门的价格的观点都是站不住脚的，因为这种情况下的因果关系必然是相互的。[1]第二，更为重要的是，要使这样的推理有价值，必须解释那些非消费的但有"间接效用"的工具中资本数量的含义。这是因为，价值是"现在"赋予的，而产品（a）在未来被消费，（b）必须通过归因（imputation）孤立出来。这才是资本作为收益率的基数这一问题的核心所在。古典经济学家从未瞥见这个问题本身，自然不会有关于它的见解。我们能够明确的是，古典经济学家有如下不变的思想：所有的资本都是积累起来的劳动产品（或劳动自身——在他们心目中两者相同），而且适用于给劳动者预付的生活费用的原理也同样适用于其他场合（尤其见穆勒，第 418 页）。

然而，给定一个市场利率，资本数量作为包括利率在内的成本的概念是如此简单和显然，以至于对企业管理和会计略知一二的人都熟知其含义。所以，对于李嘉图和其他经济学家使用过的包括"固定"资本在内的例证中，我们可以较为容易地去理解其大致含义。毫无疑问，他们对于资本维护的特征以及实际中明智地管理资本所需要做的事情有着充分的理解。

这意味着如下事实：他们的关键性的错误在于"基本（primary）"情况的理论，即农业中和土地边际上用于支付工资的资本的本质和作用的解释。甚至在严格的周期性、同步化的农业周期生产和物质材料消耗这一荒谬假设下，通过正确的会计核算，关于"资本数量"在理论上来说是不变的观点也是正确的。这些经济学家完全忘记了，正在生长的作物就是资本！

---

[1] 如果某个部门对资本的需求与所有其他需求相比极大，我们几乎可以说，这个部门的利润率决定其他部门的利润率（似乎可以合理地说，海洋的水平面"决定"某个海湾的水平面）。李嘉图的另一个明显错误的论点是，农业中利润水平的变动将改变制造业中的利润水平而资本没有从一个领域向另一领域流动。（见《论低粮价对资本利润等的影响》，《文集》，第 379—380 页）

也许可以想象他们的理论能够成立的条件。不过，这些问题无法在这里进一步考虑。[1] 一个显著事实是，把资本主义生产看作由一系列周期组成的观点是荒谬的幻想。资本在本质上是连续的，这是因为，与人的所有活动是由思想所指挥的一样，生产活动是连续的。合理的会计核算的本质和任务就是明确这一连续性。[2]

---

[1] 这些问题已经在第 II 部分中提到。可以想到的第一个前提条件是物理周期不应重叠，一个周期中的资本创造阶段与下一个周期中的资本消费阶段完全相符。我们可以再次回到庞巴维克，指出他的错误与古典经济学家的错误相同，即他的错误不在于把其他形式的资本与工资基金看作相似，而在于没有给出适用于任何场合的准确分析。

[2] 在更深入的分析中，整个古典立场（当然包括庞巴维克）的错误根源在于赋予劳动的特征和作用。更为普遍的是，错误根源在于把理论分析与伦理评价混淆了。从前者的角度看，劳动和资本工具，包括土地，是一样的，都只不过是生产资源。在"资本作为对劳动者的支持和救助"与"劳动是适用并重新产出资本"的对比中就能立即看出这一谬误。这两个关系是相互的。在一个持续的生产关系里，所有的生产要素相互使用（或者说共同被企业所使用），并共同得以延续和重新产出。

12　资本数量和利率

本文原载于《政治经济学》杂志（1936 年 8 月、10 月）第 44 卷：第 433—463 页和第 612—642 页。

I

　　资本数量问题很显然是从另一个角度看同一利率问题。这个问题之所以复杂而棘手，是因为资本与利率之间的关系往往有着不同的形式，尤其是因为存在着循环推理的危险。一方面，实际上人们通常把资本定义为按照某个"回报率"获得的收入或是实现的"资本化"。但是，人们通常又把利率看作是年度净收益与资本数量的比率。表面上，这是一个恶性循环；利率不是一个回报率，即本金的一个比率，除非把比率一词单独定义等同于回报率，而且分子和分母的单位相同。

　　较早以前，上述情况导致了一种被广泛接受的利息理论的产生。这种理论用心理学解释利率，不涉及收益率或资本生产力的概念。按照这种理论，资本数量只不过是以现值计算的未来收入流的售价，是由市场需求和供给决定的一个交换比率，并最终取决于卖者和买者的比较，以及两者边际效用或吸引力在竞争条件下的均衡等。本文主要试图揭示（从反面），在现实生活条件下那样的利息现象发生的话，这个利率理论并不成立，事实上（从正面），利率其实是一个生产力比率。

291 　　在更近一些时期，资本数量的问题在略微不同的背景下变得有争议了。这些争论的核心在于资本数量和收益与投资或生产周期之间关系。尤其像奥地利学派所主张的那样，这个问题与心理学理论有着一定的联系。这个理论包含这样一种观点：资本是由实物（资本品）组成，而资本品会在一定周期内被消耗掉和重新生产出来。以著名经济学家克拉克（J. B. Clark）为代表的生产力理论学者（包括本文作者在内）认为，从根本上说，资本是表现为资本品的一笔连续的资金，通过资本品的变化而持续存在。这两种争论中，争论的核心问题是同一个，即资本数量和资本收益的数量的含义以及两者之间的关联。

　　生产力理论学者（包括本文作者在内）认为资本的数量是通过资本化得到的，但这一观点也带来了循环推理的难题。避开这个难题的一个直接的办法是设定资本的数量是由资本品的生产成本决定的，而与收益无关。但是，从表面上看，这个办法也并不完全有效。这是因为一件资本品的生产成本总是包括利息的成分——生产周期内的利息，因此，如果不把利息当作已知量处理，则无法精确地确定成本本身。

　　这把我们引向了这一问题更为基本的层面以及本文的根本任务。本文将指出恶性循环的难题是虚假的。利率的最终含义根本不涉及资本的数量，只不过是瞬时投资率与作为投资结果的瞬时潜在收入增长率（即在某个给定的时间点中止投资进程所产生的报酬）之间的关系。毋庸置疑，任何有限数量的资本积累总会包含一定数量的利息，因为资本的积累必定需要跨越一定的时间区间，当后期的资本增量被增加时，我们总是会假定那些早期的资本增量能够产生一定量的利息。（根据某些观点，尽管仅是在投资从无到有开始进行后才被计算，但这个利息可能是对一个项目所包含的资本的唯一增加。）但是，这些关系必须参照某个即刻的时间上的条件来进行界定。而且，在一个时刻，涉及的量本质上不是资本的数量和产生的收入，而是这些量的变动速率，且收入用于投资的比率等于资本的增长率。有限数量的资本必须用利率来定义被认为是正确的，但是，因为这个利率可以不参照资本的数量来定义，恶性循环于是就消失了。而且，正如我们将要证明的那样，如果表述正确的话，把利息看作投资的（边际）生产力的观点是对的。心理上对于当前财富而非未来财富的偏好，只不过反映了如下事实，即当前在手中的财富会在将来转变成更大数量的财富。

日常使用中的资本与经济科学中的资本概念

在涉及核心问题之前，有必要对出现在人们思想和讨论中的资本和利息概念及有关联系和背景做一个回顾。历史上，利率曾经意味着给一笔货币借贷所支付的报酬率，即多少美元每年（或其他货币单位和时间单位）的数额。贷款通常有一定的期限，并根据借贷数额在贷款到期时一次性偿还全部本金。在大众的思维和使用中，这种货币意义上的利息和资本概念在很大程度上一直存在着。[1] 在当今的商业活动中，资本则是另一意义上的金钱现象，即资产的销售价值，并包括金钱债务。

毫无疑问，我们不可能找到关于货币放贷（money-lending）真实起源的证据，也不可能发现使这一现象产生和成为一种习俗的那个时代的条件。尤其是无法通过历史研究回答这一问题是否有关某些特殊的利益，也即借款人的借贷动机主要是为了生产目的还是为了消费目的。我们可以想象，在任何一种假设

---

[1] 后来，资本基本上意味着一定存量的消费品（见斯密和李嘉图的著作），并且，这一观点在庞巴维克及其当今追随者的著作中保留了下来。正如我们将要证明的那样，如果解释正确的话，这种观点是正确的。在理想条件下，任何资本项目都在量上等于投资的消费性收入数量。这是把资本看作是数量的一种起源观或向后看的观点。但是，一个具体项目或资本品未必真的等于过去创造它时的投资数量。

下都可以产生一个差不多的确定的利率。[1] 但如果放贷的做法得到发展，建立一个仅与消费贷款相关的市场，而生产投资没有任何问题，那么，用心理学来解释利率就是合理和正确的。（基于现在与未来之间的比较来解释利率，这是否正确或在什么意义上说是正确，是一个有待分析的问题，见本文第 II 部分。）这里，我们并不打算为一个社会提出一个利率理论：在这个社会中，在不增加受借贷双方控制的总的生产能力的前提下，借贷行为的发生纯粹是基于一种意愿，从借贷人角度来看，其借贷的目的是通过降低更远将来的消费（低于产出）来实现当前更多的消费（高于产出），而从放贷人的角度来看则正好相反。然而，我们将在（本文第 II 部分）证明，在现代世界的真实条件下，此类借贷行为在利率的决定中不起任何作用。[2]

293

在当今世界的生产活动中，一个最基本的事实是，生产体系利用着数量巨大的人造资源。它们是过去制造的，并且还在不断地迅速增加（只要这个体系不因为危机或其他状况而解体）。这些资源大部分归私人拥有，自由买卖，种类无限，并在

---

[1] 但是，并没有猜测利率是多少的依据。利率往往会随着季节的交替或其他变化而剧烈波动，可以是正的，也可以是负的。

理论上，利率可以通过土地或一定时期内租赁物的买卖来实现标准化。这是中世纪德国的通常做法，而在当时正式的利息支付是被禁止的。

[2] 对于那些对一定程度推测性人类学不过分存有偏见（就像可以有其他类型的人类学！）的学者们来说，我们可以相当确凿地证明，在没有先前某种形式人造财富积累的情况下，收取利息的货币放贷行为完全不可能在原始条件下产生。而且，在积累出现的地方，根本现象是使资本，即生产出来的或积累起来的财富具有生产力。但是，试图对这个问题进行简要的论述是毫无用处的，尤其因为难以确切地界定货币概念的含义和这种情况下的货币重要性理论。毫无疑问，在现代欧洲历史上，一个充分有效的信贷市场的建立，以及一个充分确定的竞争性利率，与资本的生产性用途是密切相关的。但是，清晰的分析仍然十分困难，原因是在市场中争夺资金商业活动的主导作用和政府借款在形成期内（formative period）所扮演的特殊角色。

不经过清楚的讨论，不考虑货币或其他交易媒介的具体形式及其交换价值的特殊影响是需要足够勇气的，但在此处我们又必须这么做。

恰当的意义和合适的程度上也包括人的能力。作为一个数量概念，生产性资本的直接含义是生产工具的销售价值。但是，首先，销售价值仅仅是经济学中考虑或承认的价值。第二，任何东西，只要有销售价值，就是生产工具。毫无疑问，交易中真正买卖的总是以某些形式提供的服务流，或者更普遍地说是某个时间范围内提供的服务流。当在交易中出让的物品是所有权明确的一件资本品，而不仅仅是一个货币支付契约时，卖者出让的和买者取得的是标的物具有或承载的提供未来服务的能力。因此，所有财富最终都是资本化的服务，而正如资本与财富的关系，资本问题在理论上也等同于一般价值问题，只要买卖的不是服务。在某一时刻实现支付和创造价值的任何交换中，利息是价值决定关系中效用和成本两方面共有的一个因子。

但是，我们在这里必须强调作为反面情况的两个基本观察。第一，在一个自由社会中（就像今天典型的西方国家那样），大部分生产能力是人类自身的服务，但人不能买卖，只能租用。尽管从理论上说人的生产能力有一个相当确定的总价值，并且人的生产成本或多或少也是可以被计算出来的，但由于不能像物品一样被买卖，无论是程度还是精度，人都很难被资本化，从而通常不能看作是资本或是资本品，即用于其他用途的产品或是生产性服务。而在一个奴隶经济社会中，上述情况则截然相反。正如历史上发生的那样，奴隶们像其他物品一样成为资本品。

另一个负反面的观察结果是，一个经济体系中资本或财富 294
的主体部分由人们通常用"财产"一词所指的身外之物组成，但它们的买卖并不构成企业这一经济组织形式的一个基本特征。如果一个法律体系中不允许买卖持久收入来源或者服务，即所有财富都是严格继承的，那么，经济生活未必会有实质性不同。固然，详细描述这样一个体系的运行状况是十分困难的，但这未必需要解决那些基本问题。例如，我们必须使自己习惯于描述完全不存在有效约束的任何人或物在某个时期内的行为契约的情况。毫无疑问，在一个企业经济中，这肯定是十分不便，但却不是致命的困难。如果合作或组织关系总是一种讨价还价的问题，那么，生产的技术流程、生产任务和生产成果的分配可以完全按照现有的方式进行，只是法律形式会有所不同。今天，个人服务就基本上属于这种情况，因为这方面有时限的契约很少在法律上有约束力。

在这样一个体系中，无须多说，显然不存在我们认为的那种普通意义上的财富和资本。正如我们知道的那样，在这样一个社会中，每一个利息支付合同都会被一个租金支付合同所取代。作为对获取利息和归还本金权利的替代，取代资本家地位的财产所有人把一项具体的实物财富交给作为借款人的承租人（非契约型）使用，取得按要求收取租金以及要求归还一样或完全相同实物财富的权利。对于资本品的维护职能，包括对部分或整个资本品的重置，当然是由一开始建立这些资本品的财产所有人所担任。有组织经济生活的本质在于对未来服务的买卖。作为一种销售价值，资本价值受到关注，并或多或少偶然地成为客观存在的事实。在没有资本品的买卖，而只有仅限于个人服务以及个人拥有的、不可剥夺的物品交易的情况下，我们对于这样的情况可以有一个处于重要体系系统并涉及我们问题根源事实的重要理解的重要性，毫无疑问，其核心仍然在于资本化和对资本数量的决定。为了理解资本现象的本源，我们必须用超越财产买卖的眼光来看待这一问题。[1]

---

[1] 对于这一事实的理由将在论述过程中得到说明。我们不打算详细研究什么东西会被资本化，而只是假定按照当今世界上流行的方式进行区分。也就是说，身外之物会被资本化，而个人特质不会。这个假定的后半部分会比前半部分引起更为严重的问题。有相当清楚的理由表明了为什么个人特质不能像身外之物中的生产能力那样被资本化，而这些理由中有部分仍适用于身外之物（接下页）

正如这里所提到的那样，一个所有财产都是继承的社会未必是处于停滞状态的。相反，我们假设在这个社会中人们可以自由选择增加投资和减少投资，而投资的复杂性则如同我们所了解的社会中出现的那些复杂的投资机会。但是，现有生产性财富特征和数量上所有的变动必须是由其实际所有人决定和完成的，而变动的目的则是为了他们自己或是在他们死后为了他们的后代。简言之，除了物理上的分离，财富或财产与个人赚钱技能处于同等的地位。并且，我们假定所有的人都具有基本相同的兴趣，而这些兴趣直接影响他们的行为。具体来说，他们不仅使用一切资源去追求用交换价值衡量的且可用于支出的收入最大化（并从消费这些收入中获取最大的满足），而且也努力去保持和提高他们的经济地位，并把他们的地位传承给他们的后代。

接下来则要注意的是，从经济学理论角度看，在财产只能继承的社会中，个人的处境与克鲁索完全相同，从而可以过渡成为一个克鲁索经济（Crusoe economy）中的概念。在所有财产只能继承的组织方式中，通过交换服务所产生的机会对于个人的唯一影响是大幅增加了他对生产资源的使用，使他能够在全部或者选择的部分机会中分配他的服务以确保实现收益最大化。这与生活在与世隔绝的孤岛上的克鲁索相比，资源配置的

（接上页）不能买卖的经济或克鲁索经济。不过，要解释现实生活中遇到的以下显著不同却并不那么容易。关于身外之物，我们理所当然地认为在计算任何收益之前一种准备是永久的，但是关于个人能力，我们可以不假思索地把全部当期分配（归因）的服务价值都称作"收入（income）"。不过，我们无法在这里深入讨论这些问题。

要描述身外之物完全不可买卖的经济概念，我们必须把所有的租金支付都看作是连续地支付的，并把合同看作是双方都可以随时终止的。即便交换仅仅限于服务的买卖，如果这些买卖是每隔一定时间进行支付的，那么时间间隔长度不等的支付之间的关系中，以及期初和期末支付之间的关系中就会包括利息的成分。

原理丝毫不变。而且，我们在这里所关心的对于生产能力的创造和维护（非维护）的问题，也适用于同样的管理原理。借助于克鲁索的情景，我们可以对容易造成混淆的货币甚至物物交换问题进行追根溯源，以揭示资本形成及利用过程的真实面目。

由于我们假定克鲁索的生活和工作条件与现代工业社会尽可能一致，同时也包括他自身的兴趣，他追求收入增加的主观愿望，以及为了达到那个目的而牺牲现在消费的意愿。[1] 他还可以自由地学习新的技术，改变自己的偏好，因此，也愿意将他的生产能力从一种使用模式转换到另一种模式中去。当一些寿命有限的设施磨损时，他会在适当的时机用其他专用设施来替换它们，而不是简单地复制它们。这也就是说，他通过减少投资和再投资等方式来转换投资。此外，在有些情况下，我们假设克鲁索在进行投资或再投资时知道他会在将来改变投资的形式；而在另一些情况下，他也会意识到将来他也许要这么做，并采取相应的行动。这意味着他在决定投资时会考虑到将来也能够最大程度的退出投资。从理论上来看，这表明他的全部投资将具有完全的流动性。[2]

投资和投资收益：数量关系

对于投资过程的分析丝毫不涉及资本或投资的数量。真正

---

[1] 这里有一个难点，如果克鲁索知道自己的预期寿命，并且不打算为他的继承人留下任何东西，那么，他兴许不会把这一倾向保持到生命结束。不过，此类反对并不影响上述假设的有用性，而且认真研究可以证明它们是值得怀疑的。

[2] 此处假定没有意外因素的存在，并且，也不考虑带有确定性的预期与作为一个意外事件的预期之间的差异。在没有不确定性的情况下，个人进行项目投资的条件是收入回报加上减资时可回收的价值等于在其他投资项目中可获得的回报。与此同时，任何临时性的投资项目都被通过计划以使得可回收的投资成本比例最大。做到这一点的方法有两个，一个方法是追求投资项目在服务期内成本回收比例的最大化；另一个方法是在设计时追求设备的耐用性和标准化，从而在把这一设备转移到其他用途时可以实现最大的价值。

投入的总是那些消费性收入，包括强度和时间两个维度。投资数量是通过考虑特定时间区间内的一定强度或时间来得到的。但是，强度乘以时间（假定强度一致）并不能得出正确的总量。这是给我们带来问题的主要困难之一，尤其是因为克鲁索或其他投资者会以这种过于简单的方式来考虑他的成本，而在大多数情况下却不会引起严重的错误。对于回报率这一概念的理解源于如下基本事实：如果在一定时期内按照一定比率牺牲消费，那么，投资主体可以在期末永久性获得一笔更大数目的消费性收入。这个过程的具体性质是，在一个时期内，使用能够产生消费性收入的生产能力而非新的收入来源去为当期的消费或未来的投资进行生产。当然，我们假设在给定的处境中他会以如下方式展开行动：在给定的时期内用给定的投资速度，通过选择新的资源和建造方法，实现新的投资收入的最大化。利率可以单独根据这些数字计算出来，对应的简单表达式是：

$$U_2 = U_1(1+i)^t \qquad\qquad (1)$$

这里，U_1 是牺牲的收入强度（假设是均一的）；t 是牺牲所需的时间间隔，也即创建新的收入来源的时间间隔；U_2 是 t 年末开始流出的新的消费性收入的强度，由 U_1 加上新投资所产生的收益构成，如果它本身不是永久性和均一性的话，还需要使用统一的拨备率提取永久性拨备；i 是通常意义上的利率。在表达式中 U_1、U_2 和 t 是已知的，而 i 是未知的。已知量取决于投资实际发生时的条件，所有条件在投资期内保持不变。[1]

297

---

[1] 核实这个方程的正确性并不难。与此同时，我们还可以证明，这种方式将利息关系等同于把利率看作一定数量投资的收益率或生产率。我们只是简单提到了每年投资 1 元，在 t 年内实际累积的投资数量。我们首先假定每年年初一次性投资 1 元，而且收益也有相同的形式。然后，在第 t 年末产生第一笔利息的本金是 $(t-1)$ 年时期内的积累，等于下式的和 $1+(1+i)+(1+i)^2+\cdots+(1+i)^{t-1}=[(1+i)^t-1]/i$.

　　这个数量的本金按照比率 i 产生的收益是分式的分子，总的新消费（接下页）

然而，仍然有一个困难需要解决，即如下事实:在新方程中，在投资期末出现的代表新的收入的 U_2 被假定为一个均一的永久性流量。一般来说，这当然不是直接的结果，这会迫使克鲁索出于经济上的考虑保持资本账户以管理他的资源。通常来讲，一项资本品的年收益或租金要大于其真实的净收益，原因就是投资工具不是永久性的，因此，每年要从它的估算收益中扣减一定数额用于它的重置准备，也即用于投资及其收益的维护。

无论投资工具是否真的被替换（以及用什么类型的投资工具进行替换），都与投资回报率的计算无关。但是，投资者必须了解，他收到的收益是高于还是低于真实净收益（按照永续法计算的收益）。如果回报较高，那么，高出的部分必须被按照资本减资处理（disinvestment of capital）；而如果回报较低，则差额部分必须被看作是收益之外增加的投资。事实上，设备重置是特殊情况下的一个特殊案例。一个基本事实是，资本品的收益是不均衡的，为了衡量它，首先必须把它转换成为一个等价的均一流量比率。除了需要进行周期性重置以及由此导致的维护支出不规律性的原因，它可以而且往往也因为其他原因导致这种不均衡性。一个均一的维护成本不会造成任何问题，这一点与其他运营费用没有区别。

如果任何一项投资回报的产生是没有规律的，确保规律性的实际办法是交替地在其他领域中进行投资和减资，即每当主

（接上页）收入等于原始的每年 1 元的相加，而它的消费则是在投资期末重新开始。这样就消除了 -1，使得年收益的表达式 $=(1+i)^t$ 与正文中方程（1）相同，其中 $U_l=1$。

如果不把消费－收入流 U_1 和 U_1 看作是一种瞬间的支付行为，而看作是一种连续的行为，那么上述方程仍然成立。当新的连续收入流开始时，t 年末的积累等于 $(e^{\rho t}-1)/\rho$，其中 ρ 是与简化年利率 i 相应的"利息强度（force of interest）"，也就是 $\rho=\log(1+i)$。年度连续收益仍然是分数的分子，而且理由与前面相同。用 $e^{\rho t}$ 替换 $(1+i)^t$，因为两者相等。（假定投资在 t 年末完全停止。事实上，当投资分批进行时，建设期与收益期之间有一年时间的交叉。）

要投资产生的收益率高于等价的均一收益率时就进行投资；每当主要投资产生的收益率低于等价的均一收益率时就减少投资（但要高于辅助投资的收益率）。事实上，这也就是说资本在主要投资领域和辅助投资领域之间来来回回的转移。这种转移 298 的必要性迫使投资者保持资本账户，从而可以掌握投资额并比较收入。如果有可能随意地按照相同收益率和任何想要的"速度"[1]在辅助投资领域进行投资和减资，那么，相应的计算就会变得十分简单。在实践中，比较两个不规则或有限期限定限收入流的唯一简单方法是计算两者的现值，即资本化价值。事实上，这正是把每一个收入流转换为一个均匀的永续年金的数学方法。

然而，资本化还有另一个更为基本的理由，即人们有必要知道资本数量以比较投资领域或模式，从而确保最大的经济效果。不同的投资运作往往是以不同的时间间隔或者不同的收入速率（rate）进行的，有些情况下甚至两者都是不同的。即使是所有的收益都直接采用均匀的永续流动速率的形式（除非是明确安排的其他形式），正如方程（1）所表明的那样，也有必要在建设期内"积累"投资。对于任意两个投资项目，只有通过连续地按照复利计算投下的资本，包括建设期间的利息，将结果与预期收益的现值匹配，才能确定它们中哪一个更可取，从而实现有关经济目的。该方程的两边是资本的数量并包含着利率。求解方程可得到收益率，最终选取的是能够产生最高收益率的投资方案。因此，在大多数现实案例中，完全合理的投资

---

[1] "rate"一词在词义上的含糊是最为不幸的。在"利率（rate of interest）"之类的表达中，这个词的使用并不准确，它包含了两个层面的意思：流量的时间速度（准确的意思）和这个流量与本金的比率（ratio）。另外，它事实上还涉及以持续变化的基数为参照的瞬时增长率（比率）。

决策所需要的计算远比我们所指的复杂。[1]

当资本被视作收入来源的成本时，困难的根源在于任何一项有限的投资都需要时间，而无论投资的速度有多快。不过，每当开展一项投资时，必须假定它开始产生回报，如果这个回报没有马上被消费掉，则必须马上被添加进该项投资。也就是说，如果一个投资者以 U_1（使用与前面相同的符号）的速率开始牺牲消费性收入（投资），在第一个时点之后，他实际上在以更高的速率进行投资，因为他本来可以通过在第一个时点停止投资而拥有一定的消费性收入。而且，这个过程持续时间越长，放弃的潜在消费的比率就越大。因此，要计算出任何一个新的收入来源中的投资总额，我们必须把两种要素加起来。一种要素是从无到有的投资，即被放弃的来自于服务的收入价值，而这些服务则是由先前存在的生产代理主体拥有的用于创造和建立新的收入来源的。另一个要素通常被称作"建设时期的利息"，不仅包括从一无所有开始时的极小投资到投资完成时所

299

---

[1] 该方程可以有不同的形式。下面三个公式所描述的情形中预期收益分别是：（A）一个自然的永续年金；（B）有限时间，并按照它的实际收益资本化；（C）有限时间，但可以通过对一个用于置换 t 收入来源的偿债基金（sinking-fund）进行适当的扣缴（在其寿命末期的一次性支付）后转换为一个永续年金。在所有情形中，速率，包括流入投资的收入和从投资中流出的收益假定是均匀的。当它们不均匀时，方程式将通过表达式 $f(t)e^{it}dt$ 的极限之间的积分来建立。

假定一件资本品的年成本是 S 美元，为期 c 年；年收益 R 美元，为期 L 年。（在（A）式中，$L=\infty$。）所有的支付都是年初一次性发生的，复利按年计算。令 $(1+i)=A$。

$$\frac{S(A^c-1)}{i}=\frac{R}{i} \text{ 或 } S(A^c-1)=R \tag{A}$$

$$\frac{S(A^c-1)}{i}=\frac{R(A^L-1)}{iA^L} \text{ 或 } SA^L(A^c-1)=R(A^L-1) \tag{B}$$

$$i=\left\{R-\left[\frac{S(A^c-1)}{i}\cdot\frac{i}{A^L-1}\right]\right\}\div\frac{S(A^c-1)}{i} \tag{C}$$

该式也可以轻易地简化为（B）那样相同的形式。

产生的利息，还包括从利息开始形成时那一点极小的利息增量到投资完成这一相同时点上的利息所产生的利息。[1] 实际上，这个利息和利息的利息，代表的是从初始起每一个时点上未完工的资本品的特殊产品。（当然，一个时点并没有持续期。它是通过把时间区间分割得越来越短直至无穷短所得到的一个数学极限值。）

然而，正如我们在一开始的时候指出的那样，为了得出决定利率的理论数据，不一定要考虑时间间隔。这一点可以对方程（1）用时间求导来证明。结果如下

$$dU_2/dt = U_1(1+i)' \log_e(1+i)$$

（值得指出的是，方程中的 $U1$ 是一个常数，即独立于 t。）这个新方程给出了投资活动开始后 t 单位时间点上的个体收入的变化率。不过很显然，任一时点都可以被看作是一个起始点，所以可以令 t 等于零。然后，方程的右边的 $\log_e(1+i)=\rho$ 被可以简化成 $U_{1\rho}$。也就是说，时点上的利率是投资收入的增长率除以投资率。

在不存在不确定性的克鲁索经济中，投资过程的基本事实可以概括如下：第一，投资一定是按照某个时间变化率或速率（实际上是强度）在某个有限的时期内发生的。但是，每个投资增量以相同的比例产生报酬，一种是消费的服务，一种是追加的投资（只要投资保持持续性）。它要么产生一个永续的回报用于消费，要么以此速率进一步进行投资，或放弃最初的投资。因为投资进程需要延续一段时间，而且一般来说，或多或少会有与具体资本品的直接收益有关的减资。因此，有必要识别投

---

[1] 投资完成的时刻最现实的是取这样一个时点，在这一时点上，支出不再超过收益且收益开始超过支出，其中总是包括后来的利息的利息和外部支出的利息。事实上，通常所使用的简单年利率 i 是按照一个略低的利率 $\rho=\log_e(1+i)$ 在一年内连续计算复利的结果。

资于任何收入来源或资本品的每个极小资本增量的独立投资区间（时间长度从零到无穷大）。在给定的经济条件下，只有通过这种方式，才能以相同的收益率来进行不同的投资，并使总的资本获得最大的收益。

这一观点给出的计算方式不同于方程（1），但这并不能证明后者是错误的或是提出了一种不同的理论。方程（1）中的任何一个表达式，（A）、（B）或（C）都表达了如下事实：用于投资的牺牲的收入以每年 i 元的年率或者时点复利计算所产生的回报。而这个回报，只要不是被立刻提取、消费或是投资于其他地方，就会被以相同的收益率进行投资。当一项投资在进行建设的时候，先前完成的所有投资在每个极小时间区间内所产生的收益都会被添加到本金之中，其中也包括在这个时间区间内新增的投资。两者之和等于总投资。把这当作未来收益的现值，只不过是认为只要每个新产生的极小的增量资本被继续投资，它会继续依相同的比率产生收益，即一直到它以可消费的形式出现并被消费掉或投资于别的地方。这就是关于利息的一般观点，即把利息看作是一项资本总额所产生的收益与资本本身的比例。假定本金得到维护。这个比率代表了资本的边际生产力，在此，投资被假定是一个经济体系中资本的微小增量。随着我们的论述，这一现象的时间关系将得到进一步强调。

以上的论述参照以下两点进一步发展了资本和利息理论：（a）在任何资本主义经济（克鲁索或其他）生活中某一给定时点上的理想条件；（b）与体系中已投资的总额相比可以忽略不计的一个单一投资增量。理想条件的意思是，这些极小资本增量的投资者，在计划这一具体投资时，充分了解经济中有可能以任何方式影响自己的行为的所有事情。这也意味着，他了解在未来或在他计划保持投资的任何一个时间段内影响该项投资的所有情况，直至完全退出投资用于消费或是把投资转投其他地方。[1]

该理论通常假定在经济意义上投资者是理性的，这意味是他追求投资收益最大化。在数学意义上，这等同于在投资行为过程中的每一时刻，投资的现值最大化。该理论只涉及收入与资本价值之间的关系，并假定收益本身是一个已知的量。事实上，增加一项投资会改变实际收入的构成，而且也无法找到一个客观的共同标准可以在衡量一种收入的同时也可以被用来衡量依据另一种不同构成的收入。（对于一个克鲁索经济来说，这 301 个困难尤其严重。）然而，收入的确可以进行相当精确的比较，不然就不会有在不同条件下作出改变变化的明智行为。

当我们假定新增的投资在规模上可以忽略不计时，也就等于假定了对于总量来说它的增加不会影响利率。因为在公式中考虑了时间的间隔，所以投资建设期的长短变得无关紧要。而速率所应用的时点则是指投资期内的任一时点。

我们的论述也来自于投资寿命期内利率预期变动的影响，而投资寿命期可以是任何长短甚至无穷。然而，预期的利率（小规模的新增投资可获得的利率）变化和不可准确预见的可能变化的影响（不确定性的影响）都是我们需要进行单独研究的问题。

作为未来收益资本化的资本数量这一概念不仅适用于任何一个较短时间区间内增加投资总量的那些具体的投资增量，也适用于体系中所有其他资本项目。截至某一时刻投入的资本中，每一个投入单位都是边际单位。对每一单位资本的计价都是通过将其实际收益按照由最终极小增量所产生的收益率进行资本

---

[1] 应该了解是同一人群中不可能有一个以上的人同时把其余的世界看作是给定或可预见的，并依据他所拥有的知识采取相应的行动，除非全部以这种方式采取行动的人之间进行完全的合谋。这是团体生活中的智力行为理论的一个通常的局限性。除了无法对自然事件的进程拥有全面而完美的了解之外，这是另一个影响更为广泛的局限性。

化来实现的,这也等于下一极小投资增量实现的收益率。作为任何收入来源是在一个给定时点的条件下产生相同收益所必需的最小投资。下一个投资增量是什么样的形式并不重要——尤其是新的资本品增加的程度与已有资本品的情况十分相似。体系中的总资本,也就等于把每项资本品的未来收入用边际收益率进行资本化所得数量的简单加总。这个论述中的下一步是弄清楚本文提出的资本观与历史上人们普遍接受的资本理论之间的关系,尤其是将资本作为投资的一个数量的概念。

历史上的资本概念

李嘉图和他的继承者等早期的传统古典理论学者解决资本数量问题的办法是仅仅将其简单地看作是农业中的产品数量。

302　农业生产被看作一个双重或叠加的周期。每一年,通过上一年劳作获得的生产成果,要在本年再一次被生产出来,并预付给劳动者用于维持生活。更粗略地说,根据"工资基金"学说,资本的数量就近乎于是全年的生产成果。不过,在需要支付地租的情况下,地租必须被扣除,而且利润也要被扣除。在区别劳动力和资本的不同中,我们得到的唯一解释是预定用于支持劳动力的基金只不过是雇主主观地决定"生产性"或"非生产性"雇用的劳动者特定的生活费用。资本收益率(年百分比)等于全年生产所得减去工资(和地租)后的余额再除以资本后所得的商,也即预付工资。[1]

---

[1] 当然,古典著作中有很多关于其他类型资本的讨论,而不仅限于农业中每年给劳动者提前预付的基本生活费用。但是,他们并没有提出关于其他类型资本的利息理论。在关于资本成本价值是价值的一个成分的讨论中,尤其是李嘉图清晰地阐明了他假定其他用途中资本所产生的收益率与农业中资本所产生的收益率相同的观点。并且,他还认为组成固定资本(价值)的是其劳动成本,在其建筑期内随着按年计算的复利而增加。古典利润理论中所缺少的基本东西是:第一,关于独立于劳动的资本,尤其是其在农业与其他用途之间配置（接下页）

在关于对工业资本使用的讨论中，李嘉图使用的是年复利，很明确，他认为一年之内的利息可以忽略不计。当然，这并不是一个很大的错误。[1] 除了这个细节，对于投资是一定数量的产品以及消费性收入的含义等的解释都是正确的。任何投资的数量都可以被看作是牺牲的消费，如果我们把投资的时间区间分为极小的时间间隔，并认为每一间隔内牺牲的消费量不仅包括花费在正在建设中资本品上生产能力的等价物，而且还包括从该时间区间起始就已经形成的投资的边际生产力的补贴。这个额外的数量则可以被看作是尚未完成的资本品的租金或已经投入其中的资本的利息。[2] 如果整个投资周期，也即资本品建设周

（接上页）的讨论；第二，更为根本的是，劳动之外的资本产出在任何使用方式中是报酬递减的概念。李嘉图充分考虑了把劳动－资本分析应用于土地时报酬递减的作用。但是，在与古典经济学家其他任何理论唯一有关联的地方，即农业中预付给劳动力的工资，资本理论不仅忽略了，而且实际上是排除了提高应用于雇佣给定数量劳动的资本数量时报酬递减规律的有效性。工资的基本生活费用理论中包含了资本与劳动的固定比例，而这一点是古典经济学著作中的共同假设。

我的意思不是说所有的古典经济学家或他们中的任何一位都完全无视经济生活和组织的一般现实，而这些事实是任何一位聪明和有敏锐观察力的人都不会忽视的。虽然并不总是，但我们却也常常可以在他们讨论其他问题的段落里发现一些表述，承认他们的一般理论并不符合人们熟知的一些事实。例如，在讨论总收入和净收入时，李嘉图观察到"在发达国家"，资本寻求这样的一些贸易机会，其"利润与资本成比例，而并不与使用的劳动数量成比例"（《政治经济学》，Gonner 版，第 338 页）。最近，维纳（Viner）教授提醒我注意这一段，而我过去未曾在这方面对于这一段引起关注。这就是李嘉图关于一个国家的总收入和净收入宏大的概念并不是我们在此需要关心的事情。尤其应该指出的是古典经济学著作中多处出现的关于机器的讨论。而另一个应该引起注意的事实是古典经济学家关于对外贸易的论述中所蕴含的经济理论往往优于专门章节本身给出的理论阐述。任何有关指出自色诺芬（Xenophon）和亚里士多德以来的经济学家有所疏忽或忽略的说法都必须在考虑这些限定条件的情况下作出解释，如果这些条件确实是相关限定条件的话。

[1] 一个更为严重的错误是认为农业生产周期是一年一次并重复进行的。

[2] 当然，所有的利息都是某些资本品的租金，并且作为股权时是无形的。在现代条件下，租金和利息是不同份额的概念是荒谬的。

期内的所有这些支出和实际支出都被加总起来，那么总和就是它所代表的资本数量。而且，如果投资决策是理性地作出的，那这个数量就等于使用该资本品所产生的收入流的现值。

在李嘉图与以 19 世纪 70 年代的主观价值论派学者的著作为代表的"革命"之间，资本理论发展的主要进步是西尼尔（Senior）引入了节制（abstinence）的概念。[1] 不过，事实上，节制的概念仅仅用"痛苦"（pain）解释了生产成本中的资本成分，即将成本中的资本这一成分视为与劳动同质。西尼尔并没有像庞巴维克一样把节制当作一个变量，用于解释资本收益率或提出一个节制的数量或强度概念。与后来的穆勒一样，他的利润理论是李嘉图式的理论。[2]

接下来的发展是由杰文斯和后来的庞巴维克（毫无疑问，如他所说是独立地）完成的资本的生产周期理论，虽然形式上不那么精确和确定，但更适合于普及。庞巴维克的生产周期在不同背景下有不同的含义。在其最基本的观点中，他所做的首先是明确地把用于维持生产资本品的劳动力基本生活的资金作为一种辅助资本品（即不同于食品的其他形式的资本）；然后，通过延长生产周期或资本品的服务年限或两者同时延长（一个很容易混淆的点），他提出了一个观点：生产周期的延长就是通常意义上的使用额外的资本。不过，当然我们还必须把生产原来还尚未存在的新的资本品的劳动力包括进去。无论建设周期和（或）新设施工具的服务寿命长短如何，这也应被看作是"生产过程的延长"。如庞巴维克所思考及其今天的追随者们所认为的那样，这些经营活动的结合所导致的生产周期"平均"长度的某种增加衡量了这些经营活动给整个体系所带来的资本数

---

[1] 这里无须讨论朗菲尔德（Longfield）在生产力理论方面所作的失败的尝试。

[2] 我们将在本文第 II 部分结合供给问题讨论节制这一概念对于资本理论来说意味着什么。

量的增加。因此，他们的理论与李嘉图的理论基本相同，也即认为劳动价值论必须允许等量劳动所生产的可以拿到市场的产品所需要的时间存在不同。[1]

李嘉图－杰文斯－庞巴维克理论［经威克塞尔（Wicksell）发展和提炼］的基本谬误在于认为资本是由劳动或"其他要素"生产出来的。一旦这一理论的"价值"被注意到，那么其中很明显与事实不符的东西也就需要关注了。不过，在历史上，它确实仍然有着十分重要的地位。很显然，它是古典学派持有劳动生产一切这一错误信条的一个阶段。对于资本数量的衡量或以任何方式对应一个生产周期，即从其他要素作用于资本的日期到享用最终产品的日期之间的时间间隔，也会很自然地步入先前的谬误。只有在考虑一些时间段内现有组织增加的单个资本的增量（当然是这一时间内存在的所有或多或少相关的生产要素在合作生产出来的），我们才有可能使这一理论变得有意义。我们必须进一步假定，当系统中没有其他变化发生时，新 的资本品的使用寿命是有限的，而且事实上只不过是在一个无穷的时间序列中交替地被生产、磨损和再生产的过程。于是，一个周期性理论可被应用于这个单一的项目。显然，无须赘述，在一个持续的，尤其是处于增长的经济体系中，这样的假设是

304

---

[1] 见埃维克托·德尔伯格（Victor Edelberg），"The Ricardian Theory of Profits," *Economica*，February 1933, pp.51-74。

庞巴维克混乱的表述主要表现在以下几个方面：他在有关人们相对未来物品更偏好于现在物品的观点上所持的理由仅仅是一种认为资本具有生产力的混乱认识，即认为一件具体的资本工具将最终产生比其成本更大的价值，并与它的寿命相关。他的第二个理由，即人们在心理上对于未来的低估是在效用比较意义上从需求侧对于现值与资本品总收益之间数量关系的解释。正如我们已经指出的那样，这样比较的真正意义是在供给侧。为了赋予它意义，资本的价值生产力必须被看作是供给的减函数，而且还必须假定在任何时刻供给都受制于现在满足与未来满足之间在心理上的比较（见本文第 II 部分）。他的第一个理由是需要与满足需要的供给之间的差异或许在两个方面都起作用。

不现实的。一旦新的增量项目被纳入一个合作要素的组织中，该理论就失去了其有效性。[1]

即使是在上述假设的情况下，在一个其他条件都不变的体系中，认为一项新增的"单独投资"就是对先前生产能力的间接利用也是错误的。这样的说法仅在以下情况是合理的，即新投资明确地是为了某个临时的目的，比如，为一次旅行而储备用品，并会在相对较短的时期内按计划撤出投资。只要投资是为了给这个体系增加永久性资本或"收益性资产"，就不可能单独就这些项目记账或以此管理资源。在创造新资本的会计期内，

---

[1] 如果资本积累在没有其他变化的情况下进行下去，资本品的平均服务寿命和建设周期照理会有所延长。延长资本品建设周期是投资的方式之一，而且可以被用于减少其他要素成本。延长资本品的服务寿命可以减少维护费用，从而成为增加资本品收益的方式之一。不过，在两种情况下，它都是众多方法中的一种。另外，由于给定条件下投资的报酬递减，以多种不同方式（总资本价值除以维护费用、总的非资本支出或总社会收入）理论上计算的资本周转周期应该趋于延长。这些都不是真正意义上的生产周期，它们都没有指明资本的实际减资和其减资性。周期理论实际上仅仅适用于资本作为袋装供应品的旧的概念，在真实的历史周期中被交替地装进去和消耗掉。必须牢记的是，总资本只不过是资本化的东西。资本与其他要素之间的区别在很大程度具有偶然性或主观武断性。而且，在给定的条件下，资本无法连续积累（见本文第 II 部分）。

最近，维克塞尔（Wicksell）对于资本的论述被"新奥地利经济学家（neo-Austrians）"广为引用，作为对于他们资本理论的一种权威支持并对其加以评论。维克塞尔的论述完全建立在如下假定之上：资本品是由劳动生产的（见他的文章《阿克曼问题分析》）或者是由劳动和土地服务生产的（见他的《讲义》，pp.146,150 和第 II 篇，第 2 章各处；另见，p.149，其中资本品的生产成本明确包括资本和利息！）。对于当前的论述来说，有必要指出的就是这些。至于为什么杰出的经济学家会做出这样的陈述，只能从心理上加以解释而缺少事实或逻辑上的解释。显然，只有在人类经济历史开始时出现的第一个单位增量资本才是由"其他要素"生产出来的。从那以后，资本就和其他要素一样共同参与更多资本的生产，如果存在完全不同特征的其他要素的话。除了成本或变化速度的不同，关于初级或最终生产要素的说法是错误的。对于经济推理来说，任何时刻存在着的资源都同样具有最终性，因为经济推理关心的是未来，而过去的永远过去了。维克塞尔还假定，延长资本设施的使用寿命是更多资本得到利用的唯一途径——尽管他（在《阿克曼问题分析》最后一段中）正式承认这一假设是错误的。

投资结果须被当作收入的生产成果（资产增加），并且在接下来的时期内其收益也必须被归集于该项资本，而无法将收益归集于创造该项资本（资产）的各种生产要素。诚然，企业有时候关心是这样的临时性投资项目，从一开始就计划将予以清算，并且相应的收益或损失会被转到另一个账目上。而从某些方面来看，把投资计划安排得具有更高的流动性往往代表着一种中间情况。

那些认为在生产与消费之间存在着一个明确时滞的说法也是不正确的。关于具体"消费品"的生产，比如食品或燃料的生产，这样的说法也并非毫无意义。但它至多是一个含糊的说法，而事实上如果真发生了资产的永久性维护、增长或缩减等也确实会出现这样的情况。时滞的概念不仅在数量上是模糊的，而且当一种形式的资本增长或缩减伴随着该体系中其余部分的大规模重组时，时滞也会变得没有意义。对于一个假设的资产的永久增加来说，时滞是无限的。创造新资产时所付出的"牺牲"是"节制"而非"等待"。最后，这样一种观念却仅适用于一个可忽略规模的边际单位。对于一个社会的资本或其中相当大的一部分来说，它是毫无意义的。比如，去问美国如果停止资本维护，按目前的收入其消费水平还能维持多久（没有形式上的巨大变化，可能难以维持一周或甚至一天）。或者，如果其资本遭到破坏，那么重置资本需要多长时间。很显然，这样的问题十分荒谬。甚至对于典型的物质生产项目而言，问一条面包的生产始于何时或者一把铁锤或是铁铲的消费止于何时这类问题也是十分愚蠢的。而且，就价值意义上的生产而言，其结果总表现为一瞬间的形式，无论是以服务（当即消费的）还是资产净增加的形式。（没有其他形式的价值生产。所有的资产重置都是当期服务生产的一部分。）

同时，在古典－庞巴维克资本观（Classical-Bohm-Bawerk）中，还有一个更深层和更为严重的谬误，即资本（品）的基本

305

特性和功能就是用于消费。而事实恰好相反。经济理论中关于财富、生产和消费的整个传统概念都是错误的。与资本主义社会自身一样，财富或资本也是永久的。确切地说，只有当整个体系的总量出现了新的增量时，才可以说是生产出了财富或是资本。相应地，说财富被消费了，意思只能是财富总量减少，即当它被消费后，没有在该体系中的任何地方以任何具体形式得以重置。在一个静态经济中，生产和消费的是服务，而物品的生产被看作是重置，而且是即刻被消费的服务生产的一部分。这一点对于面包或炸药等周转期很长的项目来说正是如此。对于有形的财富项目耗损后的重置只是整个体系生产装备维护的技术细节。[1]

资本理论中的混淆主要源于投资维护的概念，或是任何投资收益都必须被当作一项永久年金。而事实上从其主要价值来看，投资表现的是寿命有限，具体的物品形式。正如我们已经强调的那样，这并不意味着个人在任意具体的时间区间内进行的任何新增投资能够得到事实上的永久性维护。正如我们将要说明的那样，尽管这一观点符合事实，但对于理论来说它却不是最根本的。重要的是，任何产生收入的资本品或一定数量的资本的个人所有者应该对资本收益的消费和资本自身的消费两种情况进行区分。正如某些批评家所坚持反对的那样，这也不是意味着资本的维护就是"自动的"。

306

---

[1] 这在理论上是正确的，无论置换采取的是相同的物质形式还是别的形式。生产设施形式改变但数量保持不变意义上的一个静止经济的确提出了很多难题。不过，我们毫无疑问必须认识到这一想法在概念上是成立的，即使我们从来都无法对实际情况进行准确的描述或识别。毫无疑问，总的生产能力的增加或（减少）不同于（和资本在不同的领域或方式之间转移相关联的具体生产要素物理性征的改变。这个问题会引出一个更大的话题，即在一个充斥着各种变化的经济体系中，什么东西可以被当作是给定的，或者更具体说是什么东西可以被当作某个变化发生时所用参照系的一部分。但可以肯定的是，当变化发生时，不存在完全不受影响的价值量。

然而，值得强调的一个重要事实是，在我们有可能进行研究或有机会对其进行理论描述的唯一历史案例中，作为克鲁索假设的另一面，资本主义文明确实是在维护它的资本并相当迅速地令其增加。仅有的例外都发生在因危机导致经济关系陷入困境的时代和地方，其中也缺乏提供借贷或资本品的近似自由的市场。在一个自由市场仍然继续存在的腐朽的资本主义经济体系中，利息理论的适用问题纯粹是一种推测，并会在此引起无法解决的严重困难。在逐步减资变得越来越快且持续很长时间的情况下，一个企业经济（enterprise economy）是否能够有序地发挥功能，很是值得怀疑。（人均财富下降可能性不大，但当然也可能发生在有限的区域内。）当然，在现代文明中我们所称的"经济利益"中包括的一个显而易见的基本因素是个人为其自己以及自己的继承人或后裔对成功的追求。总体上说，人们对成功的追求以及不希望这种追求有任何形式的停止与其通过那些立即可供使用的经济资源而获取消费最大化的意愿一样强烈。他们储蓄，既是为了将来有更多的储蓄，同时也是为了将来能更多的消费。如果这个事实发生改变，那将会有一个什么样的世界？这个问题是本文作者不愿涉及和深入的一种推断和猜测。很显然，倘若储蓄仅仅是为了将来消费更多，那么资本就不会被大规模地积累起来。

典型的投资者确实会在投资的时候考虑可能出现的结果，甚至在有些情况下，这些结果就是确定的，他也希望在真正"耗尽"的意义上减少他的投资。不过，只要减资是在一个有效的资本市场上进行的（并且是在下面所指的、一般来说现实的特定条件下），那么这些情况将不影响投资的特征。在一个总资本不断增长或保持不变的社会中，个体的减资数量仅仅抵消了其他个体同等数量的投资。而且，只要该体系的总资本按照最有利的方式进行投资，如果仅仅是新的所有者对消费服务的需求与原来所有者的有所不同，那么所有权（以具体的实物或以

307

抽象的资本形式）从一个个体向另一个个体转移才会影响经济生活的具体行为。

一般来说，投资者都计划永久性地维持投资，但这绝不意味着他是有意识地将目光放至无穷远的将来或任何特定长度的未来某个时间。只要他计划在不远的将来或者甚至眼前就让自己的处境稍有改善或至少使之不变得更差，并且不明确打算在更远的将来改变方向，那么即使是在克鲁索经济中，效果也是一样的，就如同他真的将他的眼光放至无穷远的将来。正如我们刚刚指出的那样，一项投资计划或许是短暂的，并被打算在可预见的未来进行减资，但从总体而言，这一事实并不能改变将资本的管理视同一项永久性的计划。只要投资是在一个事实或者被认为是稳定发展或静态止的社会中能得到明智的管理。[1]

资本理论中的很多难点和困惑主要源自这样一个事实：投资是在一个充满不确定的世界里进行的，很大程度上，影响投资特性的一个主要因素是投资者想要改变投资的形式以应对资本市场条件的变化。结果是两个不同但相互重叠的事情，即资本的流动性和无须维护便可转换成货币的能力在很大程度上影响了投资的特性。不过，这些事情并不要求对基本理论进行根本性的修改。[2]

为可能发生的真正的减资，也即资本的实际消费，所做准备的重要性在很大程度上会被夸大，就像减资发生的可能性被夸大的那样。大部分资本品与其他在时间上同时存在或相继存在的东西之间存在着重要的互补关系。很显然，一般来说，一台机器上的一个部件无法被取出来并消耗掉，除非整个机器作为一个整体被消耗掉。一台机器或多或少与一个工厂，一个行

---

[1] 见本书第 315 页脚注 [1]。

[2] 当然，实际过程是有计划地保持流动性，或者计划在有限时间内实现流动性，并且这一过程的长度超过了有充分把握的预期收益的时间。

业，乃至更为广义范围内的其他生产要素有着有机的联系。当 308
然，从边际上来看，很多形式的投资相对来说具有流动性。但
实际情况是，如果不进行广泛而必要的生产重组，能够减资的
资本数量将是十分有限的。大部分投资未曾事先计划减资。随
着总资本迅速增加，大部分流动性的获得可以不需要经过实际
上的减资。当然，减资进行得越快，损失也就越大。不过，最
终可收回的数量肯定将是实际持续经营价值的一部分。当然，
有序的大范围一般性减资是不切实际的。个人减资自由的重要
性甚至都要进行谨慎的估计。尤其是不能将在危机情况下争夺
以获取现金为标志的"流动性"与为了消费而将资本转变成收
入而保持流动性的意愿混淆起来。

简而言之，从一般资本理论的立场看，我们必须坚持熟知
的观点，尤其是 J.B. 克拉克（J. B. Clark）以抽象的形式倡导的
观点，即一个经济社会或体系中的资本是一个连续的有机整体，
也是一个用价值单位衡量的基金。尽管在任一时刻它主要（不
全部）被包含在一类物品中，而这类物品会有规律地被磨损、
用尽，或变得过时，并被相同或不同类型的其他物品替换掉。
这一观点符合所有关于资本数量的日常思维和程序。任何现有
物品所代表的资本数量都是其价值，也是其收益的资本化。在
理想的静止条件下，这个意义上的资本数量完全等于其历史成
本，即上面解释的各种意义上所牺牲的消费。以各种形式进行
的各种程度上（几乎从未有完工的情况）的周期性置换，基本
上是资本管理尤其是资本维护的具体内容。

不考虑不确定性所造成的影响，在类似于现实生活的条件
下，已完工资本品的耐用性对于投资者来说是一件无关紧要的
事情，扣除永久性维护准备金之后的收益率是相同的。但值得
注意的是，在一个快速衰败或被认为是快速衰败的社会中，事
情并非如此。能够产生最高净收益的投资形式往往都有很长的
寿命，以至于不允许整个体系以其他成员总体上减资的速率进

行减资。在现实生活中，社会一般来说是不断进步的，唯一有可能导致投资偏好向高周转率转变的情况是由于不确定性因素的影响，因为不确定性使人们为了预防变化的出现而希望保持更大的流动性，进而将投资转变为其他形式。对流动性的需求当然是极为重要的，不过，除了承认这一事实之外，在这里并不需要更多的讨论。[1]

与之类似，包含新的投资增量的资本品建设期通常是一件无关紧要的事情，因为最终的净收益是相同的。不过，我们可以再次设想，对于克鲁索或对于一个有组织经济中的一个成员来说，这一假设在什么条件下是不成立的。具有最高净收益率的投资，大多数都要经历很长的建设期之后才开始产生回报，而这种回报的形式是消费品或服务，或者其中一部分被用以满足投资者对现金的需求而非财富的进一步增值。然而，几乎可以断言，现实情况并非如此。人们不愿意从事建设周期很长的项目，比如种植生长极为缓慢的树木，其主要原因仍然是不确定性。[2] 事实上，考虑到人们有可能为了流动性而牺牲收益，建设周期和服务寿命就会一并作为周转期进行考虑，尽管在总的

---

[1] 以克鲁索经济为参照，如果克鲁索真的希望伴随着自己的死亡，属于他的经济也最终完全结束，并依此采取理性的行动，那么，其在生命行将结束的时候的减资愿望将会是一个重要的考虑。克鲁索期望的是什么以及他将如何采取行动则变成了完全多余的问题。但是，可以补充的是克鲁索非常可能会像有组织经济中的投资者那样对于不确定性加以考虑。

[2] 事实上，在一个企业社会里，很有可能的是不确定性反而导致了在不确定性较大的领域中的过度投资，而不是促使资本离开这样的领域。我们必须在人类本能中的赌性和对自己所做事情的了解以及对风险所谓的厌恶之间保持一种平衡。大量的事实也显示，后者实际上表现得更为强烈，尽管我们无法对不确定性进行明确的衡量。

周期内投资和减资的时间分布并非是无关紧要的事情。[1]

最后，我们要对下列假设做出一些说明，即投资者假定收益率在未来保持不变，或者它们的计算不受未来可能出现的变化的影响。对于真实利率变动，也即新投资的边际生产力合理预期的唯一依据是其他条件如果保持不变，由于报酬递减规律的作用，随着时间的推移，利率很可能会伴随投资的增加而下降。另一方面，如果其他要素供给的增加快于资本供给的增加，在相同原理的作用下，利率也可能上升。当然此处衡量的是所有要素变化的净效应。或者说，利率可能的上升或下降是新发明改变运用给定数量的资本与其他要素联合进行生产投资技术模式的结果。[2]

总的来说，在投资的技术特性不发生特别改变的情况下，在整个投资领域中，资本生产率的上升或下降都只是资本化后形成的现行速率。在这一点上，对于可能出现的新的投资领域或可能被关闭的旧的投资领域也是相类似的。通过竞争预期的效果会立即扩散到整个投资领域和各个时期，结果是各类投资形成一个新的统一利率。但是，此处也有一定的复杂性。因为对受变动影响的预期收益的资本化是一个数学问题，所以本文不予考虑。然而，需要强调的是，只要资本化（也就是所指的

310

---

[1] 几乎不需要特别指出的是，市场上常见的长期贷款利率与短期贷款利率之间的不同（以及假定的长周期投资与短周期投资之间的区别）事实上主要源于不确定性和影响市场对前景预估的特殊条件。此类差异在危机和萧条时期变得十分显著，而在不涉及危机和萧条的货币价值的预期变动时，它们则不那么显著。理论上，经济合同中因预期价格水平变动所导致的抵扣不难计算。（不过，费雪（Fisher）教授的计算包括一个相当奇怪的假设，即价格变动率具有决定性，而非贷款期内绝对值的变动。见《利息理论》，第19章。）利率的预期变动，即投资的实际边际生产力的变动是一个不同的问题。见正文的下一段。

[2] 我们面对着有关其他要素的含义这一十分重要的问题。可以肯定的是，劳动和自然要素都不能毫无保留地归为这一范畴。然而，这个问题必须留待以后讨论，是本文第II部分的主题之一。

任何估值行为）或行动计划需要追求精确性，那么就必须尽量把变化的后果包括进去，并允许出现可能会发生但无法被预见的变化。理论上的利润（亏损）主要是资产价值变化的问题，而不是除了已经兑现或是应计的资产价值变化之外的当期收入与支出之间的差额。企业所有估算的成本和收益也都在很大程度上受到资本化预期的影响。

我们在前面已经对某一时刻的资本和利息理论开展了讨论。我们假设了完美的远见并假定所有的价值都是用具有不变购买力的货币来衡量。在本文的第 II 部分，我们将结合供求曲线和均衡来讨论这一理论。与某一时刻的资本数量概念相比，资本数量中可以测量的变化这一概念是一个远为重要的问题。我们的一个主要命题是，无法画出一条资本供给曲线，即没有理由假定利率与（静止的）总供给之间存在一种函数关系。因此，不存在一种均衡利率，而只能是某一时刻既定情况下的理论意义上的市场利率（有别于通常所说的短期利率）。既然在与资本供给相关的条件不变的情况下资本的供给不可能发生变化，那就没有理由假定某一变化将会呈现出一种趋势，使产生这一变化的各方力量（如果它是由"力"产生的）趋向均等并最终停下来。资本的供给很有可能增加不均衡的出现，并无限地、甚至以一种越来越快的速度持续下去。

这也适用于经济生活中的其他基本要素，比如人口、教育、贫穷、技术，包括资本的供给。我们绝对无法假设历史的实际变化将趋于建立一种均衡状态。因此，在静止条件下，出于分析的目的，唯一合理的是假设一个经济体系的某些特征是固定不变的，而其他东西则会逐步达到均衡的位置。要使这样一个体系有意义，在建立它时，我们需要比通常所做到的更加仔细。

II

要分析资本和利息的问题，我们必须从一开始就接受现实状况及两个进行概念划分的过程，这两个过程无法被客观地严格区分。第一个过程是无论一个经济体系是克鲁索经济，还是有组织的社会经济，在这个经济体系中，实现给定总投资的收益最大化，需要通过把投资或"资本"从一个领域转移到另一个领域。第二个过程是通过更多的投资来增加收益。在本文第 I 部分中，我们试图对一个假定已经剥离了第二个过程的经济体系进行分析。不过，这并不意味着我们已经详细描述了第一个过程，即建立一种均衡关系以使得给定总投资的收益最大化。这个过程始于一个体系，该体系中存在着某些非均衡的状况，它其还假定包括资本数量在内的其他事件相同，且资本能够在不同投资模式之间进行转移。在这种意义上，上述的描述无法令人满意，但一个令人尴尬的事实是，上述重新调整无法通过实验得以执行或复制。当投资不停地从一种用途向另一种用途转移时，克鲁索、集体经济中的经济计划委员会或市场经济中的统计分析师都无法知道投资的数量是否严格保持不变，即使这种投资的转移并不涉及投资形式的改变，而仅是同样的实物资本品从一个领域或应用模式被移至另一个领域或模式。如果还存在形式上的变化，那么这一说成立的理由将更加充分。

然而，我们出于分析的目的，有可能也有必要假设一个社会在第一层含义上而非第二层含义上处于均衡状态，即个体克鲁索的经济利益或社会经济中所有成员的经济净利益要求追加更多的投资，但在没有更多投资的情况下，通过转移现有投资不会实现收益的增加。而且，在这样一个社会中，有可能且在分析上也有必要设想以这种方式来引导进一步的投资，以确保连续的极小增量投资（一个极小区间上的时间速率）的收益最大化。这正是本文第 I 部分分析中所研究的内容。也就是说，我们已经尝试着建立一种以一个特定增长过程中某个给定时刻下的条件为基础的资本数量和利息理论。[1]

本文第 II 部分的主要任务是研究投资增长过程。尤其关注的问题是在一组合理和实用的假设条件下（其他因素不变），这样一个增长过程是否会趋向于均衡状态。当然，这个问题实际上包括了或者几乎就是经济学著作中通常提到的均衡利率问题的一个方面。研究中恰当的方法是仿照供求关系下的价格分析方法模式来建立利息理论。

当我们把利息当作一个价格问题，尤其是当作一项生产性服务的价格来对待时，有两种情况特别容易引起混淆。第一，在这里只需简要提及的是提供服务的生产要素被当作用货币表达的价值量的特性。因此，这个价格既是一个比率，又是一个支付的时间速率。它也是一个年度百分比。作为这种同质性的一个结果，任何一个比率可以被视作商品，而其他的则被视为是价格。如上所述，利率通常被看作是使用一个单位资本一年的价格。不过，我们也可以把资本的数量看作是提供的服务流的价格，而这事实上却是对于资本最常见的定义。[2] 同样十分常见（与美国相比，在英国更是如此）的是把资本价值作为永续年金的一种看作是年度服务的净价值的一个比率，即将其看作是一种多年的购买行为。最常见的是，资本量表现为某些真实服务来源的价值，而后者用货币来衡量，并被看作是一种叫作"收入"的价值。作为一个数量，收入涉及强度的范围，也涉及

---

[1] 这样一个过程可能的历史发端从未被研究过，而本文的作者则十分怀疑开展这样的研究是否有意义。

[2] 正如本文一开始（第 I 部分）指出的那样，这一循环推理是资本－利息关系中主要的逻辑困难之一。

时间范围，抑或它可能本身就具有永久性。[1]

不适用的均衡价格理论；资本是不断积累的物品

第二种影响更大的混淆是普通或一般的均衡价格分析不适用于诸如资本市场之类的情形。这也是我们接下来要讨论的主要问题。简而言之，理由就是在这个仅有的我们拥有可以用于讨论利息理论的基本知识的世界上，或者我们有重要的理由这么做的情况下，当市场和经济关系没有因不景气而变得一塌糊涂时，资本的总投资总是不停地增加着，并且相当迅速。这里，我们需要牢记的是均衡价格理论是为了小麦或糖之类的消费品价格的决定而被提出来。关于这样一件商品的价值或价格，有两个事实对于当前的论述来说十分重要。第一个事实是现实中 313 所有商品的价值都是资本价值，如果更精确地表达的话是都代表着一种服务的贴现值。对于易变质的消费品来说，其服务寿命是十分短暂的，以至于利息对价值的影响可以被忽略不计。提供服务的物品的价值被等同于服务自身的（未经贴现）总价值。[2]

一种消费品或服务的均衡价格是一个假设的价格。这个价格让商品或服务从生产流入市场，以及从市场流向消费的永久、统一的速率变得稳定，并让这两种速率在经济体系基本给定的条件下及均衡利率被决定的时刻变得相等。该理论假定，正确与否并不重要，如果这些给定的条件保持不变，均衡价格就会通过个体的调整行为建立起来，但这一过程会变得更长。当上述价格适用于商品而非服务时（个人服务或任何要素服务），在

---

[1] 如果时间有限，一个收入既可以通过使用其存续期内的给定强度，也可以使用转换为永续年金之后的较小强度量进行贴现来开展评估。资本和利息的常规概念中包括了对本金（和收益）无限期的维护，因为在有限时间内来自于一定数量货币或真实收入来源的收益只是在这个时期内减去维护费用之后的剩余。

[2] 在价值关系的分析性研究中，更现实的做法是把此类商品看作是更为耐久的要素服务的载体，而且一个单位的价值就是一个数量的此类服务的价值，是强度在时间上的积分，确切说是一种贴现。

最理想化的条件下，均衡状态时市场上的供给为零，而且在任何情况下，如果理想化的条件稍微放宽一些，这一供给量必定是一个常数。[1]

一般价格推理理论并不会假意去解释实际价格或是经济系统向均衡价格调整过程中某一时刻的价格。它仅仅研究均衡状态之后的价格。这一价格理论在应用于商品时，适用的情况是商品流入市场的速度大致等于消费的速度，无论这种情况是真实的、近似真实的，还是完全假设的。它不适用于那些能够"正常地"增长（或减少），但却可能无法确切地达到一种静止状态的存量商品。而仅适用于存量、供给和价格在适度的小范围内围绕均衡点作短期上下波动的情况（或者给定的用于理论构成的条件下长期变化缺失的情况）。商品存量的波动被作为缓冲器，用于熨平生产中无法预料或不受控制的波动所造成的价格和消费波动——或相应的消费波动所导致的生产波动。

遗憾的是明确地应用于服务的价格理论往往是经济分析中
314　被忽视的一个主题。早期古典经济学家的基本错误之一是把经济活动看作是以食品为典型代表的物品或财富的生产和消费。如今，这个错误仍然有众多追随者。在一个持续运行的经济生活中，现实中的消费就只是服务的消费。物品的净消费意味着服务生产要素来源的枯竭，或通俗地说就是资本的减少。当然，严格意义上说这样的消费只能是有限时间范围内的事情。正如我们已经讨论过的那样，经济理论不曾关注，也几乎没有理由

---

[1] 供给不连续或有波动的商品也不例外，比如农作物。它们没有正常价格，除非它们处在一个足够长的以至于能够消除季节或其他波动的时期内。确切地说，同一季节不同时刻的商品是不同的，其时间和其他效用的变化对应着这个季节里的价格变化。若干年时期内的正常价格应该对应于每个年度周期（或其他周期）中某个相应的点。

关注一个衰败的经济体系。[1]

任何一种服务流入市场的速度保持不变的话，通常意味着提供服务的要素存量也是不变的。只有对提供服务的来源进行充分的维护（包括维护中实际发生的任何重置行为），其所形成的消费才可以表示为生产；任何的过度消费都意味着存量的减少。另一方面，在一个稳步发展的社会中，生产包括所有造成服务来源（也包括那些提供当期服务的来源）总存量净增加的活动，而且没有与这类生产对应的消费。

关于服务定价的现有讨论，实际上仅限于所谓的"分配"理论。一般来说，它还是很正确地研究了那些得到充分维护的实物来源的服务价格（租金）。正如我们将要看到的那样，在研究总的服务生产来源问题（利息问题）时，很不幸的是理论家们假定资本的供给保持不变或被认为是趋向于一个均衡状态，类似于在小麦或糖的价格讨论中所假定的那样。十分可取的是经济学论文也通过认真构想，在给定的条件下讨论供给稳步变化时实物来源的服务价格，以及服务来源自身的价格。确切地说，这是所谓的经济动力学理论的内容。（这些变化无法参照更深远的给定条件来加以说明）给定条件下的变化是历史的变化，因此需要特殊的方法论。而如果将更久远的条件视作给定，就无法解释这一点。

如果要定价的是资本服务，而利率是其价格，那么要建立符合这一观点的利息理论，我们就必须牢记，资本是一种"不断累积的物品"。此外，因为资本品是不同质的，并且有着不断变化的具体形式，所以把资本当作一种物品会遇到诸多巨大的困难。当资本被看作是一种不断积累的物品时，对于价格理论　315

---

[1]　事实上，除非一个企业经济能够相当迅速地进步，否则它是否能够按照理论分析的那样存在并运行是值得怀疑的。无论如何，要明确阐述经济倒退理论，首先应把它的特殊前提说清楚。

来说，主要问题是是否和在什么条件下（如果有条件的话）它
会停止积累，即达到一个均衡的供给水平。[1] 就现实意义而言，
唯一正常的条件是在这样的条件下，当期的生产明显超过消
费，并且超过部分会被增加到现有的由过去积累下来的供给中
去。在资本分析中，自然和正确的程序是把生产看作是仅仅包
括供给的净增加。有用的分类是维护和增长（如果不考虑衰败
的经济体系）。在日常用法中，资本的生产过程，或储蓄和投资
过程，是指超过维护费用的净增长部分。因此，在通常分析一
个体系中的资本供给和需求时，不必考虑用于消费目的的贷款。
它们唯一的重要性在于减少净储蓄并减缓资本的增长。[2]

　　正常条件下的净增长表明，建立在稳定的供给和价格意义
上的均衡状态总是对应着一个比实际存在或即将来临的更低的
价格和更大的供给。如果我们可以合理地认为市场正朝着一个

---

[1] 抽象的资本绝非是不断积累的东西的唯一或是唯一重要的例子。很多具体形
式的财富都或多或少地属于这一类，当然它们都是资本的具体形式。一个特别
有意思的例子是黄金。黄金是充当货币的商品，尽管黄金也具有商业和工业的
用途，或多或少也是为了消费而生产出来的商品。就像利息理论那样，在讨论
货币的价值时，人们几乎不加批判地采用了均衡分析的主要假设，即价值由当
前的生产成本决定的。李嘉图的货币理论提供了一个极坏的例子。当然，事实
完全是另外一回事。在任何给定的时刻，黄金的价值决定了生产边际，而价格
决定了供给的增长率。在纯粹的不断积累的商品中，珠宝和艺术品更具有代表
性。不过，铁和更为耐久的建筑材料也在很大程度上具有这一特征。在没有人
类文明衰败的情况下，科学知识的不断积累就是一个纯粹的例子。不过，科学
知识难以保持排他性占有，这使得它只能是在有限程度上的经济物品。

[2] 如果重置基金被包括在资本供给之中，那么重置也必须被包括在需求之中，
从而两者相互抵消（对于所有的维护都是如此）。无论维护还是重置的规模相
对于增长来说大小如何，这一推理都是成立的。如果有增长，那么增长的条件
有效地决定了利率。这种说法必须总是在以其他事情不变的条件下加以理解，
而在正文中则必须说明这些条件具体包括的其他那些事情。在这种情况下，以
下事实会使得论述变得更加有力：对以增长为目的的资本的需求是高度富有弹
性的，以至于在相当长的时期之后，供给增长率的变化才会使利率显著不同于
原有水平。海洋中的水位决定海湾中的水位，仅仅在十分不同的意义上，水箱
的水位完全决定于流入水箱水流的速度。

均衡状态变动，那么，这个状态总是存在于未来的某个时刻。我们将论证，这一未来时刻不仅无限遥远，而且事实上也根本就不存在假定的均衡趋势。

无论最终的趋势是什么，与实际或可预见未来的条件相关的价格分析只能是短期分析。在所有的此类分析中，某一时刻的供给就是那个时点上存在的东西，是一个数据，一个常数，而不是一个价格函数。它的确是在不断变化，但这一事实也引出了两个问题：（a）它所趋向的均衡是什么和（b）变化的速率是多大。（应该说后者属于经济动力学的问题，是指假设在给定和不变条件下发生的变化。）在短时间内，就资本服务的流动速率或是资本的数量而言，我们无法画出相应的供求曲线。此类曲线仅在静态流动速度和现有供给意义上的均衡状态下才变得有意义。当在供给不断增加的情况下，唯一有意义的均衡状态是对应于供给固定不变的均衡状态，均衡也变成是在不同用途中给定供给量的配置问题。[1] 在不断积累的物品的情况下，依赖于某一时刻价格的供给变动仅是供给增长率的变动，或者，就它的服务来说是一种流速（强度）的增长率变动。从另一个角度看，像刚才考虑过的供给曲线（供给增长率的曲线）那样，如果不是毫无意义的话，相同维度中这样的需求曲线是不成立的。[2]

316

---

[1] 其他理想化的假设是我们在第I部分中指出的。必须牢记的是，我们完全忽略了不确定性的影响，尤其是货币未来价值的不确定性影响，也不考虑周期性现象的影响。对于这一点的保留也会继续。

[2] 后一类型的供给曲线确实具有容易理解的含义，并且（就当前的论点而言）或许具有理论和实际的含义。这个问题将在后面提出，其中将与货币资金流变化相关的速率变动剔除。无论如何，一条描述增长率的曲线决不能与通常意义上用于描述均衡状态的供给线混淆。

用供给—需求曲线描述的货币情况

我们通过图 12.1 可以使我们的论述变得更加容易理解。因为我们关心的是某一短暂时刻的情况，在这一时刻上的利率反映的是对这一时刻已经存在的资本供给的潜在边际需求价格。我们必须把注意力集中于需求曲线上。而且，我们也最好能把资本数量看作是自变量，并用 X 或横轴来衡量。于是，纵坐标值衡量的是作为需求价格（或是供给价格）的利率，并被看成是资本数量的一个函数。我们在此假定，我们了解这条曲线横坐标的含义，即有办法衡量投资中资本数量的增加。（事实上，这是最难解决的问题之一，我们将在后面对其进行讨论。）

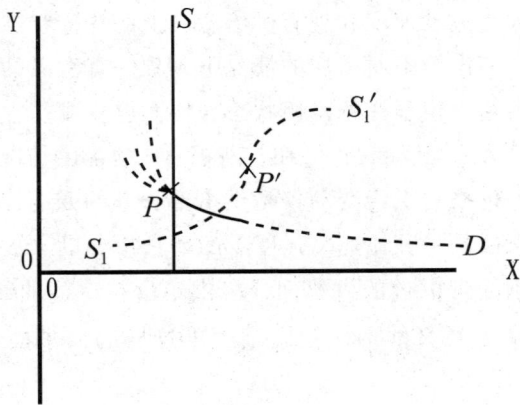

图 12.1

需求曲线应该分两部分画出和讨论。从 P 点出发，需求曲线分别朝着相反的方向延伸。P 点被用来代表假设的某个资本市场在某个特定日期的给定条件下的资本数量和需求价格（利率），但同时也假设这一状态是均衡的，在这一均衡状态下资本已被都被用于投资，如果没有进一步积累的情况下其根本不存在改变的动机。这个点也被认为是一个"出发点"。这条曲线向右下倾斜，表明在给定条件下，进一步投资的潜在收益或生产力递减的情况不会改变。除非逐步耗尽更为有利的投资机会。任何具体数量资本的收益率，取决于一个经济体系的全部条件。在其他情况相同的情况下，它无疑会随着越来越多的投资增加而趋于递减，即投资也遵循报酬递减规律。

在给定条件下，当投资增加时利息呈现出下行的趋势。而仅仅在此时，此处的曲线具有了数量意义上的含义。从 P 点向 317 左，这条曲线实际上是向上延伸的，这意味着如果在"其他事情相同"的合理解释下，整个经济开始逐步地进行减资，资本生产力及其需求价格将毫无疑问出现提升。不过，问题是固定数量的减资将会导致收益增加多少，以及如何衡量总投资的减少，要比相应的增长变化方向更为不确定。不变条件下的减资概念是否有意义值得怀疑。而关于给定的条件是什么，似乎并没有作出具体假设的依据。除非投资从一开始就计划好进行减资，不然，假设投资过程在大部分需求曲线上是可逆的，或最初投下的资本可以没有任何损失地收回很显然是不被允许的。对于整个经济以及总增长增量的减资必须是在对未来的增长和减资作出精确预期下集中计划和执行的。

如图所示，在用虚线表示以强调当投资继续进行时假定条件保持不变的非现实性情况之前，需求曲线是一段实线并向右下延伸一段距离。向左上延伸的实线极短以致可以忽略，此后它变成了几段虚线，用于强调对其形状的猜测。从历史角度看，318 甚至就投资不断增加而言，影响资本需求的条件不变的假设也是不符合实际的空想。不过，一条静止的曲线并非完全不可能，出于分析的目的，认为在一个中等的时间区间内存在相对的稳定性是一个合理的假设；而在一个衰败经济的情况下，则很少有推测的依据。我们必须牢记，就人类的生命和历史进程的发展速度而言，总投资增加（或收益率减少——见下）很大一部分（更不用说若干倍）需要很长时间。比如，以1936年的美国为例。给定条件下可能发生的变化程度会很大，而且不可否认的是投资增加自身也是带来影响曲线位置发生各种变化的一个历史原因（不是准力学价格理论意义上的原因）。

然而，把投资近似地描述成从初始投资的位置开始沿着一条给定的需求曲线移动是合理的，而且，我们可以判定该曲线总的形状。与一年或五年的时间区间内已知条件下实际发生的净投资数量（总投资增加的量）相比，按照假设的递减速度，可以利用的资本数量无疑会十分迅速地增加。换句话说，利率会随着时间缓慢下降。如人们所想的那样，任何时间区间内的新增储蓄与先前已经积累的总量相比是很小的一部分，其对变化的影响也相对来说很小。

可以肯定，我们无法给上面所说的"迅速"和"缓慢"一个明确的数量定义。不过，就我们的目的而言，我们可以运用下面的推理来充分精确地指出相应概念的一般等级或阶次。在完全竞争条件下，一般生产函数必定是齐次和线性的。而且，就分析而言，我们没有理由怀疑此类最简单的函数与事实的充分相符。也就是说，令 C 代表资本，F 代表全部补充要素，P 代表（用价值单位衡量的）产量，我们可以得出如下生产函数

$$P=C^aF^{1-a}$$

柯布（C. W. Cobb）和道格拉斯（P. H. Douglas）的著名研究表明，a 大约等于 1/4（见 *American Economic review Supplement*，1928, pp.185ff.；另见，J. M. Clark, *American Economic review Supplement*，1928, pp.449ff.）。这一论述有几处值得质疑的地方，但数量上的精确性在此处没有任何问题。在这样一个表述中，不难证明，对两种要素服务中任意一种的需求弹性等于另一个幂（次方）的倒数。因为两个幂之和必须等于 1，而对资本服务的需求弹性则必定大于 1。弹性更大，则在此所采纳的案例就表现的更为明显。所以，假设对于资本服务的需求存在着一个单位弹性显得更为保守。在这个假设下，总投资变成原来的两倍，利率就会降低到原来水平的一半。最准确的估计表明，

319

美国的资本总量（总财富）是年收入的 5 次方，而且，正常情况下，五分之一的储蓄率算是很高的。因此，总投资翻一番需要 25 年。如果其他条件保持不变，利率将会按照这一对数关系下降，即任何时刻的利率是 25 年前的利率的一半，且是 25 年后的利率的两倍。

尤其可以先验肯定的是，在其他条件保持不变的情况下，意味着如果没有新的投资或对资本需求的其他变化，利率永远不会下降到零。除非整个社会达到了完全满足的状态，其中的经济价值和所有经济范畴都失去了意义，这种情况才会发生。在所有其他要素或它们的服务变成自由物品之前，肯定不允许假定社会已经达到了不存在额外的新投资机会的状态。[1]

---

[1] 我不止一次遇到过认为这是一个不可信的说法的断言，并被要求论证甚至证明它。对于我来说，这是一个合理的挑战，仅仅是因为一些著名经济学家，如熊彼特（Schumpeter）和凯恩斯（Keynes）持有相反的看法。证据中真正的困难在正文中已经相当明确地指出了。要否认上面的说法，等于说资本替代其他生产要素的可能性有某个绝对的极限，即在给定其他生产要素数量的情况下，无法一直通过增加资本数量来增加产量。对于持有这样一种判断的人来说必须对这种有限考量的特征提供一种可信的意见。在我看来，就事情的本质来说，在弄清楚它之前无须讨论我自己站在什么立场上。在一个利率为零的社会中，不可能经过深思熟虑，有成本地生产任何有价值或效用或对之有任何需求的东西。被认为唯一有价值的东西是不可再生要素瞬间的直接服务。这时，劳动能力自身甚至在现实中也在很大程度上成为资本。

限于篇幅，我们不能在这里讨论熊彼特教授的利息理论。本文的建设性意义总的来说必定是充分的。在第 I 部分里，我们看到，无论是其一部分还是对其的所有权，利息只不过是生产要素的租金，只不过取得了特殊的契约形式。（克拉克教授很久以前就指出了这一点。奇怪的是，这一点却总是需要明确的表述。）在某种意义上，我认同在静止经济中没有利息的理论。类似于租金形式的契约，这种形式的契约——的主要理由与发展和不确定性的其他来源有关。我期望在静止条件下，收取利息的贷款将主要或是完全被收取租金的租赁所取代。（在一个"严格的"静止状态下，唯一有确定意义的假设是货币自身很少有或几乎没有存在的理由！）在消费领域，如果没有利息，很难想象有人不愿意贷款消费！依照凯恩斯教授的说法，应该承认，资本的收益或许不足以弥补贷款成本和风险的情况是可以想象的。这种情况在任何数量上都会发生，但在稳定条件下，似乎不大可能有碍于用于生产的全部或大多数借款。（接下页）

在供给方面，任何给定时刻的情况由图中一条经过起始点的垂直（平行于价格轴的）直线 *QS* 表示。这条线描述了如下事实：某一时刻的资本供给就是当时存在的东西，它的变动必须是在一个时间区间里发生，而在这个时间区间里，给定条件的变动是不可避免的。这个图可用于描述价格处于变化过程（任何非均衡状态）中在任一时刻的价格，无论其是一种商品价格还是一种服务价格。仅仅假定没有投机性的保留价格或影响市场供给的非市场化用途。就资本而言，供给是市场中的数量或与之相应的资本服务流速（强度），而且这种服务是按年定价。

320 在图形中，随着时间的流逝和更多资本的积累，只不过是垂直的供给线发生了向右的平移但其形状并不发生改变。它与固定的需求曲线的交点决定利率[1]，也即在（截至）任一时刻已经投资的资本数量的边际生产力。也就是说，如果选择适当的刻度，上述图形适用于经济生活中任一时刻的情形。至于资本

（接上页）兰格博士（Dr. Oskar Lange）为零利率应该是均衡利率的学说提供了一种新的解释。最近，在我与兰格博士的讨论中，我注意到一个使正文中的观点可以朝着进一步扩展，并且在某些特定条件下或许需要加以限定的方向。如果在维护和重置具体资本品的特殊用途中资本替代其他生产要素的可能性是有绝对极限的，而且在不需要维护或重置的新的资本品（任何种类想要的东西）的生产中的可能性也是有极限的，那么，能够用于产生净产品的资本数量就是有绝对极限的，即便其他要素仍然有服务价值。必须说，在我看来，认定这些绝对极限不仅与证明上面讨论的更为通常的认定一样困难，而且它们也都明显地与事实不相符。不难举出大量的例子，两种极限都永远无法达到。在我看来，不证自明的是，在现实任何种类的单个投资中，按照某个收益率进行投资的数量都没有极限。任何一亩土地的产量都能够无限的增加。而且，欧洲的博物馆里充斥着大量的例子用于证明有可能在一块木头、一件珠宝甚至一件不起眼的小饰物上也饱含着劳动和其他稀缺服务的数量。在佛罗伦萨碧提宫（Pitti Palace in Florence）里，有一块看似普通的樱桃核，其表面有着用浮雕手法雕刻的 50 多位教皇的肖像！

当然，在上述资本的例子中，等比例定律必须有别于在现实中各种要素的使用中发生的情况。在后一种情况下，产品的增加毫无疑问是有极限的，超过这一极限，更多的要素使用将导致产量的减少。

增长的过程，需求线的 x 轴既代表投资数量，又代表时间，而曲线自身是利率的柱状图。不过，时间和数量的刻度当然是不同的，而且如果对于其中一个在上面的刻度是均匀的，那么，另一个在上面的刻度一般就会是不均匀的。通过在两个不同的数轴上描绘，上述两者会给出资本积累的真正柱状图。（不过，资本数量的刻度问题是一个有待以后讨论的困难问题。）

均衡的问题

上述过程是否能建立一个有稳定供给和价格（利率）的均衡状态，其实从真正意义上来说是供给曲线是否成立的问题。要画出一条真正的（均衡）供给曲线，我们必须从以下假定开始：结合其他给定的条件，如果（此时此刻的）初始利率保持不变，那么最终会积累起来一定数量的总资本，然后（净）储蓄将停止增长，且供给保持不变。如果这个假设是合理的，那么，终点将必然位于初始点的右方，并在同一水平上，从而落在需求曲线的上方。我们已经指出了这样的点，即图中的 P'，因为形成这样的想法并不是一件难事。然后，我们必须假定在相同的储蓄条件下，类似的点对应着的其他利率，即对应着通过 P 点的垂直线上的其他点。我们已经画出了与一揽子利率相关用于连接积累停止时那些点的曲线 S_1S_1'，这也再次仅是为了表示一条均衡供给曲线的概念。倘若这样一条曲线能够被合理地画出来，倘若它与给定的需求曲线相交，那么，其交点（位于初始点右下方的某一位置）表示一个长期均衡的利率。我们也进一步假定在储蓄调整到均衡点的过程中需求方面的给定条件保持不变。关于供给线，可以先验地了解到的是它必定通过位于同一水平上 P 点右方（与同一利率相应的）的某个点 P'。该结论可由以下事实得以证明：在这些给定条件下，投资实际上能够保持继续进行，且资本数量也在增加。

但是，我们没有理由假定在任意给定的一个利率水平上储

321

蓄会在某个时刻停止。在水平方向上 P' 点在 P 点右方距离多远，也即在某一历史时刻某个经济体中的给定条件下，一个给定的利率最终会导致多少资本积累的问题，纯粹是一种猜想。通过 P' 点处设想的供给曲线走向和形状的各个特征也显示了一种利率水平的给定条件下资本积累的有限性。没有任何理由使人相信存在这样一个 P' 点（即它并不位于 P 点右方的无穷远处），因为没有理由使人相信，在给定条件下和给定的利率水平，资本的积累不会永远进行下去。而且，也没有更多理由使人相信，对于其他利率来说也有这样的极限，尤其是曲线 S_1S_1' 的较低部分所代表的利率。在均衡理论中，这一部分被假设为与需求曲线相交。所有假设的供给曲线或许均位于价格轴的无穷远处。

接下来，我们必须看到，可以先验肯定的是影响供给的给定条件几乎不可能在资本积累的过程中保持不变。从偏好于进一步储蓄的意义上来看，它们一定会发生变化。这是因为，被储蓄和投资的新增资本必定会给某个人（资本和一定比例的其他要素的所有者）带来收入，而增加的社会收入将使储蓄变得更加容易。这一考虑有助于增强以下可能性：即在给定条件下（除了那些必然会变化的条件），储蓄和积累可能会无限期的进行下去。我们甚至无法假定在给定收益率条件下，资本的积累不能在递增速率甚至是递减速率下永久地进行下去。这是因为，越来越容易的储蓄或许更能抵消激励递减的影响，正如我们一直主观假设的那样，收益率事实上是一种与储蓄率正相关的激励。

把资本－利率问题看作是供求关系决定价格的一个案例是非常奇怪的。在某个时间区间内增加少量资本供给的行为必然会改变供给的条件，即总供给进一步增加的条件。之所以发生这样的事情，不仅因为随着时间流逝，所有的经济条件都或多或少地会发生变化，还一定因为资本积累无法在不改变它们的情况下进行。条件的变化有利于引起这些变化的资本的增长，而不是趋于导致或加快实现饱和状态。[1]

因此，认为资本积累的过程会趋于饱和达到最终的均衡状态的观点是完全错误的。仅适用于瞬间情况的供给曲线表示的是现有的供给，并且仅限于一个点。如果供给随时间而增加，而需求曲线保持不变，那么，结果是利率沿着需求曲线（缓慢）下降。当越来越多的由资本积累导致收益率下降时，如果储蓄的确增加得更慢，那么，结果是这种由各个时刻投资的边际生产力决定的利率下降的（缓慢）趋势将变得更慢。不过，我们无法假定，固定产出的收益会停止刺激更多的储蓄或甚至导致积累率的下降（给定固定的需求曲线）。画出 S_1S_1' 那样一条供给曲线是完全主观武断和令人误解的。我们这么讨论仅仅是为了解释被如此多的经济学家作为利率理论的均衡利率概念，也是为了说明这一概念并不可靠。

此外，到目前为止的整个论述依据的假设是资本服务的需求曲线在资本积累的过程中保持不变。就像供给曲线那样，虽然没有类机械学意义上的价格理论上的先验争论可以证明这是不可能的，但基于历史背景，几乎同样肯定的是需求曲线也不是保持不变的，储蓄不断增加将带来社会变化，而这些变化将增加总的投资机会，并使整个需求曲线向上移动。储蓄产生这一效果最简单的方式毫无疑问是激励（不是导致）发明。但是，还有其他方式。例如，一条公认的经济学原理是，每当一个个体的需求是有意识的，并且当他追求需求的满意度接近于完全

---

[1] 在黄金的例子中，把黄金看作是货币商品，而忽略了它的非货币用途，那么，很可能积累会改变生产的条件，但方向与资本积累的影响相反，即必定增加而不是降低真实成本。这是因为报酬递减的原理，而这一原理也适用于任何具体物质形式资本的物质替代成本。结果是有关黄金（货币金属）的供给和价格会趋于均衡的说法是可信的。当然，对黄金的商品需求大大增强了这个假设。因为，对于这一需求来说，均衡并不意味着没有生产的状态，而是生产正好与实际消费相平衡，且存量保持不变。

满足时，新的需要就会出现。

有关一条均衡供给曲线和一条不随时间变化而移动的需求曲线的概念都是站不住脚的，在市场总量稳定形式上的资本需求和供给之间建立长期均衡意义上的利息理论是不被允许的。再一次重复的是我们必须应对的现实情况是一种短期的情况，在此情况下，资本的供给是一种现实存在且保持着持续的增长，而利率则总是表现为某一时刻供给的边际需求价格。我们知道，存在一条向下倾斜的需求曲线，即其他条件相同，更多投资将降低需求的价格（但永远不会等于零），而任何净减资则将提高需求的价格。不过，在任何条件下，我们都绝对无法知道均衡（总）供给与均衡价格之间的关系。

可以合理预见的长期变化无法用向均衡状态调整的趋势来描述，从而也无法用以供求曲线或函数形式表示的价格理论来描述。在有可能做出预测的范围之内，必须假定积累将继续下去，而且这个过程将降低资本的边际生产力和利率。不过，一方面，它也将不可避免地增加了扣除储蓄之后的收入流，而这将很可能趋向于保持或增加积累的速度。然而，这最后一个结果决不是一个有关理性经济行为含义公认假设的确凿的结论。另一方面，其他社会变化也在不断发生，尤其是（如果能够完全预测的话）发明的进步。因此，我们借用陶西格（Taussig）的话来表达我们得到的观点是："……就长期而言，利率……取决于积累与改善之间的竞逐。"[1] 不过，我们必须牢记，资本积累导致利率下降的推论是有条件的，即仅在资本相对于"其他要素"是增长的，而在这些要素形成和产生过程中投资无法自由的流入。而另一方面，新发明所导致的利率上升则取决于该项发明的特征。一般我们假定，新发明相对于其他要素更有利于提高资本的边际生产力，即新发明被认为能节约劳动

323

[1] 《经济学原理》，第三版，第二卷，第32页。

力。但是，新发明也未必一定会有这种影响，有时候它也能
够节约资本，也有可能对劳动和资本的影响是一致的。一般来
说，（a）除了资本积累，其他社会变化往往会创造对资本新的
需求，使需求曲线向上移动，并抵消因资本积累所导致的利率
下降趋势；（b）资本积累往往会导致各种各样的其他社会变化，
虽然这些变化具有不可预测或不可准确预测的特性。在现代社
会中，利率上下波动的历史走势是人所共知的。这里要强调
的一个基本事实是，利率在长期内的走势只能取决于从历史和
社会心理"因素"角度预测的变化之间的平衡，应该说这也是
完全可以被预测的。这个过程完全不适合用价格机制理论进行
分析。

324

资本供给理论：储蓄心理

如上所述，早期古典经济学家在资本理论中取得的一个重
大进步是西尼尔所引入的"节制"概念。[1] 不过，我们也指出过
西尼尔和这个学派的其他经济学家事实上都没有真正使用节制
学说去解释收益率。西尼尔和穆勒把节制看作是"利润"存在
的依据，并设定了一个最低值，低于这个值，资本积累如果不
停止收益率就不会进一步下降。可以说，事实上与马歇尔的观
点一样，他们主张的是利率趋于均衡状态的理论。但是，他们
没有系统阐述这样一个理论，当然也没有试着将任一时刻的实
际利率与储蓄中的主观牺牲或对已经积累的资本耗费的节制联
系起来。在古典体系中，节制学说所表现的直接作用与价值理
论有关，而与分配无关。它有助于把成本中的资本成分转化为

---

[1] 见 pp.302-303。

痛苦的概念，即使它与劳动成本具有同质性。[1]

利息的节制理论显然属于一种供给理论，并且必须把需求看作是完全富有弹性的（或与需求相比供给是几乎完全缺乏弹性），仅适用于我们上面描述的那种均衡，而我们已经证明这样一个理论是站不住脚的。另外，当然也必须在边际意义上对其进行解释。[2] 本文的论述仅仅间接地研究了供给，具体表现为如果储蓄是利率的一个函数将意味着什么的问题，并研究了假定这样一个函数存在会有什么后果的问题。（与资本总供给增长率有关的唯一结果。）而现在的任务是研究储蓄的可能理由，即在这种联系中的理性经济行为意义上从任何合理假设中能够推断出什么结论。通过理性经济行为，也就是我们所认为的在可供选择的不同用途之间进行资源配置，可以使所选择的经济主体实现以价值单位衡量的总收益最大化，从而解决这些不同用途且以某些统一单位价值衡量的收益递减的问题。为了厘清这些概念之间纷繁复杂的关系，有必要首先考虑一个个体处在一个假设的均衡储蓄状态的情况，在这种情况下，他倾向于保持他个人的资本存量不变但也不准备增加。这样一个个体在概念上是成立的，尽管其对于一个处于资本主义发展的现实社会来说并非典型。

325

---

[1] 毋庸置疑，庞巴维克尤其要对人们普遍相信西尼尔所持有的利润节制理论的观点负责。特别奇怪的是，他赋予穆勒的观点一个十分不同的特征，而事实上这个特征与西尼尔的立场基本上相同。应该注意的是，古典经济学家从未真正阐述过将节制作为一种成本的数量理论，更不用说为作为一个分配份额提供相关的依据。当然，该理论在两个方面是基本相同的，表现为边际量相等。整个古典体系中一个显著的缺失是未能认识到，间接地通过供给影响价格的成本，即相对货币成本，只不过是对生产性服务的一种支付，并随之等于分配中的份额。另一个缺陷是未能理解和应用微小增量原理，即在不恰当的边际主义名义下引入一般性逻辑数学的微分原理。

[2] 由于缺乏这样一种均衡理论，我们当然可以合理地认为，任何时刻的利率（现有资本供给的边际生产力）是储蓄心理的结果，因为这种与现有需求相关的心理在这之前已经开始发生作用。

在这种情况下，节制只能被解释成为所有者持续作出的牺牲，即没有消费掉已经储蓄起来的资本的边际增量，而不能被解释为是为了建造新的资本增量而作出的牺牲。总的来说，西尼尔持有第二种观点。他说，当资本品被转移到非初始储蓄者的所有者手中之后，资本收益就变成了"租金"，表示这时它的使用已不涉及牺牲。穆勒似乎没有认识到这一差异。在他论利润的那一章（第二篇，第 14 章）的第二段里，他清楚地表述了这里所指的观点对于均衡分析来说是正确的。不过，在"论资本增加的规律"一章（第一篇，第 11 章）的开头，他把节制完全等同于储蓄。显然，后者意义上的节制是一个增长型经济中的现象；前者意义上的节制则属于最终的"自然静止"状态（与主观上用于分析目的的给定条件概念进行对比）。这并不是说，古典经济学家从来都不区分这两个概念，尤其从未对第二个进行详细阐述。[1] 从分析的角度看，它们属于两个完全不同类别的现象，尽管对于个人从心理上来说，资本的维护和增加是一码事，并且在任何情况下都无法严格区分。个人无法准确知道他是否正在维护他的资本，或者是正在过多或过少地维护自己的资本。[2]但不幸的是，经济理论中这两个概念仍然在被相互交替着使用。

上面提出的问题涉及时间在激励中所起的作用这一根本哲学问题。如果一个动机被当作一种行为的起因，如同机械学中力是（克服摩擦力）运动的起因一样，那么，每一个行为都必须有一个同时出现的动机。（原因和影响无法消除时间上的中断更甚于空间上的隔阂——"有距离的温情"原理。）在这样一个

---

[1] 一个真正或自然的静止状态概念常常出现在（从斯密到穆勒的）早期古典经济学家的著作之中。在我们这代经济学家中，静止状态或静态的分析性假设则更为常见（见 L. Robbins, "The Conception of Stationary Equilibrium," *Economic Journal* XL [1930], pp.194-214）。

[2] 换个角度看，一个人是正在保持自己的位置，正在落后，还是正在领先，在心理上是一个真实和重要的问题。

假设的机械学体系中，未来的满足度仅仅在它产生或是一种当前满足时才可以起到一种动机的作用。但这样一种观点却并不不符合常识。通常认为，理性其实是一种预期，即动机"正确地"引导着与未来有关的行动。在理性与经济理性（economic rationality）之间似乎有一种对立。也许，这种情况与以下事实之间存在着某种联系，即在很多经济理论文献中，经济活动的一般动机是实现满足度的最大化还是"致富"一直比较模糊和令人费解。

从社会经济政策对待个人储蓄的立场看，把预期满足度看作当前满足度的想法是荒谬的。这意味着社会可以没收储蓄后的资本收益，这一点是基于储蓄牺牲的等价物已经得到实现且激励机制也已发挥作用的理由。这样的政策当然会破坏预期作为奖励的现实及其作为一种储蓄激励的有效性。在使用经济学原理解释改善个人未来条件的活动时，以及在应用边际相等的最大化原理将这一兴趣与当前满足度的最大化进行比较，以决定在这两种使用模式之间配置资源时，似乎存在着一个没有得到普遍公认的根本困难。

自从庞巴维克在著作中开创了用一组新的术语，包括"低估（underestimation）"、"缩短（foreshortening）"、"贴现（discounting）"、"前景（perspective）"、"时间偏好"（time preference）、"焦急（impatience）"等来展开现在与未来之间比较的现代心理学讨论之后，为了未来而作出的现在的牺牲通常被认定为"等待"而非"节制"。这通常被认为是解决一种明显混淆的办法。[1]然而，"节制"是用于描述的更为恰当的术语。在两种假设下，储蓄代表等待的观点才是正确的。但这两个假设都不符合我们熟知的现实。（理由与本文第 I 部分研究的资本时间周期理论十分相似。）

---

[1] 马歇尔把这一"进步"归功于麦克文（Macvane）发表在《经济季刊》（1887）上的一篇文章；见马歇尔的《原理》（第 8 版），第 233 页注。

　　第一个使等待论成立但与事实相反的假设是资本事实上是普遍或必然地被交替进行着储蓄和消费，或者说是投资和减资，即它有着资本品的形式，并被固定地生产、消费和再生产。这个假设仅仅部分地与现实相符，越是认真的对事实进行研究，使这个假设成立的范围就越小。第二，即便这个假设成立，资本实际上能够得到维护（事实上是迅速增加）的事实也使其在很大程度上变得无关紧要。不能过分强调和过多重复的是，从很大程度上来说，资本储蓄都不是为了将来的资本消费而在一段有限的时期内没有任何消费而积累起来的。[1] 一般来说，投资是在考虑到永久性的情况下方才进行的，即某种形式的永久性维护（而其具体形式对于一般的资本理论来说是无关紧要的），而只有通过得到维护的投资，一个经济体才能够积累起大量的资本并成为资本主义。事实上，收入甚至也不会被普遍地消费掉，而是有相当大的一部分变成了投资。（毫无疑问，各种形式的财产收入是资本积累的主要来源。）永久性甚至无限延长的等待是"节制"这一古老术语所正确地指出的。而术语的改变不仅不算是一个进步，反而掩护了一个谬误。

　　或许有人认为，储蓄的动机就是收入的消费，这才是需要等待的东西。不过，如果一个人在挣取收入的能力达到比如说峰值的时候停止储蓄并消费掉全部收入（当然如上所述，他一般不这么做），这会大大减少资本的积累，那么，按照普通的利率，个人储蓄者平均来说到死也无法消费与本金相当的价值。但是，等待永久收入的时间也是无限的，甚至从此刻开始的一个永续年金的中心也只存在于无限遥远的未来。所以，"节制"

327

---

[1]　这是费雪教授把焦急（impatience）作为利息基础的利息理论和费特（Fetter）教授的时间偏好理论的基本错误。

是唯一正确的术语。无限遥远的未来消费其实就等于不消费。[1]

　　我们没有理由假设在其他事情相同的情况下，正常人的心理通常包含着低估未来的倾向，而且容易论证相反的非理性倾向的主导地位。在没有生产性投资机会的情况下，我们无法知道利率将会是正的还是负的。当在季节性或暂时性情况下大多数人专注于工作、休闲或是玩乐的时候，利率极有可能会围绕零点作大范围的上下剧烈波动。考虑到工业文明主要集中在北温带，夏天和冬天的利率之间似乎会有所不同。但是，正向积累和负向积累交替的净值相对来说不会太明显。要得到一般性的心理倾向，我们必须假定存在一个社会，在这个社会中有着不会枯竭的收入来源和与其相应的自由市场。但是，没有机会生产更多任何种类的收入来源，包括对人进行的生产性投资。于是，在较近与较远时间段上的服务流之间应确定怎样一个交换比率便成为一个丝毫不值得思考的问题。假定平均而言人们总是希望致富并愿意为此做出牺牲与假定他们愿意为了获取在生产之前提前消费的特权而付费是一样合理的。（或者我们可以一并消除收入来源的生产、维护和交换，并把涉及现在与未来之间比较的活动严格限于可直接快速消费产品的存货。而这些

---

[1] 假设一个完全理性的个体拥有一个单位收入和一个效用－消费－收入函数，这一定意味着其在消费的时间上是无差别的；另外，如果我们假定不存在不确定性，该个体可以随意地按照利率 i 进行投资。不难证明，他会通过储蓄 $i/(1+i)$ 令现在和一年后的效用之和最大（对于其他指数或是其他形式的效用函数，这个公式会变得十分复杂）。但是，假设一年即刻消费的效用是现在即刻储蓄的唯一动机则是错误的。有必要的是，要么在没有不确定性情况下制订一个系统的未来储蓄和消费计划，要么承认不确定性在激励中发挥着双重作用。现实主义要求既要有一个时间模式，又要意识到其中未来可能存在的不确定性。值得注意的是在详细检查下通过当前时刻收入的完美配置来实现即刻满足最大化的概念也是不切实际的。所有完全的经济推理都包含着一点，即没有人想要他的需求被满足。但是，在现有各种选择之间的比较和在现在与未来之间的比较中间存在着一个重要的差异，与不确定性影响不同时间区域内的收益不一样的是在这些比较中不确定性具有当前性。

328

结论是一致的。）

尽管在这一点上杰文斯（Jevons）是清楚的，但时间偏好的话题还是常常被以极为荒谬而错误的方式进行阐述。尽管，我的确不想直到明天或明年才等到今天或今年的口粮；但是我也不想在今天或今年消费属于更远未来的东西。我们必须牢记，一个社会中资本供给的创造和维护有赖于人们具有或是表现出好像他们对看得比自己生命还要远的兴趣（实际上，对于无限遥远的未来来说，在任何时间区间上的完全资本维护都变成了永久性维护，而只要人们连续地这么做或直到他们明确地表示计划改变）。因此，在现在消费与未来消费之间进行比较的想法陷入了一个数学谬论，其中未来的消费是散布于全部未来时间之内的，而任何有限的数量与零消费一致（或者最低的利率与无穷的数量相一致）。

流速意义上的供给和需求

我们已经看到，通常给出或假定的资本供给曲线或函数其实根本不是一条供给线。画出的是利率与储蓄，即资本供给增长率（资本服务流速的增长率）之间的一种假定的函数关系。储蓄曲线不是供给曲线，而且它与一条需求曲线的交点没有任何意义。作者所熟悉的绝大多数关于资本－利息理论的阐述都被这种概念上的混淆所破坏，而且它出现的形式也是多种多样且粗糙不等的。[1]

---

[1] 可以清楚地看到，马歇尔、陶西格和费雪，包括凯恩斯和罗宾逊、庞巴维克在内的老一代理论家在其资本理论中没有以明确或清楚的形式对包括资本供给和需求函数或曲线加以说明。费特的理论也是如此。费雪的早期理论（《利率》，1907）与后期理论（《利息理论》，1930）之间的主要差异是在其后期理论中，相对于由心理（急躁）决定的供给，更加明确地认识到了来自生产用途的贷款需求。但关于资本的含义以及资本服务的需求和供给的明确分析却仍然比较缺乏。（心理与技术之间的混淆，包括供给和需求概念不同关系，充斥于整个价格理论，只是在资本和利息理论中显得特别严重。有关均衡成本－价格关系的正确表述是，具有相同市场价值的任何两类商品的数量同时具有完全相同的〔边际〕资源成本，并且对于两种商品的消费者来说具有相同的边际效用。）

事实上，从整体上来说有问题的是利率与储蓄率之间是否存在任何一般关系，或具体地说，是否存在一种可以用函数或曲线表述的关系。当然，即使这种函数关系存在，也一定没有
329 人能够说清楚它的特征。[1] 被经常指出的是基于"性理性"的原因，在相同环境下，相对于一个更低的利率水平，人们会在更高的利率水平上可能会储蓄更多，也可能储蓄更少。因为表面上看似合理的是，流入市场的（新的、净）储蓄的流速是利率的增函数。这样一个假设可能的结果是值得研究的。在某种意义上说，基于资本的时间吸收率（time rate of absorption）和利率之间函数关系画出的需求曲线是有意义的。而且，这一事实也部分地解释了为什么在经济理论文献中均衡状态由表示储蓄率是利率函数的曲线与需求曲线的交点所表示的概念一直存在。问题中的伪需求曲线严格来说是一种短期现象，是与无法预料到的变化相关联的。因此，在这个关系成立的范围内，吸收率成为自变量，而利率成为因变量。在没有不确定性的情况下，它就成为一条水平直线，表示吸收率与利率无关。

投资计划必须提前相当长的时间制订，而且计划的变更必然是相当缓慢和代价高昂的。因此，如果资金流入市场的速度（时间速率或速度）超过了正在执行的计划所能吸收这些资金的速度，那么，结果是暂时的"供过于求"，需求价格（利率）出现下降，并出现相应的储蓄流速度低于所计划的速度的情况。这一反应或许十分剧烈，使得在那一时刻上出现更多的相当缺乏弹性的需求，抑或使价格出现更为灵活多变的波动。（这样一种现象决不能与通常意义上的、由对未来不确定性的当前感觉

---

[1] 任何用实证（统计）研究来回答这个问题的企图很明显都是注定失败的，因为，要在保持其他事情近乎不变的同时，获取足够多的案例作为样本，以得出显著相关关系的结论，这在实际中几乎是不可能的。见道格拉斯，《工资理论》，第 477 页。

所导致的短期市场情况混淆。）但是很显然，这种情况下的利率
仅仅在特殊且有限的意义上反映了所出现的投资机会或是资本
的真实需求价格。这类现象毫无疑问应该在利息理论中予以考
虑，不过它们是被当作摩擦效应来对待的，与不精确的预期有
关。（"误差"是经济学研究中有关摩擦的通常含义。）理论上的
资本需求曲线必须假定投资计划中已经正确预见到了所有相关
的事实，并且必须显示提前足够长时间所做正确计划条件下的
需求价格，以使资本的吸收与供给一样迅速，即需求曲线平行
于商品数轴。给定准确的计划或充分的时间来使计划适应实际　330
情况的前提下，市场在实际投资过程吸收资金的速度永远不会
慢于资金进来的速度[1]，而与利率水平的高低无关。这纯粹是一
个技术问题，倘若人们决定把全部收入都储蓄起来，没有理由说
为什么不能把全部的社会生产能力都用于建造新的资本品！这个
说法并不受最经济的建造速度取决于利率这一事实的影响。既然
可能的吸收率永远不是一个限制性因素（在不准确计划意义上的
摩擦中分离出来），我们可以获取的是上面已经得出的结论，即
资本的真正需求曲线（除了短暂的固定供给）是被用于描述最终
被市场吸收的总的资本数量与收益率之间的函数关系。收益率衡
量的是本文第 I 部分解释过的任一资本数量的边际生产力。

资本数量变动的含义

　　至此，我们的整个论述把我们带回到了最棘手的问题，即
衡量资本增长的尺度是什么的问题。但是，关于这个问题的讨
论只能十分扼要。一个基本的事实是这个问题没有唯一的答

---

[1]　值得注意的是，各个市场之间并没有真正的边界，有的只是不同种类和大小
　　的障碍，在不同程度上阻碍着资本从一个投资领域流入另一个领域从而拉平收
　　益率。在任一给定时间碰到的绝大多数分歧和不同都可以在模糊的风险范畴下
　　得到说明。

案。只有在严格意义上的静止条件下，一个经济体系的资本数量才有确定的意义。也就是说是一个有着给定个体的体系，即这些个体的"需求、资源和技术"都是给定的。而且，整个体系处于上述确切意义上的均衡状态。（重复一下）均衡必须意味着（a）没有个体能够在现有价格下通过改变他对于即将获得的产品的消费形式来改善自己地位；（b）生产是有组织进行的，无法通过改变使用方式来增加生产性资源的收益，无论其形式是否改变。[1]

在这些假设条件下，一个体系中资本的数量等于将边际或是增量意义上已投资的消费收入的预期净收益或是永久性收益资本化，再乘以被认为是来自于资本品的总（消费）收入。一件资本品可以是任何形式的任何收入来源，所有者为其留有一个资本账户，而一个收入来源是任何想要的东西。收入可以是可交换服务的形式，价值增加（在静止条件下要减去所有者在其他财产中的减资），也可以是不可交换的服务或仅仅是占有的快乐。资本核算的重要性体现在管理的意义上，即（a）要素的服务有一个确定的估算价值，并在边际上可以与其他服务进行数量比较；（b）要素的投资是可以控制的，并且通过控制使收益率（任何时间中服务价值与资本价值比率）与所有者其他投资的收益率相等。这也表示这些都是最好的投资机会。因此，资本品的归类中显然包括了全部的土地[2]，还应该包括个人挣取收

---

[1] 在情形（a）下，每个人占有资源的固定不变性可以取两种意义中的任何一项。可以假定每个人倾向于自愿地维护他的资源，或者固定不变性是分析者作为分析工具而随意引入的假设。见本书第 340 页脚注 [1]。

[2] 在建立一个静止经济时，易于枯竭的自然资源仅仅在一定程度上被认为它们是可以通过按照已知的成本进行勘探和开发来重复生产的。在严格的静止状态下，重复生产必须是真正意义上的，当然在现实中这是不可能的，因为这意味着完全相同的地理位置。分析必须承认并研究其他静止状态，在这些状态中，考虑到定性和定量的最终服务，产品或生产资源在数量以及评估意义上是静止的，但不是在物理数量的意义上是静止的；这些概念需要仔细定义，但不是这里研究的问题。

入的能力。在一定程度上，这些都表示任何有意的过度维护或是维护不足的可能性。当然，在现实生活中，人们在十分有限的范围内运用个人能力操作资本核算并进行资本账户管理。[1]

资本不停增加而其他各个方面都静止不变的一个经济体系提出了很多无法在这里研究的问题。我们关心的仅仅是有关对于资本增长的衡量或数量定义的几个主要问题。从这一特殊问题的角度看，我们必须假设，收入的增加是准确地衡量的，事实上，这意味着是用购买力不变的货币去衡量收入的增加。（这本身在现实中的表示这是一个没有唯一客观答案的问题。）于是，资本的衡量问题，主要表现为我们是否以不断变化的利率保持对原有投资的重新资本化这一根本问题。在此处，利率被假定为会随着进一步投资的报酬递减而下降，这么做很明显会造成资本数量的虚假增长。然而，在有些情况下，这么做又显然是必须的，只不过我们要牢记其中的局限性。但是，就理论上的理解或是管理上的目的而言，值得强调的是遵循什么程序无关紧要，在某些情况下，重新资本化是令人误解的。就全部理论或实践的目的而言，同时存在或相继存在的资本的数量都可以简单地把收入流简化为永久收入流，或者按照任意的利率进行资本化后进行比较。资本或许可以被当作"序数"而不是被看作"可测"量，而且在我们的图形中，X 轴是没有刻度的。出于教学的目的，在画图的时候，可以用一条虚线代表资本的数量。如果这个方法得到普遍接受，我们将更加接近现实，尤其是对于一个经济中的总资本来说。

正如本文这部分开头所说的那样，我们可以根据相互交换

332

---

[1] 部分理由是清楚的，或至少是可以发现的。不过，有些神秘的是，在普通思维和用法中下面两点会被绝对地区别开来：一是所有个人的净收入，尽管它们或许会明显地在任意一个方向上发生偏离；二是作为身外之物的财产，其收益被看作是扣除维护费用之后的收益。

的商品和价格来构建整个资本和利息的供求分析。这也就是说我们所定价的商品代表的是未来收入，而价格则是未来收入的现值或产生它的那些来源的市场价值。如果用比例的形式表达，价格就是用几年间任意大小的永久性收入的购买量来代替年度百分比。需求由投资（新的储蓄）的速度表示，而供给条件则由未来收入，即未来收入来源的生产成本描述。供给是完全富有弹性的，反映了额外的收入能够以十分缓慢下降的成本生产出来，而供给实际上会是完全缺乏弹性的，因为储蓄量的增加需要一段时间。一般来说，除了两个数轴对换之外，这一几何学的分析与上面给出的分析相同。

这一观点使对利息问题的分析更加符合对普通价格的分析，把真实物品的价格当作是由它们成本决定的，而成本反映的则是其他用途对于生产性服务的竞争。对于利息分析而言，资源有两个一般化的竞争性用途：用于生产当期消费服务和用于生产新的服务来源。事实上，利息问题是这一普通价格问题的一个提炼，因为任何东西的成本和使用都包含着利息。

13 失业：凯恩斯先生的经济 理论革命

　　本文原载于《加拿大经济学和政治科学杂志》第 1 卷（1937 年 2 月）：第 100—123 页。

I. 解决问题的革命性方法

　　一年前出版的引起广泛关注的凯恩斯著作掀起了经济学领域的一场革命。[1]这本著作的意义并不是通过抽象的归纳拓展了理论的内容，或是在特定的条件下更接近现实；而是彻底否认了其中的一些基本假设，而另一些假设被修改了。一些更普遍的或是被当作"特殊情况"而被人们所接受的概念是不符合事实的。正如书名所示，该书论述的不是"失业理论"，而是"就业理论"。尤其是，该书不是关于商业周期的专著，不属于一般的稳定均衡理论，也不是对它的补充。它宣称自身是稳定均衡理

---

[1] 《就业，利息和货币通论》，约翰·梅纳德·凯恩斯 著（伦敦：麦克米伦公司；多伦多：加拿大麦克米伦公司，1936 年）。从这篇评论出版时间，尤其是从已经发表的广泛评论的角度看，便可以假定该书内容已经为人们所熟悉，而且本文是一篇批判性的文章。

论，与传统体系类似之处在于不受周期影响，但不同之处在于，均衡状态不是充分就业的状态，而是有大量失业的状态，而且这些失业是非自愿摩擦性失业。

我最好从一开始就声明，在我看来，该书的直接论点相当缺乏根据。我认为，该书的价值要从它夸耀的意图的相反方向去寻找。也就是说，它对传统均衡分析进行了修正，以解释暂时或持续一定时期的非均衡条件。换句话说，它对商业波动理论作出了间接贡献。因此，该书的论述需要广泛的重新解释，并将其与一般的充分就业均衡理论加以整合，才会得到广泛承认和有用。

凯恩斯先生本人总是不失时机地强调自己的观点不同于"古典经济学"观点。《就业、利息和货币通论》以一段简短的导论开篇。这个导论重复了他在序言中的陈述，指责古典经济学仅仅研究一种"特殊情况"，而这种特殊情况的特征"恰恰不是我们生活其中的真实经济社会的特征"。接下来是足够长的一章，题目是"古典经济学的假设"。他运用讽刺的手法进行描述，就像通常在批判性的写作中会设定存在稻草人一样。

当然，我的意思是，这是它们给我留下深刻印象的方式。然而，在大多数情况下，他所说的古典经济学不同于老师教我的古典经济学，且常常与之相反；它们也不同于我教过的古典经济学，而且我本人一直被认为且常常自我标榜是古典经济学的追随者。另一方面，凯恩斯先生自己的很多学说，正如他自己自豪地承认的那样，也是一些臭名昭著的谬误，而经济学教育的主要功能恰恰是防止这些谬误。一般问题，不仅仅是那种通常被假定为需要进行回击的善意歪曲的理论，而这样的基本问题都需要分析程序来解决。

理论必须从简单情形开始，抽象而又反常不同寻常。理论家公认的观点是，理论必须从用抽象和一般的术语描述的极为简化的情形开始，并且必须一步步接近现实生活的复杂性。尤其地，一般做法是，理论家必须首先分析一个没有投机和货币变动，从而没有周期性失业的社会，然后才可以分析周期性失业现象。[1] 为了弄清楚潜在意思，读者在读凯恩斯著作时最好时刻牢记，他提到的"古典经济学"是指不存在不确定性和货币干扰的经济分析阶段。也许假设凯恩斯先生自己的逻辑过程如下并且是有用的：用一些相反的命题或熟悉的条件来代替并不能反映应全部事实的传统假设，但整部著作本身的内容清楚表明其中的论述不能按照宣称的意思来理解。

在第 2 章里，凯恩斯先生给出了与劳动和工资都有关的两个"假设"。第一，"工资等于劳动的边际产品"；第二，"当劳动的使用量给定时，工资的效用等于这一就业量的边际负效用"。我们承认第一个假设，否认第二个假设。第一个"与古典经济学中的假设类似"（第 17 页）。关于这一点的论述不必详细讨论。主要结论是，在有非自愿失业的情况下，货币工资不会修正性地下降，原因为"幸运地"，是工人"本能地是比古典学派经济学家更明事理的经济学家"（第 14 页）。[2] 说的更一般些，这个观点陈述为，在劳动市场上与在其他商品市场上一样，在某个价格水平，有大量无法售出的商品，但如果这些商品的所有者不愿意和不急于出售，那么，不会使价格下降到"市场出清"的水平。这几乎等于说，工人通过一个组织，即垄断，进行工资谈判，然而这种情况显然又不是按照垄断定价的原则造成的，而且只字未提如何分担销售量的减少（即失业）。凯恩斯先生一再声称，大量非自愿和非摩擦性失业的正常出现是常见的事实（第 7,10,16,32 页等）。他没有提到萧条。由于摩擦性失业和非自愿失业都无法观察，结论必定是，他的观念是从他的

347

---

[1] 在第 292 页，作者最终以讽刺的口气提到了如下事实："在第 II 卷或按照更常见的做法在单独的专著中"，传统经济学可以解释货币现象。

[2] 题目为"货币工资的变动"的第 19 章研究工资增加的影响。

"体系"的原理推论出来的，而这正是他指责古典经济学家所犯的错误。

II. 理论的一般陈述

在解读这部著作时，必须牢记上面清楚说明的基本立场。这个立场虽然没有更多解释，却是贯穿全书的假设。它是作者的论述的第一步。（就我的理解），作为一种失业理论，这一论述的要旨大致是：为了解释失业，凯恩斯先生首先假定（a）有失业；（b）存在这样的价格情形；（c）存在就业增加受阻的价格机制运行模式。这一就业受阻是最不可思议的事情。似乎不是因为商品价格、工资"黏性"而导致工资过高，而是因为总货币流通量的刚性以及工资和价格下降的刚性。这个论述中的第一步是消除（"古典"经济理论造成的）流行的异端邪说：可以通过调低工资来增加就业。他曾经在第 2 章里争辩说（a）失业压力不足以产生工资下降的趋势；（b）即便压力足够大，工资下降也不会使就业增加，从而不"应该"发生。于是，《通论》假定一个或多或少地合理的初始工资和价格水平，然后试图解释为什么就业不会自发地增加，并提出了解决这一问题的社会政策。他的解释用的是货币体系中的原理，尤其结合了投资市场。

第 3 章是"有效需求原理"。在这一章里，该书的主要论述以总需求和总供给函数关系展开。总需求函数和总供给函数分别表达就业（劳动）数量如何依赖于供给价格和需求价格。劳动的需求价格（凯恩斯记作 D）是企业家预期从一定数量的劳动中得到的"收益"。供给价格记作 Z，就业量记作 N。让我们阅读一段话（第 25 页）：

现在，给定 N 的一个取值，如果预期收益大于总供给价格，即 D 大于 Z，那么，这会激励企业家把就业量增加到超过 N，而且，如果必要，企业家会相互争夺生产要素，使成本上升，直到 N 的取值达到使 Z 等于 D 的水平。因此，就业量是由总需求函数和总供给函数的交点决定的，因为在这一点上，企业家的预期利润将达到最大。在总需求函数和总供给函数的交点，D 的取值被称作有效需求……这就是《通论》的主旨，……

显然，我们应该把"生产要素"解读为"劳动"，把"成本"解读为"工资"。由于工资水平是固定不变的（不向下变动），应该说，在 D 因为边际报酬递减而降低到等于 Z 之前，N 才会存在增加的趋势。利润最大化的意思是什么？我无法理解（这个说法重复出现在第 89 页），因为作者肯定没有假定全体企业家联合起来形成垄断。而且，倘若如此，劳动的边际产品就不会等于工资——但他声称他接受劳动的边际产品等于工资这一古典经济学假设。

在紧跟上面引用的那一段之后的一页，他再次强调了与"古典学说"不同。这个不同极为勉强，几乎是故意用来把人们的注意力从劳动的价格固定不变这一基本假设转移开的。凯恩斯把他指责的古典经济学的"关于这两个函数之间关系的特殊假设"等同于"萨伊定律（Say's Law）"。实际上，这个假设恰恰意味着，不存在阻止市场向供求平衡的状态调整的刚性价格。[1]

（第 3 章）接下来的一节里，他给出了"在接下来的几章里要完成的失业理论概述。"我们读到（第 27—28 页）：

---

[1] 凯恩斯先生引用穆勒关于萨伊定律的论述，但他没有提到穆勒在他的《原理》中此前几页中明确提到的危机发生的条件。当然，他也没有提到穆勒的学说：对产品的需求不是对劳动的需求。（无论多么荒谬，）这是他赢得名声的主要学说之一。

我们的理论可以概述如下。当就业增加时，实际总收入随之增加。社会群体的心理是，当实际总收入增加时，总消费随之增加，但没有收入增加得那么多。因此，如果增加的就业都被用于满足直接消费所带来的总需求，雇主就会遭受亏损。因此，要使一定的就业量是合理的就业量，必须有一定数量的当期投资，这个投资量足以吸收总产出超过社会在这一就业水平上愿意消费的数量。如果没有这个数量的投资，企业家的收益就会小于促使他们提供这么多就业所要求的数额。所以，给定我们所说的社会消费倾向，均衡就业水平……将取决于当期投资量。当期投资量取决于投资动机。而且，这将……取决于资本边际效率曲线与利率结构之间的关系……。[1]

III. 对劳动的货币需求

至此，我们一直研究的是导论性的事情。本文这一节的题
350 目才真正是凯恩斯著作的主题。（在第 89 页，他评论说，反映

---

[1] 解读这一陈述的首要困难是变量的实际取值与这个变量的变动依据的混淆。不夸张地说，该书到处是这一混淆的例子。如果我们按照它实际所说来解释，要使这一陈述有意义，提出的问题必定事关变化的速度以及自变量与因变量之间变化速度的差异，即反应"时滞"，以及建立新的均衡所需时间。但是，这一观点与整个理论所依据的均衡概念矛盾。书中一再重申把文中主要心理假设当作"定律"。作者多多少少随机地交替使用了收入变动（几乎总是指增加）与"非消费（nonconsumption）"（用于储蓄，见下）变动（增加）这两个概念和收入与非消费的概念。关于后者，见第 28 页末引文和第 90 页上的粗略的定义，把储蓄倾向称作收入与收入中用于消费支出的函数关系。但是，在第 96 页，"基本心理定律"定义为增量之间的关系，而在第 97 页这两种阐述又变为相同的。（也见第 115，121，251，247 页。）

我们还可以发现容易产生混淆的原因，即一个方向上的变化之间的关系未必在另一个方向上也成立。勤奋和努力的读者将最终发现，这一情况下，按照假设，货币流减少的反方变动是不会出现的。（见第 307 页中间，以及本文后面的讨论。）

的信息是被人们所熟知的，而总需求函数发挥的作用是曾经被忽略的。）首先，这部著作的主题是，失业的原因是有效需求不足，除了增加对劳动的有效（货币）需求，没有其他真正能解决失业问题的恰当办法。[1] 倘若本书前面的关键句子在措辞上讲究一些，把下面的事情说清楚，读者就会轻松许多：在理论中以及在实践中，供给价格是固定的，而且调整发生在需求方面。但是，原文的措辞给人的印象是供给价格函数是人们通常理解的真正函数。[2]

对劳动的货币需求分为两部分：消费需求和投资需求。这种步骤的逻辑过程看上去可能是这样的：首先检查货币收入在导致这两个领域现金收入分配不同的控制因素，进而继续研究这两种渠道的"现金"本身，直到它能引致就业需求或者因为一些解释过的一些原因没能这样做起到作用。

但是，凯恩斯先生发现，在采取计划的下一步之前，有必要插入以"定义和概念"为标题的第4章（第II卷，第4-7章）。这几章主要用于解释投资的含义。

第4章的标题是"单位的选择"，不存在不复杂的情形下，假设对劳动的需求面临两阶段价格。这个价格是由企业家提供的确保劳动用来生产产品的价格。这些产品或是按市价出售，

---

[1] 第二，正如我们将要看到的那样，这个主题是与投资有关的劳动需求不足，而不是与消费有关的劳动需求不足。

[2] 紧跟着上面这段长长的引文（《通论》，第28页）作者再次强调他的批判（没有用"古典经济学"等字眼），断言均衡就业水平不可能发生在充分就业的水平，原因是工资不可能超过边际生产力，但没有理由指望就业达到充分就业水平，唯有"消费倾向和投资动机处于一种特殊的相互关系时"，这种情况才会发生。他的意思是，当它们与工资、利率和一般价格水平同处于一种特殊关系时。神秘而且难以将讲明的是凯恩斯在他的经济体系中依据相关假设的行为，这些假设意味着那些变量或复合变量要么是固定不变的，要么是由其他力量，例如"讨价还价"、"政府权威"、"心理因素"或是其他行为决定的，而不是供求关系的调整。

或是具有企业家自己估计的价值。本来，凯恩斯可以把这一章要研究的事情阐述的更清楚，即这一章仅仅研究对消费品的需求，因为在凯恩斯的计划中，假定企业家在市场上出售的只有消费品。资本品是企业家为了使用而持有的。然而，资本品的名义资本化价值是凯恩斯理论体系的一个关键因素。把劳动需求看作一个单一函数的理由是，以我们的分析为例，一般价格水平的概念既不必要，也不"十分准确"。所以，在此后的分析中，价格问题被完全回避了，显然作者努力做到这一点，在最后一章中才讨论价格问题。这个假设是，与工资一样，价格在一个方向上是固定不变的。它们可以上升，但从不下降。这一点实际上在第 21 章（第 307 页）用了很长的篇幅加以说明。再一次，按照这一理论，从不降价的卖者，与拒绝降低工资的工人一样，被认为是在追求正确的做法（在这一情况下，他们比古典经济学家更有智慧，尽管凯恩斯没有明确断言）。[1]

351

对劳动者的消费需求不需要占用我们更多时间，因为投资需求不足才是这一理论的关键。我们可以看到，按照假定，使用特定设备而进行的劳动服从报酬递减规律（第 17，40 页），而且这个事实意味着价格随就业增加而上升（第 249 页）。在有

---

[1] 正如我们已经评论的那样，预示一个方向上的变动的函数关系的可逆性问题是凯恩斯先生的整个论述的一个令人困惑的特征。最为普遍的例子是，整部著作通过展示就业增加在开始之前就停止或受阻来解释实业。第 22 章是例外，其标题是"关于商业周期的注释"，实际上是有不同观点的附录，在这一章中并没有定义或暗示。就我所知历史上成为严重社会问题的大规模失业不是典型状态，而且在每个已知的例子中，这样的情况总是出现在一个相对充分就业的时期之后———一系列一致的、熟悉的变化之后，这些变化相当一致，并有熟悉的一般特征，而且类似地，失业的时期也必定自然地结束。不过，凯恩斯的著作没有解释失业如何出现的问题，而是预先假定它是一个"正常"现象，是市场制度中处于均衡状态的一个特征。它总是有相同或更多失业，从来不会有多余的就业。关于这一点，汉森（Alvin H.Hansen）教授（*Journlal of Political Economy*, October 1936）对凯恩斯先生的解释很有意思，正如著作自身描述的那样，均衡状态是在一个向下的过程而不是在一个向上的过程中建立起来的。

严重失业，即在已经建造的设备需要大量劳动的情况下，这样的推论是值得怀疑的。不过，在完全竞争条件下，它是成立的，而且在一般的论述中这一点并不重要。我们略过第 5 章"预期"。第 5 章也很重要，但是是关于投资理论的，而且这一章的表述很糟，混乱且没有与主要论点有效地结合起来。第 6 章的标题是"收入、储蓄和投资的定义"。这一章从生产的收益和成本的讨论开始。这一章似乎意在说明成本的关系，尤其是资本折旧（在这里称为使用者成本）。但是，这里的论述也是混乱和不现实的，并且很难在后面的讨论中得到应用，其中边际工资成本似乎被当作控制变量。[1]

该书第 II 篇突出的一点是储蓄和投资总是必然相等的。首先，这等于说，储蓄货币被当作"投资"。从储蓄者的角度看，这在逻辑上是正确的。但是，在凯恩斯的第一个投资定义中，"当期"投资被定义为"当期生产活动造成的资本设备价值的当期增加"（第 62 页）。要使这个说法正确，"生产活动"必须解释为这一时期内发生的、以任何方式影响价值的每一件事情，尤其是，一部分货币储蓄没有产生通常理解的投资或"生产活动"所意味着的投资，这部分货币储蓄会造成一般价值的缩小。而且，它必须包括两个方向的货币变动所造成的价值变化。凯恩斯先生的阐述似乎打算消除这些事实，尽管按照他自己的理论，萧条和失业的解释关键在于这些事实，不然他的理论无法得到圆满解释。这里，我们可以引用《通论》中的两个最重要

352

---

[1] 很难讲清楚凯恩斯先生短期概念与长期概念之间关系以及它们在经理的决策中的作用。第 5 章的不足再次出现。应该承认，事实上，在最短的短期内，生产都是为（某个人拥有的）储存，而所有的出售都来自存货，因此两者都要么是投机性商品投资与投机性货币投机的事情，要么是消费与投资之间的选择的事情。另一方面，在最终的长期，没有固定成本，对于一个处于均衡、静止或增长（即除非该经济整体上正在颓废）中的经济来说，除了利息，没有资本费用。此外，在"理论上的"长期内，没有投机性因素，但在现实中，计划越长远，这一因素越重要。

句子（第 83—84 页）："〔储蓄总是包括投资这一旧观点〕的错误在于如下看似合理的推论，即当一个人储蓄时，他将使总投资等量增加。〔这个〕结论……没有考虑到，很有可能，一个人的储蓄行为会影响另一个人的储蓄，从而会影响另一个人的财富。"通俗地说，这当然意味着，储蓄兴许是囤积性的，通过减少货币流通，导致销售减少或价格下降等一系列后果。但是，《通论》似乎总是避免使用通俗的术语和表达方式。

在第 III 篇（"消费倾向"，第 8—10 章）里，我们终于来到了作者认为的决定个人货币收入在消费与储蓄之间分配的因素。实质上，这几章只是重复了第 3 章的理论总结中第一次提到的"心理规律"。凯恩斯习惯性地反对任何已经有的用语，但又常常把它作为第 III 章中有心理规律或态度的标题。

（尤其见第 6 章末，即第 65 页）。正如我们上面已经指出的那样，这里的要点是，收入中用于储蓄的数量随收入增加而增加，即增加的收入一部分被用于储蓄。按照假设，储蓄数量仅仅依赖于收入（或其变动），至少基本上与其他因素无关，尤其与利率无关。在这一最终观点中，没有什么新奇的东西。众所周知，"古典"经济学家经常强调，储蓄是"制度性"的东西，依赖于社会心理，而不仅仅依赖于价格上的比较。一个更为有意思的事实是，在用三章的篇幅进行的详细分析中，只字未提消费品的价格（或其他价格变动）。也许，按照假定，它们是与工资水平联动的，因为收入是用工资单位衡量的。[1]

为了使读者免于混淆，作者本人应该明确指出，他所说的储蓄"数量"是绝对量，而不是一定比例的收入。（至少我在一段时间里也不理解为什么作者如此强调储蓄随收入增加而增加，

---

[1] 正如已经指出的那样，凯恩斯（第 249 页）明确地说，短期内，用工资单位衡量的价格随着就业增加而上升——也相当于是收入的增加——源于短期内增加的成本（报酬递减）。

而且假定增加的比例会逐渐增大。）事实上，"心理规律"的重 353
要性是，按照推测，用于消费的货币支出会引起就业需求，而
"储蓄的货币"却没有这个效果。[1] 实质性的事情是，社会的货
币收入将随着就业增加而增加。这样的事情只有在如下条件下
才会发生：工资只会上升而不会下降，总工资的增加几乎不会来
自利润或其他支出成本。再一次，倘若凯恩斯把他的组织结构
（organization set-up）的性质弄得更加清楚些，尤其是这些组织
做出什么决策，将有助于读者理解他的论述。在《通论》的绝
大部分，工资都是唯一的支出成本，或者是唯一的可变支出成
本（例外情况是第6章的差额折旧，而且支付的利息被看作利
润的一部分（第290页）的说法表明，工资和利润是仅有的收
入形式。一个特别有意思的问题是，除了劳动者之外，其他人
是否储蓄（货币）？

　　正如凯恩斯的表述，由于增加的收入中一部分将会变成储
蓄，除非"特殊条件"保证投资赶得上货币储蓄，不然收入增
加将无法实现。（凯恩斯的无意假设是，古典理论的一个重大缺
陷是经济总是处于这种状态。）如此，该理论似乎依赖于如下假
设：全体企业家联合起来，作为一个单位采取行动，至少消费
品和投资品是由相同厂商联合提供的。在竞争情况下，一个企
业多雇用一个工人会使另一个企业少雇用一个工人。这个事实
并不妨碍就业的第一次增加和建立均衡状态。这个过程必定遵
循一个合理的一般过程，其中单个雇主和失业工人发现，签订

---

[1]　在（上面引用过的）第83页，它"兴许"没有这个效果。当我们关注凯恩
　　斯先生的利息理论时，我们将看到，尽管货币储蓄等于一个等量投资，却没有
　　以任何方式指明货币储蓄能够引起技术生产意义上的投资。货币储蓄是由企业
　　家决定的还是由"生产要素所有者"（和租金收入者）决定的？"要素所有者"
　　是否简单指劳动者？这些问题在储蓄动机及其发挥作用的方式的描述中十分重
　　要，但我未能找到它们的答案。

一份就业协议对双方都有利。[1]

这把我们引向了"乘数"理论，第 10 章的主要内容。它是卡恩（R.F.Kahn）先生提出的一个论点的极端简化。[2] 这个概念是为了估计"回弹效应"带来的额外就业而提出来的。当公共支出之类的支出增加时，就业的增加会超过这些支出直接提供的就业。凯恩斯假定，投资的增加是来自"某个地方"的新的货币支付。这一支出被其接受者（未就业的生产要素的所有者，比如，劳动者）按照流行的消费"倾向"分为消费和"储蓄"（指囤积），用于消费的部分也会由其接受者以相同方式进行分配，如此循环。不难算出，如果消费倾向是 $(r-1)/r$，那么，回弹效应带来的总就业是直接支出的 r 倍（如果收入的四分之三用来支出，四分之一是储蓄，那么乘数是 4）。自然，在理论上，凯恩斯没有错，但结果有些奇怪。的确，"逻辑上，乘数理论……总是充分成立的，没有时滞，在任何时刻……"在没有时滞和时间间隔的情况下，乘数理论总是成立的。（第 122 页）这是严格正确的，因为在任何时刻存在着的全部货币必定"囤积"在某个地方。但是，更为现实的假定是，增加的货币仍然按照当前流通速度（或需要解释的其他速度）流通，这会给出完全不同的结果。

现在把书中暗含的实际意义留到以后讨论，转向就业的投资需求理论。这必然是任何失业和周期理论的核心，因为一个众所周知的经验事实是，繁荣和萧条——以及紧跟其后的失业——主要集中于资本品生产行业。

354

---

[1] 正如我们已经指出的那样，凯恩斯先生关于劳动的论述显然假定了它是作为一个单位讨价还价的，而且具体个人的完全失业（使他们完全没有收入？还是除了"救济"没有别的人收入？）将影响劳动供给价格，其影响方式等同于特定就业团体的就业和工资一个比例的减少。

[2] *Economic Journal*, June 1931.

IV. 对劳动的投资需求

无论是对于凯恩斯的新理论体系来说，还是对于失业问题的切实研究来说，这个题目都是核心。凯恩斯用第4篇"投资动机"专门讨论这个题目。第4篇共有8章（第11-18章），占全书篇幅三分之一以上，这还不算实际上也属于这方面内容的两个附录。正是在关于这个题目的内容中，我们遇到了《通论》中最重要的概念和最混乱的思维及阐述。首先，第4篇的标题并不完全符合凯恩斯对于投资和储蓄比较新颖的定义。因为作者的意图显然不是讨论投资的动机，并且文中作者假设储蓄总是自动等于投资。这里的投资是指通常意义上的投资，即企业家用货币雇用生产服务制造资本品。第11和12章是资本边际生产力的"重新表述"，被重新命名为"边际效率"，意在强调它是产量的一个要素。（据说这是"古典理论"所忽视的。）接下来的两章（第13，14章）研究利率。这使得凯恩斯先生自己的理论与（凯恩斯所说的）古典理论形成了鲜明对照。对于凯恩斯和部分经济学家来说，利率是一种阻碍，是真正意义上对投资的不利因素。

第15章（标题为"对流动性的心理和商业动机"）讨论持有货币与持有财富之间的选择，显然是从正在考虑（真正的）投资的企业家的角度来思考这个问题的。因此，这个论述必定联系着第3篇的论述，在那里，"储蓄"（hoarding）与消费支出之间的选择是从收入接受者（这个体系中的劳动者，兴许还包括租金收入者）的角度研究的。接下来的两章（第16，17章）包含对资本、货币和利息的各种各样的观察。第18章是整个理论的概述。

作为一种失业理论，凯恩斯体系的这一关键部分的关键假设关系到货币用于储蓄还是用于真实资本创造的决策。如上所述，这两类决策是绝对地分开的。它们是由两类不同的人做出

355

的，属于完全不同的行为范围。利率丝毫不影响第一类决策，但对于第二类决策来说是决定性的。人们储蓄不是为了得到利息，而且若非利息成本，人们永远不会投资（于真实生产）。似乎，储蓄者只有要素所有者（劳动者）。储蓄既不影响利率，也不受利率影响。（新奇的是这两个命题中的第一个。）凯恩斯的利息理论甚至比他的工资理论更具独创性，但思路有些相同。奇怪的是，作为研究古典经济学的开篇第一章中并没有提到利率。

356　　因为在整个体系中它更加重要和更加不同于正统学说。在资本市场上，储蓄不影响利率，类似的，需求甚至也不正向地影响物价。人们通过借入货币而获得对资本的控制，但在借贷市场（loan market）上，储蓄和资金提供之间从来没有丝毫联系。这几乎是说，好像储蓄的货币完全不同于借出和借入的货币；储蓄的货币，如果曾经进入了一家银行或任何放贷机构，仍然完全保持独立。利息理论是整个体系中最难以让人接受的部分。[1] 依照凯恩斯，利息是纯粹货币现象。他一再明确强调，在任何时刻，利率都是因为放弃流动性而得到的报酬，利率是衡量拥有货币的人放弃货币所代表的流动性的不情愿程度的手段。

利率不是使对资源的投资需求与节制现在消费的意愿达到平衡的价格。它是使以现金的方式持有财富的愿望与可获得的现金保持平衡的价格……（字体是本文作者改的。另见第 174, 236, 246 页，第 14 章各处等）。这个陈述的肯定部分断言利率在任何时候都使持有现金的愿望与现金的数量保持平衡。这个断

---

[1] 在论"消费倾向"一章（第 8 章，第 93 页）开头，利息近似于指现在物品与未来物品之间的交换比率。但是，在正文中，没有把这一概念与利息理论结合起来。没有什么东西表明利率和这一交换比率或这两者中的任何一个与一般价格水平之间的因果关系。（见《通论》，第 140—141 页，提到费雪的地方。）

言不仅用词不当（不能把愿望与现金的数量加以比较），而且离题。达到平衡的东西是持有现金的愿望和以其他形式持有财富的愿望，两者之间的关系依赖于现金和其他形式的财富的相对数量，并依赖于其他因素，其中其他财富的货币价格是不能被忽视的！

上个陈述的否定部分则完全站不住脚。在任何时刻，利率都使持有现金的愿望与持有非货币财富的愿望保持平衡，并使消费的愿望与放贷的愿望保持平衡，从而使其与另外两种愿望保持平衡。这是不证自明的。这是因为，对于任何一个有货币或其他形式财富的人，或对于任何持有可出售的服务能力的人来说，所有这三种选择总是敞开的。他可以消费或持有财富，而且如果他持有财富，他可以以货币或实物的形式持有它，而且后者有无穷多的形式，另外还有各种各样的以货币为媒介的权利，其他财富总是被用于担保此类权利。这一陈述还包括以下抽象的概念：利率只不过是收入的现值与终值的价格比例，即如果已知利率，如果再已知货币价值或收益中的一个，便可以用其中一个去推导另一个。[1]

第 4 篇的前两章直接与投资动机有关，主要强调了在购置 357 持长久资产的投机因素。我认为，这一点没有得到足够的强调，而且是这部著作应该详细阐述的。（不过，至于其新颖性，凯恩斯再次提到了费雪，第 140 页。）我对凯恩斯关于预期方面的研究的批评，除了因为他的阐述令人恼怒地难以理解之外，再就是他没有始终如一地强调现实生活中资本的生产（或是资产的维护）的投机一面的重要性和普遍性。在资本市场中，生产

---

[1] 我们将会看到，凯恩斯关于利率（投资条件）的讨论介于分别研究作出真实投资的企业家所比较的两种机会之间，即投资动机和持有现金的动机，而后者称作"流动性动机"。但事实上，这两种机会之中的任何一个的真实性都有赖另一个，或来自对它们进行比较和作出选择的必要性。

很少由最终消费者决定。因此，如上所述，每一项生产活动都是在货币和产品的相对价值之间的投机。（当然，这仅仅适用于商品的生产，而不适用于由某个生产要素提供的服务，即它仅仅适用于资本的生产。）投机成分的大小直接依赖于预期商品的生产时间，并影响到商品包括科技产品的代理商。而且，一种商品的市场越不成熟，投机成分越大。首先，就实际意义而言，此类投机影响生产者或耐用品的购买者（无论是为了消费还是为了生产）。不加区别地把价值变动归为资本的生产力，这对我来说并没有对概念的理解并没有帮助。这尤其值得质疑，原因是在对周期和失业问题来说极为重要的情形中，价值变动的起因是具体商品的真实供求领域之外的变化，即货币领域的变化。在我看来，迫切需要严格区别影响需求和供给的因素，不过，这当然不是忽视它们中任何一个的借口，正如最近关于投机预期所发生的那样。

我认为，凯恩斯真正想说的是，生产决策是以一般价格水平为依据的投机，而一般价格水平可以从货币方面加以调控。再一次，他用"流动性"一词代表使得人们持有货币的动机。正如我们之前所指出的，"流动性"除了能表现出纯粹的特征，这个词语似乎不是一种进步，甚至说用词不当。在列举出的持有货币的四种动机中，前两个是收入动机和商业动机，可以合称为便利动机。对于周期和失业理论来说，真正的问题源自第三和第四个动机，即预防动机和投机动机。它们是投机动机的不同例子。便利和投机或防备意外的动机是任何决策中都有的因素，仅仅在概念上可以区别。不过，其中"流动性"一词所指的第二个动机代表一种普遍的"情绪"，即货币暂时是最安全的财产持有形式。当货币的价值尤其不确定时，这种情绪兴许会出现。便利动机与"古典"经济学中物物交换的概念相似。这两种职能最终也没有区别。这是因为当我们达到一种理想的状态时，在这种状态下所有的经济活动都会简化为不变的程序化活动，不确定性和由此产生的对货币的需求也就消失了。货币的基本职能是应对意外，在极限状态下，货币的流通速度会变成无穷大，现金持有量或"M"等于零。实物货币可以被某个传统记账单位取代。无论如何，为什么不把一般心理情绪简单称作"相对货币偏好"呢？为什么非要单独讨论其中的要素或它的背景呢？

无论如何，持有货币的投机动机会伴随经济周期的出现大幅度变动，并直接引起麻烦。（这一变动的起因是周期理论的核心问题。）当然，对于个人"持有者"而言，这未必是对的。一个人在某个指定的日期有一定数额的债务到期，在贷款成本高，尤其当贷款不确定的情况下，除了他自己的投机情绪之外，他将更加努力积累现金。在这类情况下，假定现金在完美的市场中使用是错误的。[1]当出现对现金的普遍需求和现金存在溢价时才会适用于市场中的每个人。实际上，除了在短暂的危机期间，存在无法保证储存有约定的或固定的现金情形，正常情况下产生的投机考虑是担心未来价格水平的不利变动，或者一般价格水平的变动直接导致的产品价格与成本价格之间关系的不利变动。在正常情况下，相对价格变动是个人商业活动的一种风险，仅仅作为后果而不是作为原因与周期、萧条或普遍失业有关。

反过来，与绝大多数研究资本的经济学家一样，凯恩斯也未能看到或没有弄清楚的是，每当任何形式的风险受到关注时，行动都必然是投资或减资行动。任何生产产品或最终生产可享受的服务的活动必定导致某种特定商品的价值增加，从而产生一定数量的资本。如果它既不产生服务，也不产生资本价值，它就不是生产活动，代表失败和浪费。第5章一开始的表述就

359

---

[1] 按照凯恩斯的思路，应该强调如下事实：在严重萧条时期，资本品价格，甚或证券（相对于收益）的价格，与任何市场利率无关。利率和资本价值都会低得反常。见第356页和第359—360页。

是模棱两可的，无疑会使读者认为作者应该对如下被广泛接受的错误学说负责：现在的生产通常会产生一个未来价值。第 16 章（第 213 页之后）认可后古典学派（和前古典学派）观点：一切都是由劳动生产的。这进一步表明了他的这一站不住脚的立场。（我们如何理解他所说的一物质单位劳动所代表的事物？然而，自始至终，凯恩斯都把劳动当作具有一致单位价格的同质流体。）此外，如果由劳动生产的资本品和任何"原始资源"在相应的短时期内消耗掉，那么，奥地利学派的观点就是可靠的，即"资本形成发生在生产周期延长的时候"，然而凯恩斯已经明确拒绝了它（第 76 页）。总的来说，在这段上下文中，他的观点即便不是错误的，也至少是十分混乱的。与此相比，我们在第 105 页上发现了如下正确陈述：人的需要是由与减资相关的生产产品满足的。然而，我们仍然缺少确定的东西，因为一个资本体系中真正的减资意味着这个体系中一个地方发生减资的同时没有另一个地方发生增资，而且一切都取决于什么东西被当作该"体系"的边界。

在第 4 篇的最后三章，尤其是最后一章，即重新进行正式陈述的第 18 章，我们还有一个机会来发现，对于一个就业或失业理论来说，这一切最终意味着什么。在我看来，我们并没有超越前面概括性的几章里的观点，尤其包括引自《通论》第 83—84 页的陈述（见上第 108 页），只不过关于货币储蓄的可能影响的预测变成了肯定的断言。我们把以下三点作为出发点以及给定的和未解释的条件：我们假定一个经济中存在（a）普遍失业，（b）价格和数量的调整及锚定、交易媒介的分布，以及（c）尤其是与（在现有价格上？）拥有其他形式的财富相比拥有"货币"的相对愿望，存在以下态度意见：减少失业的唯一可能办法是通过来自经济体系之外的某个"神"的干涉来增加真实投资。为什么是这样？关于这个问题的新的见解只能来自如下陈述。这些陈述，作为清晰表述的例子，值得引用。

假定消费倾向不变，我们的结论可以在最一般形式上以最一般的形式表述如下：当所有可供选择的最高资产的内部收益率中的最高者等于最高的全部资产的边际效率中的最大值时，投资率的进一步增加是不可能的。

在充分就业状态，这个条件必然得到满足。但是，如果某些资产的生产弹性和替代弹性等于零（或相对很小），并且当产出增加时，其利率下降慢于资产的边际效率的下降。它也有可能在充分就业实现之前就得到满足。

如果我真的理解了的话，按照上下文的意思，凯恩斯的意思是，如果新的资本财富要被生产出来，其包括折旧在内的预期收益必须超过投入生产的资金所花费的利息。大概这是经济学的一个新发现。文中作者没有提到实际支付的利息与本来可以收到的利息之间可能差异，作者显然假定了一个完美市场，在这个市场中不会有此类差异；作者也没有提到持有货币或借出货币时的任何投机成分。[1] 在现实中，在选择财富持有形式时（包括货币），都反映了对投资前景的比较。

注意有关该体系的政策含义的一个或两个陈述，这一节的讨论给出的一个结论是《通论》最后一章所采取的立场的基础，是我们马上要讨论的。在第16章的最后一节，我们读到（第220页），"采取一些政策措施，确保利率等于充分就业所需要的利率。"这意味着，人为地把利率降低到和保持在这一水平。紧接着，作者要求我们假定"国家政策的核心"是管制"资本设

---

[1] 这大概在一定程度上符合一般商业思维。这个事实及其与这一情形的现实的关系兴许值得注意。凯恩斯先生没有提到经济周期的如下显著事实：人们极少为了持有货币而借入货币，借入货币是为了持有其他形式的财富（或者为了偿债），而且利率最高的时候恰恰是交易媒介最充裕且其流通速度最迅速的时候（例外情况是短暂的最严重危机时期，此时对现金的需求主要依赖于实际需要、预期需求或为了了履约或用货币形式偿还债务的预防性需求）。

备的增长"。这之后是一个信念的陈述："相对来说容易把资本品弄得如此丰富以至于资本的边际效率等于零。"（第221页）[1] 这一节的其余部分简要说明这是个值得追求的结果。

361 ## V. 新理论体系的社会哲学含义

在《通论》的最后一章（第24章，之前两章离题），凯恩斯先生给出了从他的一般理论得出的一些"推论"。这些推论是思考社会经济改革、重建或进行革命性变革时必须考虑的。对于本文作者来说，这一节尤其有趣，因为本文作者认为经济学更多地是一个"严肃的题目"，而不仅仅是智力游戏或智力训练。

第一个推论是，新经济理论消除了"一个主要的社会财富不均问题"。这是因为，"就像当今社会公认的那样，财富的增长非但不依赖富人的节制，反而更有可能受阻于富人的节制。"（第373页）[2] 这个推论尤其影响我们对待遗产税的态度。不过，在任何给定的一代人的时期之内，"大幅度减少富人的财富，只要参与者习惯于此，都将有助于这一目的"，激励那些"具有货币创造动机和充分利用私人财富所有权的有价值的人类活动"（第374页）。从道德上的理想主义角度看，在充分强调这一限制条件的情况下，这是一个可以接受的推论，而且貌似合理，"只要他们习惯于此"，并在制定政策时慎重和渐进。

不那么清楚的是，这个结论与凯恩斯先生的那些理论有什么关系；或者说，更不清楚的是，这个结论与暗含的政策有什么关系。财富所有权的间接和微妙的社会心理活动，（在我看来）

---

[1] 我认为这种想法十分荒唐，但不是这里能够讨论的。

[2] "在达到充分就业之前"（第372页），这个说法的确适用。但是，这一章的原文以及整部著作清楚说明的是，这一限制条件实质上是"理论上的"。

远比其直接后果重要，而且这也同样适用于所有权经济机制中的政治替代品。而且，某些政治替代制度仅仅是假象中存在的。除非一个人计划在道德宗教方面改变人性，实现完全意义上的无政府主义的乌托邦。在我看来，这些事实使得那些理论对我来说并不像对于凯恩斯先生那么简单。例如，当他提到制度性储蓄在今天"过于充足"（第 373 页）时，我的头脑中出现了关于政策的理想化情况和事实情况。在精心设计的宏伟的社会改良计划中所面临的困难和危险是一个重大的话题，不是这里能够讨论的。[1] 在我看来，实际消费的分配不仅是一个次要的细节问题（统计事实表明收入再分配所带来的好处是有限的），而且在任何可以想象的社会主义体系下，收入分配也无法更加平均，相反权力的集中（作为一个更加重要的问题）肯定会使收入不均更加严重。无论如何，如果生产效率可以维持，则单纯就确保资本供给来讲，不是什么严重问题。实际控制一个国家经济生活的任何政府都肯定把社会产品的一部分拿出来供它支配，投资于它乐意的任何用途。值得注意的是，凯恩斯先生除了提倡"影响关于利率的银行政策"作为"实现充分就业的唯一办法"（第 378 页），还提倡"投资的某种全面社会化"。此时，他已经明确地为此做好了准备。我只能评论说，"稍微广泛的投资社会化"之类的词语，由于没有指明具体过程，（在我看来）更像是演说家的语言，而不像是一位为经济学家们写一本理论巨著的经济学家的语言。事实上，如果银行业权威不能判断长期投资的质量，并为此承担责任（其中大量实际管理工作是必需

362

---

[1] 这里，可以提到的困难之一是，伴随着专业化和大规模生产组织，只要不抛弃现代技术，权威就难免在极大程度上集中于一个人，一个委员会或一个"董事局"之手，从而问题是如何选择、激励担当这些任务的人，以及当一些社会目标必须通过社会体系自身的运行来完成时，如何保证他们承担相应"责任"。改革家总是轻巧地忽视如下事实：这些是人类问题，本质是政治问题，一般来说人们无法达成同意，如同无法召来上帝或天使来做出决策和执行政策。

的），那么，"银行业政策影响"也无法走得很远。也就是说，这本身就包括投资社会化。没有一般社会生活的高度"社会化"，投资的社会化也肯定无法走得很远。这就像是脱离经济基础去谈上层建筑。更加特别的是，我很难相信凯恩斯先生十分认真思考过如下问题：一个政治化的银行业权威，人为地实行一个低利率的经济政策，对竞争经济有何影响。他把此类建议称作"适度保守的建议"（第 377 页）！（我要明确地说，我相信凯恩斯先生也承认，关于任何政治 – 法律 – 行政管理措施会导致或有可能导致的后果的说法总是政治预测，而不是经济学预测。）

凯恩斯先生的第二个推论被称作"更加基本的推论"。沿着相同的一般思路，它重复了上面已经提到的一个陈述：因为"有效储蓄的程度必然取决于投资规模，而且投资规模是由低利率促进的"（直至实现充分就业），"对我们来说最有利的是把利率降低到资本边际效率曲线上与充分就业相应的点"（第 374—375 页）。且不说我们根本无法准确知道什么时候才是没有"非自愿"或"摩擦性"失业的充分就业，另有两个值得注意的疏忽。第一，中央银行不停地以人为的低利率向经济中注入货币会有什么货币和其他后果？第二，执行这项任务的官员或委员会的政治地位如何？只有乐观主义者才会相信这样做不会造成资本结构失衡。而且，像凯恩斯理论所意味着的那样，还要相信，由此造成的局面能够通过比造成这一局面的政策更猛烈的同类政策解决。

凯恩斯著作的最后一章有一节简短和十分乐观地论述了放弃国际金本位利于世界和平。更加简短的最后一节论述经济学家的思想巨大影响。这一信念是否也是乐观的，取决于一个人对经济学家的思想的质量的看法，而且这一信念自身是否正当则是另一个问题。

VI. 总结和评论

从经济理论的角度出发，有一点非常重要，即所有这些结论的成立，都应该依赖于凯恩斯体系的主要原则。这些在第18章的开头（第245页及其后）有正式总结："我们假定了可利用劳动力的现有技能和数量，可利用设备的现有质量和数量，现存技术，竞争程度，消费者习惯和品位，不同劳动强度的无负效用……社会结构。""首先，我们的独立变量包括消费倾向，资本边际效用以及利率。"

然而，资本边际效率曲线部分依赖于给定的因素，部分依赖于不同类型的资本资产的预期收益收益前景；利率部分依赖于流动偏好状态（例如，依赖于流动性函数），部分依赖于用工资单位衡量的货币数量。因此，我们有时可以认为，我们的最终自变量是：（1）三个基本心理因素，即心理上的消费倾向、心理上的流动性偏好和心理上的对资本资产的未来收益预期，（2）雇主和雇员之间的讨价还价决定的工资单位和（3）中央银行决定的货币数量。

364

"我们因变量是就业量和工资单位衡量的国民收入……"如果我们做出如下假定（包括那些已经指出的），一切就都顺理成章——存在失业，物价和工资向下刚性（可以上升），工资不受劳动力供给的影响，资本服务的价格只决定于公众对于货币（一般价格水平）的投机性需求，以及中央银行法定、完全不受资本需求和储蓄影响的货币数量——那么，我们的确容易发现，经济理论正在以任何方式或程度发生革命，也容易为我们喜欢的任何政策找到理由。

我们必须给凯恩斯先生的整个著作的另一条评论是，很难讲清作者真正的意思。尤其是，关于一般问题，几乎可以肯定他的意思不是他所说的。该理论表面上是一种均衡理论，存在大量非自愿失业，以及给定的前提和上一段列举的独立变量。

此外，正如我们已经强调的那样，它是一个"上行途中"达到的均衡状态，而且在主要阐述中没有明确提到周期或波动，也很少暗示此类现象的存在。现在就我而言，无法接受这一新的和革命性的均衡理论，甚至怀疑凯恩斯先生本人是否真的这么认为。全书到处提到短期，有几处指出反应或多或少地是可逆的（第248，251页），而且有几处显然是按照相对稳定性或黏性论述的，而不是按照固定不变性论述的（第236—237页）。尤其是，有一处（第249页）提到了经济系统生产力能够在"相当长的时期"内低于正常活动水平。这远远偏离了第30页的"稳定均衡"，也是全书大部分地方的论调。于是，自然有了第22章，"关于商业周期的注释"，很难说是该书的一部分，但在几处提到了周期，不能说完全离题。正如本文开头提议的，我的一个信念是，我们必须干脆"忘记"经济理论的革命，把本书当作对经济波动理论的一个贡献。这当然包括费力的解释，等于在阅读时重写该书——或者重新阅读很多遍。甚至从这个角度看，我也看不出它有什么重大贡献或原创的观点，但它的极度的夸耀可以有助于强调相对来说被忽视的一些因素。以我自己为例，我曾经主要研究比较一般层面的经济理论，并声称没有关于货币和周期理论的专家知识，该书有助于强调对货币理论和一般均衡经济学进行更为有效的整合的必要性。[1] 兴许我

365

---

[1] 这当然是近年来许多思想家一直努力研究和写作的一个方向。这里，我尤其想到的是瑞典学派的霍特雷（Hawtrey）先生和罗伯逊先生的工作。但是只有在一个领域的专家才可能写出此领域的著作。

在绪言的第一段，凯恩斯先生说："我预期，那些固守我将称之为'古典理论'的经济学家们将在两个信念之间犹豫不定，一是相信我是相当错误的；二是我没有提出任何新的东西。让别人来决定这两者或其他信念中哪一个正确吧。"在我看来，这个预测在很大程度上是正确的，尽管我应该说，我的困难是难以在两种解释之间作出选择，一个显然是毫无意义的，另一个在一定程度上是老生常谈。"让别人来决定"这样一个结果是否证明了得出它的人固守某种过时的思维方式。当然，这常常是革命思想家愤慨地向那些没有立即（接下页）

还可以补充的是，作为一位理论家（除了理论的严格），我总是强调，从一个理论体系的命题得出结论但没有充分考虑到建立这一理论时忽略的因素是危险的，而且理论建设自身中采取任何步骤而没有充分意识到其中包括的全部抽象也是危险的。在这些抽象掉的因素（或"干扰性因素"）中，"货币性回弹效应（monetary repercussions）"是一个或一组因素，其重要性无论如何都不会被高估。

这一点是否被"古典"经济学忽视了？这一点是否值得特别反驳？这是观点问题。在我是经济学专业的一名学生和经济学教师的时期内，我不曾觉得缺少这方面著作。在我看来，问题是类型和质的问题，而不是量的问题。不过，这兴许是一个偏见。从同一个角度说，我愿意附和并支持罗伯逊先生，怀疑"乘数"比较粗糙的"货币理论"的巨大进步。[1] 而且，在我看来，凯恩斯的其他新颖概念也不是什么重大进步。该书的价值在于强调好的货币政策的必要性，而不在于它对这样一个理论的发展有贡献。至少，经过努力尝试去理解之后，我仍然不知道凯恩斯先生的货币理论是什么，如果他有一个理论的话。在我看来，整个著作的一个合理解释是，作为一个新的政治经济学体系，它是围绕和为了支持凯恩斯先生把通货膨胀作为解决萧条和失业的一个办法的思想而建立起来的——特别提到了一

（接上页）加入他的行列的人说出的两种"论点"之一。另一个"论点"是，拒绝是出于既得利益。这是这位"彬彬有礼"的革命家无意中（即盲目而不是明智地）做出的。我们应该感谢凯恩斯先生略去了第二个。通过对自己的反对者进行心理分析来解释学术立场的不同已经成了时尚，（凯恩斯先生就是追求这种时尚的一个例子）。我们可以发现，我们今天的文明，从根本上说是浪漫的，热爱并赞美异端者，程度上如同几个世纪前的祖先仇视异端者一样。对异端的需求超过了异端的数量，于是产生了繁荣的经济。今天，每当写作中有必要采取仅仅重述或解释从祖先流传下来的学说时，最能迎合公众兴趣和欢呼的方式是推翻已经建立起来或接受所有事情。

[1] *Quarterly Journlal of Economics*, November 1936, p.175.

种情况，其中这一状况已经变得或多或少地"稳定化了，"比如凯恩斯先生自己的国家在 20 世纪 20 年代和自那以后的情形。

366　对于这一一般观点，我表示同情，无论它是否有价值。但是，我希望更多地研究其中的问题，尤其是社会是否应该等到这样一种情况出现才采取行动，或者是否应该采取措施预防它的出现。什么样的具体措施更可能有效，同时又不至于使问题加重，引起恶性循环，或者产生的不良影响抵消了带来的好处。关于这些问题，我必须承认，我花在《就业、利息和货币通论》上的精力给我带来的是失望。该书的主要价值似乎在于阅读时的费力，迫使读者高强度地与问题斗争。[1]

---

[1] 也许，来自一个"区区理论家"的一个建设性建议值得参考。长久以来，我的头脑中有的一个想法是，在关于周期理论浩瀚著作中（其中大部分正确地指出了问题中的真正因素），仍然有重要的一点被忽视了。至少一个世纪以来，人们都承认，在一定限度内，投机心理趋于产生价格变动中的一种动量或累积趋势。均衡点是不确定的，而且投机趋势造成商品价格上升的幅度超过了向均衡调整的幅度。反之亦然。这里无法讨论的理由表明，关于货币，这样趋势尤其强大，而人们持有货币就是为了投机。我认为，这是导致一个经济体系总体上趋于波动的最重要因素。总体波动不同于影响具体商品的特有周期。按照概率定律，后者的分布有周期性和阶段性，就整个经济而言相互抵消了。

14 经济学的"真理"

本文原载于《政治经济学》杂志第 48 卷（1940 年 2 月）：第 1—32 页。

许多像彼拉多（Pontius Pilate）这样的有识之士提出过我们的议题——"什么是'经济学'真理"，但却"未等待到解答"。不过，与彼拉多不同，还有相当多的思想家，他们并没有向其他人提问，也没有等待他人向自己提问，而是就主动向世人解答了这一问题。于是，就涌现出了许多风格迥异、篇幅不同的著作。总体来说，与相当多的读者相比，作者们对这些著作更感兴趣。对于那些真正读这些著作的人来说，有一点令人欣慰，因为这些方法论的书籍不会造成太大的颠覆广泛影响。它们最有可能被年轻人阅读和认真理解。

哈奇森（Hutchison）先生的经济学方法论或哲学特别会让评审论者感到不快，这是因为它阐述得过于普通，而读者可能"懂得更多"。作者是一位实证主义者，即那些认为"科学"一词以 S 表示的人（即使他们并不总是这样书写），他们总是在传递命令、作出判断时，使用令人敬畏的语调，就像我们常在公共祈祷中看到的一样。在本文作者看来，情绪化地对价值判断的谴责以及和进行价值判断表述是缺乏幽默感的表现。人类尤其是一大批的顶尖人才最终（经过长时间）研究发现，自然物

373 质不同于人类，它们不由爱恨、个性和矛盾驱使，也不顺从于循循善诱、甜言蜜语或威逼利诱。但在实证主义者试图建立的社会科学中认为，人类必定类似于自然物质，因此要以研究自然现象的方式研究人类现象。

在开始了解科学与哲学之间的重大发展区别之前，让我们先阅读几页哈奇森先生的著作，以一个例子来说明他的肤浅、教条化和过度简化。

> 科学家与哲学家截然不同，科学家能够在先辈工作的基础上继续进步，哲学家则是简单地受前人"影响"并以某种全新的体系重新开始研究相同的问题。其中的原因在于"科学家"有明确的、公认的和相对来说结论性的标准用于检验命题、答案和理论，而"哲学家们"则不接受这样的标准。〔第7页〕

如果这段话背后另有深意，那么一定是在表达，"去吧，照着样子做"。举个例子，设想两位经济学家正在争论如今的巴拉圭是否有支票系统。倘若他们是科学家，就会前往巴拉圭调查。在这种情况下，当他们真正看到了支票系统争论就得到了解决。"那么，科学争论解决了，他们就会开始哲学层面的争论……"争论他们获得的是"真正的支票"还是支票的意想或表象（第8页）。显然如果没有现实中的先验经验，就不可能仅仅根据一张印制的纸或"他们看到的"其他东西来判断"支票体系"存在与否。事实上，要真正讨论支票系统，就必须知道它的历史，以及与之相关的法律和商业用途。如果一个人正在讨论支票系统，他肯定关心要达到的目的、取得的成果，以及印制票据或其他物质要素的存在和运动路径。

简而言之，在被美化的科学与被丑化的哲学之间进行对比，不但没有任何帮助，而且会适得其反。但是，哈奇森的科学概

念有着表面的合理性，并在学术界有很大吸引力，也恰恰因此
而危险、有害和值得重视，尤其因为它迎合了年轻人的喜好。
实证主义哲学家武断随意地使用"现实"一词，实际上他们只
是拙劣的形而上学者。与其相比，哈奇森的科学理念更脱离"现
实"。这一方法倾向于过度简化，近乎于捏造事实。在写有或
可以写上"用于检验命题、解和理论的确定、公认和相对来说
结论性准则"的地方，没有十分严重的知识问题，也没有方法
论问题。在哈奇森的理念中，真理问题不是寻找如下检验标准
的问题：可以提出的任何检验方法自身都必须接受已经得到理
解的经济理论命题的检验。

374

　　哈奇森继续论述说："科学家借助实证调查和逻辑分析这两
类密切联系的活动进步前行：实证调查与客观事实有关；逻辑分
析与语言论述有关"。（第9页）这个陈述，与上面引用的概括
一样，可以作为科学的定义。不过，这一定义，即便不是武断
的，也是有明显局限性的。如果这样定义科学，那么，人类知识
中"科学的"部分极少，而且不包括关于人类或社会化数据的知
识，尤其不包括经济学知识，更不包括经济学理论知识，如果这
些关键词（"经验"、"逻辑"和"事实"）取其常用意思的话。

　　仔细阅读此书的人将有目的地读下去，并试图弄清楚作者
使用"经验"和"逻辑"之类的词语意义何在。但他会感到失
望。他会发现，哈奇森并没有坚守他在第1章里强调的原则——
事实上我们总体上宁愿意相信他的信誉理论，尽管这意味着他
的确没有哲学立场。至于观察，作者在第15章（除了结尾和一
个附录，该书的最后一章），作者摆出严格、冷面的态度（武断
的！），紧紧抓住一些较为常见和熟悉的经济学概念不放。论及
有关精神态度的命题，比如，预期和来自商品的效用，他只是
简单地说，他倾向于"这些命题被看作按照普通途径可以证实
或检验的"（第146页）。他发现了"通常所说的（个人间）效
用比较真理的核心"（第146页），并赞同包括"福利经济学"

375 在内的"经济科学"。这与查找被印刷出来的文献意义背道而驰（假设印刷的文献没有任何问题）。

在论述检验含义的几页中，作者首先发现了检验中的"'传统的'要素"（第145页），随即表面上声称所有的检验都是"纯粹传统的"（第152页，以及第147页和第148页等论及"词语的日常用法"和"词汇的实际应用"）。按照这一理论，一个逻辑上或事实上的错误表述，与一处语法错误相同，不会影响意思表达。这当然没人相信。但与此同时（第147页），我们还发现，如果我们选择这样定义命题与概念，它们就会符合科学标准（可以用经验检验的），如果我们选择不这样定义，那么它们就不符合科学标准。在这种情况下，真理只不过一种游戏，玩家可以随意制定规则。

因此，当我们的作者"开始讨论实质性问题"时，他就不再坚持事实检验，而依赖于常识的朴素概念了。按照他勇敢的论断，他的哲学立场似乎是"逻辑实证主义"。换言之，就是阐述那些对被众人相信和接受，但是自己并不认为站的住脚的那些立场观点表明立场。知识（或真命题）与两类事物有关：（a）"物"，比如书面文字，可以指认或用名称辨认；（b）口头定义，纯粹按照习惯或随意标准定义的。"纯粹理论分析是由概念的处理以及定义中隐藏的规则标准构成"（第30页）。一般认为，关于观察到的事实，或陈述推理中的含义和真实性，并不会产生争论和有不同意见，既没有必要也不必考虑对之进行"检验"。我们必须假定从不存在任何问题，不论存在分歧与否，不论随意制定的规则是否真的被遵守了。

在当前作者看来，所有这些，即便不是胡言乱语，也是彻底的误导和错误。与实证的自然科学和数学不同，经济学的基
376 本命题和定义，既不是能观测到的，也不是能从观测结果推断出来的。而且也不是武断界定的。它们陈述的是"事实"，是关于"实在"的真理——关于"精神（mental）"实在的分析和

局部真理，不然它们就是"错误的"。[1] 经济和其他社会科学解释的真理与自然科学是不同种类的，这些真理与感官观察有关，但最终会回归到逻辑思维。这与自然科学方法论非常不同。但是，它们仍然是关于真理的知识。它的特点在于，对知识和问题进行简要观察后，作进一步具体化考虑。

任何探讨的起点在于公知，所有的探讨最终都依赖于对事实以及原理的陈述。这些陈述或被公认接受为真理，或者即使它们被否定或质疑，也是无法被推翻的。如果从"检验标准"的可靠性和普遍性出发，那么，他就应该首先弄清楚什么样的命题需要检验，什么样的命题不需要检验，以及什么样的检验标准是有效的，而这些标准自身是不需要检验的。我们并未在哈奇森的论文中发现这样的后续解释。

即便是对知识这个问题进行最简要的考察，也至少要认识到三类或三个领域的知识，而不是哈奇森的两类知识。而且，对于他要研究的经济学问题来说，他没有考虑或正在研究的第三类知识恰恰是最重要的。第一类是关于"外部世界"的知识，包括普通人关于日常现实的知识和自然科学家关于自己的原始观测数据的知识。第二类是逻辑和数学真理（判断标准是，这类知识是否与第一类知识一样，是关于相同客观实在的知识？还是它仅仅是关于思维或精神的知识？两者之间的关系是什么

---

[1] 我必须否定，任何符合逻辑或有意义的结论，包括数学和形式逻辑自身，都无法从实际上很武断的命题中推论出来。下文将详细解释。在我看来，数学家和数理逻辑学家的观点，部分由于疏忽的规划，部分由于基于错误的认识，这些原因造成了这一不可靠观点的盛行。

至于经济学，哈奇森先生赞成并引用熊彼特教授的观点：戈森定律（Gossen's law）"是假设，而不是经济学定律"。它"从原理上说是武断的"，而且，"我们可以作出相反的假设，而这个相反的假设不能说是错误的"（第134页）。我必须说，要讲述关于经济行为的真理，或不是胡言乱语，我们无法作出相反的假设或任何不同的假设。戈森定律是关于行为认识的描述，是真实的。正如怀特海谈论的自然科学，经济学也不是神话故事。

呢？）。第三类是关于人类行为的知识。显然，经济问题属于第三类。不过，值得强调的是，如果按照人类行为最精准的界定，经济问题仅仅是这个领域的一小部分，仅仅是众多门类之一。而且还是人类行为的知识中微乎其微的一部分。与机械性的反应相比，行为相关知识的主题主要是人的喜好——对行为的喜好，在于我们对两者的认识和行为本身，以及喜好与行为之间的关系。

377　　就我们对外部世界的认识而言，最值得强调的是，不能通过观察面部表情表面现象获取即时观测数据，而是必须通过"检验"。赤裸裸的现实是，一个人——在日常生活或实验室里——看到，自以为看到或报告说看到的事物，这既不证明这件事是真的，也不证明关于这件事的报告是真的。在很多熟知的情况下，甚至对于观察者本人来说，事情也不是这样。比如，他看到"直的棍子在水中是弯的"。再如，在观看魔术表演的时候，人人都知道自己"看到的"不是"真实"。报告的真实性与其文字的生动形象无关。在精神错乱患者眼中和描述中的"蛇"并非比动物科学家的观察来得不真实。

　　更加重要的是：检验性观察主要且最终总是一种社会活动或现象。这个事实使得关于感官观察的世界的全部知识——无论是普通人的知识，还是科学家的知识（更不用说关于社会 data 的知识）——本身就成了社会活动或现象。除此之外，它还意味着，所有此类知识密切联系着（a）认识者的自我认识；（b）关于其他认识者的知识，以及关于他们的知识的知识，或者有关他们的"思维"的知识，进而关于认识和思维的本质和条件的知识。这一检验过程的具体本质是科学方法论的主题，我们不可能，也没有必要在这里详加讨论。对于我们来说，最基本的一点是，在公知或学术界中间，关于对我们所感觉到的知识、观点或意见，外部现实的知识假定了心理活动的互相交流是有效的。一个有意识的、自觉和批判决定性的社会共识是思想和真理的客观本质。

　　另外，对真理的共识是（无可争议的）不争事实。它有赖于观察者和报告者的价值判断、胜任能力和道德可信度。（无关多数投票！）如果科学家没有荣誉感（以及特殊的能力），倘若他们都是骗子，那么就不会有科学。而且，如果普通人习惯说谎或说梦话（亦或自由联想），就不可能有任何知识、智力或智慧，也就不会有对真理或实在（reality）的"感觉"。我们永远无法形成这些概念，也不会有相互交流、智慧以及经验。"我们"也就无法作为完全交流的灵魂或独立自我而存在。兴许的确有生命存在，对它们的环境作出生物学意义上的"正确"反应和相互之间的身体行为。但是，要有可以称得上主体的知识，就必须有自我认知以及与（有胜任能力的和可信的）同类认识主体间的相互有效交流。这些认识主体在作为认识对象的共同的非自我世界里进行个人生活、思考和行为。这自然提出了我们如何了解（当然是不完全地）对方的内心世界或我们如何交流的问题。这是有关第三个知识领域的问题。不过，我们必须首先考察第二个领域。

　　关于构成逻辑学和数学公理的高度提炼的命题，最基本的事实是，此类知识既是关于外部客观世界的知识，从某种特殊角度看，又是思维运转方式的知识。在前一个方面，它不同于概括或提炼程度上的具体知识，这些具体知识只构成了或主要构成了科学的内涵。我们将会看到，（与经济理论命题不同）在粗糙的经验意义上说，代数命题和算术命题是可以证实的。如果有需要，我们可以通过数豆对其进行任何精确程度的证实。（如果求解者有充分的记忆力和想象力以及可信度，这里的"豆"可以是想象中的东西。）事实上，与通过极为缓慢和费力的数数来得到结果相比，算术和代数的绝大多数内容基本上都是节省计算时间的捷径。而且，通过画图和测量，几何命题也可以用经验进行任何精确程度的证实。

对于利用实数计算的"普通"代数和"普通"几何学——欧几里德空间几何学来说，这基本是没有争议的。当我们超越这一领域时，就是另一回事了。但是，稍作认真反省就会发现，只是表面上看似如此。涉及想象的数字和非欧几里得空间一类概念的命题只不过显得更加抽象，但仍然是真实世界的描述。[1]我们可以假设性地把某些公理性的命题反着陈述，比如，平行线永远不会相交，或者假设相反，并在有效的推理中运用这个结果。这样做并不特别困难。只要没有明显的矛盾，就可以对任何带有内容的命题这样做。此类推理与从不符合事实的最简单假设进行的推断之间的区别只是程度上的不同，而不是本质上的类型不同。比如，在讨论车祸或实验室实验时，为了与实际情况对比，可以假设一个物体曾经处于不同位置或以不同方向和速度运动。

379

任何看似具有的普遍必然性或先验有效性的命题都远远不像通常所描述的那么神秘。也许，正确地说，具有普遍必然性的命题是"思维的形式"，是思想的规律。不过，这样的表述并不意味着它们不是关于现实客观世界的真理。任何命题的先验必要性都被简单地，或作者认为准确地解释成，由于我们的思维对未知的现实缺少真正的创造性想象力或原始直觉知识，而不是解释为我们可以拥有任何这类能力。在任何条件下都"必定"正确的陈述只不过是关于这个世界的如下事实陈述：对于经验来说，这个命题是如此的普遍和基本，以至于我们无法忽略它或无法想象它不真实的情形。（哈奇森常常以一本正经的方式解释什么是"可以想象的事情"的问题。例如，第 104, 142 页。）真正神秘的（在我看来无法解决的）是，任何人的思维如

---

[1] 关于这些问题的扼要和启发性的讨论见哈罗德·查普曼·布朗（Harold Chapman Brown），"Intelligence and Mathematics," *Creative Intelligence* （NewYork：Henry Holt & Co., 1917），第 118—175 页。

何进行想象，或思考如何进行想象，可以将现实生活经验中的一般特征与思维如何塑造形成进行比较，或者将基本自然规律和思维规律进行比较。抽象程度越高，命题越容易被认为是由思维的形式构成，而不会被当作是世界的现象。

作为一种思维活动，所有这些绝不意味着对于事实推理的否认或怀疑。不过，传统的形式逻辑研究有助于我们理解推理的本质。智力活动的核心在于辨别事物属性的异同、有无关联或"同时变动"，包括随时间推移的行为或属性的联合变动。这些都是"分析"一词十分恰当地概括和所指。[1]

在我们对自然的认识当中，演绎与观察之间的关系，或智力与感官之间的关系，没有很多值得讨论的地方。可以说，在哲学研究方面，有所进步或认真思考过哲学问题的人，只要不是特别愚钝的都知道，简单地将观察与推断对立这种说法是完全站不住脚的。意识的原始或直接数据的问题是整个知识理论长久以来没有解决的一个问题，兴许是无法解决的问题。即便不是相同问题的重述，"什么是观察？""什么是推断？"也都是和"什么是真理？"一样的问题。普通的"感官知觉"在极大程度上是一项智力活动。至少自康德哲学时代以来，这就已经成了大家的共识。而且，自从现代科学诞生以来，我们实际"看到"的到底是物、属性，还是感觉或神经流，都取决于随意选择的观点。另一个共识是，我们感知或能够感知的东西在很大程度上是由"统觉团"决定的，这其中包括了预期和兴趣。

380

至此，显而易见，我们无法单独讨论现实，而脱离对现实的知识、思维的本质及其有效条件的讨论，或者"思维"（有意图的思维）的运作方式。思维或思想的命题与现实的命题之间的区别有两点。第一点与"错误的"思想有关，或者说与被认

---

[1] 也许我们创造性的推理，数学运算中的"取极限"运算方法难以归类为归纳或演绎。"外推"也有类似特征，而且对于自然科学来说尤其重要。

为可疑的观点有关。这只是程度问题。在一定程度上，任何命题或思想都是可疑或错误的，或者说在有不确定性影响的情况下，其内容被认为是主观的，存在于个人思维当中，而不是存在于客观世界里。（从某种意义上说，关于知识的理论其实是关于错误和幻觉的理论。）第二点区别是哲学中熟知的，我们已经不止一次详细讨论过。它关系到我们假设或想象已知现实差异的能力。这也或多或少地是程度问题。代数公理看似比几何公理"更为确定"和必然，从而比几何公理更加属于精神世界。就必然性来说，基本运动定律（质量和力的本质）看似与几何学相同。再者，相对论和量子论（不连续）的发展对能否臆断真理检验标准的可靠性提出了怀疑。

所有这些都是为讨论第三类知识所做的准备。经济学的方法论问题存在于第三类知识。行为的目的——兴趣和动机——构成外部世界现实的领域。这个事实使得它的问题比（无意识）自然的科学问题更为微妙和复杂。[1]

381　　要记录的第一个事实是，真实的领域确实存在，或者说"就在某处"。这个事实无法证明、辩解或"检验"。如果任何人否认人有兴趣，或者否认"我们"有相当多它们的有效知识，那么，对于这样一个人来说，经济学及其所有工作就如同一个瞎子周围的多彩世界。不过，区别还是有的：生理上或视觉上成为瞎子，仍然可以被认为有正常的智力和正确的意识。

其次，是我们获得知识的方式，或知识的来源。显然，我

---

[1] 这里的参照是行为的喜好，与之形成对照的是研究的喜好。这并非说明，研究喜好和实践喜好密不可分，尽管我们可以通过抽象来分别地谈论它们。我们对物质本身的研究偏好重点集中于分类，意思是发现包括相关、共同变动和概率的异同。所有对于行为来说的意义是十分明显的。我们根据已知（未来和现在）来"预测"未知，并预测我们的行为如何影响物质。（所有的行动最终都简化为用我们的肌肉使物质在空间中移动。）但无疑我们有纯粹的智识上的兴趣，这些兴趣无法简化为按照希望的方式改变物质的过程。

们关于人类身体行为和非人类相关自然的相关改变的研究（"正确"的观察）是对人类兴趣研究中非常重要的一部分。它的主要来源远远比物质真实的研究重要得多，是与社会交流相同的流程，尤其是"非正式"的交流。它以及行动的研究与任何"问题"没有直接和重要的联系。这在物质世界的研究中起了非常重要的作用。

与其他实证主义者一样，哈奇森先生认为，人类思维的研究是通过他们的身体的观察推断出身体行为的研究。[1] 关于通过观察他人的行为来获知他人的思维内容这一所谓的"推断"过程，稍作认真思考就会发现，它十分不同于归纳科学或逻辑学和数学推论，所以应该用不同的词语来表达。库利用"感应自省"

---

[1] "……通过内省，研究了不同数量的货币对于他的不同边际效用后，[经济学家]感觉到，这一'内部体验'与他关于货币收入的特定'外部'行为有关。他通过'外部'观察得出了如下结论：一般来说，他对货币的'外部'行为与其他任何人对货币的'外部'行为是类似的。以这种方式，他假定其他每个人的'内在'都与他自己相似。

"我们仍然暂且不考虑这一'内部'假设如何能够得到检验的困难。这与'内部'经验和'外部'经验之间的区分并不成熟有关。我们只想再次强调明显的观点，即经济学家要得出一般结论，不能仅仅靠内省，还要靠观察'外部'行为（如声调或面部表情这些微行为）、说和写等，但这些行为必须是'外部的'（继续这一模糊且令人误解的区分），无论是否从'内部'经验进行进一步推断或类比。"（第139页）

再一次："通常，如果问人们如何知道从一种商品获得了效用，或……如何知道从一种商品比从另一种商品得到了更大的效用……会得到如下答案：'这个人总是把更多收入用于购买这种商品'，或者'当我问他们如何喜欢这种商品时，不同的人以不同方式惊叫'。这就是人们通常所说的'一个人比另一个人从一种商品中得到了更大效用'"（见第147—148页。在迫切需要建立简化某种理论时，哲学家表示，这一结论可以作为一个警告。没有人确定地认为，在谈论享受的体验时，他指的是'惊叫'或任何身体动作。）

在第143页，哈奇森先生明确否认他的"内省"分析以任何方式与唯我论或行为科学主义混淆，而且他表示，关于意识的存在或任何事情的存在或不存在，他不做出任何断言。意思很清楚，他没有哲学立场，没有知识理论。哈奇森先生完全无视相互交流，他把所有推论或演绎出来的真理弄成了"传统"的事情。这个赤裸裸的事实意味着，最后的结果是最为混淆的。

（sympathetic introspection）来表达，比较笼统，而且带有文学色彩。感同身受的自省比实证主义者的"单纯主义"更加深入现实。

在特定时刻，可以从一个人说话的口气和面部表情来"推断"他的思想或感受。但是，比心理学数据更加残酷的事实是，人类听到或看到的总是比理解的少。我们直接、刻意领会的是"意图"。而且，如果要求我们复制物质事实，我们完成任务主要靠从记忆中的意图进行"演绎"，而不是直接从回忆的感官信息进行演绎。肯定没有人认为，仅仅通过可以想象的物质的研究，就可以预测那些生活在这个世界上有智慧的生命的兴趣，即便加上了全部可以推测的人类心理。

真正成问题的是智力的本质，而关于智力的讨论只能求助于人类智慧的形成过程或智慧的人是如何培养起来的。不可否认，在"我们"生活的这个世界上，智力是人类的属性。人类出生并度过了共同的生命周期，伴随着生命单元和思维的死亡。他既是一个生物单元，又是一个心灵。人类出生的时候是没有知识的也没有思维的，随后经过了获得知识和智力的过程。在这个过程中，获得了成熟的智慧，并且变得能说会道。[1] 在我们获取知识的这个世界上，我们无法想象，知识和智力离开了持续发展的社会学习过程会怎样。这必然牵涉学习者与其他个体的相互交流，包括很多远比我们知道得更多的（成熟的）个体，他们生活在非自我的世界，并且作出反应，这些人只是习惯性地在这个世界进行交流。因此，我们对这个世界的认知、我们相互之间的认知，以及我们对一般"思维"的认知，形成一个不可分的知识体。要想了解它们或有意义地谈论它们中的任何一个，都必须把它们互相联系起来加以研究，要用个人和种族

---

[1]　在此我们不必争论，人类是否可能不死，或想象一种非道德的心智，它从不学习但永远无所不知或至少永远知道它曾经知道的事情（或想象此类思维的社会）。读者不难发现，本文作者对此十分怀疑。

双重意义上的历史演进观来解释。

哈奇森先生在他的第 5 章（尤其是第 1 节，"心理学方法"）中引用了维塞尔的一段话："我们只能从外部观察自然现象，但我们可以从内部观察我们自己。"这种内部观察（inner observation）的应用是心理学方法，"它为我们在共同的经济经验中发现最重要的经济事实。……它发现，在我们的意识中，有些行为的发生具有必然性。……倘若自然科学家明确了解有机和无机世界的规律，他们将具有多么大的优势啊！我们为什么要无视这样的帮助呢？"（第 132 页）哈奇森却试图消灭或试图嘲笑这一立场。在我看来，这种方法十分靠谱，尽管维塞尔或倡导这一方法的大多数学者没有对其进行深入的哲学分析。

从内部进行观察必须根据社会心理来解释，是已经强调过的所有思维都有的相互交流特征。显然，以此类"观察"为基础的知识属于直觉，不同于自然知识，也不同于一般被当作逻辑公理或可靠思维的一般形式的高度概括认知。严格说，如果论断的关键词被恰当、相关精确地定义，用"经验"来"验证"有关"经济"行为的命题是不可信的。要建立经济或经济利用资源的概念，我们必须首先知道，一般来说，行动的最终结果最终或多或少地会不同于通常的经验。经济包括意图或预期的效果。按照意图一词的所有被接纳的用法，意图是不可观察的。

关于经济学的内容或"基本假定"，无可争议的是，这些假定中的第一个是经济利用或经济行为的现实性。参与经济学讨论的任何人"凭直觉"都了解它的一般含义。我们再次强调，我们无法通过观察任何行动来断言该行动在什么程度上属于"经济行为"。的确，甚至在采取一项行动很久之后，行动主体自身也也不清楚或从不明确这项行动在多大程度上是经济行为。（这让我们再次想起与之形成对照的数学公理。）经济学的所有讨论都（正确地）假定了，每一个有理性和有思考能力思维的人都知道：（a）有些行为涉及分配方法，受限于实现目的的不同的供应模式;（b）给定的分配方式会在不同"程度"上实现一些一般的目标，这些目的是比较的共同尺度;（c）给定行为主体可以利用的手段数量以及他的处境所决定的资源作为利用条件，存在着一些"理想"分配方法，可以在最大程度上实现通常的目标。[1]

当然，我们更加"了解"这些命题，对它们的了解更加自信、更加确定，超越了我们所知道的固有物质现实或事件的结论，无论别人报告过或基于我们自己的经验，跟我们了解任何数学公理或逻辑公理一样确定。通过与其他有智力的人共同生活在这个世界上，一个人知道另一人正在写字而不只是在一张白纸上胡乱涂抹，或者他正在阅读而不只是注视那些墨迹。以同样的方式，我们知道有关人类行为的这些命题。我们既不是先验地知道它们，也不是片面地从信息或感官观察来推论

---

[1] 这是直觉或常识的"经济利用"概念的一方面。在日常用语中，这个术语主要指，一定程度上手段的"正确"管理。经济行为的这一管理方面的科学研究是一般技术的一部分，不是经济学直接关心的内容。关于资源配置意义上的经济利用与"技术效率"之间的关系，日常用语和思维是混乱的。简言之，两者之间的不同在于，不同技术过程之间的选择不受效率递减原理影响，从而不会引起在不同用途中间分配资源和按比例搭配不同资源的问题。正确的选择是选择其一或不选。

我们必须理解，通常使用的"物质"效率概念是误解。它唯一适用的情形，只有在物质上清楚描述和测量的结果，而且手段有限且没有其他用途。此类情形在现实中十分少见。通常，在任何具体用途中经济利用某些手段的问题总是因为它们在其他用途中有价值。按照最基本的自然科学定律，进入任何反应的全部物质和能量都会等量地释放出来，所以物理上测量的效率总是百分之百，从而效率的概念是没有意义的。任何可以测量的效率，作为一个百分比，总是包括对可能结果的评估，产出与组成其成本的任何给定结果的相对有用性。

它们。[1]

一个与经济学的基本假定有关的主要问题是，经济学家通常把有关商品和服务的重要事实（它们是经济决策的主题）当作商品自身的可测量属性，是与经济学的基本假定有关的主要问题。这个问题是经济学方法哲学讨论中值得认真注意的问题（哈奇森先生的著作中没有提到这一问题）。众所周知，现代哲学提出的与传递理论或视觉有关的问题包括，何种"属性"真的存在于物体之中，哪些属性存在于观察者的心灵之中。我们熟知的论述是，根据洛克（Locke）关于第一位属性和第二位属性的划分思路，价值标准（或某部分价值）是"第三位属性"。这个命题与至关重要的数量和测量问题密切联系着。

就行动喜好来说，可变属性的数量或度量是基本的。就现代思维而言，客观性这一概念密切联系着测量的可能性和精确性。这个事实在很大程度上影响着我们关于"科学"的概念，尤其在科学一词的英语用法中。（在法语中这个说法则不那么正确。）经济学理论把喜好当作抽象的（强度）度量，从而"自然地"将其当作存在于对之喜欢对象的属性，从而将其看作是可测量的。这两点思考产生了"效用"这一熟知的概念。毫无疑问，这种思维方式部分归因于通过市场的竞争交换过程，效用得到了测量，部分原因在于在任何问题的讨论中人们都追求客观化。由于追求测量和可测性，因此提出了迫切需要讨论的问

384

---

[1] 合理分配手段或通过正确分配手段来实现希望的结果最大化的一个最好例子是，在一个完美市场上，个人把给定的货币收入，按照给定的价格，购买"满足需要的商品或服务"（一般和准确地说，只有服务）。不过，合理分配手段的原理也可以用只有克鲁索一个人的经济为例来说明。

就我们目前的讨论而言，经济活动的概念可以仅仅限于"静止条件（stationary conditions）"，即人的需要、资源和技术知识给定情况下的行为。有预谋地致力于改变这些给定条件中的任何一个的活动是否是或在什么情况下是"经济活动"的问题，与我们这里讨论的问题相比，是一个引起更多问题的困难问题。

题。这是因为，对于不同类型的变量来说，测量有不同的意义。从经济学的概念来说，相关事实产生了悖论。一方面，决不存在把效用当作一件商品或服务的客观属性来测量的问题，而且我们显然并不测量此类感受。例如，温度计并不测量感觉到的温度，而是物质推论的或理论上的"客观"状态，按照假定，这个状态与可变的温度感受一致。[1]

另一方面，同样无可争议的是，在文明人的思维中，在很大程度上，选择是数量比较问题。如果没有这个事实，就不会有对经济学概念中经济的争议，那么其同义词"效率"的概念就会彻底失去意义。然而，满足水平是精神层面的事件，是无法像物理量那样测量的。"一般经济结果"或"个人试图最大化的东西"是否是一个数量？

385　　　埃奇沃斯（Edgeworth）说明了基数和序数之间的区别，希克斯和艾伦（Allen）发表了他们的"价值理论的再思考"。自此[2]，这个问题已经有很多讨论，具体还包括无差异曲线方法。

---

[1] 人们经常引用的开尔文（Kelvin）男爵的话："当你无法测量你的知识的时候，你是贫弱和令人失望的。"这句话用到精神科学和社会科学，是令人误解和险恶的。这等于说，这些科学不是自然科学意义上的科学，而且，如果不丧失其特有的性质和作用，就无法做到如此。顽固地坚持数量经济学，意味着物理量的统计数字的使用，但这些数字的经济含义和重要性是不确定和可疑的。而且，类似的陈述甚至更适用于其他社会科学。在这个领域，开尔文格言实际上在很大程度上意味着"如果你无法测量，那随便测量吧"！也就是说，我们要么进行某种别的运算并将其称作测量，要么测量别的东西，通常不是社会现象的东西。把平均估计或猜测称作"测量"只不过是在盗用词语。还应该指出的是，在人类兴趣和关系领域，我们的绝大多数重要知识是固有地非数量的，不可能完好地将其变成数量形式。兴许，我们不"知道"我们的朋友实际上不是我们的朋友。无论如何，试图测量他们的友情，既不会使这一知识更为确定，也不会使其更加"令人满意"！

[2] 见 *Economica*，1934 年 2 月和 5 月。在对此的回应中，奥斯卡·兰格博士进行了辩护，"效用函数的确定性（The Determinateness of the Utility Function）"（*Review of Economic Studies*，I [1933-34]，pp.218-25）。随后，这两家杂志上有著名的一系列讨论。另见 J. R. Hicks's *Value and Capital*（Oxford，1939）。

在我看来，正在讨论的数量在如下意义上可以看作数量，即任何主观状态都可以看作数量，十分类似于没有公认测量基数且必须估计的客观属性。（无差异曲线对应着物理测量中零位法的应用。）其关键在于，在缺乏测量基数的情况下，主观状态与客观属性之间没有明显的区别。经验涉及的是外部世界还是思维，是飘忽不定的，在很大程度上是随意的。这也许可以解释一些反常的事实：在书面语言中，我们试图最大化的经济结果通常指"效用"而不是"满足"，尽管前一个词指的是物的属性，而且这个用法在文法上不那么符合逻辑。

不过，这还不是这个悖论的终点。最令人困惑的（无可争议的）事情是，实际中的交换价值决不能衡量经济学理论所研究的满足强度（"心理效益"或其他说法）。这些是"假设"，比如，假定"经济人"在准确知道与其行为相关的全部事实和数量，以及影响其行为的知识。这些事实和数量首先包括他自己的偏好以及消费一定数量的某种商品所带来的心理或主观的效果，与之比较的是其他商品的消费和其他可能的行为，包括"闲暇"和把资源用于市场组织之外的用途可以获得的非金钱价值。对于经济理论来说，认识论上最有意思的数据资料是，实际上我们知道，利益最大化是可供分配的资源得到理想配置的情况下才会实现的状态（通过调整使得同样一单位资源在各个用途中边际报酬相等时，实现总报酬达到最大）。而且，我们还知道，没有人会真正实现这一最大化（或者说实现它的机会为零）。这是因为，无知、失误[1]和各种各样的"偏见"会影响实际的可能。

---

[1] 在很多情况下，经济主体不得不拥有完美的预知和完善的研究。而且，这一预知不得延伸到无穷远的未来，而且正如哈奇森先生正确地强调（第97页），两个人不可能都完美地预见到对方的行为并相应采取行动。更确切地说，只有在两者的行动是预先协调好的情况下这才是可能的。

386   刚刚提到的两个事实——人的行为部分符合经济原理，以及两者之间只能部分符合——是我们"绝对肯定"知道的，因为我们无法想象完全符合规律的有预划的活动。如果完全符合规律，那么，人的行为就不再是"经济的"或有预划的活动，而成了对环境的机械反应，属于另一范畴的事情了。[1]

    表面上看，经济知识有些类似于几何知识。完美的圆有特定的性质，现实生活中却没有完美的圆（或者说，即便它真是完美的，我们也无法知道）。但是，如上所述，两者属于不同范畴。我们可以按照要求的任何精度，对一个圆不足之处进行经验研究。然而，只有在极小的范围内，这样的经济行为是可能的。而且，经验一词的含义也会变得完全不同，这导致它完全变成了另一个词。从方法论的角度看，经济学是高度抽象的"实体演绎"科学，类似于几何学或数学力学。不过，在更高和更纯粹的意义上，与数学真理相比，经济学的数据资料更符合直觉（见第 378 页）。物质世界中与经济学较为接近的例子也许是包括时间序列在内的物理定律，比如，在一个重力场中移动物体的轨道是圆锥形截面。

    最大化的经济规律与圆锥截面原理之间的重要区别是：前者有两个独立的信息来源。它们并不一致，应该加以区别。通过感官观察和从观察到的物质行为进行推论，我们认识到物的运行方式及其背后的"力"。以同样的方式，我们认识到经济行为及其背后的动机。这里的动机十分类似于物理学中的力。[2] 然

---

[1] 我们知道结果与动机之间不完全相符。这进一步证明了我们并不从动机推断结果。显然，人的行为无法得到实证的解释。实证科学的现象序列，在任何意义上，都无法解决问题，而这是关于人类行为的最重要规则。所以，试图把实证范畴普遍化，意味着否认问题或答案之类的概念的现实性。当然，它还包括否认否定的含义并断言错觉和失误自身也是错误和失误。我们即将考虑选择的经济特征的局限性，即更多因素被从实证的"实在性"中消除了。

[2] 正如每个学者或思想家所知，力也是"超自然的"，不符合科学理智，而且科学家尝试过不用力的概念来重建力学理论（没有成功！）。

而，我们也通过与他人的交流来了解动机。这是所有知识的根本基础，也是智力本身的基础，它包括这个世界的知识，思维（指正常人的思维）的知识。研究经济学科学方法的首要难题是，这两个主要信息内在来源不一致。从"结果"推论的动机并不总是与通过"内部观察"直接知道的动机相符。（这是有动机的行为存在的条件之一。）也许，更确切的说法是，通过最初来源、知识媒介或交流，我们直接知道误解和偏见等导致这一不相符。但是，当我们试图通过专门的调查研究来"检验"我们关于具体场合下的动机知识时，我们引入了第三个知识来源，应该将其与通过社会交流得到的一般知识区别开来。这是基于对部分经济主体基于显性和批判性反思的答案的明确质疑。

　　现在，我们讨论更为基本的细节，它与经济学的基本概念有关，尤其涉及经济学数据资料的实证特征或事实特征，这些是哈奇森先生完全忽略的。在经济学的界定中，个人（或是属于国家的，对于集权的集体主义经济学来说）的利益通常被当作给定的事实资料。通常，经济学家们已经明确的是，在作为一门科学的经济学中，没有人怀疑经济主体的"实际"偏好以及刻度的"有效性"。至此，我们的讨论也承认，偏好自身是简单的事实。剩下的问题是，人们如何认识这些事实。这里，我们必须强调的是，这个立场仅仅对于"纯粹"经济学研究来说是可行的，即完全不考虑社会行动的评论或导向。每当经济学的研究明确涉及社会政策的功绩时，就必然要谈到超出偏好的一些价值理论。对于任何形式和程度的干涉或"控制"来说，这个说法都是对的。对于严格意义上自由放任的个人主义来说，这也是正确的。无论赞同与否，个人主义是一项社会政策，属于伦理范畴。

　　另外，彻底的自由放任个人主义认为个人偏好是最终的状态。这一思想从未在任何"社会"（这一政治概念）中实践或倡导过，甚至从理论上说在现实世界中也是不可能的。这是因

387

为，现实世界中的个人会变老、死亡以及被新人所取代。这些新人一生下来的时候是"幼儿"，必定要在这个社会中培养和教育，才能成为未来社会成员，生活着并发挥作用，对于事关社会政策的决策而言，仅仅把个人当作数据资料的做法是愚蠢的。任何政策变化既改变个人关系，同时也会改变组成未来社会的个人。这些影响决不能被忽视。要理智地讨论人类的喜好，我们就必须牢记如下规则：每个人都习惯性地或不可避免地区别个人偏好与假定的客观价值。无论这样的区别是多么的含糊，都至关重要。（意思是必要，但并非绝对。）个人偏好的社会判断的基础是如下价值判断：在具有意义的范围内，基本上它是一项"权利"。[1]集体行动的讨论不能仅仅由"我想要"之类的命题组成。

不过，就社会政策讨论，价值判断还具有更为直接的意义。

---

[1] 哈奇森先生的著作有 8 页的附录，讨论经济政策，对"经济自由主义的某些假设"进行了毁灭性批判。这个附录中有很多好的观点，值得在这个脚注中引用。他宣称，"经济科学相当确定地证明了自由资本主义的放任政策给社会带来最大报酬，或者说比其他任何计划经济政策带来更大报酬。"（第 177 页）这是对"古典经济学"立场的夸大。（而且，作为"当代经济自由主义的领袖"米塞斯教授很难被普遍接受，作为社会主义学术上的敌人，他因为极端主义的立场而最惹人注目。）

在我看来，这个附录有两点不足：第一，作者不承认经济自由主义所作的任何辩护有如下重要保留条件（且不说制度运行的摩擦力带来的缺陷）：即便该体系按照理论运行，个人——实际上是家庭——按照提供的（用市场价值衡量的）生产能力分享社会产品，也并不证明它符合理想的伦理标准，尤其是对于依附于家庭的人来说。更一般地说，他还把个人当作 datum，完全不承认本文强调的观点：赞成或反对任何社会政策都必须依据某种伦理价值判断。（还有，正如我们将要看到的那样，人类社会利益和价值至多在十分有限的范围内是经济效率的概念所包括的，即便按照最广泛的方式定义经济效率。）

第二，他逃避了主要问题，滑向了"民主权威和专家与大众的关系"的讨论（第 181 页）。他认为，此类关系"主要"是"政治问题"。但是，在我们看来，此类关系全部是政治问题，事实上是集体主义的全部问题。但是，此前（第 180 页）他说过，专家们"将由雇用他们的人选择和罢免"，意味着对于这些专家们管理下的人们来说，这个说法也是成立的。以这种方式，他回避了集体主义的问题。此外，他的整个讨论明确联系着一个"社会民主乌托邦"，而经验和理论都证明它是不可能的。

价值判断也是客观事实，是数据信息，是极为重要的数据信息。社会讨论不仅包括参与讨论的各方所认为的理想政策，而且要区别受到影响的社会成员当时认为的权利，以及他们作为个人或团体的需要。毋庸置疑，每一个正常的人在思考自己喜好、行为和他人的兴趣和行为时，都作出这样的区分。在别人看来，常常被模糊地作出这一区分——尤其是将每一项重要的喜好或愿望都当作权利来维护，但这既不意味着这一区分可以被忽略，也不意味着在讨论集体政策或集体中的个人行为时可以完全不承认这一合理（尽管不精确）区分。

经济观点仅仅是动机的一个方面，而且常常在各个方面受到许多其他的严格限制。行为只是部分地、有限符合如下经济学原理：行为动机是用特定的方法最大程度地实现特定的目的。对于个人来说，一项行动的价值仅仅部分地依赖于实现或将要实现的结果。首先，价值通常与结果的实现相联系，却丝毫不依赖于这一结果自身的价值。举一个最简单的例子，"好的"游戏必须对于败方来说也是"有益好的"，败方的努力被挫败的同时，对于胜方来说，已经得到了的成果——各种形式的胜利——也没有获得非常重要的意义。在扑克牌和其他竞技类游戏中，这一点十分明显。（实证主义者应该认真思考，我们无法给"工作"和"游戏"作客观的定义，但这些概念是讨论经济学或一般有目的行为的基本概念。） 389

另外，一般来说，我们都知道我们并不准确了解想要的和付出努力试图发现的是什么。而且，在更为内在的意义上，我们的喜好是探索性的。行为动机部分属于对结果的好奇，因为行为执行时不知道结果。毫无疑问，一般准则中，目的是在实现的过程中确定的，一项行为的兴趣和价值集中通过重新界定和预期来实现。

价值判断在个人动机中发挥作用，使得经济动机更具有局限性。通常，人们想做"正确的"事情，却不知道做事情的内容，完全不同于做确定的事。在这种情况下，行为的首要问题是确定目的，即想要的是什么，以及实现自己的愿望。"正确"有多个意思。我们想在传统意义上正确，也想在若干"真实"意义——审美、智力和道德——上正确。行为的经济方面有其自身的正确性，不仅仅是欲望。在一定范围内，它是"原则的事情"，比如，"浪费有罪。"[1]

我们仅仅部分指出了经济行为的解释的多样性。同一具体行为现象形成包括心理学在内的所有社会科学，也可能是物理学和生物学的研究对象。按照最近流行的方法论争议（始于历史学派的发展），"社会现象"的认真分析必须以相当复杂的多元主义为基础。下面，我们将给出人类行为的解释进行概括。这个分类可以进一步延伸，而且所有这些范畴适用于每一类有目的的人类行为。尤其需要强调的是，即使在最基本的层面，真理和知识都既关系喜好，又与价值相关。真理自身也有价值。

I. 实证主义范畴。（一致性意义上，现象的因果规律，把动机比作一个充分的原因，即排除思考和问题求解;即便承认意识，意识也只被当作"附带现象"。）

390   1. 物理因果关系或行为科学主义。关于测量和相关关系（统计学），只要它能够是问题的答案，只要它能够给出问题的答案，就理所当然地应该被应用。

2. 历史因果关系。语言学是一门利用历史规则的社会科学。不过，在很大程度上，这一方法也适用于"经济"行为和其他社会行为。（就像语言的演变充分证明了，制度性行为模式的改变甚少通过深思熟虑。另外，对意图的"观察"也是特殊问题。）

2a. 生物学解释，包括竞争性的争斗和适应一类的目的论概念——就像应用于植物和无意识生命——是中性或混合范畴。

II. 有动机或深思熟虑地解决问题之类的行动。（"问题"和

---

[1] 关于经济概念自身固有的价值判断的详细讨论，见 Alex L. Macfie, *The Nature of Economy and Value*（London: Macmillan & Co., 1937）。

"答案"都难以定义。毫无疑问，这是我们的思维中极其重要但又无法定义的。）

1. 经济行为。主体用给定的手段去实现给定的目的时，仅存在程序性问题。（严格说，这仅仅适用于"静态条件"。）不过，如果目的和手段被给定了，问题存在于程序当中，那么，所有深思熟虑的行为都是经济行为。

2. 行为动机是抽象的或者说是社会性的，比如，除了不包括价值判断的方面，有行为中的喜好、成就、好奇、顺从（跟随潮流或遵守法律）、声望、合作、竞争（"好胜"）等。

3. 目的的评价主要是要深思的行为。这类行动包括智力、审美和伦理行为或对众所周知的"真善美"追求。

完全实证主义者必须严格固守物质上的因果关系（事件序列的一致性），拒绝其他解释。正如我们已经看到的，经济概念的有效性，或者用动机来解释行为的有效性，取决于无数形式的误差或不确定性因素。不过，所有此类考虑——任何意义上的问题解决过程的概念——都被实证主义的先入为主的观点排除了，被当作不现实、超出人类经验或神秘的东西拒绝了。

显然，我们很难要求经济理论的方法论结合教育科学来讨论，除了智力上的好奇或大众文化，还应考虑大多数学者都对之感兴趣的理由。经济理论与行为之间的关系之所以需要强调，首先是因为经济理论应该指导的是作为社会成员的公民和政治家的行为，而不是仅仅是纯粹个人行为。经济理论的实际问题是社会政策问题。而且，关于社会政策"有意义的讨论"，第一个要求就是避免如下普遍错误：把社会经济政策问题视为用手段达到目的就可以解决的科学技术问题。社会问题，确切地说是可称之为社会问题的问题，是如何就政策达成社会共识的。

社会经济政策问题完全不是科学技术问题或管理问题，除非我们认为"社会"处于独裁统治之下，独裁者是这个社会的君主和所有者，而且把这个社会，看作一个企业，完全按照君主的喜好来管理。这些管理问题也不同于人类努力利用自然物和自然力范围内，所表现出来的问题。一些人管理——确切说是"控制"或操纵——另一些人的管理几乎总是不道德的和要防止的。而且，管理总是通过强迫、劝说或欺骗的过程来实现的。在人对自然对象的控制中，这些方法都没有任何意义。（高级动物，尤其是驯养的动物属于中间情况。）如果一个社会完全民主或自由，那么，它的问题就是集体决策问题和集体自主决定问题。关于这些问题，控制一词容易造成误解。

经济研究是为了指导或启发社会行动，本质为经济关系制定"游戏规则"，表现形式为法律。此类法律的具体形式主要包括税法或禁止某些活动的法令。可以说，人们把经济学当作一门科学，赋予它的任务是预测，作为消费者或生产者的个人对价格，尤其是价格变化数据信息的反应。在这样的预测中，一般经济理论的作用是说明从效用递减和（技术上的）报酬递减的一般原理或公理能够做出的推论，而效用递减和报酬递减原理都可以被看作更具一般性的替代原理。

为了防止理论被滥用，我们必须强调，预测的可能性是有限性的。首先，理论只能告诉人们作出反应的方向，即某类行为是增加还是减少。一定数量的变化，在一定量级的表示下，本质上，只能依赖于人们对过去各种价格情形的反应历史案例或个人对假设问题的回答。

除了不需要强调的其他条件不变的原则，还有两个值得强调的保留条件。（对于受过教育的人来说，几乎不必提醒，在考虑任何因素的影响时，必须去掉同时起作用的其他因素的影响。）两个重要保留条件之一，我们必须假定，在研究期内，个人满足函数或无差异曲线保持不变。（这显然可以包括在其他条件不变的假定之中。）第二个保留条件是，一个人很少完全按照一个满足函数行动。这意味着两件事情：（a）动机不纯粹为经济动机；（b）选择不可避免错误。这两者都被经济学意义上的"理性行为"概念排除了。

稳定的效用函数的假设是很不可靠的。不过,在没有理由相信它已经发生了变化的情况下,它具有预言价值。这一点特别重要,原因在于给定条件下的人类行为预测不同于给定条件下的物质现象预测,因为后者与人不同,既不会表现得不理性或感情用事,也不会犯错,更不会"改变它们的思维"(以及或多或少地它们的反应模式)。物质的反应揭示了其内在性质,这种性质要么保持不变,要么仅仅因为可以客观观察的理由而变。与物质的东西相比,人类这方面的特征让作为科学家的经济学家十分窘困,又无可奈何。尤其值得注意的是,思维的改变彻 **393** 底扰乱了实证主义的预测,因为实证预测的基础是对以往行为的观察,这与从抽象的经济规律推论出的预测相同。[1]

经济学的实证主义者和经验主义者很少考虑我们在日常生活中如何预测人类行为。"大数定律"适用于很多人在标准环境中各自行动的场合——"可以保险的"意外或风险的场合。在个人行为——自己的行为、熟人间的行为或陌生人间的行为——的预测中,与较为微妙的特征或个性的认识相比,过去的经验相对不那么重要。如果一个人要预测另一人简单算术题的答案,首要基础是自己先做一下这个题目并看一看"正确"答案;第二步是研究自身的"能力"。(不过,请注意,算术是一门有"正确"答案的科学,而不是人们实际得到什么结果的统计研究。)在研究很多人集体行动而不是个人行动时,预测的基础是"社会心理",与个人行为预测相比,这更是主观见解和解释的事

---

[1] 经济学中的归纳预测存在根本的弱点,经验(即统计)数据信息从来都是复合的,而不是组成现象序列基本要素,而且从复合量或序列得出的相关关系和外推从来都不可靠。真实的因素是不变和可测量的人类特征,喜好或独立于喜好的条件反射。人们预测各种统计经济序列——尤其是有组织的证券交易价格和商品交易的价格——方面付出的大量努力表明,此类预测是固有地困难和有局限性的。对已有"预测"的分析研究未能证明预测结果优于随机猜测。

情，不同于统计推断。

简言之，经济学一般原理永远无法在经济行为预测或技术控制方向上进一步延伸。不过，这样的结论与所有的人类思维都不相容，并且自相矛盾。这些原理的理智应用是第一步，大多被用于否定，而非肯定，证明某一现有情形或提议的行动方向上"错误的"方面，而非用于证明"正确的"方面。经济科学或政策领域中的具体和肯定的答案首先取决于价值判断，而程序则取决于文化意义上的普通教育，以及关于人类本性和社会价值的"见解"，而不是取决于任何可能的实证科学发现。从这个角度看，我们需要解读性研究（解释科学，*Verstehende Wissenschaft*），它超越经济学的任何可能边界，并且应该把全部社会科学和人文科学都包含在内。然而，对公认的经济问题和政策问题的可靠研究，可以产生令批评家吃惊的结果。很多此类问题可以通过可靠的经济理论的合理解释和应用来解决。

对哈奇森先生的"立场"带有否定态度的批判性讨论，并不意味着学者不能通过研究他的著作来获得经济学和更宽领域的很多教诲。事实上，他的这部著作十分博学，引用广泛，从而对于它所在领域的文献来说，作为导论是有价值的。其错误，确切说是它的疏忽——是它排除的东西而不是它包括的东西。不过，排除自身是实证性的，而不是武断的。而且，在本文作者看来，对这部著作的研究应当结合对其缺陷的充分警告。正如我们已经指出的，这部著作有一点值得称道，作者在末尾完全摒弃了开头强调的"原则"。

如果行为就是为了解决问题以及人类特征问题，在简单的经济理论层面，上述"准则"也仅仅在表面上适用于行为。而且因为没有纯粹经济问题，除了把具体人类兴趣的其他和更为重要的特征抽象化——人类问题只能有限地以实证科学的形式得到结论。这是实证自然科学的主要内容，早已（通过舍弃现实的复杂性和多变性）成了独立的学科并得到承认。[1] 这些科学包括人的所有自然科学，尤其包括"社会学"的一些分支学科。在这些学科中，研究者把学科当作实证科学，取得了一些进展。就这一情形的本质而言，人类行为的实证科学只得到了有限发展，是局限于所做的"努力"而不是"理论化"。不过，"框定"的领域与"自由"的领域之间不可能有明确的界限。

---

[1] 科学解释的最终限度是由如下规则所决定的：智力获得过程的解释本身也是智力过程，所以任何详尽解释都不得不解释自身和表明解释者。这不仅开启了一个无穷的循环过程，而且与行为思维的本质相矛盾。
